Der Zypernkonflikt vor dem Europäischen Menschenrechtsgerichtshof

# SCHRIFTEN ZUM STAATS- UND VÖLKERRECHT

Herausgegeben von Prof. Dr. Dieter Blumenwitz

**Band 120**

Peter Lang
Frankfurt am Main · Berlin · Bern · Bruxelles · New York · Oxford · Wien

Türkmen Tezcan

# Der Zypernkonflikt vor dem Europäischen Menschenrechtsgerichtshof

Eine Analyse
unter besonderer Berücksichtigung
der Loizidou-Rechtsprechung
und ihrer Auswirkung auf die
zwischenstaatlichen Beziehungen

Peter Lang
Europäischer Verlag der Wissenschaften

**Bibliografische Information Der Deutschen Bibliothek**
Die Deutsche Bibliothek verzeichnet diese Publikation in der Deutschen Nationalbibliografie; detaillierte bibliografische Daten sind im Internet über <http://dnb.ddb.de> abrufbar.

Zugl.: Würzburg, Univ., Diss., 2005

D 20
ISSN 0172-7796
ISBN 3-631-54717-X



www.peterlang.de

*Meinen Eltern*

## VORWORT

Die vorliegende Arbeit befasst sich mit den Verfahren vor dem Europäischen Gerichtshof für Menschenrechte in Straßburg, die im Zusammenhang mit dem Zypernkonflikt stehen. Der Schwerpunkt liegt dabei auf der umstrittenen Loizidou-Entscheidung, in der das weiterbestehende Eigentumsrecht von zyperngriechischen Flüchtlingen an in Nordzypern gelegenen Grundstücken anerkannt wurde. Die Eigentumsfrage ist heute einer der Hauptstreitpunkte in dem mehr als vierzig Jahre andauernden Zypernkonflikt. Mit der Aufnahme Zyperns in die EU ist dieser Konflikt inzwischen auch zu einer innereuropäischen Angelegenheit geworden.

In tief dankbarer Erinnerung gedenke ich meinem im Frühjahr dieses Jahres verstorbenen Doktorvater Prof. Dr. Dieter Blumenwitz, der mich dazu angeregt hat, über dieses Thema zu promovieren und mich stets mit lehrreichen und wertvollen Ratschlägen unterstützt hat.

Herrn Prof. Dr. Michael Wollenschläger und Herrn Prof. Dr. Hubert Drüppel danke ich für ihre Gutachten und Empfehlungen. Herrn PD Dr. Winfried Bausback danke ich für die Betreuung und die Aufnahme der Arbeit in die Schriftenreihe „Schriften zum Staats- und Völkerrecht“. Mein weiterer Dank gebührt der Konrad-Adenauer-Stiftung, die die Arbeit mit einem Promotionsstipendium gefördert hat.

Ein besonderes Augenmerk sollte auf die zu dieser Thematik ergangene türkische Literatur geworfen werden. Daher waren Literaturrecherchen in der Türkei und in Nordzypern erforderlich. Zahlreiche Personen in Deutschland, in der Türkei und in Nordzypern haben mir dabei geholfen. Ihnen allen gilt mein herzlicher Dank. Besonders möchte ich hier Frau Prof. Dr. Ayşe Füsun Arsava, Herrn Prof. em. Dr. Mümtaz Soysal und Herrn Dr. Kudret Özersay von der Universität Ankara, sowie den Herren Prof. Dr. Hasan Ünal von der Bilkent Universität (Ankara), Botschafter Ertuğrul Apakan (Ankara), Prof. Dr. Zaim Necatigil (Lefkoşa), Rechtsanwalt Dr. Christian Heinze (München), Rechtsanwalt Prof. Dr. Christian Rumpf (Stuttgart, Bamberg) und Herrn Eckhardt Kuhlwein, Vorsitzender des Deutsch-Zyprischen Forums und parlamentarischer Staatssekretär a. D. (Kiel) für ihre wertvollen Hinweise und Literaturempfehlungen danken.

Die Recherche der zyperngriechischen Literatur erfolgte hauptsächlich in den englisch- und französischsprachigen Fachzeitschriften. Aktuelle Informationen wurden durch die Korrespondenz mit der zyprischen Botschaft in Berlin, der zyprischen Vertretung beim EMRG in Straßburg sowie dem Presse- und Informationsamt und der deutschen Botschaft in Nicosia eingeholt. Diesen Institutionen gebührt ebenfalls mein Dank.

Für die Durchsicht der Arbeit möchte ich Frau Susanne und Herrn Dr. Harald Schüler-Schneehorst herzlich danken.

Ganz besonders danke ich meinen Eltern, die mich immer in jeder Hinsicht unterstützt haben. Ebenso möchte ich meinen Schwestern danken, die mit mir alle schwierigen und erfreulichen Phasen geteilt haben.

Nürnberg, Oktober 2005

Türkmen Tezcan

INHALTSVERZEICHNIS

## ABKÜRZUNGSVERZEICHNIS

| | |
|---|---|
| a. A. | anderer Ansicht |
| a. F. | alte Fassung |
| a. o. | and others |
| AdG | Archiv der Gegenwart |
| Art. | Artikel |
| AVR | Archiv des Völkerrechts |
| AWR | Association for the Study of the World Refugee Problem |
| CEPS | Center for European Policy Studies |
| ders. | derselbe |
| dies. | dieselbe |
| ebd. | ebenda |
| EG | Europäische Gemeinschaften |
| EGV | Vertrag zur Gründung der Europäischen Gemeinschaft |
| EHRR | European Human Rights Report |
| EKMR | Europäische Kommission für Menschenrechte |
| EMRG | Europäischer Menschenrechtsgerichtshof |
| EMRK | Europäische Menschenrechtskonvention |
| EPIL | Encyclopedia of Public International Law |
| ETS | European Treaty Series |
| EU | Europäische Union |
| EuGH | Europäischer Gerichtshof |
| EuGRZ | Europäische Grundrechte Zeitschrift |
| EUV | Vertrag über die Europäische Union vom 7.2.1992 |
| f. | folgende |
| ff. | fortfolgende |
| FAZ | Frankfurter Allgemeine Zeitung |
| Fn. | Fußnote |
| FoundA | Foundation Agreement |
| FS | Festschrift |
| GarantieV | Garantievertrag |
| GK | Genfer Konvention |
| HLKO | Haager Langkriegs Ordnung |
| HRLJ | Human Rights Law Journal |
| i. S. v. | im Sinne von |
| i. V. m. | in Verbindung mit |
| IGH | Internationaler Gerichtshof |
| IPbürgR | Internationaler Pakt über bürgerliche und politische Rechte |

| | |
|---|---|
| IpwirtR | Internationaler Pakt über wirtschaftliche, soziale und kulturelle Rechte |
| MK | Ministerkomitee |
| n. F. | neue Fassung |
| NJW | Neue Juristische Wochenschrift |
| NZZ | Neue Züricher Zeitung |
| PV | Parlamentarische Versammlung (des Europarates) |
| RdC | Receuil des Cours |
| RDJ | Reports of Judgements and Decisions |
| Rn. | Randnummer |
| RZ | Republik Zypern |
| SZ | Süddeutsche Zeitung |
| TBZ | Türkischer Bundesstaat Zypern |
| TRNZ | Türkische Republik Nordzypern |
| TV | Verfassung der Republik Türkei |
| UN doc. | United Nations' document |
| UN SCOR | United Nations Security Council Official Report |
| UN | United Nations |
| UNFICYP | United Nations Peace Keeping Force in Cyprus |
| UNO | United Nations Organization |
| UN-Res StaatenV | Resolution der UN Generalversammlung zur Verantwortlichkeit der Staaten für völkerrechtwidrige Handlungen |
| v. | versus |
| VerfRZ | Verfassung der Republik Zypern von 1960 |
| VerfTRNZ | Verfassung der Türkischen Republik Nordzypern vom 07. Mai 1985 |
| VerfVRZ | Verfassung der Vereinigten Republik Zypern (nach dem Annan-Plan) |
| vgl. | vergleiche |
| VRZ | Vereinigte Republik Zypern (nach dem Annan-Plan) |
| WVÜ | Wiener Übereinkommen über das Recht der Verträge |
| Yb (ECHR) | Yearbook of the European Convention on Human Rights |
| YUN | Yearbook of the United Nations |
| ZaöRV | Zeitschrift für ausländisches öffentliches Recht und Völkerrecht |
| ZeuS | Zeitschrift für europarechtliche Studien |
| ZfP | Zeitschrift für Politik |
| Ziff. | Ziffer |
| ZP | Zusatzprotokoll |

## Teil 1: Einleitung

### Abschnitt 1: Einführung in die Thematik

Der Zypernkonflikt ist seit 40 Jahren Gegenstand politischer Verhandlungen unter der Schirmherrschaft der Vereinten Nationen. Bereits als 1964 das duale Verfassungssystem der jungen Republik Zypern zusammenbrach und es zum erneuten Ausbruch ethnischer Auseinandersetzungen zwischen Zyperngriechen und Zyperntürken kam, wurden erstmals Friedenstruppen nach Zypern geschickt. 1974, zehn Jahre später, kam es durch den griechischen Militärputsch und die darauf folgende türkische Militärintervention zur faktischen Teilung der Insel. Mehrere UN-Generalsekretäre haben seitdem versucht, mit ihren Lösungsvorschlägen zum Frieden auf der ethnisch gemischten Insel beizutragen. Das Misstrauen der zyprischen Volksgruppen konnte jedoch bislang genauso wenig überwunden werden, wie die strategischen Interessen der „Mutterländer" Griechenland und Türkei in Einklang gebracht werden konnten. Besonders große Hoffnung wurde in den jüngsten Lösungsplan des UN-Generalsekretärs Kofi Annan gesetzt. Dieser sollte die Wiedervereinigung der Insel ermöglichen und dem gemeinsamen Beitritt beider Landesteile zur Europäischen Union den Weg ebnen. Der so genannte Annan-Plan war das Ergebnis langjähriger und diplomatisch schwieriger Verhandlungen. Der Vergleich der ersten Phase dieser Verhandlungen mit einem Schattenkampf, wie ihn der UN-Generalsekretär in seinem Bericht vom 1.4.2003 gezogen hat, verdeutlicht das Misstrauen der politischen Vertreter der Volksgruppen und ihren verbissenen Kampf um Positionen und Prämissen.[1] Der Annan-Plan, der den bislang detailliertesten Vorschlag zur Überwindung der Teilung darstellt, ist im April 2004 in einem getrennten Referendum den Volksgruppen zur Entscheidung gestellt worden. Während er in der zyperntürkischen Volksgruppe Zuspruch fand, stieß er in der zyperngriechischen Volksgruppe auf Ablehnung. So bleibt die politisch schwierige Situation auf der geteilten Insel unverändert: Im Norden regiert die zyperntürkische Regierung der 1983 ausgerufenen Türkischen Republik Nordzypern, die bislang *de iure* nur von der Türkei als Staat anerkannt wird. Im Süden regiert die zyperngriechische Regierung, die sich als die Regierung der 1960 gegründeten und weiterhin fortbestehenden Republik Zypern ansieht und international zumindest auch faktisch als solche anerkannt wird.

Ein Teil des Zypernkonflikts, so scheint es, wird seit geraumer Zeit vor den Kontrollorganen der Europäischen Konvention für Menschenrechte in Straßburg ausgetragen. Bereits nach der türkischen Militärintervention 1974 hatte die zyperngriechische Regierung im Namen der Republik Zypern mehrere Staatenbeschwerden bei der Europäischen Kommission für Menschenrechte

[1] Bericht des UN-Generalsekretärs vom 1.4.2003, UN doc. S/2003/398, Ziff. 23.

eingelegt. Die Berichte der Kommission zu diesen Beschwerden waren richtungsweisend für spätere vor dem Europäischen Gerichtshof für Menschenrechte verhandelte Zypern-Fälle. Nach Anerkennung des Individualbeschwerderechts 1990 durch die Türkei wurde der Loizidou Fall als erste Individualbeschwerde mit Bezug zum Zypernkonflikt vor dem Gerichtshof verhandelt. Frau Titina Loizidou klagte gegen die Türkei und machte ihre Eigentumsrechte an in Nordzypern gelegenen Grundstücken geltend, die sie seit der Intervention 1974 nicht mehr erreichen und nutzen konnte. Fraglich war in diesem Zusammenhang, ob eine wirksame Enteignung durch die Verfassung der TRNZ stattgefunden hatte. Der Gerichtshof verneinte dies und erkannte das Weiterbestehen der Eigentumsrechte an. Die Türkei wurde zur Zahlung einer Nutzungsentschädigung in Höhe von umgerechnet etwa 780.000 Euro verurteilt. Die Loizidou-Entscheidung ist jedoch wegen der darin aufgeworfenen schwierigen Fragen zur rechtlichen Situation Zyperns und ihrer politischen Tragweite äußerst umstritten. Einerseits ist fraglich, inwiefern die Türkei Jurisdiktion i. S. v. Art. 1 EMRK über Nordzypern ausübt und völkerrechtliche Verantwortlichkeit für das Verhalten zyperntürkischer Behörden trägt. Auch wenn die TRNZ bislang von keinem anderen Staat anerkannt worden ist, könnte es sich um ein De-facto-Regime handeln, dessen Akte nicht ohne weiteres als unwirksam beurteilt oder einem anderen Staat zugerechnet werden können. Andererseits ist unklar, ob die zeitliche Zuständigkeit des Gerichtshofs gegeben ist, da sich der Entzug des Eigentums in der Regel als einmaliger Akt darstellt. Im vorliegenden Fall war daher fraglich, ob der Entzug des Eigentums bereits vor der Anerkennung der Gerichtsbarkeit des EMRG durch die Türkei abgeschlossen war. Ferner wurde kritisiert, dass bei der Würdigung des Sachverhalts die geschichtlichen Zusammenhänge des Zypernkonflikts nicht berücksichtigt worden sind. Der ethnische Konflikt hatte seit 1954 seinen Lauf genommen und in beiden Volksgruppen zu Flucht und Vertreibung geführt, die Eigentumsverluste nach sich gezogen haben. In den Verhandlungen zum Annan-Plan wurde daher versucht – wie auch bereits zuvor in den anderen UN-Lösungsvorschlägen – zwischen Rückgabe und Entschädigung einen Ausgleich zu finden, der den Interessen sowohl zyperntürkischer, als auch zyperngriechischer Flüchtlinge entgegen kam. Dieser Aspekt blieb vor dem Gerichtshof jedoch unbeachtet.

Aufgrund dieser umstrittenen Fragen und der absehbaren zahlreichen Folgeprozesse weigerte sich die Türkei zunächst, das Urteil umzusetzen und die Entschädigung zu zahlen. Die Zahlung erfolgte erst nach jahrelangen Verhandlungen im Ministerkomitee des Europarates im Dezember 2003. Inzwischen sind weitere Verfahren von Zyperngriechen, die bei der Militärintervention vertrieben wurden und Eigentum verloren haben, vor dem EMRG gegen die Türkei anhängig. Bis Dezember 2004 wurden in Straßburg diesbezüglich 1.260 Klagen, zum Teil Sammelklagen, eingelegt. Damit sind weitreichende finanzielle Konsequenzen für die Türkei absehbar. Auch in Hinblick auf den angestrebten EU-Beitritt gerät die Türkei politisch immer stärker unter Druck, den Zypernkonflikt zu lösen.

Vorliegende Arbeit befasst sich mit den juristischen Fragestellungen der Loizidou-Rechtsprechung und ihren Auswirkungen auf die politische Lage in Zypern. Dabei werden zunächst die Gründung der Republik Zypern, der Zusammenbruch des dualen Systems und die Sezession der Zyperntürken dargestellt und völkerrechtlich untersucht, wobei ein besonderer Blick auf die in der türkischen Fachliteratur zur Problematik angeführten Argumente geworfen werden soll. Im Weiteren werden die Berichte der Kommission zu den Staatenbeschwerden und die späteren Urteile des Gerichtshofs analysiert. Der Schwerpunkt liegt dabei auf der Loizidou-Entscheidung und den darin aufgeworfenen Fragen zum Eigentumsschutz unter Art. 1 des Ersten Zusatzprotokolls zur EMRK. Insbesondere soll untersucht werden, in welchem Verhältnis der Eigentumsschutz unter der EMRK zum Schutz des Eigentums im allgemeinen und im humanitären Völkerrecht steht. Ferner wird thematisiert, wie sich die Rechtsprechung des Gerichtshofs auf die allgemeine politische Lage in Zypern und im besonderen auf die Lösung der Eigentumsfrage ausgewirkt hat.

## Abschnitt 2: Gang der Untersuchung

Zum besseren Verständnis der Probleme bei der Rechtsprechung des EMRG zum Zypernkonflikt muss zunächst ein Überblick über die geschichtlichen Ereignisse des Konflikts, dessen Ursachen und Entwicklung gegeben werden. Abgerundet werden diese Ausführungen durch eine Zusammenfassung der wichtigsten Punkte des Annan-Plans und der Aspekte des EU-Beitritts. Im zweiten Teil der Arbeit folgt dann zuerst eine Darstellung des EMRK-Systems vor der Reform durch das 11. Protokoll, da die meisten der in dieser Arbeit untersuchten Fälle zum Zypernkonflikt nach dem alten System verhandelt wurden. Dem folgt die Untersuchung der völkerrechtlichen Lage Zyperns. Dabei werden vor allem Fragen nach dem Bestand und Inhalt des Selbstbestimmungsrechts und der Anwendung von Gewalt in Verbindung mit Garantieverträgen behandelt. Seit der Intervention der Türkei ist zwischen den Konfliktparteien umstritten, ob es sich hierbei um einen Verstoß gegen das Gewaltanwendungsverbot des Art. 2 Nr. 4 der UN-Charta gehandelt hat. Ferner werden auch die Stellung der TRNZ als De-facto-Regime und die jüngsten Entwicklungen in der Frage der völkerrechtlichen Anerkennung seit dem Scheitern des Annan-Planes untersucht. Danach werden die Ergebnisse der Kommission zu den Staatenbeschwerden Zyperns gegen die Türkei dargestellt. Hier sind in Hinblick auf die spätere Beurteilung des Zypernkonflikts vor dem EMRG vor allem die Ausführungen zu der Prozessführungsbefugnis der zyperngriechischen Regierung, zur Jurisdiktion der Türkei, sowie zur Rechtswegerschöpfung und der Anwendbarkeit der Notstandsklausel in Art. 15 EMRK von Bedeutung. Im Abschnitt zur Loizidou-Entscheidung wird das Augenmerk zunächst diesen verfahrensrechtlichen Fragestellungen gewidmet, wobei die Jurisdiktion der Türkei in Nordzypern einer der umstrittensten Punkte ist. Im Weiteren wird dann vor allem auf die materiellrechtlichen Fragen eingegangen. Diese betreffen den Bestand des Eigentums im Zeitpunkt der Anerkennung der Gerichtsbarkeit des EMRG durch die Türkei und die nur partiell erfolgte Anwendung des allgemeinen und humanitären Völkerrechts durch den Gerichtshof. In diesem Zusammenhang wird die Rechtsprechung zum deutschen Vertriebeneneigentum herangezogen. Die Kommission und der Gerichtshof haben darin Stellung zur Frage nach dem Verhältnis des Eigentumsschutzes unter der Haager Landkriegsordnung zum Eigentumsschutz unter der EMRK genommen. Anhand dieser Urteile wird versucht, eine Abgrenzung zwischen der einmaligen und fortdauernden Verletzung des Eigentums vorzunehmen. Insbesondere wird die Loizidou-Entscheidung im Lichte der jüngeren Liechtenstein-Rechtsprechung untersucht. Dabei wird auch darauf eingegangen, ob ein Verstoß gegen das zwingende Völkerrecht beim Eigentumsentzug, wie z. B. durch Vertreibung oder einem Verstoß gegen das Gewaltanwendungsverbot, überhaupt zu einer wirksamen Enteignung führen kann.

Im dritten Abschnitt soll dann die Frage behandelt werden, ob und inwiefern sich das Loizidou-Urteil auf die politische Lage in Zypern ausgewirkt hat. Hier ist das Verhältnis zwischen der rechtprechenden Gewalt und der Politik als Mittel der gesetzgebenden Gewalt zu beleuchten, und die Frage zu klären, ob der Gerichtshof in Hinblick auf die historische und diplomatisch schwierige Situation in Zypern mehr politische Zurückhaltung hätte zeigen müssen. Zunächst wird analysiert, wie sich die Rechtsprechung der EMRK-Kontrollorgane insgesamt auf die allgemeine politische Lage ausgewirkt hat. Danach wird untersucht, wie sich die Loizidou-Rechtsprechung speziell auf die Verhandlungen und die Lösung der Eigentumsfrage ausgewirkt hat. Dabei wird auf die seit 1958 bestehende Flüchtlings- und Eigentumsproblematik auf Zypern einzugehen sein, sowie auf den letzen Stand der UN-Lösungsverhandlungen vor der Loizidou-Entscheidung. Der damals aktuelle *Set of Ideas* des UN-Generalsekretärs Boutros Ghali sah, wie auch der spätere Annan-Plan, einen Ausgleich zwischen Rückgabe und Entschädigung vor. Abschließend soll ein Ausblick auf die noch anhängigen Klagen von Zyperngriechen und der möglicherweise zu erwartenden Klagen von Zyperntürken gegen die Republik Zypern gegeben werden.

## Teil 2: Der Zypernkonflikt vor dem Europäischen Menschenrechtsgerichtshof

Zum besseren Verständnis der juristischen Probleme und deren Beurteilung durch den Gerichtshof ist ein Überblick über die geschichtlichen Ereignisse und ein Einblick in die Ursachen dieses langjährigen und verworrenen Konflikts notwendig.

### Abschnitt 1: Entstehung, Ursachen und Entwicklung des Zypernkonflikts

#### A. Geschichtlicher Überblick

Die strategisch günstige Lage Zyperns im östlichen Mittelmeer hat der Insel eine wechselhafte Geschichte und scheinbar unlösbare kulturelle und ethnische Probleme beschert.[1] Als wichtiger Handels- und Militärstützpunkt im östlichen Mittelmeer unterstand sie bis zu ihrer Unabhängigkeit 1960 immer verschiedenen Herrschaften und deren kulturellen Einflüssen.[2] Auf die frühe Geschichte der Insel soll hier nur kurz eingegangen werden, da die eigentliche politische Entwicklung des heutigen Zypernkonflikts und die damit zusammenhängenden völkerrechtlich relevanten Vorgänge erst in der britischen Kolonialzeit eingesetzt haben.[3]

##### I. Frühe Geschichte, osmanische Herrschaft und britische Kolonialzeit

Auf Zypern haben sich orientalische Kultur und Traditionen der Siedler, die in der frühen Bronzezeit (ca. 2500-1900 v. Chr.) vermutlich aus Anatolien und Syrien kamen, mit der Kultur der achaiischen Einwanderer ab 1450 v. Chr. vermischt.[4] Die Insel entwickelte sich unter griechischem Einfluss weiter und wurde während der phönizischen Besiedlung ab 1000 v. Chr. wieder verstärkt orientalisch geprägt.[5] Die Bevölkerung war auf Grund von verschiedenen Einwanderungswellen und immer wieder wechselnden Herrschaften heterogen.[6]

---

[1] Zypern liegt 70 km vor der türkischen Südküste, 100 km westlich von Syrien, 386 km nördlich von Ägypten und 300 km von der nächstgelegenen griechischen Insel Kastellorizon entfernt, vgl. Heinritz, Geographische Grundlagen, S. 19.

[2] Maier, Cypern – Insel am Kreuzweg der Geschichte, S. 14; zur Geschichte Zyperns bis zur britischen Herrschaft siehe ders. S. 17-128; ferner Zervakis, Historische Grundlagen, S. 39-65; Mühleisen, Der Zypernkonflikt, S. 109 ff.; umfassende Werke zur Geschichte Zyperns sind Hill, A History of Cyprus, Bd. 1-4 und Tzermias, Die Geschichte der Republik Zypern.

[3] Teilweise wird bei der Begründung eines Lösungsansatzes für den Zypernkonflikt auf Argumente aus der frühen Geschichte der Insel zurückgegriffen, vgl. dazu Anstötz, Perspektiven zur Neuordnung, S. 21 m. w. N.

[4] Zervakis, Historische Grundlagen, S. 39 f.

[5] Zervakis, Historische Grundlagen, S. 40; Mühleisen, Der Zypernkonflikt, S. 109.

[6] Zervakis, Historische Grundlagen, S. 41.

Von 750 v. Chr. an wurde die Insel abwechselnd von Assyrern, Ägyptern und Persern beherrscht und gehörte zwischen 332-294 v. Chr. für kurze Zeit zum Großreich des Alexander des Großen. In der Herrschaftszeit des ptolemäischen Ägyptens (294-58 v. Chr.) setzte sich Griechisch als Umgangssprache durch.[7] Unter der darauf folgenden römischen Herrschaft wurde Zypern christianisiert und fiel mit der Teilung des Reiches 395 n. Chr. an Byzanz. Nach der Einnahme durch den englischen König Richard Löwenherz 1191 während des dritten Kreuzzuges wurde Zypern zunächst unter der Lehnsherrschaft der Lusignan aus Frankreich zum römisch-katholischen Kreuzfahrerstaat. In dieser Zeit kamen auch zahlreiche Kaufmannsfamilien aus Genua, Venedig, Katalonien und der Provence nach Zypern.[8] Während der venezianischen Herrschaft ab 1489 wurde Zypern im Jahre 1571 von den Osmanen erobert.

Die Osmanen beendeten die Lehnsherrschaft, indem sie Leibeigenschaft und Frondienste abschafften, und verhalfen der griechisch-orthodoxen Kirche wieder zu ihren aus byzantinischer Zeit stammenden Rechten.[9] Der griechisch-orthodoxen Gemeinschaft wurde 1754 der Rechtsstatus eines *millets* zugestanden, der es Religionsgemeinschaften im osmanischen Reich ermöglichte, begrenzte Selbstverwaltungsrechte und eine eigene Privatrechtsordnung zu haben.[10] Der Erzbischof, als religiöses und politisches Oberhaupt der griechisch-orthodoxen Gemeinde nun *Ethnarch*, war mit einem weitgehenden Selbstbestimmungsrecht in religiösen, kulturellen, bildungspolitischen und zivilrechtlichen Fragen ausgestattet.[11] Damit war der Kirche Zyperns praktisch der Status eines eigenständigen Volkes im osmanischen Reich eingeräumt.[12]

Um den durch die massive Auswanderung nach der osmanischen Eroberung verursachten Bevölkerungsrückgang auszugleichen und die Bewirtschaftung der Felder sicherzustellen, siedelten die Osmanen mehrere tausend Familien auf der Insel an.[13] Bereits 1598 machten die Türken, die ineinander gesiedelt mit den Zyperngriechen lebten, 20 % der Bevölkerung aus.[14] Es kam kaum zu einer Vermischung oder Assimilierung zwischen den muslimischen Türken und

---

7 Zervakis, Historische Grundlagen, S. 43.

8 Zu der Zeit unter den Lusignan vgl. Hill, A History of Cyprus, Bd. 2, S. 1 ff.; Zervakis, Historische Grundlagen, S. 48 ff.

9 Zervakis, Historische Grundlagen, S. 56; Hill, A History of Cyprus, Bd. 4, S. 305 f.

10 Maier, Cypern, S. 148; Rumpf, Die staats- und völkerrechtliche Lage Zyperns, S. 533.

11 Zervakis, Historische Grundlagen, S. 60.

12 Berner, Das vergessene Volk, S. 11.

13 Asmussen, Wir waren wie Brüder, S. 28.

14 Choisi, Wurzeln und Strukturen des Zypernkonfliktes, S. 158; bis 1581 wurden schätzungsweise bis zu 40.000 Personen umgesiedelt, vgl. Asmussen, Wir waren wie Brüder, S. 31; vgl. dazu auch Zervakis, Historische Grundlagen, S. 57.

den christlich-orthodoxen Griechen.[15] Das Zusammenleben gestaltete sich dennoch harmonisch und frei von kulturellen Spannungen.[16] Anders als die vorherigen Herrschaftsschichten, die später wieder von der Insel vertrieben wurden oder auswanderten, blieben die Türken auf der Insel und wurden zu einer zypriotischen Volksgruppe mit ihrer eigenen Religion und Sprache.[17]

Durch die Verlagerung der Handelswege und Entdeckung neuer Seewege verlor Zypern bald nach der osmanischen Eroberung an strategischer Bedeutung.[18] Eine zu hohe Besteuerung aller Zyprer und die Zunahme von Korruption führten Anfang des 19. Jahrhunderts zu einer desolaten Wirtschaftslage und zu großer Unzufriedenheit in der gesamten Inselbevölkerung.[19] In dieser Zeit entstand innerhalb der zyperngriechischen Elite, inspiriert von den Unabhängigkeitsbewegungen auf dem griechischen Festland und hauptsächlich getragen von der Kirchenführung, die Idee vom Anschluss Zyperns an das griechische Festland (so genannte *Enosis,* griech. für *Vereinigung*).[20] Die Vorbereitung eines ersten Aufstandes gegen die osmanische Oberherrschaft wurde 1821 mit der Exekution der Kirchenführung und weiterer einflussreicher Zyperngriechen im Ansatz erstickt.[21]

Als Ende des 19. Jahrhunderts die Position des Osmanischen Reiches wegen seiner Kriege gegen die Habsburger und gegen Russland immer schwächer wurde, bot Großbritannien 1878 in einem Beistandspakt Schutz gegen weitere russische Übergriffe auf die osmanischen Territorien an und erhielt als Gegenleistung dafür die Insel Zypern zur Besetzung und Verwaltung.[22] Als das Osmanische Reich 1914 auf der Seite der Mittelmächte in den Ersten Weltkrieg eintrat annektierte Großbritannien die Insel und erklärte sie 1925 offiziell zur britischen Kronkolonie.[23] Für Großbritannien war Zypern hauptsächlich ein strategisch

---

[15] Beispielsweise gab es keinen gemeinsamen Schulunterricht und nur wenige Mischehen, Zervakis, Historische Grundlagen, S. 58; Asmussen, Wir waren wie Brüder, S. 107 ff. und S. 82 ff.

[16] Choisi, Wurzeln und Strukturen des Zypernkonfliktes, S. 158.

[17] Mühleisen, Der Zypernkonflikt, S. 111.

[18] Asmussen, Wir waren wie Brüder, S. 27 f.

[19] Zervakis, Historische Grundlagen, S. 61 ff.

[20] Dazu Asmussen, Wir waren wie Brüder, S. 154 ff.; Berner, Das vergessene Volk, S. 18 f.; Choisi, Wurzeln und Strukturen des Zypernkonfliktes, S. 82-84; Hill, A History of Cyprus, Bd. 4, S. 488 ff.; Tzermias, Die Geschichte der Republik Zypern, S. 22 ff.; Zervakis, Historische Grundlagen, S. 60-64.

[21] Vgl. Asmussen, Wir waren wie Brüder, S. 154 und Zervakis, Historische Grundlagen, S. 62 f.

[22] Zervakis, Historische Grundlagen, S. 66; Großbritannien wollte damit die Expansion der russischen Territorien und vor allem einen Zugang Russlands zum Mittelmeer verhindern.

[23] Zervakis, Historische Grundlagen, S. 67; Zur der Zeit unter der britischen Kolonialherrschaft s. Hill, A Cyprus History, Bd. 4, S. 403 ff. Die Türkei hat die Annexion Zyperns im Vertrag von Lausanne 1923 (Art. 28) anerkannt.

wichtiger, militärischer Stützpunkt. Dem Erzbischof wurden die politischen Führungsrechte entzogen und es wurde ein koloniales Regierungssystem nach britischem Vorbild eingerichtet.[24] Die zyperngriechische Elite forderte währenddessen immer stärker den Anschluss Zyperns an Griechenland. Da die Briten diese Forderung ablehnten, kam es immer öfter zu Anschlägen gegen die britische Kolonialmacht.[25] Die zyperntürkische Elite fühlte sich indes von der *Enosis*-Bewegung existentiell bedroht und protestierte gegen einen Anschluss an Griechenland.[26] 1931 kam es zum ersten gewalttätigen Aufstand der Zyperngriechen gegen die Briten.[27] Die darauf folgende Verhängung von Notstandsmaßnahmen gegenüber allen Inselbewohnern und die verstärkte Aufnahme von Zyperntürken in die Polizei, mit deren Hilfe die zyperngriechischen Aufstände niedergeschlagen wurden, verstärkten die inzwischen entstandene Gegnerschaft zwischen den zwei Volksgruppen.[28]

Unter der autoritären Kolonialherrschaft der Briten nach 1931[29] gewann die *Enosis*-Idee über einen elitären Kreis hinaus auch in der breite Masse der zyperngriechischen Volksgruppe an Zustimmung. Die Zyperntürken, die sich erst seit 1944 unter Dr. Fazil Küçük und seiner Partei[30] politisch organisiert hatten, befürworteten dagegen zunächst die Weiterführung der britischen Herrschaft und forderten für den Fall der Unabhängigkeit ein politisches System, in dem ihre Beteiligung an der Staatsmacht gesichert war.[31] Erst ab 1955 wurde die Forderung nach einer Lösung der Zypernfrage durch Teilung der Insel in einen griechischen und türkischen Teil (*Taksim*, türk. für *Teilung)* proklamiert.[32] Auch die Türkei schaltete sich nun in die Verhandlungen über Zypern ein und unterstützte die Position der Zyperntürken. Für die Regierung in Ankara waren dabei

---

[24] Zervakis, Historische Grundlagen, S. 74 und 71.

[25] Ein Angebot Großbritanniens 1915, Zypern als Gegenleistung für den Kriegseintritt auf der Seite der Alliierten abzutreten, lehnte Griechenland ab.

[26] Ihren Protest brachten die Zyperntürken vor allem in zahlreichen Petitionen an London und Istanbul zum Ausdruck, vgl. Zervakis, Historische Grundlagen, S. 75.

[27] Vgl. dazu Asmussen, Wir waren wie Brüder, S. 160 ff.; Hill, A History of Cyprus, Bd. 4, S. 546 ff.

[28] Mühleisen, Der Zypernkonflikt, S. 113; Zervakis, Historische Grundlagen, S. 79; Berner, Das vergessene Volk, S. 34.

[29] Abschaffung der Kommunalwahlen, Verbot des griechischen Geschichtsunterrichts, Aufforderung der Kirche zur politischen Enthaltsamkeit, vgl. dazu und zur Rolle der griechisch-orthodoxen Kirche im Zypernkonflikt Zervakis, Historische Grundlagen, S. 79 ff.

[30] *Kıbrıs Türk Milli Halk Partisi* (Nationale Volkspartei der Zyperntürken).

[31] Hill, A History of Cyprus, Bd. 4, S. 563 f.

[32] Zervakis, Historische Grundlagen, S. 86; Maier, Cypern, S. 160; zum Teilungsgedanken s. Berner, Das vergessene Volk, S. 57-65.

sowohl strategische Gründe ausschlaggebend, als auch der Schutz der zyperntürkischen Volksgruppe.[33]

Mit der Unabhängigkeitsbewegung der Kolonialvölker und der Anerkennung des Selbstbestimmungsrechts durch die Vereinten Nationen wurde auch die Frage nach dem Selbstbestimmungsrecht der Zyprer auf internationaler Ebene relevant. Auf Druck des neugewählten Erzbischofs Makarios III. und der Unterstützung Griechenlands, wurde 1954 die Zypernfrage zum ersten Mal in der UN-Vollversammlung vorgetragen, ein Anschluss der Insel an Griechenland aber abgelehnt. Nach dem scheitern dieses politischen Vorstoßes nahmen die Gewalttätigkeiten auf Zypern zu. Die terroristische Organisation EOKA[34] unter der Leitung von Georgios Grivas – einem aus Zypern stammenden ehemaligen Oberst der griechischen Armee – verübte Bombenanschläge auf britische Einrichtungen und ab 1957 auch erste offenkundige Überfälle auf Zyperntürken.[35] Als Reaktion auf diese Angriffe wurde „Die Türkische Verteidigungsorganisation" (TMT)[36] gegründet, die ebenso brutal wie die EOKA vorging und sich mit dieser bekriegte. Der Interessenkonflikt zwischen den türkischen und griechischen Zyprern, der bis dahin nur politischer Art gewesen war, hatte sich nun zu einer bewaffneten Auseinandersetzung erweitert.[37] Bereits diese Übergriffe der EOKA und der TMT führten 1958 zu Flucht, vor allem der Zyperntürken, und räumlicher Absonderung der beiden Volksgruppen.[38]

## II. Die Gründung der Republik Zypern

Nach der britischen Niederlage in der Suez-Krise verlor Zypern weitgehend an strategischer Bedeutung, und die britische Regierung willigte in die Unabhängigkeit Zyperns ein.[39] Allerdings sollten zwei Militärbasen auf der Insel weiterhin unter absoluter britischer Souveränität bleiben. Diplomatischer Druck von NATO und USA, die eine Schwächung der Stabilität im östlichen Mittelmeerraum auf Grund eines griechisch-türkischen Konflikts befürchteten, trug dazu bei, dass konkrete multilaterale Verhandlungen aufgenommen wurden.[40]

---

[33] Maier, Cypern, S. 160; Eine Vertreibung der Inseltürken, wie dies auf Kreta geschehen war, sollte sich nicht wiederholen, vgl. Zervakis, Historische Grundlagen, S. 86.

[34] Nationale Organisation Zyprischer Kämpfer oder Revolutionäre Organisation für den Kampf auf Zypern; über die genaue Bedeutung der Abkürzung besteht Uneinigkeit, vgl. Zervakis, Historische Grundlagen, S. 86 f.

[35] Zervakis, Historische Grundlagen, S. 88; Asmussen, Wir waren wie Brüder, S. 227.

[36] *Türk Mukavemet Teşkilati*, hervorgegangen aus der Verteidigungsorganisation *Volkan*, die bereits 1955 gegründet wurde, vgl. Asmussen, Wir waren wie Brüder, S. 219.

[37] Ertekün, The Cyprus Dispute, S. 4.

[38] Asmussen, Wir waren wie Brüder, S. 229 ff., insb. S. 244 und 245; Zervakis, Historische Grundlagen, S. 88.

[39] Maier, Cypern, S. 166 f.; Zervakis, Historische Grundlagen, S. 88.

[40] Maier, Cypern, S. 167.

Inzwischen erklärten sich der zyperngriechische Vertreter, Erzbischof Makarios, und die griechische Regierung bereit, auf die Verwirklichung der *Enosis* im Gegenzug für die Selbständigkeit Zyperns zu verzichten.[41] Die Verhandlungen über die zukünftige staatliche Organisation wurden Ende 1958 zwischen den Außenministern Griechenlands und der Türkei aufgenommen und im Februar 1959 in Zürich mit den Ministerpräsidenten der jeweiligen Länder weitergeführt. Vorerst ohne die Beteiligung zyprischer Vertreter arbeiteten sie eine Grundstruktur aus, die die staatliche Selbständigkeit Zyperns unter einer Volksgruppenverfassung vorsah.[42] Bei der darauf folgenden offiziellen Konferenz vom 17. bis 19.2.1959 in London wurde diese *Basic Structure* in einem Memorandum zusammen mit acht weiteren Dokumenten als *Agreed Foundation for the Final Settlement of the Problem of Cyprus* von den Vertretern Großbritanniens, Griechenlands und der Türkei paraphiert.[43] Teil des Londoner Memorandums waren auch die Vereinbarungen über einen Garantie- und einen Allianzvertrag und ferner die Einverständniserklärungen der inzwischen gewählten Vertreter der zyprischen Volksgruppen Makarios und Küçük. Nachdem eine Kommission – zusammengesetzt aus je einem Vertreter der zyprischen Volksgruppen, einem Vertreter der Mutterländer Türkei und Griechenland und einem neutralen Rechtsberater[44] – die Verfassung der Republik Zypern gemäß den Vorgaben der *Basic Structure* erarbeitet hatte, unterzeichneten am 16.8.1960 Großbritannien, Griechenland und die Türkei einerseits und die zyprischen Volksgruppenvertreter andererseits den Gründungsvertrag.[45] Mit ihm traten die Verfassung der Republik Zypern, sowie der Garantievertrag und der Allianzvertrag in Kraft.[46] Der Garantievertrag, der gleichzeitig auch ein Teil der Verfassung war, sicherte die Aufrechterhaltung des durch die Gründungsverträge errichteten Status quo in Zypern. In Art. 1 Abs. 2 wurde sowohl der Anschluss Zyperns an einen anderen Staat als

[41] Vgl. dazu Dischler, Die Zypernfrage S. 46 f.

[42] Basic Structure of the Republic of Cyprus, Text bei Dischler, Die Zypernfrage, S. 147.

[43] von Laffert, Die völkerrechtliche Lage, S. 6; Dischler, Die Zypernfrage, S. 56; Text des Memorandums und der neun Dokumente bei Dischler, ebd., S. 151 ff. Die neun Dokumente sind im einzelnen: Die Vereinbarungen über die Basic Structure, den Garantievertrag und den Allianzvertrag, ferner die einseitige Erklärung der britischen Regierung, ein zusätzlicher Artikel zum Garantievertrag, die Erklärung der Außenminister Griechenlands und der Türkei, die Erklärung des Vertreters der zyperngriechischen Gemeinschaft, die Erklärung des Vertreters der zyperntürkischen Gemeinschaft und eine Vereinbarung über vorbereitende Maßnahmen.

[44] Als neutraler Rechtsberater wurde der schweizer Verfassungsrechtler Prof. Dr. Marcel Bridel berufen, siehe Asmussen, Wir waren wie Brüder, S. 254.

[45] Treaty concerning the Establishment of the Republic of Cyprus, Text bei Ertekün, The Cyprus Dispute, S. 157 ff. und in UNTS 382 (1960), S. 5476.

[46] Zur rechtlichen Einordnung der Verträge von Zürich und London und dem Entstehungsgrund der Republik Zypern s. Beşler, Die völkerrechtliche Lage Zyperns, S. 17 ff.; von Laffert, Die völkerrechtliche Lage, S. 8; Tzermias, Die Geschichte der Republik Zypern, S. 193 ff.

auch die Teilung des Territoriums untersagt. Damit wurden *Enosis* und *Taksim* gleichermaßen verboten. Art. 4 des Vertrages räumte den Garantiestaaten Großbritannien, Türkei und Griechenland ein Interventionsrecht für den Fall des Vertragsbruchs (bzw. Verfassungsbruchs) ein.[47] Ferner wurden mit dem Gründungsvertrag die zwei Militärbasen Akrotiri und Dhekelia mit uneingeschränkter Souveränität für die Briten anerkannt.

Kennzeichnend für die Verfassung der Republik Zypern war, dass darin nicht von einer zyprischen Nation ausgegangen wurde, sondern von zwei unabhängig von ihrer Größe gleichberechtigten Volksgruppen.[48] Somit wurde der Status der Zyperntürken, die 18 % der Gesamtbevölkerung ausmachten, als Volkgruppe anerkannt.[49] Die gleichberechtigte Teilnahme der beiden Volksgruppen an der Ausübung von staatlicher Herrschaftsgewalt wurde durch ein ausführlich geregeltes Proporzsystem in allen drei Staatsgewalten festgelegt. Die Gesetzgebung erfolgte in den Bereichen der Selbstverwaltung der Volksgruppen, dazu gehörten z. B. Erziehung, Religion, Kultur und Personenstand, in zwei getrennten Volkskammern.[50] Im zentralen Gesetzgebungsorgan, dem Repräsentantenhaus, bestand ein Verhältnis von siebzig Prozent zyperngriechischen Abgeordneten zu dreißig Prozent zyperntürkischen Abgeordneten.[51] In der Exekutive bestand ebenfalls ein sieben zu drei Verhältnis bei der Verteilung der Ministerposten sowie der Ämter im öffentlichen Dienst.[52] Der Staatspräsident sollte aus der zyperngriechischen, der Vizepräsident aus der zyperntürkischen Volksgruppe stammen und jeweils getrennt von diesen Volksgruppen gewählt werden. Der Vizepräsident war dabei nicht der Vertreter des Präsidenten.[53] Beiden stand ein Veto-Recht gegenüber allen Parlaments- und Kabinettsbeschlüssen, welche die Außen- und Sicherheitspolitik oder die Kerninteressen der Volksgruppen betrafen. Auf Grund der starken Stellung des Vizepräsidenten

[47] Dazu ausführlicher in Abschnitt 2, B. II. 1; Mit dem Allianzvertrag vereinbarten Griechenland, Zypern und die Türkei die Errichtung eines gemeinsamen militärischen Hauptquartiers zur Friedenssicherung auf der Insel. Vgl. Rumpf, Verfassung und Recht, S. 160.

[48] Rumpf spricht daher auch von einer „Volksgruppenverfassung“, Verfassung und Recht, S. 161; Beşler, Die völkerrechtliche Lage Zyperns, S. 85; von Laffert, Die völkerrechtliche Lage, S. 38; Anstötz, Perspektiven zur Neuordnung, S. 29; zum Begriff der Volksgruppe, vgl. Dahm/Delbrück/Wolfrum, Völkerrecht Bd. I/2, S. 4.

[49] Berner, Das vergessene Volk, S. 91; von Laffert, Die völkerrechtliche Lage, S. 7; bei Bahçeli, Domestic Political Developments, S. 100 sind 20 % angegeben. Für die maronitische, armenische und jüdische Minderheit wurden Minderheitsrechte festgelegt, vgl. Rumpf, Verfassung und Recht, S. 161.

[50] Rumpf, Verfassung und Recht, S. 164.

[51] Das Repräsentantenhaus bestand aus 50 Mitgliedern. Die Aufteilung ergab 35 zyperngriechische und 15 zyperntürkische Abgeordnete, vgl. Berner, Das vergessene Volk, S. 91.

[52] Das sieben zu drei Verhältnis im öffentlichen Dienst wurde jedoch nicht durchgehend realisiert, vgl. Asmussen, Wir waren wie Brüder, S. 256 f.

[53] Rumpf, Verfassung und Recht, S. 163.

wird in der Literatur zum Teil von einem Zwei-Präsidenten-System gesprochen.[54] Ferner wurde die seit 1958 bestehende getrennte Verwaltung in den fünf großen Städten, Nikosia, Limassol, Larnaka, Paphos und Famagusta vorerst beibehalten.[55] In der Justiz gab es zwar keine organisatorische Trennung der Volksgruppen, das sonst geltende sieben zu drei Verhältnis sollte aber ebenfalls eingehalten werden. Eine Besonderheit stellte das Verfassungsgericht dar, das aus jeweils einem Richter aus jeder Volksgruppe und einem neutralen ausländischen Präsidenten bestand, der nicht aus der Türkei oder aus Griechenland stammten durfte.[56]

Die Entstehung einer souveränen Republik Zypern wird, trotz des Beitritts zu den Vereinten Nationen und der Anerkennung durch die Staatengemeinschaft, aus verschiedenen Gründen bezweifelt. Zum einen ist es fraglich, inwieweit man von der Ausübung des Selbstbestimmungsrechts ausgehen kann, da die Verfassung von 1960 durch völkerrechtliche Verträge zwischen der ehemaligen Kolonialmacht Großbritannien und der Mutterländer Türkei und Griechenland vorgegeben wurde, und nicht der freien Willensentscheidung des zyprischen Volkes oder seiner gewählten Regierung unterlag.[57] Die grundlegenden Artikel der Verfassung, die entsprechend der *Basic Structure* die Gleichberechtigung der Volksgruppen regelten, wurden zudem gemäß Art. 182 Abs. 1 VerfRZ i. V. m. Annex III als unveränderbar festgelegt. Damit waren die verfassungsgebenden Staaten auch die alleinigen verfassungsändernden Gesetzgeber derjenigen Bestimmungen, die den Kern der Volksgruppenverfassung ausmachten.[58] Zum anderen wird der freie Wille des zyperngriechischen Vertreters Makarios bei der Unterzeichnung der Gründungsverträge in Frage gestellt, da er unter dem Druck Griechenlands unterzeichnet hatte und, wie aus späteren Aussagen erkennbar ist, mit dem Vorbehalt, die *Enosis* zu einem späteren Zeitpunkt zu verwirklichen.[59] Ob und welche rechtlichen Auswirkungen diese Probleme

---

[54] Vgl. Mühleisen, Der Zypernkonflikt, S. 116; Anstötz, Perspektiven zur Neuordnung, S. 30, Fn. 30.

[55] Die getrennte Verwaltung war unter den Briten eingerichtet worden. Eine Entscheidung über die Änderung oder Aufrechterhaltung der getrennten Verwaltungen sollte später erfolgen. Diese Frage führte wegen der Uneinigkeit der Volksgruppen zum Eklat im Repräsentantenhaus und zum Bruch der Verfassung 1963, vgl. dazu Berner, Das vergessene Volk, S. 92 und S. 104.

[56] Zum Verfassungsgericht vgl. Rumpf, Verfassung und Recht, S. 165 f.; zum ersten Präsidenten wurde der deutsche Staatsrechtler Prof. Dr. Ernst Forsthoff ernannt.

[57] Vgl. dazu Beşler, Die völkerrechtliche Lage Zyperns, S. 22; Chrysostomides, The Republic of Cyprus, S. 75 f.; Evangelides, The Republic of Cyprus and its Constitution, S. 73 f.; Rumpf, Verfassung und Recht, S. 160; Tzermias, Die Geschichte der Republik Zypern, S. 161.

[58] Rumpf, Verfassung und Recht, S. 160.

[59] Zum ausgeübten Druck von griechischer Seite vgl. Zervakis, Historische Grundlagen, S. 89 und Asmussen, Wir waren wie Brüder, S. 253; zum Vorbehalt des Erzbischofs Makarios

auf die Entstehung der Republik Zypern hatten, soll im Abschnitt über den Bestand der Republik Zypern nach dem Bruch der Volksgruppenverfassung 1963 erörtert werden.[60]

## III. Bürgerkrieg und Teilung

### 1. Verfassungsänderung und Unruhen nach 1963

Die Gründung der Republik Zypern und die garantierte Gleichberechtigung der Volksgruppen konnte den interethnischen Konflikt jedoch nicht lösen. Die Umsetzung der Verfassung gestaltete sich schwierig und führte bald zu heftigen Meinungsverschiedenheiten auf politischer Ebene. Diese betrafen vor allem die präsidialen Veto-Rechte, die Trennung der Kommunalverwaltungen, das Abstimmungsverfahren im Repräsentantenhaus, die Aufteilung der Stellen im öffentlichen Dienst und die Steuergesetzgebung.[61] Es wird unterschiedlich bewertet, ob die gescheiterte Zusammenarbeit an der Komplexität der Verfassung lag oder dem fehlenden guten Willen, miteinander zu kooperieren. Die Staatskrise wurde besonders deutlich, als zyperntürkische Vertreter die Aufrechterhaltung der getrennten Verwaltungen in den fünf größten Städten vor dem Verfassungsgericht einklagten, Staatspräsident Makarios aber verkündete, dass er die Entscheidung des Verfassungsgerichts nicht befolgen werde.[62] Die Auseinandersetzungen erreichten ihren Höhepunkt im Dezember 1963, als Makarios dem Parlament einen 13-Punkte-Vorschlag zur Änderung der Verfassung vorlegte. Die Änderungen sollten den dualistischen Aufbau aufheben und die türkische Volksgruppe auf einen Minderheitsstatus festlegen.[63] Dies lehnten die zyperntürkischen Volksvertreter entschieden ab. Noch im gleichen Monat brachen erneut Gewalttätigkeiten zwischen der EOKA und der TMT aus und weiteten sich auf die gesamte Bevölkerung aus.[64] In diesem Zusammenhang wurde der so ge-

---

vgl. Clerides, My Deposition, Vol. 1, S. 174; Nedjatigil, The Cyprus Conflict, S. 7 f. m. w. N.; Ertekün, The Cyprus Dispute, S. 163; Joseph, Cyprus, S. 25.

[60] Vgl. unten Abschnitt 2, B. I. 1.

[61] Vgl. dazu im einzelnen Asmussen, Wir waren wie Brüder, S. 256 ff.; Bahçeli, Domestic Political Developments, S. 100 ff. und Necatigil, The Cyprus Question, S. 20 ff.

[62] Urteil des *Supreme Constitutional Court* vom 25.4.1963, *The Turkish Communal Chamber v. The Council of Ministers,* 5 RSCC 59, vgl. dazu Necatigil, The Cyprus Question, S. 23.

[63] Rumpf, Die staats- und völkerrechtliche Lage Zyperns, S. 541; Choisi, Wurzeln und Strukturen des Zypernkonflikts, S. 234 f.; Text des 13-Punkte-Vorschlages bei Asmussen, Wir waren wie Brüder, S. 263 vgl. auch Tzermias, Die Geschichte der Republik Zypern, S. 266 ff.

[64] Auslöser der bewaffneten Kämpfe war eine nächtliche Straßenkontrolle der zyperngriechischen Polizei. Angesichts der angespannten Lage hätte aber auch jede andere Konfliktsituation zum Ausbruch der Kämpfe führen können. Vgl. dazu näher Asmussen, Wir waren wie Brüder, S. 265, insb. Fn. 85; Berner, Das vergessene Volk, S. 130; Zur Darstellung der Ereignisse aus griechischer Sicht, vgl. Tzermias, Die Geschichte der Republik Zypern, S. 299.

nannte Akritas-Plan zur gewaltsamen Herstellung unbeschränkter griechischer Herrschaft über Zypern bekannt.[65] Bereits kurz nach dem Ausbruch der Gewalttätigkeiten wurde von britischer Seite eine Pufferzone in Nikosia, die so genannte *Green Line,* entlang der griechischen und türkischen Stadtteile festgelegt.[66] Auf Grund der Waffenüberlegenheit der zyperngriechischen EOKA hatte die zyperntürkische Volksgruppe während der Kämpfe 1964 mehr Opfer zu beklagen.[67] Etwa hundert zyperntürkische Dörfern wurden verwüstet und etwa 25.000 Zyperntürken wurden zu Flüchtlingen.[68] Die Kämpfe konnten erst nach anfänglichem Einsatz britischer Truppen, Verhandlungen der Garantiestaaten und der zyprischen Vertreter in London[69] und letztendlich dem Einsatz von UN-Friedenstruppen (United Nations Peace Keeping Force in Cyprus, UNFICYP) im März 1964 und der Vereinbarung eines Waffenstillstandes beendet werden.[70] Die Türkei hatte von einer militärischen Intervention Abstand genommen, nachdem die USA deutlich gemacht hatten, dass sie den NATO-Partner nicht unterstützen würden, wenn die Sowjetunion ihrerseits die Türkei angreifen würde.[71]

Inzwischen wurde der 13-Punkte-Vorschlag von den zyperngriechischen Abgeordneten verfassungswidrigerweise angenommen und die Rückkehr der türkischen Abgeordneten in das Repräsentantenhaus von der Anerkennung dieser Änderungen abhängig gemacht.[72] Die willkürliche Durchsetzung der Verfassungsänderung ohne jegliche Verhandlungen mit den Zyperntürken, der Türkei

---

[65] Vgl. dazu Clerides, My Deposition, Vol. 1, allgemein S. 207 ff., Text ab S. 212; ferner Heinze, Zum Stand des Zypern-Konflikts, S. 412, Fn. 18 m. w. N.

[66] Káradi/Lutz, Außen- und Sicherheitspolitik, S. 136.

[67] Asmussen, S. 293 f.; Angaben zu den Opferzahlen ebd. 277; Heinze, Zum Stand des Zypern-Konflikts, S. 411; Nedjatigil, The Cyprus Conflict; S. 15 f.; Tzermias, Die Geschichte der Republik Zypern, S. 301 f.

[68] Tatlı, Der Zypernkonflikt, S. 120; Bericht des UN-Generalsekretärs vom 10.9.1964, UN doc. S/5950, Ziff. 177 ff.; Bahçeli, Domestic Political Developments, S. 106; zu der Zerstörung von Dörfern vgl. Asmussen, Anhang 3, S. 409 ff.

[69] Den Einsatz einer NATO-Friedenstruppe bestehend aus Kontingenten der Garantiemächte lehnte Makarios auf der Zypernkonferenz von London ab.

[70] S/RES/186 (1964); Vereinte Nationen 2 (1964), S. 77.

[71] Brief des US-Präsidenten Johnson vom 5.6.1964, vgl. Landau, Johnson's 1964 letter to Inönü and Greek lobbying of the White House, in Turkish Yearbook of International Relations, 14 (1974), S. 45-58; vgl. auch Choisi, Wurzeln und Strukturen des Zypernkonflikts, S. 239 und Anhang. Der diesbezügliche Einfluss der griechischen Lobby im US-Kongress ist bis heute nicht ausreichend untersucht worden, vgl. Zervakis, Rezension zu Claude Nicolet, S. 94. Zur Rolle des Kalten Krieges im Zypernkonflikt s. Choisi, Wurzeln und Strukturen des Zypernkonflikts, S. 239-241; Gülistan, Zypern – Genese eines Konfliktes, S. 88 ff.; Joseph, Cyprus, S. 57 ff.; Kızılyürek, Der Zypernkonflikt, S. 165 ff.; Mühleisen, Der Zypernkonflikt, S. 128 ff.

[72] Heinze, Zum Stand des Zypern-Konflikts, S. 411.

oder Großbritannien, zerstörte das für die Zusammenarbeit der Volksgruppenvertretungen notwendige Vertrauen.[73]

Bis auf wenige gemischte Dörfer lebten die Zyperngriechen und Zyperntürken nach 1964 voneinander räumlich getrennt.[74] Die zyperntürkischen Flüchtlinge hatten zumeist keine andere Wahl, als in den Enklaven zu bleiben, die sich während der Fluchtbewegungen gebildet hatten. Die UNFICYP sicherte die Grenzen der Enklaven, während die Ein- und Ausreise von zyperngriechischen Truppen streng kontrolliert wurde.[75] Die Lebensbedingungen in den Enklaven waren äußerst schlecht.[76] Die Versorgung mit Lebensmitteln, Wasser, Medikamenten und Gebrauchsgegenständen des Alltags wurde nur teilweise gewährleistet. Währenddessen führte ein wirtschaftlicher Aufschwung zu wachsendem Wohlstand in der zyperngriechischen Volksgruppe, was eine weitere Entfremdung der Volksgruppen zur Folge hatte.[77] In den Enklaven bildeten sich ferner eigene zyperntürkische Verwaltungen. Zu weiteren schweren Kämpfen zwischen der zyperngriechischen Nationalgarde und Zyperntürken kam es wieder 1967 während der Korphinou-Krise.[78] Ab 1968 fanden unter der Schirmherrschaft der UN wieder Gespräche zwischen den Vertretern der beiden Volksgruppen über die Neuorganisation des Staates Zypern statt, die zur Entspannung der Lage führten.[79]

## 2. Der Sampson-Putsch und die türkische Intervention 1974

Nach dem Grivas für die Zerstörung von zwei zyperntürkischen Dörfern während der Korphinou-Krise 1967 verantwortlich gemacht worden war, musste er Zypern verlassen. Er kehrte jedoch 1968 zurück und baute die EOKA-B mit dem Ziel auf, Makarios zu stürzen. Es kam immer öfter zu Gewaltaktionen gegen die zyperngriechische Regierung, die am 15.7.1974 in einem Putsch endeten und die nächste tragische Wende in der Geschichte Zyperns einleiteten.[80] Beim

[73] Vgl. dazu Tzermias, Die Geschichte der Republik Zypern, S. 265-267.
[74] Zu den gemischten Dörfern s. Asmussen, Wir waren wie Brüder, S. 309 ff.
[75] Asmussen, Wir waren wie Brüder, S. 299 und 302; Karte zu den Enklaven, ebd. 299.
[76] Vgl. dazu Asmussen, Wir waren wie Brüder, S. 301 ff.; Bahçeli, Domestic Political Developments, S. 107; Berner, Das vergessene Volk, S. 129 ff.; Brey/Heinritz, Bevölkerungsverteilung, S. 19 ff.; Heinze, Zum Stand des Zypern-Konflikts, S. 412; dergl., Beitrag der UNO, Vereinte Nationen 6/67, S. 180; Schultheis, Anhang zu Birand, 30 Heiße Tage, S. 166-169; Nedjatigil, The Cyprus Conflict, S. 30 ff.
[77] Bahçeli, Domestic Political Developments, S. 102; Bericht des UN-Generalsekretärs U Thant vom 13.6.1967, vgl. bei Schultheis, Anhang zu Birand, 30 Heiße Tage, S. 169.
[78] Asmussen, Wir waren wie Brüder, S. 305 ff.; Choisi, Wurzeln und Strukturen des Zypernkonflikts, S. 241-245.
[79] Asmussen, Wir waren wie Brüder, S. 308 f.; Berner, Das vergessene Volk, S. 211 ff.; Tzermias, Die Geschichte der Republik Zypern, S. 393 ff.
[80] Markides, The Rise and Fall of the Cyprus Republic, S. 167 ff.

Staatsstreich der zyperngriechischen Nationalgarde und der EOKA-B, der vom Obristenregime in Griechenland vorbereitet und gelenkt wurde, rief der neue Führer der EOKA-B Nicos Sampson die „Hellenistische Republik Zypern" aus.[81] Präsident Makarios, der mit britischer Hilfe nur knapp fliehen konnte, sprach in seiner Rede vor der UN-Vollversammlung am 19.7.1974 von einer „Invasion von Außen".[82] Die Verfassung der Republik Zypern war faktisch außer Kraft gesetzt, und die Unabhängigkeit der Republik war nicht mehr gewährleistet. Ein Interventionsfall gemäß Art. 4 des Garantievertrages war folglich gegeben.[83]

Die türkische Regierung nahm Verhandlungen mit Großbritannien über eine Intervention auf. Jedoch konnte keine Einigung über das Recht einzugreifen und die Art und Weise des Vorgehens erreicht werden.[84] Die Türkei ergriff daraufhin alleine erste Maßnahmen und landete zunächst mit ihren Streitkräften am 20.7.1974 in der Nähe von Kyrenia im Norden der Insel (erste Phase der militärischen Intervention).[85] Am 22. und 23.7. stürzten hintereinander sowohl das Militärregime von Sampson als auch die Junta in Griechenland.[86] Bereits am 20. Juli hatte der UN-Sicherheitsrat alle Beteiligten dazu aufgefordert, militärische Aktionen zu beenden und den Frieden auf Zypern wiederherzustellen.[87]

Um einen Krieg zwischen den NATO-Staaten Griechenland und Türkei zu vermeiden, wurden sofort diplomatische Verhandlungen aufgenommen. Nach Vermittlungsversuchen des US-Außenministers H. Kissinger wurde auf Initiative des britischen Außenministers Callaghan am 24. Juli eine Konferenz in Genf zur Lösung der gegenwärtigen Konfliktsituation einberufen.[88] Zur Verhandlung standen in erster Linie der Abzug türkischer Truppen gegenüber der Forderung der Türkei und Zyperntürken, einen föderativen Bundesstaat auf Zypern zu errichten. Nur so konnte ihrer Meinung nach die zyperntürkische Beteiligung an der politischen Neuorganisation Zyperns gesichert werden.[89] Nach der ersten Runde der Verhandlungen wurden in der so genannten Genfer-Erklärung vom 30.7.1974 ein Waffenstillstand vereinbart und weitere Verhandlungen anbe-

---

[81] Vgl. dazu im einzelnen Tzermias, 443 ff.; Zur EOKA-B s. Markides, The Rise and Fall of the Cyprus Republic, S. 114 ff.

[82] Tzermias, Die Geschichte der Republik Zypern, S. 449; Schultheis, Anhang zu Birand, S. 207.

[83] von Laffert, Die völkerrechtliche Lage, S. 81.

[84] Berner, Das vergessene Volk, S. 243 ff.

[85] Zum genauen Hergang vgl. Birand, 30 heiße Tage, S. 34 ff.

[86] Berner, Das vergessene Volk, S. 258; Birand, 30 heiße Tage, S. 73-78.

[87] S/RES/353 (1974), wiedergegeben in Vereinte Nationen 4 (1974), S. 125.

[88] Tzermias, Die Geschichte der Republik Zypern, S. 458 f.

[89] Berner, Das vergessene Volk, S. 270.

raumt.[90] In der zweiten Runde scheiterten die Verhandlungen jedoch, und die Türkei setzte ihre umstrittenen Militäraktionen fort (zweite Phase der militärischen Intervention).[91] Die türkischen Streitkräfte rückten nun bis zur heutigen Demarkationslinie zwischen Nord- und Südteil der Insel vor und hatten somit etwa 38 % des Inselterritoriums unter ihrer Gewalt.[92]

Während der türkischen Intervention[93] kam es zu schweren Menschenrechtsverletzungen. Vor allem die zyperngriechische Volksgruppe hatte die meisten Opfer zu beklagen.[94] Bis zu 180.000 Zyperngriechen im Nordteil der Insel mussten vor den türkischen Streitkräften fliehen.[95] Zum Teil wurden sie auch unmittelbar vertrieben.[96] Ebenso flüchteten bis zu 45.000 Zyperntürken in den Norden der Insel. Auf Grund einer Vereinbarung über einen Bevölkerungsaustausch vom 2.8.1975 kam es zur weiteren Umsiedlung von ca. 9.800 Zyperngriechen und 8.000 Zyperntürken.[97] Damit waren die Volksgruppen räumlich

---

90 Text bei Necatigil, The Cyprus Question, S. 412.

91 Zur Genfer Konferenz und den Gründen des Scheiterns siehe die ausführliche Dokumentation von Birand, 30 Heiße Tage, S. 85 ff.

92 Tzermias, Die Geschichte der Republik Zypern, S. 442.

93 Da die Türkei sich bei ihren Aktionen auf das Interventionsrecht des Art. 4 Abs. 2 GarantieV berief, die Völkerrechtsmäßigkeit der militärischen Einschreitung jedoch umstritten ist und kontrovers beurteilt wird – dazu unten Abschnitt 2, B. II. 3. b) – wird diese im folgenden nicht als völkerrechtswidrige *Invasion*, sondern als *militärische Intervention* bezeichnet.

94 Anlässlich der Staatenbeschwerden Nr. 6780/74 und Nr. 6950/75 vor der Europäischen Kommission für Menschenrechte, eingelegt durch die zyperngriechische Regierung der Republik Zypern gegen die Türkei, stellte die Kommission zahlreiche Menschenrechtsverletzungen fest. Vgl. die deutsche Übersetzung des vom Europarat unveröffentlichten Berichts: ASME Humanitas e. V. (Hrsg.), Bericht der Kommission des Europarates über Menschenrechte auf Zypern 1974, übersetzt von S. Hofmeister. Eine derartige Feststellung fehlt bezüglich der Menschenrechtsverletzungen an den Zyperntürken. Zu diesen siehe Asmussen, S. 314 ff., der darstellt, wie sich Zyperntürken und Zyperngriechen gegenseitig geholfen haben, den Übergriffen der EOKA-B bzw. der türkischen Armee zu entfliehen. Ferner Tzermias, die Geschichte der Republik Zypern, S. 468 f.

95 Die Angaben zu den gesamten Flüchtlingszahlen sind sehr unterschiedlich. Vgl. dazu ASME Humanitas e. V., Bericht der Kommission, Ziff. 102 ff. und Ziff. 207 ff.; Bahçeli, Domestic Political Developments, S. 114; Mühleisen, Der Zypernkonflikt, S. 118; Tatlı, Der Zypernkonflikt, S. 120; Tzermias, Die Geschichte der Republik Zypern, 467 ff.; die Anzahl der Flüchtlinge dürfte nach 1976 aber nicht mehr als 160 000 betragen haben, Brey/Heinritz, Bevölkerungsverteilung, S. 32 unter Beachtung der Abwanderung ins Ausland.

96 Vgl. dazu ASME Humanitas e. V., Bericht der Kommission, Ziff. 107 ff., insbes. 124 ff.; Berner, Das vergessene Volk, S. 306 ff., insbes. S. 309.

97 Kommuniqué über den Bevölkerungsaustausch vom 2.8.1975, Anlage zu UN doc. 11789; vgl. auch Berner, Das vergessene Volk, S. 359.

fast vollständig voneinander getrennt.[98] Das Schicksal von 2.000 griechischen und 800 türkischen vermissten Zyprern blieb ungeklärt. Zu ihrer Aufklärung ist ein unabhängiges aus Vertretern beider Volksgruppen zusammengesetztes Komitee eingesetzt worden, das unter der Mitwirkung des Internationalen Roten Kreuzes bis heute noch seine Ermittlungen führt.[99]

Am 16.8.1974 endete die Operation der türkischen Streitkräfte, und es wurde ein endgültiger faktischer Waffenstillstand hergestellt. Ein formelles Abkommen über den Waffenstillstand erfolgte jedoch nicht.[100] Entlang der Demarkationslinie wurde eine Pufferzone eingerichtet. Sie nimmt 3 % der Inselfläche ein und wird bis heute von der UNFICYP überwacht.[101]

## IV. Gründung der Türkischen Republik Nordzypern

Die Intervention der Türkei hatte die faktische Teilung Zyperns herbeigeführt. Am 13.2.1975 wurde im Nordteil zunächst der „Türkische Bundesstaat Zypern" ausgerufen.[102] Seine Verfassung, welche die Option für eine gemeinsame föderale Republik Zypern mit der zyperngriechischen Volksgruppe in der Zukunft offen hielt, wurde durch ein Referendum am 8.6.1975 mit der überwiegenden Mehrheit der Stimmen angenommen.[103] Bei einem Gipfeltreffen zwischen Makarios und Denktaş 1977 und einem weiteren Treffen zwischen Kyprianou, dem Nachfolger von Makarios, und Denktaş 1979 wurde das Konzept eines bikommunalen Bundesstaates für Zypern von beiden Seiten anerkannt.[104] Zahlreiche Verhandlungen in den folgenden Jahren unter UN-Vermittlung brachten jedoch keine weitere Annäherung.[105] Am 15.11.1983 wurde dann die

---

[98] Ausnahmen bilden eine zyperngriechische Minderheit im Karpas Gebiet und wenige Zyperntürken, die im Süden geblieben sind. Ferner gibt es zwei ethnisch gemischte Dörfer: Potamia (im Süden) und Plya (in der UN-Pufferzone), vgl. auch zu den Lebensumständen in diesen Dörfern Asmussen, Wir waren wie Brüder, S. 317 ff.

[99] Committee on Missing Persons, vgl. Necatigil, The Cyprus Question, S. 137; vgl. auch EMRG, Cyprus v. Turkey, Urteil vom 10.5.2001, HRLJ 2001, S. 217 ff., Ziff. 16.

[100] Káradi/Lutz, Außen- und Sicherheitspolitik, S. 140; Chysostomides, The Republic of Cyprus, S. 227.

[101] Káradi/Lutz, Außen- und Sicherheitspolitik, S. 140.

[102] Rumpf, Die staats- und völkerrechtliche Lage Zyperns, S. 534 m. w. N.

[103] Necatigil, The Cyprus Question, S. 105. Die Verfassung und damit die Ausrufung des türkischen Bundesstaates wurde mit 99,4 % der abgegebenen Stimmen angenommen, vgl. Suppl. III of the Official Gazette, 17.6.1975, zitiert nach Necatigil, ebd., Fn. 40. Die Wahlbeteiligung lag bei 70 %, Tzermias, Die Geschichte der Republik Zypern, S. 481.

[104] Heinze, Zum Stand des Zypern-Konflikts, S. 417; Káradi/Lutz, Außen- und Sicherheitspolitik, S. 142.

[105] Káradi/Lutz, Außen- und Sicherheitspolitik, S. 143; Ertekün, The Cyprus Dispute, S. 111 ff.

Türkische Republik Nordzypern ausgerufen.[106] Die Verfassung wurde durch ein Referendum angenommen[107] und trat am 7.5.1985 in Kraft. Sie sieht eine parlamentarische Demokratie vor und entspricht in ihrer Rechtstaatlichkeit und der Gewährleistung der Grundrechte westeuropäischem Standard.[108]

Am 18.11.1983 erklärte der UN-Sicherheitsrat in seiner Resolution 541 (1983), dass er die Ausrufung als rechtlich unwirksam betrachtet und rief alle Staaten auf, keinen anderen zyprischen Staat als die Republik Zypern anzuerkennen.[109] In einer weiteren Resolution verurteilte der Sicherheitsrat 1984 als Reaktion auf den Austausch von Botschaftern zwischen der Türkei und der TRNZ alle sezessionistischen Handlungen und wiederholte seinen Aufruf, die TRNZ nicht anzuerkennen.[110] Ebenso gaben die Parlamentarische Versammlung und das Ministerkomitee des Europarates, die Europäische Gemeinschaften und die Regierungschefs des Commonwealth jeweils eigene Erklärungen ab, in welchen sie die Ausrufung der TRNZ verurteilten und bestätigten, dass sie nur die Regierung der Republik Zypern als die einzig legitime Regierung von Zypern anerkennen.[111] Bis heute wurde die TRNZ nur von der Türkei *de iure* als Staat anerkannt.[112]

## V. Verhandlungen seit 1983

Die Volksgruppengespräche wurden im April 1984 auf der Grundlage eines Fünf-Punkte-Vorschlages des UN-Generalsektretärs Pérez de Cuéllar wieder aufgenommen.[113] Dieser sah den Verzicht der Zyperngriechen auf die Internationalisierung des Konfliktes und das Ablassen der Zyperntürken von weiteren Schritten zur Unabhängigkeit Nordzyperns vor. Ferner sollte die Militarisierung der Insel gestoppt werden und die Rückkehr der ehemaligen Bewohner des unmittelbar an der Pufferzone gelegenen Ortes Varosha (direkt im Süden von Famagusta) unter der Aufsicht der UN erfolgen. Die Vertragsentwürfe, die Pérez de Cuéllar in den folgenden Jahren zur Bildung einer Föderation vorlegte, wurden jedoch mal von der türkischen, mal von der griechischen Seite abgelehnt.

---

106 Zu den genaueren Umständen vgl. Káradi/Lutz, Außen- und Sicherheitspolitik; S. 143, Necatigil, The Cyprus Question, S. 184-204; Tatlı, Der Zypernkonflikt, S. 173 ff.

107 Necatigil, The Cyprus Question, S. 296 geht von 70,18 % der abgegebenen Stimmen aus. Tzermias, S. 588, kommt unter Berücksichtigung der Stimmenthaltungen zu einem Gesamtergebnis von 53 %.

108 Rumpf, Verfassung und Recht, S. 176.

109 S/RES/541 (1983) vom 18.11.1983, wiedergegeben in Vereinte Nationen 2 (1984), S. 69 f.

110 S/RES/550 (1984) vom 11.5.1984, wiedergegeben in Vereinte Nationen 3 (1984), S. 69 f.

111 Vgl. dazu Necatigil, The Cyprus Question, S. 242 ff. und EMRG, Loizidou v. Turkey (Hauptsache), Urteil vom 18.12.1996, RJD Nr. 26, S. 2223 ff., Ziff. 19-23.

112 Anerkennungserklärung vom 15.11.1983, Annex zu UN doc. A/38/602.

113 Káradi/Lutz, Außen- und Sicherheitspolitik, S. 143 ff.

Ein Vorstoß des Generalsekretärs mit einem eigenen detaillierten Konzept (*Set of Ideas*) konnte 1989 ebenfalls keinen Durchbruch herbeiführen.[114] Der Sicherheitsrat forderte 1992 in einer Resolution beide Parteien auf, eine Lösung auf der Grundlage der *Set of Ideas* zu finden.[115] Unter dem neuen UN-Generalsekretär Boutros-Ghali wurden die Verhandlungen wieder intensiviert. Ein von ihm erarbeitetes Konzept, der *Set of Ideas on an Overall Framework Agreement on Cyprus*, das zusätzlich vertrauensbildende Maßnahmen vorsah, konnte sich aber ebenfalls nicht durchsetzen.[116]

Die politische Lage auf der Insel verschlechterte sich 1996, als es bei Demonstrationen an der UN-Pufferzone zu gewalttätigen Auseinandersetzungen kam und dabei zwei Zyperngriechen getötet wurden.[117] Ferner beschloss die zyperngriechische Regierung 1997 den Erwerb von russischen Luftabwehrraketen vom Typ S-300 mit der Absicht, diese an der Demarkationslinie zu stationieren. Auf Grund heftiger Proteste der türkischen Regierung, der Kritik aus den USA und der EU und dem Einschreiten Griechenlands ließ die zyperngriechische Regierung von ihren Plänen ab.[118] Hinzu kam, dass der Europäische Rat der EU Ende 1997 beschloss, Beitrittsverhandlungen mit der Republik Zypern vorerst unabhängig von einer Lösung des Zypernkonflikts aufzunehmen.[119] Die zyperntürkische Führung hatte den Aufnahmeantrag zur EU, den die zyperngriechische Regierung ausgehend von ihrem Alleinvertretungsanspruch bereits 1990 für das gesamte Inselterritorium gestellt hatte, stark kritisiert. Der EU-Beitritt eines geteilten Zyperns warf in der Tat viele juristische und politische Probleme auf, welche die Dringlichkeit einer Lösung umso deutlicher machten. Vor diesem Hintergrund wurden ab 1999 auf Initiative des UN-Generalsekretärs Kofi Annan die Volksgruppengespräche wieder aufgenommen.[120] Als Ergebnis dieser so genannten *proximity talks* legte der Generalsekretär im November 2002 einen Plan

---

[114] Siehe zu diesen Verhandlungen ausführlich Káradi/Lutz, Außen- und Sicherheitspolitik, S. 143 ff., Necatigil, The Cyprus Question, S. 331.

[115] S/RES/750 (1992) vom 10.4.1992, wiedergegeben in Vereinte Nationen 3 (1992), S. 114 f.

[116] Text im Anhang zu UN doc. S/24472 und Necatigil, The Cyprus Question, S. 453, Anhang 16; zu den Gründen des Scheiterns Káradi/Lutz, Außen- und Sicherheitspolitik, S. 145 f.; Necatigil, The Cyprus Question, S. 393 ff.

[117] Vgl. dazu Anstötz, Perspektiven zur Neuordnung, S. 42.

[118] Dazu näher Axt, Die S-300 Raketen und die Türkei, S. 29 f. Der geplante Kauf der Luftabwehrraketen stand im Zusammenhang mit der „Gemeinsamen Verteidigungsdoktrin", die 1993 zwischen Griechenland und der Republik Zypern abgeschlossen wurde.

[119] Regelmäßiger Bericht der Kommission über Zyperns Fortschritte auf dem Weg zum Beitritt 1998, S. 4 f.

[120] Zu diesen vgl. Bericht des UN-Generalsekretärs vom 1.4.2003, UN doc. S/2003/398, Ziff. 23-29.

zur Wiedervereinigung Zyperns vor.[121] Ziel des Planes war es, die Wiedervereinigung noch vor dem EU-Beitritt zu erreichen und somit auch den faktisch gemeinsamen Beitritt beider Teile Zyperns zu ermöglichen. Auf Grund seiner Aktualität soll der so genannte Annan-Plan im Folgenden ausführlicher dargestellt werden.

## B. Annan-Plan for Cyprus Settlement

### I. Ausgangspunkt

Seit den Vereinbarungen auf hoher Ebene zwischen Makarios und Denktaş (1977) und Kyprianou und Denktaş (1979) wird eine föderale Neuorganisation Zyperns angestrebt. Auch die Resolutionen der UN befürworten eine bizonale und bikommunale Föderation.[122] Im Detail gingen die Vorstellungen über diese Neuorganisation Zyperns bei den bisherigen Verhandlungen jedoch weit auseinander.[123] Die zyperngriechische Führung forderte die Bildung eines Bundesstaates mit zwei politisch gleichberechtigten Gemeinschaften unter einer starken Zentralregierung und mit nur einer Souveränität.[124] Die zyperntürkische Führung favorisiert dagegen die Wiedervereinigung als Konföderation von zwei bereits bestehenden souveränen Staaten mit weitgehenden Kompetenzen der einzelnen föderalen Organe und einer schwachen Zentralregierung.[125] Die Völkerrechtliche Rechtspersönlichkeit sollte – ähnlich wie bei der EU – nur in den Bereichen vorliegen, in welchen die Gründerstaaten dem gemeinsamen Staat Souveränität verliehen haben.[126]

In diesem Zusammenhang waren vor allem die Kompetenzen der föderalen Organe bei der Vertretung des zukünftigen Staates in den Außenbeziehungen umstritten. Ferner waren auch die Vorstellungen zur Verwirklichung der drei

---

[121] Basis for a Comrehensive Settlement of the Cyprus Problem, offiziell veröffentlicht durch die UN im April 2003 in seiner dritten Fassung auf der Internetseite http://www.cyprus-un-plan.org, sowie in der vierten Version im April 2004.

[122] Vgl. zuletzt in S/RES/1251 (1999), Ziff. 11: „The Security Council [...] Reaffirms its position that a Cyprus settlement must be based on a State of Cyprus with a single sovereignty and international personality and a single citizenship, with its independence and territorial integrity safeguarded, and comprising two politically equal communities as described in the relevant Security Council resolutions, in a bicommunal and bizonal federation, and that such a settlement must exclude union in whole or in part with any other country or any form of partition or secession [...]."

[123] Vgl. dazu Anstötz, S. 94 ff.; Bericht des UN-Generalsekretärs vom 1.3.2003, UN doc. S/2003/398, Ziff. 18; zu den Lösungsentwürfen im Einzelnen vgl. Dodd, Storm Clouds over Cyprus, Anhang 9, S. 102 ff.

[124] Vgl. dazu Theophanous, Prospects for Solving the Cyprus Problem, S. 230 ff.

[125] Vgl. dazu Bahçeli, Searching for a Cyprus Settlement, S. 211 ff.

[126] Bericht des UN-Generalsekretärs vom 1.3.2003, UN doc. S/2003/398, Ziff. 18.

Freiheiten Freizügigkeit, Siedlungsfreiheit und Eigentumsfreiheit unterschiedlich. Während die Zyperngriechen sich für die Durchsetzung der Freiheiten ohne Einschränkungen aussprachen, wollten die Zyperntürken eher restriktive und gestaffelte Regelungen, um eine weitgehende Homogenität innerhalb des selbstverwalteten Gebietes aufrechtzuerhalten. Die unterschiedlichen Lösungsentwürfe verdeutlichen den Interessenkonflikt der Volksgruppen: während die Zyperngriechen einen weitgehend einheitlich organisierten Staat anstreben, dessen Zentralorgane proportional zu den Bevölkerungsanteilen der Volksgruppen besetzt werden sollen, befürchten die Zyperntürken eine Majorisierung durch die Zyperngriechen und wollen die Stärkung und Sicherung ihrer Selbstverwaltungsrechte erreichen.[127]

## II. Inhalt des Annan-Planes

Der Lösungsvorschlag des UN-Generalsekretärs Kofi Annan, *Basis for a Comprehensive Settlement of the Cyprus Problem*, sah die Neuorganisation Zyperns nach dem föderalen Modell der Schweiz vor. Die „Vereinigte Republik Zypern" sollte demnach aus zwei Teilstaaten bestehen, die in einer unauflöslichen Partnerschaft miteinander verbunden sind. Da die Kompetenzen der Teilstaaten und ihr Grad an Selbständigkeit einer der ungeklärten Streitpunkte war, wurden die Teilstaaten zunächst als *component states* und der gemeinsame Staat als *common state* bezeichnet. In der dritten Fassung des Planes vom 26.2.2003 wurden die Begriffe *constituant states* und *federal state* festgelegt und somit der föderale Charakter des neuen Staates betont. Kernstück des Planes war das Gründungsabkommen (*Foundation Agreement*) bestehend aus vierzehn Hauptartikeln und elf Anhängen.[128] In diesem Gründungsabkommen waren u. a. die Verfassung, Details der staatlichen Organisation der VRZ, das Verhältnis zwischen den Teilstaaten und zur zentralen Regierung, die Demilitarisierung der Insel, Territorialfragen und die Frage der Eigentumsrestitution festgelegt. Ferner enthielt der Plan mehrere Landkarten mit Vorschlägen zur territorialen Aufteilung und einen Zeitplan zur Durchführung der Wiedervereinigung.[129]

---

[127] Vgl. auch Bericht des UN-Generalsekretärs vom 1.3.2003, UN doc. S/2003/398, Ziff. 19.

[128] Die Anhänge sind im einzelnen: Annex I: Constitution of Cyprus; Annex II: Constitutional laws; Annex III: Federal laws; Annex IV: Cooperation Agreements between the federal government and the constituent states; Annex V: List of international treaties binding the United Republic of Cyprus; Annex VI: Territorial arrangements; Annex VII: Treatment of property effected by events since 1963; Annex VIII: Reconciliation Commission; Annex IX: Coming into being of the new state of affairs; Annex X: Calendar of implementation; Annex XI: Appointees to the transitional Supreme Court and the transitional Central Bank.

[129] Die dritte Fassung des Planes beginnt mit einer Vereinbarung, das *Foundation Agreement* einem gleichzeitigen und getrennten Referendum innerhalb der Volksgruppen zu stellen

Gemäß Art. 2 lit. c) FoundA sind demnach der zyperngriechische und zyperntürkische Gründungsstaat in ihrem gegenseitigen Verhältnis politisch und rechtlich gleichgestellt. Jeder Teilstaat hat neben der gemeinsamen Verfassung auch eine eigene Verfassung, die eine weitreichende politische Selbstbestimmung gewährleistet, den Rahmen der gemeinsamen Verfassung jedoch nicht überschreiten darf. Neben gemeinsamen Staatsorganen und Symbolen sind auch immer eigene Pendants der Gründerstaaten vorgesehen, sowie eine eigene Staatsbürgerschaft mit ergänzendem Charakter, Art. 3 Abs. 2 FoundA.[130]

Der gemeinsame Staat Zypern hat nur eine völkerrechtliche Souveränität und internationale Rechtspersönlichkeit und kann dementsprechend in seinen internationalen Beziehungen und in der EU nur mit einer Stimme sprechen, Art. 2 Abs. 1 lit. b) FoundA. Innerhalb ihrer Kompetenzbereiche können die Teilstaaten auf Grund eines Kooperations-Abkommens nach belgischem Vorbild Einfluss auf die Formulierung und Durchführung der Außen- und Europapolitik nehmen, Art. 2 Abs. 2 FoundA. Der gemeinsame Staat hat seine Kompetenzen vorwiegend in der Außen- und Europapolitik und in der Wirtschafts- und Handelspolitik.[131]

Die bundesstaatliche Gesetzgebung erfolgt gemäß Art. 5 FoundA in einem Zwei-Kammer-Parlament. Dieses besteht zum einen aus dem Abgeordnetenhaus, das proportional zu den Bevölkerungszahlen der Gründungsstaaten gebildet wird, und zum anderen aus dem Senat, der paritätisch mit Vertretern der Volksgruppen besetzt wird.[132] Die Senatoren sollen nur von der jeweiligen Bevölkerung des Gründungsstaates, die Abgeordneten dagegen von der Gesamtbevölkerung gewählt werden. An der Spitze der Exekutive steht ein Präsidialrat aus sechs Personen, dem auch der Präsident und der Vize-Präsident angehören.

---

(Commitment to submit the Foundation Agreement to approval at separate simultaneous referenda in order to achieve a comprehensive settlement of the Cyprus problem). Dieser folgt ein Dokument mit den selbstvorgenommenen Entscheidungen des UN-Generalsekretärs in denjenigen Punkten, in denen sich die Parteien nicht einig werden konnten. (Matters of the Security Council Decision) Der UN-Genaralsektretär Kofi Annan hatte in New York eine Art „Schiedsrichteramt“ für sich gefordert und davon den weiteren Verlauf der Verhandlungen abhängig gemacht, SZ vom 6.2.2004, S. 5.

130 Art. 3 Abs. 2 FoundA nimmt hier Bezug auf den ergänzenden Charakter der EU-Bürgerschaft gemäß Art. 17 [ex-Artikel 8] EGV.

131 In den Kompetenzbereich des Bundesstaates fallen ferner: Kontrolle der Zentralbank, Währungsfragen, Bundeshaushalt, Bekämpfung von Terrorismus, Drogenhandel, Geldwäsche und organisierter Kriminalität, Steuern, Meteorologie, Luftfahrt, internationale Schiffsfahrt, Post- und Kommunikationswesen, Einwanderung und Staatsbürgerschaft, Amnestien, geistiges Eigentum und Antiquitäten.

132 Jedem Teilstaat steht im Parlament mindestens ein Viertel der Sitze zu. Die Rechte der armenischen, maronitischen und ladinischen Minderheit werden dadurch gesichert, dass ihnen mindestens ein Sitz im Parlament zustehen muss.

Der Präsidialrat wird proportional zu der Bevölkerungszahl gebildet, jedoch mit der Einschränkung, dass mindestens je zwei Mitglieder aus einem Gründungsstaat stammen müssen. Dieses Organ ist nicht nur Regierung, sondern auch „kollektives Staatsoberhaupt“ des gemeinsamen Staates.[133] Wie auch im schweizerischen *Conseil Fédéral* rotieren die Positionen im Rat unter den Mitgliedern, hier allerdings bereits alle zehn Monate. Präsident und Vize-Präsident, die außer ihrer repräsentativen Aufgaben keine weiteren besonderen Kompetenzen innerhalb des Präsidialrates haben, sollen dabei jeweils aus verschiedenen Teilstaaten stammen, Art. 27 VerfVRZ. Der Rat entscheidet soweit möglich einstimmig oder mit einfacher Mehrheit. Ein faktisches Vetorecht wird den Volksgruppen dadurch eingeräumt, dass bei Abstimmungen im Rat mindestens je ein Vertreter der Gründungsstaaten zustimmen muss. Ebenso muss bei Abstimmungen im Gesetzgebungsverfahren die Mehrheit sowohl im Parlament, als auch im Senat vorliegen, und bei letzterem mindestens ein Viertel der Mitglieder je Teilstaat zustimmen, Art. 5 Abs. 1 lit. b) FoundA. Eine qualifizierte zwei-fünftel Mehrheit ist nur in bestimmten Bereichen vorgesehen. Auf Grund dieses Vetorechts ist nicht auszuschließen, dass es innerhalb der Institutionen des gemeinsamen Staates zu einer Blockadesituation kommt. In so einem Fall soll der Oberste Gerichtshof eine vorläufige Entscheidung treffen. Dieser soll – ähnlich wie der Oberste Gerichtshof der Republik Zypern von 1960 – aus einer Gleichzahl von Richtern aus jedem Teilstaat und drei nicht-zyprischen Richtern gebildet werden. Er ist u. a. zuständig für Streitigkeiten zwischen den Gründungsstaaten und Streitigkeiten zwischen dem Bundesstaat und den Gründungsstaaten, Art. 6 Abs. 3 FoundA.

Art. 1 FoundA verpflichtet zur Anerkennung der durch den Vertrag geschaffenen neuen Verhältnisse in Zypern. Der Gründungsvertrag, sowie der Garantievertrag und Allianzvertrag von 1960 bleiben in Kraft (Abs. 3). Zypern wird Mitglied der EU und soll als solches den EU-Beitritt der Türkei unterstützen, Art. 1 Abs. 5 FoundA. Der neue Status quo darf in keiner Weise, insbesondere nicht durch Vereinigung mit einem anderen Staat oder durch Teilung oder Sezession, einseitig geändert werden (Abs. 6). Die Insel soll weitgehend demilitarisiert werden, so dass ein Stationierungsrecht für griechische und türkische Soldaten im Rahmen des Allianzvertrages nur noch in einer Stärke von höchstens 6.000 Mann erlaubt ist. Nach einem Beitritt der Türkei zur EU sollen alle griechischen und türkischen Truppen abgezogen werden, soweit nichts anderes vereinbart wird, Art. 8 Abs. 1 lit. b) FoundA.[134]

---

[133] Kramer, Die Letzte Chance für Zypern, S. 3.

[134] Zu weiteren Einzelheiten des Annan-Planes vgl. Axt, Zypern, die Türkei und die EU, S. 68 ff.; Pabst, Bewegung auf Zypern, S. 122 ff.; Reuter, Der UNO-Zypernplan, S. 5 ff.

## III. Verhandlungen und aktuelle Entwicklungen

Im Januar 2002 wurden direkte Verhandlungen der Volksgruppenvertreter Klerides und Denktaş unter der Vermittlung des UN-Sonderbeauftragten Alvaro de Soto zur Vorbereitung des Planes aufgenommen.[135] In deren Mittelpunkt standen vier besonders streitige Punkte: die Verteilung der Gesetzgebungskompetenzen, die militärische Sicherheit der Insel, die Aufteilung des Territoriums und die Eigentumsrestitution im Zusammenhang mit der Rückkehr von Flüchtlingen. Die Verhandlungen zum Annan-Plan waren die bisher intensivsten Bemühungen zur Lösung des Zypernkonflikts, und es schien zum ersten Mal seit fast 40 Jahren möglich, eine friedliche Beilegung des Konflikts herbeizuführen. Als der UN-Generalsekretär am 11.11.2002 seinen Lösungsvorschlag und einen engen Zeitplan zu seiner Durchführung vorlegte, wurde dies von allen Seiten als historische Chance bewertet.[136]

Während der Annan-Plan große Unterstützung in der EU und in den USA fand, waren die Reaktionen innerhalb der Volksgruppen sowie in der Türkei und in Griechenland unterschiedlich.[137] Die zyperntürkische Regierung war eher skeptisch. Dagegen demonstrierte die Bevölkerung mehrheitlich für die Unterzeichnung des Planes und einen gemeinsamen EU-Beitritt.[138] Die zyperngriechische Führung erklärte sich zunächst bereit, den Plan als Verhandlungsgrundlage anzunehmen, obwohl es in der Bevölkerung zum Teil auf Ablehnung stieß und es zu Demonstrationen gegen ihn kam.[139] Ein Indiz für die ablehnende Haltung der zyperngriechischen Bevölkerung wurde bereits in der Wahl des Vorsitzenden der konservativen Diko-Partei Tassos Papadopoulos zum neuen Präsidenten der Republik Zypern im Februar 2003 gesehen.[140] In Griechenland wurde der Annan-Plan weitgehend positiv bewertet, insbesondere nach dem in Kopenhagen die Aufnahme Zyperns zur EU entschieden worden war.[141] Die politische Führung in der Türkei war geteilter Ansicht. Während die neue AKP-Regierung den Plan begrüßte und sich für eine baldige Lösung des Konflikts aussprach,

---

[135] Zum Verlauf der Verhandlungen vgl. Bericht des UN-Generalsekretärs vom 1.3.2003, UN doc. S/2003/398, Ziff. 33-80; ferner Reuter, Zähes Ringen um Zyperns Zukunft, S. 71 ff., ders., Schwierige Gespräche auf Zypern, S. 29 ff.; Dodd, Storm Clouds over Cyprus, S. 54 ff.

[136] Athener Zeitung vom 15.11.2002.

[137] Vgl. dazu Axt, Zypern, die Türkei und die EU, S. 71 ff.

[138] Kıbrıs Gazetesi vom 27.12.2003; SZ vom 27.12.2002, S. 8; Schlötzer, Zehntausende Zypern-Türken fordern Wiedervereinigung, SZ vom 15.1.2003, S. 7, dies., Auf der Insel des springenden Feuers, SZ vom 12.2.2003, S. 3; Der Plan ist noch vor seiner Veröffentlichung im Internet (http://www.cyprus-un-plan.org) an die Öffentlichkeit gelangt. Inhalt und Konsequenzen des Annan-Planes wurden in der zperntürkischen Presse ausführlich dargestellt und diskutiert.

[139] Vgl. dazu Pabst, Bewegung auf Zypern, S. 125.

[140] Cyprus Mail vom 16.2.2003; Pabst, Bewegung auf Zypern, S. 126.

[141] Axt, Zypern, die Türkei und die EU, S. 71 f.

kritisierte vor allem das Militär die Gefährdung der Sicherheitsinteressen der Türkei.[142]

Trotz intensiver Verhandlungen und mehrer Änderungen des Entwurfs, konnte eine endgültige Einigung über den Annan-Plan vorerst nicht erzielt werden. Die Verhandlungen wurden u. a. vom Abschluss der EU-Beitrittsverhandlungen mit der Republik Zypern und später vom Irak-Krieg überschattet, der sich anbahnte.[143] Die Verhandlungen über den bereits zum dritten Mal veränderten Entwurf des Annan-Planes endeten im März 2003 in Den Haag ergebnislos. Die Parteien konnten sich bei der Konkretisierung der noch offenen aber entscheidenden Punkte nicht einig werden. Der zyperntürkische Präsident Denktaş lehnte unter diesen Umständen die Abhaltung eines Referendums ab.[144] Das Scheitern der Verhandlungen löste wiederum Proteste in der zyperntürkischen Bevölkerung aus. Die Oppositionsparteien riefen die Vereinten Nationen, die EU und die drei Garantiestaaten zur Wiederaufnahme der Verhandlungen auf und versuchten, das vorgesehene Referendum abzuhalten.[145] Ende April 2003 öffnete die Regierung der TRNZ überraschenderweise die Demarkationslinie für den freien Personenverkehr. Damit wurde die Ein- und Ausreise von Zyperntürken und Zyperngriechen in beide Gebiete jenseits der Demarkationslinie, allerdings mit zeitlichen Beschränkungen, möglich.[146] Zahlreiche Besucher reisten in den jeweils anderen Teil der Insel und es kam zu insgesamt sehr positiv aufgenommenen Begegnungen von griechischen und türkischen Zyprern.[147]

Erst nach dem durch die Wahlen im Dezember 2003 herbeigeführten Regierungswechsel in der TRNZ konnten die Verhandlungen auf der Basis des Annan-Planes wieder aufgenommen werden. Diese Wahlen wurden als Referendum gewertet, da sich die Oppositionsparteien im Wahlkampf geschlossen für die Unterzeichnung des Annan-Planes und den gemeinsamen EU-Beitritt ausgesprochen hatten.[148] Sie konnten aber nur eine dünne Mehrheit erzielen und es kam zu einem Patt mit den konservativen Parteien, die den Annan-Plan in

[142] Axt, Zypern, die Türkei und die EU, S. 72 f.; Widersprüchliche Zypern-Politik der Türkei, NZZ vom 15.1.2004.
[143] Varvaroussis, Der Beitritt-Zyperns, S. 63 f.
[144] Es wurde bezweifelt inwieweit die Parteien überhaupt den politischen Willen zur Lösung des Konflikts hatten. Im Poker um Zypern gibt es nur Verlierer, NZZ vom 12.3.2003; ferner Mavratsas, Aspects of the Cyprus Problem: Political cuture and Civil Society, S. 37 f.
[145] Kıbrıs Gazetesi vom 15.3.2003, S. 4 und 5; Pabst, Bewegung auf Zypern, S. 127.
[146] TRNZ, Official Gazette Nr. E.762-2003 vom 21.4.2003.
[147] Pabst, Bewegung auf Zypern, S. 127; Radikal vom 28.4.2003, S. 4.
[148] Gemeinsame Presseerklärung der Bewegung für Frieden und Demokratie (Barış ve Demokrasi Hareketi, BDH), der Türkisch Republikanischen Partei (Cumhuriyetçi Türk Partisi-Birleşik Güçler, CTP) und der Partei für Lösung und EU (Çözüm ve AB Partisi) vom 4.9.2003; Schlötzer, Grummeln auf Zypern, SZ vom 11.9.2003, S. 7.

seiner derzeitigen Form ablehnten.[149] Mit der Bildung einer Koalition aus der Türkisch-Republikanischen Partei und der Demokratischen Partei konnte die Pattsituation innerhalb kurzer Zeit überwunden werden. In dem Koalitionsvertrag wurde die Neuverhandlung des Annan-Planes, die Durchführung eines Referendums über die Wiedervereinigung auf der Basis des Planes und die verwaltungstechnische Vorbereitung des Nordteils auf einen EU-Beitritt festgelegt.[150] Verhandlungsführer bei den Volksgruppengesprächen blieb weiterhin Präsident Denktaş. Der Durchbruch erfolgte dann im Februar 2004 als sich Denktaş und Papadopoulos in New York auf die Wiederaufnahme der direkten Verhandlungen und die Durchführung eines Referendums über den Plan innerhalb der jeweiligen Volksgruppen einigten. Nach intensiven Verhandlungen und der Festlegung der noch offenen Punkte durch den UN-Generalsekretär selbst (darauf hatten sich die Verhandlungsführer geeinigt) ging das Referendum Ende April 2004 jedoch nicht in Sinne des Lösungsvorschlages aus. Die Zyperngriechen lehnten den Plan mit 75 % der Stimmen ab, während 65 % der Zyperntürken für den Annan-Plan stimmten.[151] Damit waren der Annan-Plan und der gemeinsame Beitritt zur EU gescheitert.[152]

## C. Der EU-Beitritt Zyperns

Als die zyperngriechische Regierung am 3.7.1990 den Antrag auf Aufnahme Zyperns in die Europäische Gemeinschaften stellte, hat die zyperntürkische Führung gegen diesen Schritt protestiert, da aus ihrer Sicht die Aufnahme der Republik Zypern als Gesamtstaat nicht allein der Entscheidungsmacht der zyperngriechischen Regierung unterliegen konnte.[153] Bereits zuvor hatte sie den Abschluss des Assoziationsvertrages von 1973 kritisiert, mit dem eine engere Zusammenarbeit zwischen den Europäischen Gemeinschaften und der Republik Zypern eingeleitet wurde.

---

[149] 19 Sitze für die Türkisch Republikanische Partei (Cumhuriyetçi Türk Partisi, CTP) und 6 für die Bewegung für Frieden und Demokratie (Barış ve Demokrasi Hareketi, BDH), 18 für die Partei der Nationalen Einheit (Ulusal Birlik Partisi) und 7 für die Demokratische Partei (Demokrat Parti, DP), Kıbrıs Gazetesi vom 15.12.2003.

[150] Schlötzer, Moderate Regierung in Nordzypern Perfekt, SZ vom 12.1.2004, S. 6; der Koalitionsvertrag wurde in Kıbrıs Gazetesi vom 13.1.2004 veröffentlicht.

[151] Ringen um den Annan-Plan auf Zypern, NZZ vom 24./25.4.2004, S. 3; FAZ, 26.4.2004, S. 3.

[152] Sowohl die UN als auch die EU zeigten sich sehr enttäuscht über die große Ablehnung in der zyperngriechischen Bevölkerung. Vgl. EU-Presseerklärung vom 24.4.2004, IP/04/537; UN-Presseerklärung SG/SM 9269 vom 24.4.2004; ferner Wernicke, Verkappte Anerkennung, SZ vom 26.4.2004, S. 2.

[153] Bahçeli/Rizopoulos, The Cyprus Impasse, S. 31; vgl. zyperntürkisches Memorandum an den EU-Ministerrat in Ertekün/Olgun, Cyprus and the European Union, S. 7 f.

Auf Grund der schwierigen politischen Lage auf Zypern sprach sich die EU-Kommission in ihrer Stellungnahme zum Beitrittsantrag zunächst dafür aus, das Aufnahmeverfahren in Gang zu setzen, sobald Aussichten auf eine Lösung besser geworden waren. Sie betonte dabei aber auch, dass innerhalb dieser Lösung das Recht beider Volksgruppen, ihre fundamentalen Interessen wahrzunehmen, garantiert sein müsse.[154] Der Rat, der eine engere Kooperation mit der antragstellenden Regierung von Anfang an befürwortet hatte, sprach sich dafür aus, den Beitritt unabhängig von der Lösung der Zypernfrage vorzubereiten. Der Rat und die Kommission waren beide der Auffassung, dass der Beitritt Zyperns beide Volksgruppen näher bringen und somit ein Beitrag zur Überwindung der Teilung leisten würde.[155] Auch das Europäische Parlament gab ein positives Votum über den Beitrittsantrag ab, rief die aber die Kommission zugleich dazu auf, den Dialog mit der türkischen Volksgruppe im Nordteil der Insel aufrechtzuerhalten.[156] Die noch Mitte der 90er Jahre vorherrschende Haltung, Beitrittsverhandlungen mit Zypern nur aufzunehmen, wenn die Teilung auf der Insel überwunden werden kann, scheiterte an der Drohung Griechenlands, die gesamte Osterweiterung zu blockieren, wenn nicht auch Zypern in die Kandidatenliste aufgenommen werde.[157] Da der Beitritt eines faktisch geteilten Staates jedoch nicht unproblematisch war, bemühte sich die EU verstärkt um eine Wiedervereinigung Zyperns und übernahm somit eine Vermittlerrolle zwischen den Konfliktparteien.[158] In diesem Zusammenhang wurde auch die Lösung des Zypernkonflikts durch die Bildung einer Konföderation diskutiert.[159] Der Annan-Plan, der letztendlich kurz vor dem Beitritt zur Wiedervereinigung Zyperns führen sollte, scheiterte am negativem Referendum der zyperngriechischen Volksgruppe, und Zypern wurde geteilt aufgenommen.

Rechtliche Bedenken gegen den Beitritt Zyperns bestanden in erster Linie hinsichtlich dem Vereinigungsverbot in Art. 1 Abs. 2 GarantieV, der von allen beteiligten Parteien immer noch als rechtswirksam beurteilt wird. Der politische oder wirtschaftliche Zusammenschluss Zyperns mit jeglichen anderen Staaten ist

---

[154] Stellungnahme der Kommission, S. 18; Heinze, Cyprus 2000, S. 52 f.

[155] Stellungnahme der Kommission, S. 17; Regelmäßiger Bericht der Kommission 1998, S. 4; Heinze, Cyprus 2000, S. 53; Theophanous, Prospects for Solving the Cyprus Problem, S. 230 ff.

[156] Heinze, Cyprus 2000, S. 54.

[157] Kramer, Patt auf Zypern, S. 7; Martens, Kein ungetrübtes Verhältnis zur EU, FAZ vom 30.3.2004, Nr. 76, Seite 6; Ulrich, Der Friedhof der Diplomaten, SZ vom 11.12.2002, S. 7.

[158] Vgl. Anstötz, Perspektiven zur Neuordnung, S. 182; zur Rolle der EU im Zypern-Konflikt Brewin, The European Union and Cyprus, S. 241 ff.; Káradi/Lutz, Außen- und Sicherheitspolitik, S. 154; Kramer, Patt auf Zypern, S. 7 f.

[159] Tocci, The „Cyprus Question“, S. 23; Olgun, Confederation, 23 ff.

demnach nicht möglich.[160] Dieser Grundsatz ist auch in Art. 185 VerfRZ festgelegt. Man versuchte, diese Bestimmung so auszulegen, dass hier der Zusammenschluss mit nur einem Staat gemeint sei. Aus dem Wortlaut ergibt sich aber, dass auch eine Union mit mehreren Staaten ausgeschlossen wird, so dass diese Interpretation fehlgeht.[161] Auch wurde teilweise die Ansicht vertreten, dass der Beitritt zur EU nicht einen Zusammenschluss mit einem Staat darstelle, sondern mit einem supranationalem Staatenbund.[162] Dem muss aber entgegenhalten werden, dass der Beitritt gemäß Art. 49 Abs. 2 EUV jeweils durch ein völkerrechtliches Abkommen mit den einzelnen Staaten vollzogen wird und die Abkommen der Ratifikation durch die einzelnen Vertragsstaaten bedürfen. Es liegt daher ein Zusammenschluss mit diesen Staaten und nicht mit der EU als Staatenbund vor.

Ferner wird angeführt, dass diese Vorschrift in erster Linie bezweckt habe, die Enosis zu verhindern. Sie solle daher nicht einem EU-Beitritt entgegenstehen, soweit die Souveränität und die Unabhängigkeit Zyperns nicht gefährdet wären. Da der EU-Beitritt nicht die Aufgabe der staatlichen Souveränität erfordere, sondern nur eine Übertragung in bestimmten Bereichen des gemeinsamen Marktes, sei die Unabhängigkeit Zyperns in dieser Hinsicht nicht gefährdet.[163] Dem ist im Grunde zuzustimmen. Dennoch bleibt problematisch, ob die Souveränitätsübertragung auch im Namen der zyperntürkischen Volksgruppe geschehen konnte, ohne dass diese die Möglichkeit hatte, durch die Wahl der antragstellenden Regierung demokratisch daran zu partizipieren. [164] Dieses Demokratiedefizit sollte durch das Referendum zum Annan-Plan aufgehoben werden.

Problematisch waren ferner Regelungen in der Verfassung der Republik Zypern, die den Interessenausgleich der Volksgruppen in der Außenpolitik betrafen. Gemäß Art. 50 der Verfassung von 1960 hätte dem zyperntürkischen Vize-Präsidenten als oberstem Vertreter der zyperntürkischen Volksgruppe bei einem Beitritt Zyperns in eine internationale Organisation dem nicht beide Mutterländer Türkei und Griechenland angehören, ein Veto-Recht zugestanden. Nach dem Grundsatz *ad maiore ad minus*, muss dies erst recht für einen supranationalen Staatenbund gelten, da die Mitgliedstaaten hier enger als in einer internationalen Organisation eingebunden sind und Souveränitätsrechte übertra-

---

[160] Art. 1 Abs. 2 GarantieV lautet: "The Republic of Cyprus undertakes not to participate, in whole or in part, in any political or economic union with any state whatsoever. It accordingly declares prohibited any activity likely to promote directly or indirectly either union with any other state or partition of the Island."

[161] Mendelson, Why Cyprus' entry into the European Union would be illegal, S. 8 (Further Opinion, Ziff. 13).

[162] Vgl. dazu Dodd, The Cyprus Imbroglio, S. 86 m. w. N.

[163] Vgl. Anstötz, Perspektiven zur Neuordnung, S. 185 f.

[164] Vgl. dazu Heinze, Cyprus 2000, S. 54 ff.

gen.[165] Der Beitritt Zyperns ohne Berücksichtigung von Art. 50 VerfRZ wurde daher als Verstoß gegen die Verfassung von 1960 bewertet.[166] Ebenso bestanden Bedenken bezüglich der Meistbegünstigungsklausel gemäß Art. 170 der VerfRZ und weitere Vorgaben der Verfassung von 1960.[167]

Die Aufnahme des geteilten Zyperns wirft vor allem Probleme bezüglich der Verwirklichung der vier Grundfreiheiten des gemeinsamen Marktes und dem Status der Demarkationslinie auf.[168] Faktisch ist sie als EU Außengrenze anzusehen, da der *acquis communautaire* im Nordteil der Insel nicht angewendet wird. Jedoch hat der Rat in einer Verordnung zur Erleichterung des Personen-, Waren- und Dienstleistungsverkehrs über die *Green-Line* hinweg festgehalten, dass die Trennungslinie in Zypern keine EU-Außengrenze darstellt.[169] Von besonderer Bedeutung ist vor allem, dass diese Verordnung den zollfreien Verkehr in ganz Zypern für alle Produkte bestimmt, auch für solche, die im Norden der Insel gewonnen oder hergestellt werden. Nach dem Anastasiou-Urteil des EuGH 1994 waren die Verkehrsbescheinigungen der TRNZ nicht mehr anerkannt worden. Als Folge konnte beim Export von zyperntürkischen Produkten in die EU die im Assoziierungsabkommen vorgesehene Vorzugsbehandlung nur dann in Anspruch genommen werden, wenn eine Ausfuhrgenehmigung von der international anerkannten, also zyperngriechischen Verwaltung vorlag.[170] Nach der neuen Regelung wird nun auch die Befugnis der zyperntürkischen Handelskammer anerkannt, Verkehrsbescheinigungen für Erzeugnisse zu erteilen, die im Nordteil der Insel gewonnen oder hergestellt werden. Damit wird die zyperntürkische Handelskammer faktisch als offizielle Behörde mit Hoheitsbefugnissen anerkannt.

Viele Beobachter befürchten, dass die Vertiefung der wirtschaftlichen wie auch sozialen Kluft zwischen den Volksgruppen eine zukünftige Lösung des Konflikts noch weiter erschweren könnte. Aufgrund der internationalen Nichtanerkennungspolitik liegt das wirtschaftliche Niveau in Nordzypern weit unter

---

165 Anstötz, Perpektiven zur Neuordnung, S. 186.

166 Heinze, Cyprus 2000, S. 76; Mendelson, Why Cyprus' entry into the European Union would be illegal, S. 71 (Opinion, Ziff. 107).

167 Mendelson, Why Cyprus' entry into the European Union would be illegal, S. 71 (Opinion, Ziff. 107); Anstötz, Perspektiven zur Neuordnung, S. 188.

168 Reuter, Der UNO-Zypernplan, S. 14 ff. (insbesondere auch zu Beschränkung der Grundfreiheiten); zu weiteren Problemen aus europarechtlicher Sicht Anstötz, Perspektiven zur Neuordnung, S. 178 ff.

169 Verordnung des Europäischen Rates über eine Regelung nach Artikel 2 des Protokolls Nr. 10 zur Beitrittsakte Zyperns vom 4.5.2004, Dok. 8208/04.

170 EuGH, The Queen v. Minister of Agriculture, Fisheries and Food ex parte: S. P. Anastasiou (Pissouri) Ltd u. a., Urteil vom 5.7.1994, Sammlung der Rechtsprechung des Gerichtshofs 1994 Band I/5, S. 3087 ff., Rn. 67; dazu Talmon, The Cyprus Question before the European Court of Justice, S. 727 ff.

dem Südzyperns.[171] Die Konsequenzen aus dem Scheitern des Annan-Planes sind in dieser Hinsicht jedoch nicht eindeutig absehbar, da die politischen Verhandlungen zwischen den Volksgruppen weiterhin aufrechterhalten werden. Die Öffnung der Demarkationslinie für den Personenverkehr sowie die oben genannte Verordnung des Rates der Europäischen Union, haben dazu beigetragen, dass es zu zahlreichen Besuchen, Arbeits- und Geschäftsbeziehungen zwischen Zyperngriechen und Zyperntürken gekommen ist. Um die Isolierung der zyperntürkischen Gemeinschaft zu beenden und die Wiedervereinigung Zyperns durch Förderung der wirtschaftlichen Entwicklung der zyperntürkischen Gemeinschaft zu begünstigen, hat der Rat außerdem die Kommission ersucht, umfassende Vorschläge zu diesem Zweck vorzulegen.[172] Der Schwerpunkt sollte dabei auf der wirtschaftlichen Integration der Insel und auf der Verbesserung der Kontakte zwischen den beiden Gemeinschaften und mit der EU liegen. Der Rat empfahl, den Betrag von 259 Mio. Euro, der für den Fall einer Einigung bereits für die Entwicklung des nördlichen Teils Zyperns vorgesehen war, nun für diese Zwecke einzusetzen. Die Umsetzung der Finanzhilfe erfolgte jedoch auf Grund des Widerstands der zyperngriechischen Regierung bislang nicht.[173]

---

[171] Vgl. zur wirtschaftlichen Entwicklung der beiden Teile im Einzelnen Brey, Economic Performance and Competitiveness: The Republic of Cyprus, S. 55-62; Gumpel, Economic Performance and Competitiveness in the Turkish Republic of Northern Cyprus, S. 63-73.

[172] Pressemitteilung des Rates der EU vom 29.4.2004, C/04/117, Dok. 8572/04.

[173] Kramer/Hein, Ein neuer Präsident in Nordzypern, S. 6.

## Abschnitt 2: Der Zypernkonflikt vor den Kontrollorganen der EMRK

Die Kontrollorgane der Europäischen Menschenrechtskonvention, d. h. die inzwischen abgeschaffte Europäische Kommission für Menschenrechte, der Europäische Menschenrechtsgerichtshof und im Rahmen des Art. 32 EMRK a. F.[1] das Ministerkomitee des Europarates, haben sich bereits in mehreren Staaten- und Individualbeschwerden mit dem Zypernkonflikt befasst.[2] Der Europarat wurde bereits in einem frühen Stadium des Zypernkonflikts durch Staatenbeschwerden, die Griechenland vor der Kommission gegen Großbritannien eingelegt hatte, involviert.[3] Griechenland beanstandete, dass die Notstandsmaßnahmen der britischen Kolonialbehörden zur Unterbindung der Unabhängigkeitsbestrebungen innerhalb der zyperngriechischen Volksgruppe unvereinbar mit der EMRK seien. In einer zweiten Staatenbeschwerde wurden Großbritannien Folter und Misshandlung in mehreren Fällen vorgeworfen.[4] Nachdem 1960 durch die Verträge von Zürich und London eine politische Lösung des Konflikts herbeigeführt wurde, beantragten Griechenland und Großbritannien in einer gemeinsamen Erklärung die Aussetzung der Verfahren.[5]

Nach der türkischen Intervention 1974 und der faktischen Teilung der Insel, wurde der Zypernkonflikt mehrere Male vor den Straßburger Organen verhandelt. Am 19.9.1974 und 21.3.1975 legte die zyperngriechische Regierung der Republik Zypern gemäß Art. 24 EMRK a. F. zwei Staatenbeschwerden gegen die Türkei vor der Kommission ein.[6] Sie warf der Türkei die Verletzung der Art. 1 bis 6, 8, 13 und 17 EMRK, des Art. 1, 1. ZP zur EMRK und ferner des Art. 14 EMRK i. V. m. den genannten Artikeln während des Militäreingriffs im Juli 1974 und in der Zeit danach vor, sowie die rechtswidrige Besetzung des

---

[1] Fassung vor den Änderungen durch das Protokoll Nr. 11 zur EMRK.

[2] Im folgenden auch „die Kommission", „der Gerichtshof" oder „EMRG" und „das Ministerkomitee".

[3] Die Staatenbeschwerden sind dargestellt in Yb (ECHR) 2 (1960), S. 174-199. Im einzelnen handelt es sich um Beschwerde Nr. 176/56, Yb (ECHR) 2 (1960), S. 182 ff., Bericht der Kommission vom September 1958, unveröffentlicht, Beschwerde Nr. 299/57, Yb (EHCR) 2 (1960), 186 ff., Bericht der Kommission vom Juli 1959, unveröffentlicht; vgl. Frowein/Peukert, EMRK-Kommentar, Art. 24, Rn. 2, Fn. 1 und 2; zur politischen Lage auf Zypern zu dieser Zeit vgl. oben Abschnitt 1, A. I., a. E.

[4] Necatigil, The Cyprus Question, S. 140.

[5] Necatigil, The Cyprus Question, S. 140; Die Beschwerden wurden jeweils durch Resolutionen des Ministerkomitees beendet: Res (59) 12 vom 20.4.1959, Yb (EHCR) 2, S. 186 und Res (59) 32 vom 14.12.1959, Yb (EHCR) 2, S. 196, vgl. Rumpf, EuGRZ 1991, S. 199, Fn. 2.

[6] Beschwerden Nr. 6780/74 und Nr. 6950/75; die Staatenbeschwerden wurden in der Zulässigkeitsprüfung verbunden, EKMR, Cyprus v. Turkey, Zulässigkeitsentscheidung vom 26.5.1975, DR 2, S. 125 ff.; dt. Übersetzung in EuGRZ 1976, S. 33 ff.

Nordteils der Insel.[7] Bereits am 6.9.1977 legte die zyperngriechische Regierung eine weitere Staatenbeschwerde gegen die Türkei mit dem Vorwurf ein, weiterhin die bereits angeführten Artikel der Konvention zu verletzen.[8] Der Schwerpunkt des Antrages lag diesmal insbesondere auf der Frage der nach dem Ende der Feindseligkeiten vermissten Personen.[9] 1994 wurde dann eine vierte Staatenbeschwerde eingelegt, die in Folge der Veränderungen durch das Protokoll Nr. 11 zur EMRK zum ersten Mal dem Gerichtshof vorgelegt wurde.[10]

Die ersten Individualbeschwerden mit Bezug zum Zypernkonflikt erfolgten nach der Anerkennung des Individualbeschwerderechts durch die Türkei und betrafen Zwischenfälle an der Demarkationslinie 1989 und 1990. Es war zu Auseinandersetzungen und Festnahmen gekommen, als zyperngriechische Demonstranten versuchten, die von UN-Soldaten überwachte Pufferzone zu überschreiten.[11] Aus diesen Fällen ist der später der vor dem Gerichtshof verhandelte Fall Titina Loizidou gegen die Türkei bezüglich des Eigentumsrechts gem. Art. 1, 1. ZP zur EMRK hervorgegangen.[12] Inzwischen betrifft der Großteil der zyperngriechischen Beschwerden vor dem EMRG Eigentumsfragen im Zusammenhang mit dem Zypernkonflikt. Nach dem Loizidou-Urteil wurden knapp 3000 Fälle mit ähnlichem Sachverhalt zum Teil als Sammelklagen eingereicht, in denen die Verhinderung des Zugangs und der Nutzung des Eigentums gerügt werden. Seit 1991 wurden auch einige Individualbeschwerden von Zyperntürken eingelegt, die im Zusammenhang mit dem Zypernkonflikt stehen. Diese richteten sich sowohl gegen die Türkei als auch gegen die Republik Zypern.

---

[7] ASME Humanitas, Bericht der Kommission, Ziff. 19 und 21.

[8] Beschwerde Nr. 8007/77; EKMR, Cyprus v. Turkey, Zulässigkeitsentscheidung vom 10.7.1978, DR 13, S. 85 ff.; Bericht der Kommission vom 4.10.1983, DR 72, S. 5 ff. und HRLJ 1992, S. 154 ff.; dt. Zusammenfassung und Übersetzung in Teilen in EuGRZ 1992, S. 466 ff.

[9] Vgl. dazu EKMR, Cyprus v. Turkey, Bericht vom 4.10.1983, HRLJ 1992, S. 154 ff., Ziff. 69-123.

[10] Beschwerde Nr. 25781/94 vom 20.11.1994; Zulässigkeitsentscheidung der Kommission vom 28.6.1996, EHRR 23 (1997), S. 244 ff.; EMRG, Cyprus v. Turkey, Urteil vom 10.5.2001, HRLJ 2001, S. 217 ff.; siehe dazu ausführlicher unten Punkt E.

[11] Chrysostomos, Bishop of Kition v. Turkey, Beschwerde Nr. 15299/89; Papachrystomou v. Turkey, Beschwerde Nr. 15300/89; Loizidou v. Turkey, Beschwerde Nr. 15318/89; die Beschwerden wurden in der Zulässigkeitsprüfung verbunden, EKMR, Zulässigkeitsentscheidung vom 04.3.1991, HRLJ 1991, S. 113-124, dt. Übersetzung in EuGRZ 1991, S. 254 ff.

[12] EMRG, Loizidou v. Turkey, Urteil vom 18.12.1996, RJD Nr. 26, S. 2216 ff.; weitere Beschwerden bezüglich Zwischenfällen an der Demarkationslinie waren Nicolaou v. Turkey, Beschwerde Nr. 16262/90; Papaleontiou v. Turkey, Beschwerde Nr. 16263/90; Savvides v. Turkey, Beschwerde Nr. 16290/90.

## A. Das Menschenrechtsschutzsystem des Europarates

Ein Großteil der Beschwerden zum Zypernkonflikt vor den Straßburger Organen erfolgte vor den Änderungen durch das Protokoll Nr. 11 zur EMRK[13] und der Anerkennung der Gerichtsbarkeit des EMRG durch die Türkei 1990. Sie wurden daher nur vor der Kommission verhandelt, die in ihren Abschlussberichten wichtige Weichenstellungen für die gesamte Zypern-Rechtsprechung des Gerichtshofes vorgenommen hat. Zum besseren Verständnis der Verfahren und wegen der besonderen Bedeutung der Anerkennungserklärung der Türkei gemäß Art. 46 a. F. EMRK bezüglich der Gerichtsbarkeit des EMRG im Loizidou-Fall soll zunächst ein kurzer Überblick über das Menschenrechtsschutzsystem des Europarates, insbesondere vor der Reform, gegeben werden.

Die wichtigste Institution des internationalen Menschenrechtsschutzsystems des Europarates ist der EMRG, der aus jeweils einem Richter aus jedem Konventionsstaat zusammengesetzt ist.[14] Er kann von den Staaten im Wege der Staatenbeschwerde gemäß Art. 33 EMRK und von Einzelnen im Wege der Individualbeschwerde gemäß Art. 34 EMRK angerufen werden. Urteile des Gerichtshofs sind gemäß Art. 46 EMRK für die Hohen Vertragschließenden Parteien verbindlich. Die häufigste Form der Beschwerde ist die Individualbeschwerde, bei der natürliche Personen, nichtstaatliche Organisationen und Personengruppen, die eine Verletzung eigener Rechte aus der Konvention behaupten, beschwerdeberechtigt sind. Hier können nur eigene Konventionsverletzungen durch konkretes staatliches Verhalten gerügt werden.[15] Im Gegensatz dazu kann die Staatenbeschwerde gegen die Verletzung des europäischen *ordre public* eingelegt werden, ohne dass eine eigene und unmittelbare Betroffenheit vorliegt.[16] Darin kommt der Grundsatz zum Ausdruck, dass alle Konventionsstaaten eine gemeinsame Verantwortung für die Durchsetzung der Menschenrechte in Europa tragen.[17] In der Praxis stellt die Staatenbeschwerde eher die Ausnahme dar. Sie steht meist im Zusammenhang mit politischen Spannungen zwischen den beteiligten Konventionsstaaten.[18] Nur bei den Be-

[13] Protokoll Nr. 11 zur EMRK vom 11.5.1994, ETS Nr. 155, abgedruckt in BGBl. 1995 II, S. 579 ff. und EuGRZ, 1994, S. 323 ff., in Kraft seit 1.11.1998. Die geographische Ausdehnung des Europarates und die anwachsende Zahl der Beschwerden machte eine Reform des Kontrollmechanismus notwendig. Vgl. dazu: Drzemczewski/Meyer-Ladewig, Grundzüge des EMRK-Kontrollmechanismus, S. 317 ff.

[14] Peters, Einführung in die Europäische Menschenrechtskonvention, S. 7.

[15] Frowein/Peukert, EMRK-Kommentar, Art. 25, Rn. 20.

[16] Frowein/Peukert, EMRK-Kommentar, Art. 24, Rn. 2; Peters, Einführung in die Europäische Menschenrechtskonvention, S. 251.

[17] Frowein/Peukert, EMRK-Kommentar, Art. 24, Rn. 2; Tomuschat, Individueller Rechtschutz, S. 96.

[18] Frowein/Peukert, EMRK-Kommentar, Art. 24, Rn. 3.

schwerden gegen die Militärdiktatur in Griechenland und in der Türkei stand wirklich die Durchsetzung des *ordre public* im Vordergrund. Ansonsten war immer ein besonderes Interesse oder eine rechtliche Verantwortung des klägerischen Staates gegeben.[19]

Da bei der Ausarbeitung der EMRK die Gründung eines internationalen Gerichts, das im Bereich der Menschenrechte verbindliche Urteile fällen sollte, noch nicht von allen Konventionsstaaten Unterstützung gefunden hatte, waren die Anerkennung des Individualbeschwerderechts sowie die Unterwerfung unter die Gerichtsbarkeit des EMRG zunächst freiwillig und erfolgten erst durch entsprechende Erklärungen gemäß Art. 25 bzw. Art. 46 EMRK a. F.[20] Vor den Änderungen durch das 11. Protokoll wurde die Zulässigkeit der Beschwerden von der Kommission überprüft. Soweit ein Staat die Gerichtsbarkeit des Gerichtshofs bereits anerkannt hatte, konnte die Beschwerde gemäß Art. 48 EMRK a. F. an ihn weitergeleitet werden.[21] Hatte der beklagte Staat die Gerichtsbarkeit des EMRG nicht anerkannt, wurde die Beschwerde im Falle der Zulässigkeit weiterhin von der Kommission auf seine Begründetheit hin untersucht und gemäß Art. 31 EMRK a. F. mit einem umfassenden Bericht über die behaupteten Konventionsverletzungen abgeschlossen. Der Bericht wurde dann dem Ministerkomitee vorgelegt, der gemäß Art. 32 EMRK a. F. mit einer Zweidrittelmehrheit darüber abstimmen konnte, ob eine Konventionsverletzung vorlag, und dem beklagten Staat gegebenenfalls Maßnahmen zur Beendigung des konventionswidrigen Zustandes auferlegen konnte.

---

[19] Frowein/Peukert, EMRK-Kommentar, Art. 24, Rn. 4; Tomuschat, Individueller Rechtschutz, S. 97.

[20] Frowein/Peukert, EMRK-Kommentar, Art. 25, Rn. 4 f.; Mahoney/Prebensen, The European Court of Human Rights, S. 621 f.

Zypern ist seit 1961 Mitglied des Europarates und hat die EMRK zusammen mit dem 1. ZP 1962 ratifiziert. Die Unterwerfung unter die Gerichtsbarkeit des EMRG erfolgte 1980. Das Individualbeschwerderecht wurde erst 1989 anerkannt.

Griechenland ist seit 1949 Mitglied des Europarates. Auf Grund des Militärregimes (1967 bis 1974) wurde Griechenland zwischen 1970 und 1974 vom Europarat suspendiert, vgl. Frowein/Peukert, EMRK-Kommentar, Art. 32 Rn. 9. Die Ratifikation der EMRK und des 1. ZP erfolgte dann erneut 1974. Die Gerichtsbarkeit des EMRG wurde 1979, das Individualbeschwerderecht 1985 erstmalig anerkannt.

Die Türkei ist seit 1950 Mitglied des Europarates und hat die EMRK mit dem 1. Zusatzprotokoll 1954 ratifiziert. Das Individualbeschwerderecht wurde erstmalig 1987, die Verbindlichkeit der EMRG-Urteile 1990 anerkannt. Vgl. dazu insgesamt Frowein/Peukert, EMRK-Kommentar, S. 988 f.

[21] Seit dem 9. Zusatzprotokoll konnten die Individualbeschwerdeführer gemäß Art. 48 Abs. 1, lit. e) ihren Fall auch selbst vor den Gerichtshof bringen, Frowein/Peukert, EMRK-Kommentar, Art. 48, Rn. 5.

Im Laufe der Zeit und mit fortschreitendem Erfolg des Konventionssystems erkannten alle Konventionsstaaten das Individualbeschwerderecht und die Gerichtsbarkeit des EMRG an.[22] Mit dem Protokoll Nr. 11 zur EMRK wurde der fakultative Charakter daher aufgehoben. Die Unterzeichnung der EMRK zieht nun automatisch die Möglichkeit der unmittelbaren Individualbeschwerde für den Einzelnen und die Verbindlichkeit der EMRG-Urteile für die Staaten nach sich.[23] Ferner wurde der bisherige *ad hoc* Gerichtshof in einen ständigen Gerichtshof umgewandelt und die Kommission als vorgeschaltetes Prüfungsorgan abgeschafft. Dementsprechend ist auch die Aufgabe des Ministerkomitees entfallen, die beklagten Staaten auf Grund des Kommissionsberichts zu verurteilen.[24] Die gesamte Prüfung der Beschwerden erfolgt nun durch den ständigen Gerichtshof in Dreierausschüssen und Kammern.[25]

## B. Allgemeine Rechtsfragen in Fällen mit Bezug zum Zypernkonflikt

### I. Überblick

In den Staatenbeschwerden Zyperns gegen die Türkei und den im Zusammenhang mit dem Zypernkonflikt erhobenen Individualbeschwerden wurden vor der Kommission und dem Gerichtshof immer wieder bestimmte verfahrensrechtliche Probleme aufgeworfen. Diese resultieren aus den grundlegenden völkerrechtlichen und staatsrechtlichen Problemen des Konflikts und betreffen einerseits die Alleinvertretung der Republik Zypern durch die zyperngriechische Regierung und andererseits die Folgen der internationalen Nichtanerkennung der TRNZ.

Der Zusammenbruch der Volksgruppenverfassung und die spätere Teilung der Insel werfen zunächst die grundsätzliche Frage auf, inwieweit man überhaupt noch von der weiteren Existenz der 1960 gegründeten Republik Zypern ausgehen kann. Soweit sie weiterhin fortbesteht ist zu klären, ob die Alleinvertretung durch die zyperngriechische Regierung angesichts der verfassungswidrigen Praxis seit 1963 und der fehlenden effektiven Herrschaftsgewalt über die

---

[22] Tomuschat, Individueller Rechtsschutz, S. 97.

[23] Peters, Einführung in die Europäische Menschenrechtskonvention, S. 6 f.

[24] Frowein/Peukert, EMRK-Kommentar, Art. 19, Rn. 4.

[25] Vgl. dazu Peters, Einführung in die Europäische Menschenrechtskonvention, S. 246 f.; Die Beschwerden werden nun alle in der Kanzlei des Gerichtshofes eingereicht. Nach der Begutachtung durch einen Dreierausschuss, wird die Beschwerde im Falle der Zulässigkeit an eine Kammer verwiesen, die dann über die Zulässigkeit und die Begründetheit entscheidet. Eine weitere Verweisung an die große Kammer kann erfolgen, wenn das Urteil von grundlegender Bedeutung ist, oder eine Abweichung von der bisherigen Rechtsprechung beabsichtigt wird. Ebenso dient die große Kammer auch als Rechtsmittelinstanz nach einer Kammerentscheidung. Für Staatenbeschwerden ist unmittelbar die große Kammer zuständig.

zyperntürkische Volksgruppe seitdem rechtmäßig ist. Die Türkei hat in allen bisherigen Fällen Einwand gegen die Prozessführungsbefugnis der zyperngriechischen Regierung erhoben. Auch war in jedem der Verfahren zu klären, ob die Türkei Jurisdiktion gemäß Art. 1 EMRK über Nordzypern ausübt und damit die richtige Beklagte in dem jeweiligen Fall war. Hierfür ist vor allem die völkerrechtliche Bewertung der TRNZ und ihre Fähigkeit, Jurisdiktion über Nordzypern auszuüben, von Bedeutung. Ist sie als ein eigenständiger Staat, ein Marionettenregime der Türkei oder als ein De-facto-Regime und damit zumindest nicht als völkerrechtliches *nullum* zu bewerten? Ein weiteres Problem stellte das prozessuale Erfordernis der innerstaatlichen Rechtswegerschöpfung gemäß Art. 35 EMRK [Art. 26 a. F.] dar, da die Beschwerdeführer immer den direkten Weg zu den Straßburger Organen beschritten haben, ohne vorher die türkischen oder zyperntürkischen Gerichte anzurufen. Der Gerichtshof hatte in diesen Fällen zu entscheiden, ob angesichts der politischen Lage die effektive Rechtsdurchsetzung für Zyperngriechen in der Türkei bzw. in der TRNZ überhaupt möglich ist oder ob die Rechtswegerschöpfung als entbehrlich anzusehen ist.

Diese Rechtsfragen und ihre Beurteilung durch die Kommission und den Gerichtshof sollen im Folgenden dargestellt werden. Dabei müssen die Ausführungen jedoch über das hinaus gehen, was vor den Kontrollorganen geprüft wurde. Denn in der bisherigen Rechtsprechung blieben die grundlegenden Probleme des Zypernkonflikts, wie noch zu zeigen sein wird, zumeist außer Acht. So wurden die Gründungsverträge als die völkerrechtliche Grundlage der Republik Zypern nicht zur Klärung der Rechtsfragen herangezogen, obwohl dies durchaus erforderlich gewesen wäre.[26] Weitere völkerrechtliche Grundprobleme des Konfliktes, wie die umstrittene Rechtmäßigkeit der türkischen Intervention und die völkerrechtliche Qualität der TRNZ wurden ebenfalls nicht ausreichend untersucht.[27]

## II. Die Völkerrechtliche Lage Zyperns

### 1. Entstehung der Republik Zypern

Ausgangspunkt der völkerrechtlichen Probleme im Zypernkonflikt ist die Fremdbestimmung der Verfassung der Republik Zypern und die damit zusammenhängende Frage nach der wirksamen Ausübung des Selbstbestimmungsrechts der Zyprer. Bei Erlangung der Selbständigkeit 1960 wurde die Verfassung nicht durch ihren Willen bestimmt, sondern durch die völkerrechtlichen Verträge von Zürich und London zwischen der ehemaligen Kolonialmacht

[26] Rumpf, Zypern und die Türkei, S. 461.

[27] Vgl. zu dieser Kritik Necatigil, The Cyprus Question, S. 141 ff.; Rumpf, Zypern und die Türkei, S. 466.

Großbritannien und den Mutterländern Türkei und Griechenland vorgegeben.[28] Die Vertreter der Volksgruppen Makarios und Küçük waren bei Unterzeichnung der Gründungsverträge als Vertreter des zukünftigen Staates aufgetreten und hatten diesen aufschiebend bedingt ab Beginn der Selbstständigkeit an die Gründungsverträge gebunden.[29] Der Staat Zypern selbst konnte noch kein Vertragspartner des Abkommens sein, da er noch nicht existierte.[30] Kernpunkt dieser Verträge war vor allem die politische Gleichberechtigung der griechischen und türkischen Volksgruppen. Die grundlegenden Artikel (*Basic Structure*) der Verfassung, in welchen die Gleichberechtigung der Volksgruppen geregelt wurde, wurden gemäß Art. 182 Abs. 1 der VerfRZ i. V. m. Annex III zur Verfassung als unveränderbar festgelegt.[31] Angesichts der geschichtlichen Ereignisse und der Sicherheitsinteressen der an der Selbständigkeit beteiligten Staaten sowie der Volksgruppen selbst erforderte die besondere Konstellation der neu gegründeten Republik eine Sicherung von Außen. Daher wurde ein Garantievertrag zur Sicherung des geschaffenen Status quo vereinbart, der gemäß Art. 181 VerfRZ ebenfalls Teil der Verfassung wurde.[32] In Art. 1 GarantieV wurden die Unabhängigkeit, territoriale Integrität und Sicherheit Zyperns festgeschrieben und ferner sowohl der Anschluss Zyperns an einen anderen Staat als auch die territoriale Trennung der Insel verboten, Art. 2 GarantieV. Den Garantiestaaten Großbritannien, Griechenland und Türkei wurde in Art. 4 GarantieV für den Fall des Vertrags- bzw. Verfassungsbruchs, ein Interventionsrecht eingeräumt. Ferner wurde im Allianzvertrag die militärische Verteidigung Zyperns durch Griechenland und die Türkei vereinbart.[33] Angesichts dieser Beschränkungen der inneren und äußeren Souveränität der Republik Zypern durch die Gründungsverträge wird die Frage relevant, ob und inwieweit man von der Ausübung des Selbstbestimmungsrechts der Zyprer bei der Gründung der Republik Zypern ausgehen kann und ferner wie sich diese auf die Verbindlichkeit der Verträge auswirken.[34] Insbesondere aus zyperngriechischer Sicht wurde kritisiert, dass die

[28] siehe dazu oben unter Abschnitt 1, A. II.

[29] Beşler, Die völkerrechtliche Lage Zyperns, S. 20; Zur rechtlichen Einordnung der Verträge von Zürich und London und dem Entstehungsgrund der Republik Zypern s. ebd., S. 17 ff.; ferner von Laffert, Die völkerrechtliche Lage, S. 8; Tzermias, Die Geschichte der Republik Zypern, S. 193 ff.

[30] Godreau Robles, Völkerrechtliche Probleme der bei Gewährung der Unabhängigkeit abgeschlossenen Verträge, München 1969, S. 17, zitiert nach Beşler, Die völkerrechtliche Lage Zyperns, S. 17, Fn. 68.

[31] Text der *Basic Structure* bei Dischler, Die Zypernfrage, S. 147.

[32] Treaty of Guarantee, UNTS 382 (1960), S. 5475; siehe näher zum Garantievertrag unten bei 3. b) (2).

[33] Treaty of Military Alliance, UNTS 397 (1961) S. 5712.

[34] Vgl. dazu Beşler, Die völkerrechtliche Lage Zyperns, S. 22; Arsava, Der Zypernkonflikt, S. 14 ff.; Chrysostomides, The Republic of Cyprus, S. 75 f.; Evangelides, The Republic of Cyprus and its Constitution, S. 26 ff.; Rumpf, Verfassung und Recht, S. 160; Tzermias, Die Geschichte der Republik Zypern, S. 161 ff.

Verfassungsgebung nicht auf der Basis einer demokratischen Abstimmung durch die Mehrheit der Zyprer angenommen wurde, und dass diese Mehrheit sich vermutlich nicht mit diesen Souveränitätsbeschränkungen einverstanden erklärt hätte. Die Zyprer sollten daher nicht an diese aufoktroyierten Vorgaben gebunden sein.[35]

Das Selbstbestimmungsrecht der Völker ist in Art. 1 Nr. 2 und Art. 55 der UN-Charta, sowie in den Art. 1 des IPbürgR und des IPwirtR festgehalten und hat als Grundprinzip des Völkerrechts im Zuge der Dekolonisierung an Bedeutung gewonnen. Obwohl sein Inhalt, Geltungsbereich und Verhältnis zu den anderen Prinzipien des Völkerrechts immer noch umstritten sind, wird es inzwischen als Rechtssatz anerkannt.[36] Ausgehend von der Volkssouveränität und der Gleichberechtigung aller Völker, beinhaltet es zum einen das Recht eines jeden Volkes, sich eigenständig in Form eines Staates zu organisieren (äußeres Selbstbestimmungsrecht), und zum anderen das Recht, die eigene politische Ordnung und Entwicklung frei zu bestimmen (inneres Selbstbestimmungsrecht).[37] Da sich die Begriffe Staat und Volk jedoch nicht decken, kann das Selbstbestimmungsrecht innerhalb ethnisch uneinheitlicher Staaten in Widerspruch mit der Staatssouveränität geraten, wenn eine Minderheit bzw. Volksgruppe innerhalb eines bereits existierenden Staates Anspruch auf Selbstbestimmung erhebt.[38] Es ist daher umstritten, wer Träger des Selbstbestimmungsrechts sein kann und welcher Inhalt ihm zukommt.[39] Grundsätzlich können ethnische Minderheiten und Volksgruppen, die eine zahlenmäßig kleinere Gruppe gegenüber den übrigen Staatsangehörigen bilden, Inhaber eines inneren Selbstbestimmungsrechts sein.[40] Es wird zwar begrifflich nicht durchgehend zwischen Minderheit und Volksgruppe unterscheiden, jedoch wird bezüglich des Selbstbestimmungsrechts je

---

[35] Wippman, International Law and Ethnic Conflict, S. 151 und S. 149 in Fn. 69 mit Verweis auf die Rede des zyperngriechischen Außenministers Kyprianou, UN SCOR, 1098th mtg.; ferner Evangelides, The Republic of Cyprus and its Constitution, S. 73 f.

[36] Dahm/Delbrück/Wolfrum, Völkerrecht Bd. I/2, S. 12 f.; Doehring, in Simma, Charta der Vereinten Nationen, nach Art. 1, Rn. 1; Heintze, in Ipsen, Völkerrecht, § 27, Rn. 6.

[37] Vgl. im Einzelnen Dahm/Delbrück/Wolfrum, Völkerrecht Bd. I/2, S. 11 ff.; Heintze, in Ipsen, Völkerrecht, § 29, Rn. 1 ff. und § 30, Rn. 1 ff.; Benedek, in Seidl-Hohenveldern, Völkerrecht, S. 365 ff.

[38] Heintze, in Ipsen, Völkerrecht, § 28, Rn. 16; Blumenwitz, Der Vertrag vom 12. September 1990 über die abschließende Regelung in bezug auf Deutschland, S. 3043; H. Rumpf, UNO-Prinzipien im Widerspruch, S. 582 f.; Polat, Self-determination, Violence and modernity, S. 99 f.

[39] Vgl. dazu Dahm/Delbrück/Wolfrum, Völkerrecht, Band I/3, S. 765 ff.; Doehring, in Simma, Charta der Vereinten Nationen, nach Art. 1, Rn. 27 ff.; Heintze, in Ipsen, Völkerrecht, § 28, Rn. 4 ff.

[40] Dahm/Delbrück/Wolfrum, I/2, S. 13, insbes. Fn 31; Doehring, in Simma, Charta der Vereinten Nationen, nach Art. 1, Rn. 32; ders., Völkerrecht, Rn. 785; Blumenwitz, Minderheiten- und Volksgruppenrecht, S. 32; Kimminich, Das Recht auf die Heimat, S. 169 ff.

nach Vorliegen von objektiven und subjektiven Merkmalen differenziert.[41] Der genaue Inhalt des Selbstbestimmungsrechts kann sich demnach nach den Kriterien der Beschaffenheit der jeweiligen Bevölkerungsgruppe richten und ferner von der Verwirklichung bestimmter Autonomierechte innerhalb des bereits bestehenden politischen Systems abhängen.[42] Die Kriterien einer Volksgruppe werden dabei an den Begriff des Volkes angenähert, in dem sie als eine Gesamtheit von Personen definiert wird, die auf Dauer angelegt ist und deren Angehörige sich durch bestimmte äußere Merkmale, wie Sprache, Kultur und Geschichte oder subjektive Merkmale, wie dem Zusammengehörigkeitsgefühl, verbunden fühlen.[43] Entscheidend kommt es aber auf den einheitlichen politischen Willen der Volksgruppe an, ihre Zusammengehörigkeit zu schützen und ihre Eigenheiten zu bewahren.[44] Liegt dieser vor, so ist die Mitbestimmung der Volksgruppe innerhalb des bestehenden Staates auf Grund des Selbstbestimmungsrechts insbesondere zu gewähren.[45] In Fällen der massiven Menschenrechtsverletzung und Verwehrung der Teilnahme an der Staatsmacht kann das Selbstbestimmungsrecht als *ultima ratio* auch eine Sezession rechtfertigen und in seinem äußeren Aspekt in Erscheinung treten.[46]

Im konkreten Fall Zyperns wurde diskutiert, ob es sich hierbei um ein zyperngriechisches Volk mit zyperntürkischer Minderheit, oder um zwei gleichberechtigte zyprische Volksgruppen handelt.[47] Auf Grund der Homogenität und langzeitigen Ansiedlung der zyperntürkischen Bevölkerung auf Zypern und ihrem einheitlichen politischen Willen wurde ihr Status als Volksgruppe mit eigenem Selbstbestimmungsrecht anerkannt und dies in den Gründungsverträgen festgehalten.[48] Damit kam beiden zyprischen Bevölkerungsgruppen ein Selbstbestimmungsrecht als Volksgruppe zu, dessen Inhalt und Grenzen jedoch entsprechend den gegebenen Umständen in den Gründungsverträgen näher be-

---

[41] Doehring, Völkerrecht, Rn. 786 f.; Heintze, in Ipsen, Völkerrecht, § 28, Rn. 9-16.

[42] Doehring, Völkerrecht, Rn. 793; Blumenwitz, Volksgruppen und Minderheiten, S. 70, ff.; Oeter, Selbstbestimmungsrecht im Wandel, S. 761 ff.

[43] Vgl. Dahm/Delbrück/Wolfrum, Band I/2, S. 4; Blumenwitz, Minderheiten- und Volksgruppenrecht, S. 26 ff.

[44] Doehring, Völkerrecht, Rn. 787; Blumenwitz, Volksgruppen und Minderheiten, S. 42 f.; Heinze, Zum Stand des Zypern-Konflikts, S. 423.

[45] Zu den Möglichkeiten der Mitbestimmung vgl. Blumenwitz, Volksgruppen und Minderheiten, S. 44.

[46] Benedek, in Seidl-Hohenveldern/Stein, Völkerrecht, S. 366; Doehring, in Simma, Charta der Vereinten Nationen, nach Art. 1, Rn. 40; ders. Völkerrecht, Rn. 796 ff.; Blumenwitz, Volksgruppen und Minderheiten, S. 72; Oeter, Selbstbestimmungsrecht im Wandel, S. 765.

[47] Vgl. dazu, Anstötz, Perspektiven zur Neuordnung, S. 47-49.

[48] Anstötz, Perspektiven zur Neuordnung, S. 48; Blumenwitz, The legal status, S. 86; Ertekün/Necatigil, The right of the Turkish Cypriot People to Self-Determmination, S. 16; Lauterpacht, The right of self-determination, S. 13; von Laffert, Die völkerrechtliche Lage, S. 28 f.

stimmt wurden.[49] Problematisch war bei der Staatsgründung, dass der politische Selbstbestimmungswille der Volksgruppen gegensätzlich war. Die zyperngriechische Volksgruppe strebte den Anschluss der gesamten Insel an Griechenland an, während die zyperntürkische Volksgruppe dies ablehnte und die Schaffung eines eigenen selbstverwalteten Gebietes verfolgte. Um einen gemeinsamen Staat Zypern zu ermöglichen, musste ein Ausgleich zwischen diesen Bestrebungen geschaffen werden, indem die volle Durchsetzung des Selbstbestimmungsrechts begrenzt wurde.[50] Die politische Gleichberechtigung der Volksgruppen war damit eine Existenzbedingung des gemeinsamen Staates.[51] Entsprechend der Staatenpraxis zur Zeit der Dekolonisierung konnte diese Gleichberechtigung als Vorbedingung für die Unabhängigkeit der Insel gestellt werden, ohne dass die Verfassung, in der sie zum Ausdruck kam, der freien Willensbildung der Zyprer unterliegen musste.[52] In der nachträglichen Wahl der Volksgruppenvertreter Makarios und Küçük, die die Gründungsverträge unterzeichnet haben, kann darüber hinaus das Einverständnis der Volksgruppen gesehen werden.[53] Mit der Aufnahme der Republik Zypern in die UN am 24.5.1961 wurde das Selbstbestimmungsrecht beider Volksgruppen und ihre politische Gleichberechtigung von der internationalen Staatengemeinschaft anerkannt und von der folgenden UN- und Staatenpraxis eindeutig bestätigt.[54]

Eine Beachtung der Mehrheitsverhältnisse hätte auf Grund der zahlenmäßigen Dominanz der Zyperngriechen wohl zu einem anderen Ergebnis geführt. In einer Gesellschaft jedoch, die entlang der ethnischen Grenzen politisch so geteilt ist wie in Zypern, kann eine einfache Mehrheitsabstimmung keine Demokratie in dem Sinne herstellen, dass alle Individuen die gleiche Chance an der Mitbestimmung der Staatsmacht haben.[55] Die Bildung einer gemeinsamen politischen Gemeinschaft, die von beweglichen Mehrheiten bestimmt wird, erscheint hier nur dann möglich, wenn die Volksgruppen über die ethnischen Grenzen hinweg einen politischen Konsens finden können. Gerade dies war aber

[49] Anstötz, Perspektiven zur Neuordnung, S. 75; ausführlicher zum Selbstbestimmungsrecht im Zypernkonflikt Beşler, Die völkerrechtliche Lage Zyperns, S. 72 ff.; Heinze, Zum Stand des Zypern-Konflikts, S. 422 ff.; von Laffert, Die völkerrechtliche Lage, S. 24 ff.

[50] Beşler, Die völkerrechtliche Lage Zyperns, S. 78 f.; Heinze, Zum Stand des Zypern-Konflikts, S. 425; Mühleisen, Der Zypernkonflikt, S. 97.

[51] Beşler, Die völkerrechtliche Lage Zyperns, S. 77; Heinze, Zum Stand des Zypern-Konflikts, S. 426; Necatigil, The Cyprus Question, S. 223.

[52] von Laffert, Die völkerrechtliche Lage, S. 73; vgl. dazu auch Verdross/Simma, Universelles Völkerrecht, S. 486, § 765.

[53] Wippman, International Law and Ethnic Conflict, S. 152.

[54] Anstötz, Perspektiven zur Neuordnung, S. 48; Lauterpacht, The status of the two communities in Cyprus, Ziff. 17; Wippman, International Law and Ethnic Conflict, S. 151.

[55] Heinze, Zum Stand des Zypern-Konflikts, S. 424 f.; Wippman, International Law and Ethnic Conflict, S. 161

bei Gründung der Republik Zypern nicht der Fall, da die Volksgruppen gegenseitige Interessen vertraten. Es ist zwar umstritten, ob die politische Gleichberechtigung der zyperntürkischen Volksgruppe in dem Ausmaß, wie sie in dem dualen System der Verfassung von 1960 vorgegeben wurde, durch das Selbstbestimmungsrecht geboten war. Aber auch wenn man dies ablehnt[56] ist zu bedenken, dass mit der Anerkennung der Gründungsverträge und der bestätigenden UN- und Staatenpraxis zumindest ein Vertrauensschutz diesbezüglich entstand.[57] Dies kann vor allem für die weitere Entwicklung des Zypernkonflikts durch die Sezession der Zyperntürken von Bedeutung sein.[58]

Gegen die Wirksamkeit der Gründungsverträge und der Verfassung könnte ferner die Bindung der neu gegründeten Republik Zypern durch so genannte „ungleiche Verträge" sprechen.[59] Bei diesen weichen der Inhalt oder die Art und Weise des Zustandekommens von dem Prinzip der souveränen Gleichheit der Staaten gemäß Art. 2 Nr. 1 der UN-Charta ab. Der Verzicht auf einen Teil der absoluten Souveränität verstößt jedoch nicht zwingend gegen Art. 2 Nr. 1 UN-Charta und kann sogar völkerrechtsfreundlich sein.[60] So kann ein Staat sich einem Vereinigungsverbot unterwerfen oder sich dazu verpflichten, seine Verfassung nicht zu ändern. Der Kern des Prinzips der souveränen Gleichstellung der Staaten ist nicht berührt, soweit es auch keinem anderen Staat möglich ist, die Verfassung oder den Rechtszustand zu ändern.[61] „Ungleiche Verträge" sind daher grundsätzlich gültig, außer wenn sie unter widerrechtlichem Zwang zustande gekommen sind.[62] Nach der Intervention der Türkei wurde von der politischen Führung der zyperngriechischen Volksgruppe angeführt, dass Makarios unter dem Druck Griechenlands etwas unterzeichnet habe, was nicht seinem Willen entsprach.[63] Aus späteren Zitaten wird deutlich, dass Makarios mit den Gründungsverträgen unzufrieden war und weiterhin die volle Unabhängigkeit der Zyperngriechen ohne die politische Gleichberechtigung der Zyperntürken durchsetzen wollte.[64] Zwang i. S. d. Art. 51 oder 52 WÜV, der zur Unwirksamkeit der Verträge führen würde, lag bei Vertragsunterzeichnung aber nicht vor.

---

[56] So z. B. von Laffert, Die völkerrechtliche Lage, S. 44.

[57] Vgl. zur Problematik des Vertrauensschutzes bei vertraglich anerkanntem Selbstbestimmungsrecht Doehring, Völkerrecht, Rn. 800.

[58] Siehe dazu unter 4.

[59] Dazu Anstötz, Perspektiven zur Neuordnung, S. 63; ausführlich von Laffert, Die völkerrechtliche Lage, S. 65 ff.

[60] von Laffert, Die völkerrechtliche Lage, S. 67.

[61] von Laffert, Die völkerrechtliche Lage, S. 67 f.

[62] Seidl-Hohenveldern/Stein, Völkerrecht, Rn. 201.

[63] Zum Druck seitens Griechenland vgl. Zervakis, Historische Grundlagen, S. 89 und Asmussen, Wir waren wie Brüder, S. 253.

[64] Vgl. Clerides, My Deposition, Vol. 1, S. 174; Nedjatigil, The Cyprus Conflict, A Lawyer's View, S. 7 f.

Politischer Druck, der ausgeübt wird, um einen notwendigen Kompromiss herbeizuführen, führt nicht zur Unwirksamkeit von Verträgen. Ein entsprechender Antrag zur Anfechtbarkeit von Verträgen, die durch wirtschaftlichen oder politischen Druck erreicht wurden, wurde auf der Wiener Vertragsrechtskonferenz abgelehnt.[65] Der innere Vorbehalt Makarios kann in diesem Zusammenhang folglich keine rechtliche Bedeutung haben, sondern nur Indiz für die Intention seiner späteren Verfassungsänderungen sein.

Damit ist festzuhalten, dass die Vorgaben zur Verfassung der Republik Zypern und deren Absicherung durch völkerrechtliche Verträge nicht gegen das Selbstbestimmungsrecht der Zyprer verstoßen haben.[66] Das Argument der Ungültigkeit der Gründungsverträge würde im Übrigen in ihrer Konsequenz zur Wiederherstellung der Souveränität von Großbritannien führen.[67] Dies wird aber weder von den zyprischen Volksgruppen noch von den an der Entstehung der Republik Zypern beteiligten Staaten gefordert. Sie gehen sowohl von dem wirksamen Abschluss, als auch von der weiteren Fortgeltung der Gründungsverträge aus und berufen sich selbst auf diese.[68] Auch im Annan-Plan wurde die Gültigkeit und fortdauernde Wirksamkeit der Gründungsverträge bestätigt.[69] Faktisch entfalten die Verträge und die Verfassungsartikel bezüglich der Gleichberechtigung der Volksgruppen aber seit dem Zusammenbruch des dualen Systems 1963 keine rechtliche Wirkung mehr.[70]

---

[65] Verdross/Simma, Universelles Völkerrecht, S. 478, § 752; vgl. auch Wippman, International Law and Ethnic Conflict, S. 150.

[66] Beşler, Die völkerrechtliche Lage Zyperns, S. 78 f.; Heinze, Zum Stand des Zypern-Konflikts, S. 428; von Laffert, Die völkerrechtliche Lage, S. 44 kommt zu dem Ergebnis, dass das duale System weder verboten noch geboten war; Özersay, Kıbrıs Sorunu, S. 271; Wippman, International Law and Ethnic Conflict, S. 152.

[67] Wippman, International Law and Ethnic Conflict, S. 149, Fn. 69.

[68] Anstötz, Perspektiven zur Neuordnung, S. 66; von Laffert, Die völkerrechtliche Lage, S. 76; Özersay, Kıbrıs Sorunu, S. 271; Wippman, International Law and Ethnic Conflict, S. 164; die einseitige Kündigung des Allianzvertrages durch die zyperngriechische Regierung 1964 konnte den Vertrag nicht wirksam beenden, vgl. Anstötz, Perspektiven zur Neuordnung, S. 64, vgl. auch S. 66.

[69] Art. 1 Abs. 3 FoundA lautet: "The Treaty of Establishment, the Treaty of Guarantee, and the Treaty of Alliance remain in force and shall apply mutatis mutandis to the new state of affairs. Upon entry into force of this Agreement, Cyprus shall sign a Treaty with Greece, Turkey and the United Kingdom on matters related to the new state of affairs in Cyprus, along with additional protocols to the Treaties of Guarantee and Alliance."

[70] Rumpf, Verfassung und Recht, S. 171 geht davon aus, dass durch die normative Kraft des Faktischen das Ende der Wirksamkeit der Gründungsverträge angenommen werden kann.

## 2. Zusammenbruch des dualen Volksgruppensystems

Mit den einseitigen Änderungen der Verfassung durch den 13-Punkte-Vorschlag des Präsidenten Makarios Ende 1963 wurde die Verfassung von 1960 in ihrem wesentlichen Charakter als Volksgruppenverfassung verändert.[71] Die Gleichberechtigung der Volksgruppen gemäß der *Basic Structure* und damit die Existenzbedingung der Republik Zypern wird seitdem nicht mehr verwirklicht. Die Verfassungsänderungen betrafen sechs unveränderbare Artikel der Verfassung und wurden ohne die Teilnahme der zyperntürkischen Abgeordneten verabschiedet. Sie stellen daher einen Verstoß gegen die Verfassung von 1960 und gegen die Gründungsverträge dar.[72] Die zyperntürkischen Abgeordneten wurden an ihrer weiteren freien Ausübung ihres Mandats gehindert, indem ihnen die Teilnahme an den Parlamentssitzungen nur unter der Voraussetzung bewilligt wurde, dass sie den Änderungen zustimmen.[73] Dies kann nicht als freiwilliger Rückzug von oder als angemessenes Angebot zur Teilnahme an der Staatsmacht angesehen werden, da die Verfassungsänderungen Kerninteressen der Zyperntürken betrafen und ohne jegliche vorausgegangene Verhandlungen vorgenommen wurden.[74] Im Übrigen haben die zyperntürkischen Abgeordneten offiziell nicht auf ihre Mandate verzichtet.[75] Die Änderungen können auch nicht auf die umstrittene *doctrine of neccesity* gestützt werden, weil die Gleichberechtigung der Volksgruppen eben gerade dann seine Wirkung entfalten sollte, wenn es zu einer Meinungsverschiedenheit zwischen den Volksgruppen kam.[76] Parallel dazu wird ein einseitiges Kündigungsrecht des Garantievertrages wegen eines Wandels grundlegender Umstände nach der *clausula rebus sic stantibus* abgelehnt, da das Risiko der Meinungsverschiedenheit bei der Schaffung der rechtlichen Grundlagen der Republik Zypern einberechnet wurde.[77] Der geschaffene

---

[71] Rumpf, Verfassung und Recht, S. 168; Text des 13-Punkte-Vorschlages bei Choisi, Wurzeln und Strukturen des Zypernkonflikts, S. 237 f.; vgl. auch Tzermias, Die Geschichte der Republik Zypern, S. 266 ff.

[72] Leigh, The legal status in international law, S. 60.

[73] Vgl. Heinze, Zum Stand des Zypern-Konflikts, S. 411; Necatigil, The Cyprus Question, S. 54 f.; Bericht des UN-Generalsekretärs vom 29.7.1965, UN doc. S/6569, Ziff. 11; ferner Dodd, The Cyprus Imbroglio, S. 76.

[74] Heinze, Zum Stand des Zypern-Konflikts, S. 411; Rumpf, Verfassung und Recht, S. 170; a. A. von Laffert, Die völkerrechtliche Lage, S. 34.

[75] Leigh, The legal status in international law, S. 59, Fn. 8.

[76] Vgl. zu der Diskussion um die *doctrine of necessity* Dodd, The Cyprus Imbroglio, S. 76 ff.; Necatigil The Cyprus Question, S. 60 ff.; für die Notwendigkeit der Verfassungsänderungen, Tzermias, Die Geschichte der Republik Zypern, S. 267 ff.

[77] Anstötz, Perspektiven zur Neuordnung, S. 65; Wippman, International Law and Ethnic Conflict, S. 161 f.; so auch Rumpf, Verfassung und Recht, S. 170; ferner dazu Özersay, Kıbrıs Sorunu, S. 380 ff.

Status quo sollte dauerhaft sein und unter keinen Umständen durch eine einseitige Änderung aufgehoben werden können.[78]

Auch wenn verfassungswidrigen Änderungen die Existenzbedingung der Republik Zypern betrafen, ist es möglich, dass der weitere Fortbestand nicht berührt wurde. Die Sicherung des Friedens fordert ein hohes Maß an Kontinuität in den zwischenstaatlichen Beziehungen.[79] An den Untergang eines Staates werden daher hohe Voraussetzungen gestellt. Auch radikale Änderungen im Regierungssystem eines Staates führen nicht zu seinem Untergang, solange nicht eine der drei Staatsmerkmale, insbesondere die effektive Staatsgewalt, wegfällt.[80] Diese liegt vor, wenn die Bevölkerung des betreffenden Gebietes durch eine gemeinsame Rechtsordnung gebunden ist. Der Grad der Effektivität bewirkt dabei die Stabilität der Staatsgewalt.[81]

Die einseitigen Verfassungsänderungen lösten schwere Kämpfe zwischen den Volksgruppen aus und führten zur räumlichen Isolation der Zyperntürken.[82] Die zyperngriechische Regierung konnte sich in den zyperntürkischen Enklaven, in denen sich eigene staatliche Strukturen der Legislative, Exekutive und Judikative bildeten, nicht durchsetzen.[83] Die Enklaven hatten jedoch mit drei Prozent nur einen geringen Anteil am Gesamtterritorium.[84] Die zyperngriechische Regierung hatte zudem die effektive Gewalt über die Mehrheit der Bevölkerung. Damit kann der Fortbestand der effektiven Staatsmacht und damit der Bestand der Republik Zypern zunächst bejaht werden.[85] Eine andere Ansicht geht hingegen vom Untergang der Republik Zypern mit der Zerstörung des dualen Volksgruppensystems aus und sieht in der Übernahme der Regierungsmacht durch die zyperngriechische Gruppe die Gründung eines neuen Staates.[86] Zumindest war die zyperngriechische Herrschaftsgewalt in ihrer Stabilität erheblich geschwächt, da sie sich gegenüber einer wesentlichen Bevölkerungsgruppe nicht durchsetzen konnte. Die türkische Volksgruppe sah die neue Regierung nicht als ihre politi-

---

[78] Wippman, International Law and Ethnic Conflict, S. 159.

[79] Kokott/Doehring/Buergenthal, Grundzüge des Völkerrechts, Rn. 42.

[80] Dahm/Delbrück/Wolfrum, Völkerrecht, Band I/1, S. 142 ff.; Doehring, Völkerrecht, Rn. 160 f.

[81] Kokott/Doehring/Buergenthal, Grundzüge des Völkerrechts, Rn. 39.

[82] Siehe oben Abschnitt 1, A. III. 1.

[83] Heinze, Zum Stand des Zypern-Konflikts, S. 413 f.; Leigh, The legal status in international law, S. 61.

[84] Bei Tatlı, Der Zypernkonflikt, S. 120 ist die Fläche unter türkischer Verwaltung insgesamt mit 2,2 % angegeben. Die Anzahl, der in den Enklaven lebenden Bevölkerung beträgt 120.000. Bei Bahçeli, Domestic Political Developments, S. 107 sind knapp 3 % der Gesamtfläche angegeben.

[85] von Laffert, Die völkerrechtliche Lage, S. 152.

[86] Heinze, Zum Stand des Zypern-Konflikts, S. 418; Leigh, The legal status in international law, S. 64 f.

sche Vertretung an und akzeptierte die inneren Strukturänderungen nicht. Die zyperngriechische Nationalgarde kontrollierte zwar die Ein- und Ausreise in die Enklaven, den Einfuhr von Gütern, sowie den Postverkehr und die Versorgung mit Grundnahrungsmitteln und Medikamenten, sie hatte aber keinen Einfluss auf das Leben in den Enklaven.[87] Bis 1974 hatten sich bereits zwei eigenständige Verwaltungen auf Zypern etabliert. Dies wurde in der Genfer Erklärung insbesondere mit Blick auf die Vergangenheit festgestellt.[88]

Die zyperngriechische Regierung riskierte zwar kein Vorgehen gegen die Enklaven, zeigte aber auch kein Interesse daran, die zyperntürkische Volksgruppe wieder ganz oder teilweise an der Ausübung der Staatsgewalt zu beteiligen.[89] Die zyperngriechische Regierung kann daher seit Ende 1963 weder aus der in der Verfassung von 1960 vorgesehen Form, noch in einer anderen Form, wie z. B. aus der Teilnahme der zyperntürkischen Volksgruppe an Wahlen, ableiten, von der zyperntürkischen Volksgruppe demokratisch legitimiert zu sein und repräsentativ für diese zu sprechen.[90] Die Ablehnung, die zyperntürkische Volksgruppe wieder an der Staatsherrschaft zu beteiligen, kann durchaus als freiwilliger Verzicht auf die Vertretung der Zyperntürken gedeutet werden.[91] Die zyperngriechische Regierung ging folglich bewusst das Risiko einer geschwächten Staatsmacht ein, die keine Effektivität über einen wesentlichen Teil der Gesamtbevölkerung hatte und die ihre Legitimität nicht auf den Willen der gesamten Bevölkerung stützen konnte. Das Festhalten an der Alleinvertretung Zyperns durch die zyperngriechische Regierung auf internationaler Ebene ist daher besonders problematisch.[92]

Abgesehen von den Protesten der türkischen und britischen Regierung gab es international kaum Kritik an den verfassungswidrigen Änderungen, die auch einen Verstoß gegen völkerrechtliche Verträge darstellten.[93] In der Resolution 186 vom 4.3.1964 zur Einsetzung der UNFICYP stellte der Sicherheitsrat das notwendige Einverständnis „der Regierung von Zypern" hierzu fest und bezeichnete die Regierung, die zu diesem Zeitpunkt nur noch mit zyperngriechischen Ministern besetzt war, als die Regierung der Republik Zypern.[94] Die um-

---

[87] Vgl. die Angaben bei Asmussen, Wir waren wie Brüder, S. 302 f. m. w. N.

[88] Krieger, Das Effektivitätsprinzip, S. 320; Text der Genfer Erklärung bei Necatigil, The Cyprus Question, S. 412-414.

[89] Bahçeli/Rizopoulos, The Cyprus Impasse, S. 28.

[90] Leigh, The legal status in international law, S. 61; Ertekün/Necatigil, The Right of the Turkish Cypriot People to Self-Determmination, S. 15.

[91] Vgl. Heinze, Zum Stand des Zypern-Konflikts, S. 420.

[92] Vgl. unten 4. d).

[93] Rumpf, Verfassung und Recht, S. 169 f.

[94] S/RES/186 (1964), Ziff. 4; im Juli 1965 wurden auch die drei Ministerposten, die nach der Verfassung von 1960 für Zyperntürken vorgesehen wurden, von Zyperngriechen besetzt.

strittenen Verfassungsänderungen, sowie die Tatsache, dass Zyperntürken weder im Parlament noch in der Regierung vertreten waren, wurden dabei nicht gerügt. Trotz der Kritik der Türkei und Großbritanniens, dass die legitime Regierung von Zypern nur eine gemäß der Verfassung von 1960 gewählte Regierung sein kann,[95] änderte der Sicherheitsrat seine Praxis nicht. Die Anerkennung einer Regierung hat im Völkerrecht jedoch grundsätzlich nur politischen Charakter.[96] Es kann daraus nicht zwingend gefolgert werden, dass die Alleinvertretung durch die zyperngriechische Regierung auch rechtlich gebilligt wurde.[97] Aus dem Verhalten des Sicherheitsrates geht vielmehr hervor, dass an der weiteren Wirksamkeit der Verträge von 1960 und damit an dem darin enthaltenen Selbstbestimmungsrecht der Zyperntürken festgehalten wurde.[98] Dies wird gerade an der späteren Aufnahme der Gründungsverträge in dem *Set of Ideas* von 1992 und den Annan-Plan von 2003 deutlich.[99] In einer späteren Resolution kurz nach der Intervention der Türkei forderte der Sicherheitsrat ferner die Wiedereinsetzung der „verfassungsmäßigen Regierung“. Da sich diese Aufforderung an alle drei Garantiestaaten wendet, kann man davon ausgehen, dass damit die Verfassung von 1960 und folglich eine Regierung, die sowohl mit Zyperntürken als auch mit Zyperngriechen besetzt ist, gemeint ist.[100] Daraus ist zu folgern, dass der Sicherheitsrat 1964 die Alleinvertretung durch die zyperngriechische Regierung auf Grund ihrer Effektivität zwar akzeptiert, die Verfassungsänderungen selbst jedoch nicht gebilligt hatte. Beide Volksgruppen wurden weiterhin als politisch

---

[95] Gazioğlu, Security Council Resolution 186 and UNFICYP, S. 43 f., 49 und 55; Leigh, The legal status in international law, S. 60, Fn. 10 m. w. N. zum Protest der türkischen und britischen Regierung.

[96] Darauf weist Leigh, The legal status in international law, S. 64 hin.

[97] Leigh, The legal status in international law, S. 65.

[98] Dafür spricht auch, dass der zyperntürkische Vize-Präsident Dr. Küçük nach 1963 von der UN protokollarisch weiterhin entsprechend seinem Amt behandelt wurde. So wurden er und die drei zyperntürkischen Minister von der UNFICYP eskortiert, vgl. Berner, Das vergessene Volk, S. 189 m. w. N.

[99] Vgl. Set of Ideas, Text im Anhang zu UN doc. S/24472, Ziff. 54; im Annan-Plan Art. 1, Abs. 3 FoundA

[100] S/RES/353 vom 20.7.1974, Ziff. 5: “The Security Council [...] calls upon Greece, Turkey and the United Kingdom of Great Britain and Northern Ireland to enter into negotiations without delay for the restoration of peace in the area and constitutional government in Cyprus and to keep the Secretary General informed; [...]”. In die gleiche Richtung weist auch die Resolution der Parlamentarischen Versammlung des Europarates vom 29.7.1974, in welcher die Vereinbarkeit der ersten Phase der türkischen Intervention mit dem Garantievertrag festgestellt wird und die baldige Teilnahme von zyperntürkischen Abgeordneten in der Parlamentarischen Versammlung begrüßt wird. Resolution 573 der Parlamentarischen Versammlung vom 29.7.1974, Ziff. 3 und 10.

gleichberechtigte Gemeinschaften angesehen. Ein allein zyperngriechisch dominiertes Staatssystem wurde nicht anerkannt.[101]

## 3. Zyperngriechischer Militärputsch und Intervention der Türkei

Die Auswirkungen des Sampson-Putschs und der darauf folgenden türkischen Intervention im Juli 1974 auf die völkerrechtliche Lage Zyperns werden sehr unterschiedlich beurteilt. Die Rechtsansichten der betroffenen Staaten und Regierungen spiegeln dabei ihre jeweiligen politischen Interessen und deren Durchsetzungsmöglichkeiten wider.

Aus griechischer und zyperngriechischer Sicht ist die Intervention der Türkei ein Verstoß gegen das Gewaltverbot in Art. 2 Nr. 4 UN-Charta gewesen, da der Einsatz militärischer Mittel nicht von dem Interventionsrecht des Art. 4 GarantieV gedeckt gewesen sei.[102] Das türkische militärische Einschreiten wird daher als völkerrechtswidrige Invasion bezeichnet. Entsprechend dem Grundsatz *ex iniuria ius non oritur* dürfe die später gegründete TRNZ nicht als Staat anerkannt werden. Auch verstoße die Sezession der Zyperntürken gegen das Teilungsverbot in Art. 2 GarantieV. Bei der TRNZ handele es sich darüber hinaus wegen der militärischen Besetzung um einen Marionettenstaat der Türkei, der keine eigene Effektivität besitze.[103] Diese Argumentation legt ihren Schwerpunkt auf eine enge Auslegung des Garantievertrages und der UN-Charta.[104]

Die zyperntürkische und türkische Seite argumentieren dagegen mit dem Grundsatz *pacta sunt servanda*. Die Intervention der Türkei war demnach vereinbar mit dem Interventionsrecht aus Art. 4 GarantieV, da es für alle Vertragspartner offensichtlich auch die Anwendung militärischer Mittel erlaubte.[105] In Art. 4 GarantieV sei eine antizipierte Einwilligung der Republik Zypern in die militärische Intervention im Falle eines Bruchs des durch die Gründungsverträge geschaffenen Zustandes zu sehen.[106] Die Sezession der Zyperntürken 1983 sei ferner nach den gescheiterten Verhandlungen zur Schaffung eines föderalen Staates die einzige Möglichkeit gewesen, ihre seit 1964 bestehende effektive Selbstverwaltung zu erhalten. Die Sezession stelle die rechtmäßige Ausübung

---

[101] Vgl. die ausführliche Untersuchung der UN-Resolutionen bei Lauterpacht, The status of the two Communities in Cyprus, Ziff. 18-32; ferner Leigh, The legal status in international law, S. 65.

[102] Constantopoulos, Die türkische Invasion in Zypern, S. 276; Tornaritis, Cyprus and its constitutional and other legal problems, S. 80.

[103] Vgl. die zyperngriechische Ansicht dazu im Überblick bei Evangelides, The Republic of Cyprus and its Constitution, S. 96 f.

[104] Richmond, Mediating in Cyprus, S. 232.

[105] Necatigil, The Cyprus Question, S. 125 ff., 129 ff.; Özersay, Kıbrıs Sorunu, S. 308 f.

[106] Özersay, Kıbrıs Sorunu, S. 365 ff.

des völkerrechtlich anerkannten Selbstbestimmungsrechts der zyperntürkischen Volksgruppe dar.[107] Die türkischen Truppen würden sich außerdem mit Einverständnis der zyperntürkischen Behörden in Nordzypern aufhalten, so dass dies der Eigenstaatlichkeit der TRNZ nicht entgegenstehe.

**a) Bestand der Republik Zypern**

Zunächst kann bezweifelt werden, ob die Republik Zypern nach dem griechischen Militärputsch und der Intervention der Türkei weiterhin als Staat fortbestanden hat. Das Merkmal der effektiven Staatsgewalt könnte beim Putsch entfallen sein. Durch die Bildung zweier Verwaltungen war die Staatsmacht der zyperngriechischen Regierung bereits zuvor geschwächt, wenn auch nicht ganz entfallen. Die zyperngriechische Regierung hatte nach 1964 Schwierigkeiten, sich auch gegen die Opposition innerhalb der eigenen Volksgruppe durchzusetzen.[108] Die politischen Gegner des Präsidenten Makarios forderten die Vereinigung Zyperns mit Griechenland und setzten ihn mit Hilfe der griechischen Militärjunta zunehmend unter Druck.[109] Es kam immer öfter zu gewalttätigen Aktionen, die schließlich im Sampson-Putsch vom 15.7.1974 endeten.[110] Mit dem Militärputsch durch die Nationalgarde und der EOKA-B hatte die zyperngriechische Regierung eigentlich ihre effektive Herrschaftsgewalt verloren. Sie konnte sich nicht mehr Kraft eigener Effektivität in die Regierungsposition bringen. Erst durch äußere Einwirkung, die türkische Intervention, wurde dies wieder möglich. Ob dieses Ereignis rechtmäßig war oder nicht, ist in diesem Zusammenhang nicht von Bedeutung. Die erste Phase der Intervention wird darüber hinaus als mit dem Völkerrecht und dem Garantievertrag vereinbar angesehen.[111] Die zyperngriechische Herrschaftsgewalt und damit die Republik Zypern könnten daher auf Grund des Verlustes ihrer Effektivität als untergegangen betrachtet werden. Jedoch wird zu Gunsten des Erhalts eines Staates eine

[107] Ertekün/Necatigil, The Right of the Turkish Cypriot People to Self-Determmination, S. 27-29.

[108] Vgl. zu der politischen Lage innerhalb der zyperngriechischen Volksgruppe Choisi, Wurzeln und Strukturen des Zypernkonflikts, S. 249-258, zu den disloyalen Kräften insbesondere S. 255 ff.; ferner Markides, The Rise and Fall of the Republic of Cyprus, S. 76 ff. und Tzermias, Die Geschichte der Republik Zypern, S. 368.

[109] Dazu und zu den Auswirkungen des Terrors der EOKA-B auf die Regierung vgl. Markides, The Rise and Fall of the Republic of Cyprus, S. 140 ff., insbes. 157 ff. In einem offenen Brief beschuldigte Präsident Makarios die griechische Militärregierung, einen Putsch gegen ihn zu planen, vgl. Choisi, Wurzeln und Strukturen des Zypernkonflikts, S. 259 f. und Anhang.

[110] Markides, The Rise and Fall of the Republic of Cyprus, S. 167 ff.; siehe auch Abschnitt 1, A. III. 2.

[111] Anstötz, Perspektiven zur Neuordnung, S. 55; vgl. auch die Resolution Nr. 573 der Parlamentarischen Versammlung des Europarates vom 29.7.1974, Ziff. 3 unten Fn. 170.

gewisse Dauer des neuen Zustandes gefordert.[112] Außerdem wird der Untergang nicht allein nach dem Gesichtspunkt der Effektivität beurteilt. Die vorübergehende Ausschaltung der Staatsmacht durch eine Revolution, einen Staatsstreich oder durch einen Völkerrechtsverstoß lässt einen Staat nicht erlöschen.[113] Überdies haben alle beteiligten Staaten, zunächst auch die Türkei und die zyperntürkische Volksgruppe, weiter am Bestand der Republik Zypern festgehalten. Ein zyperntürkischer Bundesstaat wurde gegründet, um damit die Möglichkeit der Reorganisation der Republik Zypern unter Teilnahme beider Volksgruppen aufrechtzuerhalten.[114]

### b) Intervention der Türkei

Die Türkei hat sich bei ihrem militärischen Einmarsch auf das Interventionsrecht in Art. 4 GarantieV berufen. Der Garantievertrag, unterzeichnet von der Republik Zypern, vertreten durch die politischen Führer der Volksgruppen und von den Garantiestaaten Großbritannien, Griechenland und der Türkei, sollte, wie bereits erwähnt, den vereinbarten Rechtszustand Zyperns und das Interesse der Garantiestaaten an der Aufrechterhaltung dieses Zustandes sichern.[115] Unter Garantie versteht man die Übernahme völkerrechtlicher Verpflichtungen durch einen oder mehrere Staaten zur Erfüllung von Rechtspflichten eines Drittstaates oder zur Aufrechterhaltung eines bestimmten Rechtszustandes.[116] Der Garantievertrag ist die klassische Form der Garantie.[117] Im Falle Zyperns bestand die Verpflichtung der Garantiestaaten darin, die Unabhängigkeit der Insel zu wahren, die fundamentalen Artikel der Verfassung zu respektieren und die territoriale Integrität und Sicherheit Zyperns zu gewährleisten, Art. 1 GarantieV. Die Garantiestaaten hatten dabei ein eigenes Interesse an der Aufrechterhaltung des Rechtszustandes der Republik Zypern (sog. interessierte Garantie).[118] Für Großbritannien betraf dies seine Souveränitätsrechte an den Militärbasen. Für die Mutterländer Griechenland und Türkei ging es um die Sicherung der Rechte der jeweiligen Volksgruppen, und in Verbindung mit dem Allianzvertrag um die

---

[112] Dahm/Delbrück/Wolfrum, Völkerrecht, Band I/1, S. 143; Doehring, Völkerrecht, Rn. 161.

[113] Dahm/Delbrück/Wolfrum, Völkerrecht, Band I/1, S. 143 f.; Verdross/Simma, Universelles Völkerrecht, S. 606, § 969.

[114] Vgl. auch EKMR, Beschwerde Nr. 8007/77, Cyprus v. Turkey, HRLJ, 1992, S. 154 ff., Ziff. 63; Rumpf, Zypern und die Türkei, S. 458 bewertet die Gründung des zyperntürkischen Bundesstaates jedoch nur als die Aufrechterhaltung der Fiktion einer gemeinsamen Republik Zypern.

[115] Siehe bereits oben unter II. 1.

[116] Kägi, in Strupp/Schochauer, Wörterbuch des Völkerrechts, S. 609; ferner zur Problematik der völkerrechtlichen Garantie und Garantieverträgen allgemein vgl. Ress, in Bernhardt, EPIL, Guarantee, S. 626 ff. und Guarantee Treaties, S. 634 ff.

[117] Kägi, in Strupp/Schochauer, Garantie, Wörterbuch des Völkerrechts, S. 612.

[118] Arsava, Der Zypernkonflikt, S. 20.

Sicherung der allgemeinen Sicherheitslage im östlichen Mittelmeerraum.[119] Zur Durchsetzung der interessierten Garantie wurde den Garantiestaaten ausdrücklich ein eigenes und selbständiges Interventionsrecht für den Fall des Vertrags- bzw. Verfassungsbruchs in Art. 4 GarantieV eingeräumt.[120] Die Intervention sollte der Wiederherstellung des durch den Vertrag vorgeschriebenen Zustandes dienen. Der Garantievertrag wird trotz der Bedenken wegen der darin enthaltenen Souveränitätsbeschränkungen und der Eigenschaft als „ungleicher Vertrag" als wirksam erachtet.[121]

Die Anwendung des Garantievertrags im Falle der türkischen Intervention ist in zwei Punkten umstritten. Zum einen besteht Uneinigkeit darüber, ob Art. 4 GarantieV überhaupt eine Intervention mit militärischen Mitteln umfassen sollte. Zum anderen wird kritisiert, dass die strengen Anforderungen daran, auch im Fall der Zulässigkeit einer Militärintervention, bei der türkischen Intervention nicht eingehalten worden sind.

### (1) Auslegung des Art. 4 GarantieV

Aus dem Wortlaut des Art. 4 Abs. 2 GarantieV lassen sich keine Hinweise auf die konkrete Art der zulässigen Maßnahmen ableiten. Die angewandten Mittel können sich nach der konkreten Art und Auswirkung der Vertragsverletzung richten. Entsprechend der völkerrechtlichen Repressalie könnte demnach eine Verletzung unter Einsatz von Gewalt ebenfalls durch Anwendung von Gewalt beendet werden.[122] Die Auslegung des Art. 4 Abs. 2 GarantieV durch die Vertragsstaaten selbst führt zu widersprüchlichen Ergebnissen.[123] Nach Ansicht der zyperngriechischen und griechischen Regierung ist eine Intervention mit militärischen Mitteln unzulässig. Der Garantievertrag würde nur die Intervention durch wirtschaftliche und diplomatische Mittel zulassen. Anderenfalls würde ein Verstoß gegen das Gewaltanwendungsverbot des Art. 2 Nr. 4 der UN-Charta

---

[119] Arsava, Der Zypernkonflikt, S. 14; Mühleisen, Der Zypernkonflikt, S. 97; Necatigil, The Cyprus Question, S. 109; Rumpf, Die staats- und völkerrechtliche Lage Zyperns, S. 535.

[120] Art. IV GarantieV lautet: "In the event of a breach of the provisions of the present Treaty, Greece, Turkey and the United Kingdom undertake to consult together with Respect to the representations or measures necessary to ensure observance of those provisions. In so far as common or concerted action may not prove possible, each of the three guaranteeing Powers reserves the right to take action with the sole aim of re-establishing the state of affairs created by the present treaty."

[121] Anstötz, Perspektiven zur Neuordnung, S. 62 f.; Wippman, International Law and Ethnic Conflict, S. 165; vgl. dazu auch oben II. 1.

[122] Wippman, International Law and Ethnic Conflict, S. 155; zur Repressalie Doehring, Völkerrecht, Rn. 1029 ff.

[123] Zu den Ansichten der einzelnen Garantiestaaten siehe Necatigil, The Cyprus Question, S. 125 ff. und Wippman, International Law and Ethnic Conflict, S. 153, beides m. w. N.

vorliegen.[124] Die Türkei hat sich dagegen bei ihrer Intervention klar auf Art. 4 des Garantievertrages berufen. Aus ihrer Sicht, die von der zyperntürkischen politischen Führung geteilt wird, ist eine Intervention mit militärischen Mitteln zulässig. Nur sie biete eine effektive Möglichkeit, die Rechte der Volksgruppen durchzusetzen.[125] Die Einräumung eines Interventionsrechts würde ferner keinen Sinn machen, wenn die Intervention sich nur auf Maßnahmen beschränken dürfe, die nach allgemeinem Völkerrecht, d. h. auch ohne eine gesonderte vertragliche Vereinbarung, zulässig sind, wie zum Beispiel diplomatische oder wirtschaftliche Maßnahmen.[126] Die britische Regierung hielt sich in dieser zunächst Frage zurück und nahm in einer Sitzung des Sicherheitsrates während der Zypernkrise 1964 nur insofern Stellung, als dass sie die Anwendung von Gewalt unter Art. 4 GarantieV für zwar zulässig, aber noch hypothetisch betrachtete.[127] Bei den Verhandlungen in London 1974 lehnte sie ein militärisches Interventionsrecht jedoch ab.[128]

Nach Ansicht einiger Autoren lassen die Umstände, die zu der Vereinbarung des Garantievertrages geführt haben, darauf schließen, dass militärische Mittel zulässig sein sollten. Im Hinblick auf die historischen Entwicklungen auf Zypern und die blutigen Auseinandersetzungen zwischen den Volksgruppen während des Unabhängigkeitskampfes wäre den Vertragsstaaten klar gewesen, dass allein diplomatische und wirtschaftliche Mittel nicht ausreichen würden, um die neu geschaffene Lage zu sichern.[129] Auch aus zum Teil veröffentlichen Vorbereitungsunterlagen zu den Verträgen von Zürich und London geht hervor, dass die Vertragsstaaten bei Vertragsabschluss eine Anwendung von militärischer Gewalt nicht ausgeschlossen haben.[130]

Allein schon die Stationierung von griechischen und türkischen Truppen auf Zypern deutet darauf hin, dass die Vertragsstaaten von einem möglichen

[124] Vgl. die Ausführungen des zyperngriechischen UN-Vertreters vor dem Sicherheitsrat am 20.7.1974, UN Monthly Chronicle 1974, Vol. XI, Nr. 8, S. 23.

[125] Necatigil, The Cyprus Question, S. 131.

[126] Necatigil, The Cyprus Question, S. 131.

[127] Wippman, International Law and Ethnic Conflict, S. 153.

[128] Toluner, Kıbrıs Uyuşmazlığı ve Milletlerarası Hukuk, S. 267 f.

[129] Ehrlich, Thomas, International Crisis and the rule of Law; Cyprus, 1958-1967, Oxford, 1974, S. 69 und Ronzitti, Natalino, Rescuing Nationals Abroad Through Military Coercion and Intervention on Grounds of Humanity, Dodrecht, 1985, S. 128-129, beides zit. nach Özersay, Kıbrıs Sorunu, S. 309, Fn. 792; so auch Wippman, International Law and Ethnic Conflict, S. 155.

[130] Özersay, Kıbrıs Sorunu, S. 308 weist auf ein entsprechendes Zitat des griechischen Außenministers Averoff auf der Konferenz in London am 18.2.1959 hin, aus dem hervorgeht, dass, sollte es nach der Selbständigkeit Zyperns zu Konfliktsituationen kommen, auch an die Einsetzung militärischer Gewalt gedacht wurde.

Einsatz militärischer Mittel ausgingen.[131] Gemäß Art. 4 Allianzvertrag i. V. m. Art. 1 des ersten Zusatzprotokolls zum Allianzvertrag wurden 950 griechische und 650 türkische Soldaten auf der Insel stationiert.[132] Mit dem Allianzvertrag verpflichteten sich Griechenland und die Türkei, Zypern bei der Verteidigung zu unterstützen. Ursprünglich hatte die Türkei eine eigene Militärbasis auf Zypern gefordert, sich aber schließlich mit einer Militärpräsenz auf der Grundlage des Allianzvertrages einverstanden erklärt.[133] Zieht man in Betracht, dass Zypern absichtlich keine ausreichenden Mittel zur Erhaltung des inneren Friedens gegeben wurden,[134] könnte daraus geschlossen werden, dass diese Truppen auch zum Erhalt des inneren Friedens, d. h. vor allem der Wahrung der Rechte der Volksgruppen, dienen sollten.[135] Es kann folglich angenommen werden, dass das in Art. 4 GarantieV eingeräumte Interventionsrecht auch militärische Mittel umfassen sollte.[136]

#### (2) Vereinbarkeit mit dem Gewaltverbot

Entscheidend ist jedoch die Frage, ob eine solche Auslegung von Art. 4 GarantieV mit dem Gewaltanwendungsverbot des Art. 2 Nr. 4 UN-Charta vereinbar ist. Dieser schließt die eigenständige Anwendung von Gewalt außer im Falle der Selbstverteidigung gemäß Art. 51 UN-Charta und der gemeinsamen Maßnahmen nach Art. 42 UN-Charta grundsätzlich aus und ist als eine zwingende Norm des Völkerrechts anerkannt.[137] Die internationalen Entwicklungen seit dem Ende des Kalten Krieges haben jedoch eine Diskussion über die Auslegung, Reichweite und die Ausnahmen vom Gewaltverbot unter bestimmten Bedingungen ausgelöst, auf die unten noch eingegangen wird.[138] Im Fall Zyperns kann das Vorliegen eines Selbstverteidigungsfalles gemäß Art. 51 UN-Charta

---

[131] So auch Berner, Das vergessene Volk, S. 245.

[132] Asmussen, Wir waren wie Brüder, S. 253, Fn. 4; Choisi, Wurzeln und Strukturen des Zypernkonflikts, S. 229; vgl. auch den Regelmäßigen Bericht der Kommission 1998, S. 13.

[133] Vgl. dazu Crawshaw, The Cyprus Revolt, S. 342.

[134] Rumpf, Verfassung und Recht, S. 171.

[135] Berner, Das vergessene Volk, S. 245; Clutterbuck, International crisis and conflict, S. 146; Necatigil, The Cyprus Question, S. 130; Tatlı, Der Zypern-Konlikt, S. 49.

[136] So im Ergebnis auch Necatigil, The Cyprus Question, S. 132; Rumpf, Verfassung und Recht, S. 171; Wippman, International and Ethnic Conflict, S. 155.

[137] Dazu Doehring, Völkerrecht, Rn. 190, 300 und 456; Fischer, in Ipsen, Völkerrecht, § 59, Rn. 9 ff.; Verdross/Simma, Universelles Völkerrecht, S. 75, § 96; ferner Randelzofer in Simma Charta der Vereinten Nationen, Rn. 13 ff.

[138] Vgl. Müller/Wildhaber, Praxis des Völkerrechts, S. 823 ff.

zumindest ausgeschlossen werden, da kein Angriff auf das türkische Territorium oder türkische Staatsbürger erfolgte.[139]

Es wird angeführt, dass das Interventionsrecht gemäß Art. 4 GarantieV gegen das Gewaltverbot verstößt, wenn man dieses Recht so auslegt, dass es auch militärische Mittel umfassen soll.[140] Der Garantievertrag wäre dann gemäß Art. 53 WÜV nichtig, da er in Widerspruch zum *ius cogens* stehen würde. Dabei ändert es nichts, dass der Garantievertrag ein regionales Abkommen im Sinne von Art. 52 UN-Charta ist, da das Gewaltverbot auch für regionale Abkommen gilt, soweit im konkreten Fall keine Ermächtigung des Sicherheitsrates zur Anwendung von militärischen Mitteln vorliegt. Im Übrigen haben die Verpflichtungen der Staaten aus der Charta gemäß Art. 103 UN-Charta Vorrang gegenüber internationalen Verträgen, wenn diese nicht mit der Charta vereinbar sind. Da die Nichtigkeit eines Vertrages gemäß Art. 53 WÜV nicht *ipso iure* erfolgt, ein Verfahren gem. Art. 65 WÜV jedoch nicht eingeleitet worden ist,[141] könnte Art. 4 GarantieV eben dahingehend als konform mit dem Gewaltverbot ausgelegt werden, dass alle anderen Möglichkeiten der Intervention außer der Anwendung von militärischer Gewalt zulässig sind.[142] Der Anwendung des WÜV steht dabei nicht entgegen, dass der Garantievertrag bereits vor dessen Inkrafttreten abgeschlossen wurde und die Türkei das Übereinkommen nicht unterzeichnet hat, da das WÜV zum Teil kodifiziertes Völkergewohnheitsrecht darstellt, worunter auch die Art. 53 und 64 fallen.

Diese Argumentation geht davon aus, dass die vertragliche Vereinbarung von militärischen Mitteln zur Durchsetzung der Vertragsverpflichtungen grundsätzlich unzulässig ist. Während früher die Anwendung von militärischer Gewalt zur Durchsetzung einer Garantie unproblematisch war und zum Teil auch ausdrücklich vereinbart wurde, hat sich heute mit der Stärkung des Gewaltverbots auch die Ansicht verstärkt, dass Gewaltanwendung auf Grund von Garantieverträgen nicht mehr erlaubt sein kann.[143] Andererseits bleibt aber, wie auch im Streit um die Zulässigkeit der humanitären Intervention, die Frage offen, welche anderen Mittel einem Staat zur Verfügung stehen, die Erfüllung völkerrechtlicher Verpflichtungen effektiv durchzusetzen, wenn alle friedlichen Mittel fehlgeschlagen sind.[144] Zumal es im speziellen Fall Zyperns bei der Erhaltung des

---

[139] Anstötz, Perspektiven zur Neuordnung, S. 52; zu dem Argument, dass der Türkei wegen der Bedrohung ihrer besonderen Interessen ein Selbstverteidigungsrecht zugestanden habe, vgl. Beşler, Die völkerrechtliche Lage Zyperns, S. 56 ff.

[140] von Laffert, Die völkerrechtliche Lage, S. 78.

[141] Vgl. dazu Necatigil, The Cyprus Question, S. 118.

[142] von Laffert, Die völkerrechtliche Lage, S. 80.

[143] Ress, in Bernhardt, EPIL, Guarantee, S. 627 f. und Guarantee Treaties, S. 637.

[144] Vgl. zu diesem Problemkreis, Doehring, Völkerrecht, Rn. 1037; Fischer, in Ipsen, Völkerrecht § 59, Rn. 26 und Ipsen, ebd., § 3, Rn. 10 f.

geschaffenen Status quo nicht nur um Interessen der Garantiestaaten ging, sondern auch um die Sicherheit und Rechte der Volksgruppen, also der Interessen der zyprischen Bevölkerung selbst.

### aa) Intervention auf Einladung

Es könnte sich bei Art. 4 GarantieV um eine erlaubte Intervention auf Einladung als Ausnahme vom Gewaltanwendungsverbot handeln. Nach bisheriger Rechtsansicht steht es einem Staat frei, die militärische Intervention eines anderen Staates auf seinem Gebiet zuzulassen und dies auch vertraglich zu vereinbaren.[145] Auch wenn ein Staat unter normalen Umständen nur selten einem anderen Staat ein militärisches Interventionsrecht einräumen würde, kann dies insbesondere bei Staaten der Fall sein, die mit einem inneren Konflikt belastet sind.[146] Gemäß Art. 20 der UN-Res StaatenV schließt die gültige Einwilligung eines Staates in die Begehung einer bestimmten Handlung durch einen anderen Staat, die Rechtswidrigkeit dieser Handlung aus.[147] Die Handlung muss sich jedoch im Rahmen der Einwilligung halten und darf gemäß Art. 26 der Resolution nicht gegen Verpflichtungen verstoßen, die sich aus zwingenden Normen des allgemeinen Völkerrechts ergeben. Die Intervention auf Einladung einer Regierung stellt keinen Verstoß gegen das Gewaltverbot dar, wenn es sich dabei nur um eine Unterstützung in einem *internen* Konflikt handelt, und darüber hinaus das Selbstbestimmungsrecht des Staates nicht weiter berührt wird.[148] Die Anwendung des Gewaltverbots auf innerstaatliche Konflikte hat bisher noch keine Zustimmung in der Völkerrechtslehre und Staatenpraxis gefunden. Die Unterstützung einer Regierung in einem internen Konflikt bleibt daher weiterhin vom Anwendungsbereich des Gewaltverbots ausgeschlossen. Es muss dabei jedoch hinsichtlich der Regierung differenziert werden, die zur Intervention einlädt, da sich in internen Konflikten meist zwei Regierungen gegenüberstehen, die die Staatsmacht für sich beanspruchen.[149]

Im Falle Zyperns sollte das Interventionsrecht dazu dienen, einen möglichen ethnischen Konflikt zwischen den Volksgruppen zu beenden und die politi-

---

[145] Fischer, in Ipsen, Völkerrecht, § 59, Rn. 16; so der IGH im Nicaragua-Fall, Case concerning Military and paramilitary activities in and against Nicaragua, Urteil vom 27.6.1986, ICJ Reports 1986, S. 14 ff., 246; vgl. ferner Nolte-Fischer, Eingreifen auf Einladung, S. 208 ff.; zur Möglichkeit der vertraglichen Vereinbarung, ebd. 588 ff.

[146] Wippman, International Law and Ethnic Conflict, S. 156.

[147] Anlage der Resolution der Generalversammlung Nr. 56/83 vom 12.12.2001, s. Satorius II, EL. 35, Nr. 6

[148] Nolte-Fischer, Eingreifen auf Einladung, S. 208 ff., S. 219; Fischer, in Ipsen, Völkerrecht, § 59, Rn. 16 f.

[149] Vgl. dazu Nolte-Fischer, Eingreifen auf Einladung, S. 234 ff.; Fischer, in Ipsen, Völkerrecht, § 59, Rn. 21; Doehring, Völkerrecht, Rn. 641 ff.

sche Gleichberechtigung der beiden Volksgruppen wiederherzustellen.[150] Das Interventionsrecht hatte somit einen legitimen internen Zweck, der durch die völkerrechtlichen Gründungsverträge und die Praxis der Staatengemeinschaft anerkannt wurde.[151] Mit der Unterzeichnung des Garantievertrages durch die beiden zyprischen Vertreter wurde das Einverständnis der Republik Zypern abgegeben. Art. 4 GarantieV kann somit als eine Einladung der Republik Zypern zur militärischen Intervention gesehen werden.[152] Auch Doehring scheint im Garantievertrag ein Einverständnis zur militärischen Intervention zu sehen, wenn er im Zusammenhang mit der grundsätzlichen Frage, ob die militärische Unterstützung einer rechtmäßig amtierenden Regierung in Bürgerkriegen zulässig ist, das Garantiesystem Zyperns als Beispiel anführt. Die angeforderte Hilfeleistung sei in solchen Fällen zulässig und als solche nicht zu beanstanden.[153] Damit ist aber noch nicht festgestellt, ob eine *antizipierte* Einladung gegen das Selbstbestimmungsrecht der Republik Zypern verstößt und im Übrigen die Voraussetzungen und Grenzen der Einwilligung eingehalten wurden.

Es ist fraglich, ob die Einräumung eines militärischen Interventionsrechts für den Fall des Eintritts eines Ereignisses in der Zukunft nicht gegen das Selbstbestimmungsrecht eines Staates verstößt. Die Handlungs- und Entscheidungsfreiheit eines Staates die Umstände zunächst selbst abzuwägen und eventuell eigene erforderliche Maßnahmen zu ergreifen, wäre dann im konkreten Notfall, für den die Intervention vorgesehen ist, eingeschränkt. Damit würde die Souveränität des betroffenen Staates beeinträchtigt werden und er wäre der Gefahr eines Missbrauchs des Interventionsrechts ausgesetzt. Daher wird bei einer vertraglichen Einräumung des Interventionsrechts, wie auch beim System der kollektiven Sicherheit, grundsätzlich die Bestätigung des Einladungswillens unmittelbar vor der Intervention durch die Regierung des betroffenen Staates gefordert.[154] Die antizipierte Einladung durch Vertrag bringt zwar den Willen des Staates zum Ausdruck, dass er grundsätzlich mit einer Intervention des anderen Staates einverstanden ist, dieser muss aber durch eine Wiederholung der Einladung unmittelbar vor der Intervention bestätigt werden, um sicher zu gehen, dass der Wille des Staates im Zeitpunkt der Vertragsunterzeichnung mit dem Willen im Zeitpunkt der Intervention übereinstimmt.[155] Nur dann kann gewährleistet werden, dass die Intervention mit dem Einverständnis des betroffe-

[150] Wippman, International Law and Ethnic Conflict, S. 155

[151] siehe oben II. 1.

[152] So Heinze, Zum Stand des Zypern-Konflikts, S. 420; Necatigil, The Cyprus Question, S. 132; Özersay, Kıbrıs Sorunu, S. 379; Wippman, International Law and Ethnic Conflict, S. 162.

[153] Doehring, Völkerrecht, Rn. 642.

[154] Wippman, International Law and Ethnic Conflict, S. 158 f.; so Dahm, Völkerrecht, Band I/2, S. 412 bezüglich der kollektiven Sicherheit.

[155] Wippman, International Law and Ethnic Conflict, S. 159.

nen Staates erfolgt und die Souveränität der Staatsgewalt nicht berührt wird. Es liegt dann kein Verstoß gegen das Selbstbestimmungsrecht des Staates und damit gegen das Gewaltanwendungsverbot vor.

Die Bestätigung des Einverständnisses des Staates muss zudem durch die Erklärung einer dazu befugten Regierung erfolgen. Da sich in internen Konflikten und Bürgerkriegen meist zwei Regierungen gegenüberstehen, ist umstritten, ob nur die verfassungsmäßige Regierung oder auch eine effektive Regierung dazu befugt sein kann.[156] Eine Unterscheidung danach, ob die Regierung „fair und frei" gewählt worden ist, erscheint am sachgerechtesten.[157] Auf Zypern bestand bereits seit 1963 keine verfassungsmäßige Regierung mehr. Eine Bestätigung durch die zyperngriechische Regierung, die vom Sicherheitsrat als der alleinige Vertreter der Republik Zypern behandelt wurde, erfolgte nicht.[158] Bei den Genfern Verhandlungen kam vielmehr zum Ausdruck, dass diese unter keinen Umständen mit einer Intervention einverstanden gewesen ist. Angesicht der angespannten Sicherheitslage fand die türkische Intervention aber eine breite Zustimmung in der zyperntürkischen Bevölkerung und wurde ausdrücklich von deren politischer Führung gebilligt.[159] Es ist zunächst problematisch die Bestätigung des Einladungswillens nur an der faktisch als Alleinvertreter der Republik Zypern akzeptierten zyperngriechischen Regierung festzumachen. Denn das Abstellen auf die Erklärung derjenigen Regierung, die nur vom Willen einer Volkgruppe getragen wird, würde zugleich die Billigung der Verletzung des vereinbarten Zustandes bedeuten. Der Garantievertrag wäre jedoch seiner Effektivität beraubt, wenn seine Anwendung durch einen Verstoß gegen den Zustand, der gesichert werden soll, verhindert wird. Der Garantievertrag sollte eben gerade dann zur Anwendung kommen, wenn der durch die Gründungsverträge vereinbarte Zustand, d. h. vor allem die politische Gleichberechtigung der Volksgruppen, nicht mehr verwirklicht sein sollte. Würde man einer Regierung, die nur vom Willen einer Volksgruppe getragen wird, die Befugnis zusprechen, alleine über die Einladung zur Intervention zu entscheiden, dann wäre dieser Volksgruppe der Weg eröffnet, die Verfassungsrechte des anderen zu vereiteln und eine Intervention zu Gunsten der Wiederherstellung des früheren Zustandes zu verhindern.[160] Darüber hinaus ist zu bedenken, dass die zyperngriechische Regierung selbst – besonders während und nach dem Sampson-Putsch – in seiner Effektivität erheblich beeinträchtigt war.[161] Vor allem ist aber anzuführen, dass sie nicht eine von der gesamten Bevölkerung „fair und frei" gewählte Regierung

[156] Zu dieser Problematik vgl. Doehring, Völkerrecht, Rn. 641 f.
[157] Nolte-Fischer, Eingreifen auf Einladung, S. 237 ff., insbes. 245 ff.
[158] von Laffert, Die völkerrechtliche Lage, S. 52.
[159] Bahçeli, Domestic Political Developments, S. 114; Rumpf, Verfassung und Recht, S. 172.
[160] Özersay, Kıbrıs Sorunu, S. 364 ff., insb. S. 368.
[161] Siehe oben II. 3. a) und unter Abschnitt 1, A. III. 2.

war, sondern eben nur vom Willen der zyperngriechischen Volksgruppe getragen wurde. Sie konnte somit keine Repräsentativität bezüglich der zyprischen Bevölkerung für sich beanspruchen. Wippman stellt in diesem Zusammenhang fest, dass der Garantievertrag zum Zeitpunkt der Vertragsunterzeichnung durch das Einverständnis der Vertreter beider Volksgruppen zustande gekommen ist und daher auch die Bestätigung dieses Willens nur durch eine gemeinsame Willensbildung möglich gewesen sei.[162] Da die gemeinsame Willensbildung aber nicht mehr verwirklicht wurde, wäre es gerechtfertigt gewesen, am ursprünglichen Willen bei Vertragsschluss festzuhalten.[163] Es könne in diesem Zusammenhang nicht auf den Willen der amtierenden Regierung ankommen, sondern es sei auf den Willen des Staates abzustellen.[164] Hier ist ferner auf die Verfassung der Republik Zypern von 1960 hinzuweisen. Der Garantievertrag wurde gemäß Art. 181 VerfRZ Teil dieser Verfassung. Das Einverständnis mit einer Intervention gemäß Art. 4 GarantieV wurde somit nicht nur durch völkerrechtliche Verträge, sondern auch verfassungsrechtlich festgehalten. Die Bestätigung des Einverständnisses durch ein dazu befugtes Organ unmittelbar vor der Intervention ist somit nicht unbedingt erforderlich, da der Wille des Staates aus der Verfassung selbst hervorgeht. Gerade in Zeiten turbulenter politischer Umstände, wie es nach dem Sampson-Putsch auf Zypern der Fall, sollte die Funktionsfähigkeit des Garantiesystems durch die verfassungsrechtliche Verankerung der völkerrechtlichen Verträge gesichert werden. Es bestand damit ein besonderes Gewaltenverhältnis zwischen der Republik Zypern und den Garantiestaaten.[165]

Die Konstellation dieser „politischen Zwangsjacke"[166], wirft zu Recht die Frage auf, ob mit der Einschränkung der Entscheidungsgewalt der Republik Zypern nicht gegen ihre Souveränität verstoßen wird. Wie aber bereits oben dargestellt konnte die Einschränkung der Souveränität als Bedingung für die Selbständigkeit gestellt werden und hat nicht zu einem Verstoß gegen das Selbstbestimmungsrecht geführt. Ferner wurde diese Praxis von der Staatengemeinschaft gebilligt.[167] Fraglich ist aber, ob dies auch für den Einsatz militärischer Mittel galt. Der Sicherheitsrat hat die Frage der Vereinbarkeit eines militärischen Interventionsrechts gemäß Art. 4 GarantieV, mit dem Gewaltverbot in seinen Resolutionen zum Zypernkonflikt stets offen gelassen.[168] Die Nichtanerkennung der später ausgerufenen TRNZ hat er auf einen Verstoß gegen die Gründungsverträge und nicht auf die Anwendung von Gewalt bei der Entste-

---

[162] Wippman, International Law and Ethnic Conflict, S. 159.
[163] Wippman, International Law and Ethnic Conflict, S. 159 ff.
[164] Wippman, International Law and Ethnic Conflict, S. 162.
[165] Rumpf, Verfassung und Recht, S. 171.
[166] Wippman, International Law and Ethnic Conflict, S. 160.
[167] Wippman, International Law and Ethnic Conflict, S. 160; siehe auch oben II. 1.
[168] Dodd, The Cyprus Imbroglio, S. 81; Necatigil, The Cyprus Question, S. 111; Wippman, International Law and Ethnic Conflict, S. 153.

hung der Gebietsveränderung gestützt.[169] Ebenso wurden die Gründungsverträge ohne eine weitere Stellungnahme zu dieser umstrittenen Frage in den *Set of Ideas* und den Annan-Plan aufgenommen. Die Parlamentarische Versammlung des Europarates hat bezüglich der ersten Phase der türkischen Intervention (bis zum Beginn der Verhandlungen in Genf) kein Problem in dem Einsatz der Streitkräfte gesehen.[170] Dennoch blieb und bleibt die Frage der grundsätzlichen Zulässigkeit eines militärischen Interventionsrecht aus dem Garantievertrag umstritten, wie es auch aus den Debatten zur Resolution 3212 (XXIX) der Generalversammlung hervorgeht.[171] Zumindest ist das Offenlassen der Frage, welche Mittel eingesetzt werden dürfen, der kritische Punkt, an dem nicht ausgeschlossen werden kann, dass eine Verletzung des Selbstbestimmungsrechts vorliegt. Es wäre daher wünschenswert, dass die Vertragbestimmungen in dieser Hinsicht deutlicher ausgearbeitet werden. In der Staatenpraxis werden aber weiterhin Verträge akzeptiert, die keine genauen Bestimmungen über die zulässigen Mittel enthalten, obwohl gerade dieser Punkt immer wieder zu Kontroversen führt.

Einen ähnlichen Streitfall stellt das Interventionsrecht der USA zum Schutz der Neutralität des Panamakanals dar. Wegen seiner besonderen strategischen Bedeutung wurde im Neutralitätsvertrag von 1977 zwischen den USA und Panama die freie Durchfahrt aller Schiffe durch den Kanal nach dem Grundsatz der Nichtdiskriminierung und unter Ausschluss von Kriegshandlungen in der Kanalzone vereinbart.[172] Obwohl im Vertrag begrifflich nicht von einer Garantie gesprochen wird, stellt er einen Garantievertrag dar, da sich die USA auch über die Rückgabe des Panamakanals am 31.12.1999 hinaus zum Schutz des Neutralitätsstatus verpflichtet haben.[173] Auch hier wurden in Verbindung mit dem Kanalvertrag US-Truppen auf dem Gebiet des Garantieobjekts stationiert.[174] Mit

[169] Resolution S/RES/541 (1983) lautet: „[...] Considering that this declaration is incompatible with the 1960 Treaty concerning the establishment of the Republic of Cyprus and the 1960 Treaty of Guarantee, considering therefore that the attempt to create a "Turkish Republic of Northern Cyprus" is invalid, and will contribute to a worsening of the situation in Cyprus, [...]".

[170] Resolution Nr. 573 der Parlamentarischen Versammlung des Europarates vom 29.7.1974, Ziff. 3: "[...] Regretting the failure of the attempt to reach a diplomatic settlement which led the Turkish Government to exercise its right of intervention in accordance with Article 4 of the Guarantee Treaty of 1960 [...]".

[171] A/SPC/PV 923, Official Records of the General Assembly, 29th Sess., Special Political Comitee, S. 91-125; siehe ferner für die griechische Ansicht Constantopoulos, Die türkische Invasion in Zypern, S. 272 ff.; und die türkische Ansicht Necatigil, The Cyprus Question, S. 108 ff., insb. S. 129 ff.

[172] Vgl. dazu González, Der völkerrechtliche Status des Panamakanals, S. 34 ff.; Hartwig, in Bernhardt, EPIL, Panama Canal, S. 883 f.

[173] González, Der völkerrechtliche Status des Panamakanals, S. 46 und 74 f.

[174] Es wurden 13.000 US-Soldaten in der Kanalzone stationiert, González, Der völkerrechtliche Status des Panamakanals, S. 151, Fn. 1; zum Kanalvertrag ebd., S. 31 ff.

Hinweis auf ihre „interessierte Garantie“ sieht die USA in dem Vertrag ein einseitiges militärisches Interventionsrecht zur Durchsetzung ihrer Interessen. Unter Berufung auf dieses Interventionsrecht ist die USA 1989 in Folge innenpolitischer Unruhen in Panama militärisch interveniert. Die Rechtmäßigkeit der Intervention ist wie im Zypernkonflikt wegen der ungenauen Formulierungen der Eingriffsbefugnisse im Neutralitätsvertrag und der Vereinbarkeit eines einseitigen militärischen Interventionsrechts mit dem Gewaltanwendungsverbot umstritten.[175] Im Unterschied zu Zypern hat die UN-Generalversammlung die Intervention der USA mit dem ausdrücklichen Hinweis auf Art. 2 Nr. 4 UN-Charta gerügt und einen Bruch des Völkerrechts festgestellt.[176] Eine solche Feststellung hat es bezüglich der Intervention der Türkei in Zypern weder in den Resolutionen des Sicherheitsrates, noch in den Resolutionen der Generalversammlung gegeben.[177] Auch besteht ein Unterschied zum Fall Zyperns darin, dass der Neutralitätsvertrag Panamas keinen verfassungsrechtlichen Bezug hat. Ferner muss bedacht werden, dass das Garantiesystem Zyperns sowohl innerstaatliche als auch zwischenstaatliche Interessen sichern sollte und sich nicht nur auf die wirtschaftlichen oder strategischen Interessen der Garantiestaaten bezog. Dies gilt vor allem für Griechenland und die Türkei, die für die verfassungsrechtlich verankerte politische Gleichberechtigung der Volksgruppen einstanden.

#### bb) Unterstützung der Ausübung des Selbstbestimmungsrechts

Darüber hinaus ist zu beachten, dass es sich bei der Intervention der Türkei um eine Unterstützung der Ausübung des Selbstbestimmungsrechts gehandelt haben könnte. In der Völkerrechtslehre wird diskutiert, ob der Einsatz von militärischer Gewalt zur Unterstützung der Ausübung des Selbstbestimmungsrechts eines anderen Volkes oder einer Volksgruppe als humanitäre Intervention zulässig sein kann.[178] Die militante Ausübung des Selbstbestimmungsrechts und seine Unterstützung ist zumindest dann vom Anwendungsbereich des Gewaltverbots ausgeschlossen, wenn die Ausübung des Selbstbestimmungsrechts massiv verhindert wird.[179] Bereits in der *Friendly-Relations*-Deklaration[180] wird die Anwendung von Gewalt durch die beherrschende Macht einerseits und das abhängige Volk andererseits und die jeweilige Unterstützung dafür durch dritte Staaten unterschiedlich gewertet.[181] In den Ausführungen zum Grundsatz der

[175] González, Der völkerrechtliche Status des Panamakanals, S. 151 ff.
[176] A/Res/44/240 vom 29.12.1989.
[177] Ausführlich dazu unter Punkt (6).
[178] Vgl. Doehring, Völkerrecht, Rn. 642 ff. und 804 ff.; Fischer, in Ipsen, Völkerrecht, § 59, Rn. 21.
[179] Doehring, Völkerrecht, Rn. 575 und 804.
[180] Anhang der Resolution der UN-Generalversammlung Nr. 2625 (XXV) vom 24.10.1970, Satorius II, 4.
[181] Fischer, in Ipsen, Völkerrecht, § 59, Rn. 21.

Gleichberechtigung und Selbstbestimmung der Völker wird darauf hingewiesen, dass jeder Staat die Pflicht hat, Gewaltmaßnahmen gegen die Ausübung des Selbstbestimmungsrechts zu unterlassen. Beim Widerstand gegen solche Gewaltmaßnahmen ist das Volk bzw. die Volksgruppe, die um die Durchsetzung des Selbstbestimmungsrechts kämpft, berechtigt, Unterstützung von anderen Staaten, allerdings im Einklang mit der UN-Charta, zu erbitten und zu erhalten. In Art. 7 der Aggressionsdefinition werden ferner Befreiungskämpfe und die erbetene Unterstützung dafür vom Anwendungsbereich des Gewaltverbots ausgenommen.[182] Auch wird argumentiert, dass sich eine Minderheitengruppe auf das Selbstverteidigungsrecht gem. Art. 51 UN-Charta als ihr *inherent right* berufen kann.[183] Da die Anwendung von Gewalt zur Durchsetzung des Selbstbestimmungsrechts nicht gegen das Gewaltverbot verstößt, kann auch die Unterstützung durch einen anderen Staat bei der Durchsetzung des Selbstbestimmungsrechts nicht als Verstoß gegen das Gewaltanwendungsverbot gewertet werden.[184] In diesem Zusammenhang wird zunehmend diskutiert, ob die Unterstützung der amtierenden Regierung zur Niederschlagung von Aufständen einer Minderheit in Extremsituationen unzulässig ist.[185] Die Ausübung des Selbstbestimmungsrechts kann und darf aber nicht in jedem Fall zu einer Sezession führen. In der *Friendly-Relations*-Deklaration, auf die in Art. 7 der Aggressionsdefinition hingewiesen wird, ist die Sezession ausgeschlossen, wenn das Selbstbestimmungsrecht bereits in einer gemeinsamen Staatsgründung ausgeübt wurde. Damit sollte Separationsbemühungen von nationalen Minderheiten und deren Instrumentalisierung durch andere Staaten entgegengewirkt werden.[186] Die Verwirklichung des Selbstbestimmungsrechts in Form von politischer Mitbestimmung sollte aber davon nicht ausgeschlossen sein. Denn die Deklaration setzt voraus, dass nach der Ausübung des Selbstbestimmungsrechts eine Regierung besteht, die „die gesamte Bevölkerung des Gebietes ohne Unterschied der Rasse, des Glaubens oder der Hautfarbe vertritt". Ist eine solche politische Mitbestimmung aber nicht verwirklicht, wird die Auffassung vertreten, dass je nach Intensität und Dauer der Diskriminierung und unter Verweis auf möglicherweise begleitende Menschenrechtsverletzungen sowie unter Maßgabe der Aussicht auf die Wiederherstellung eines zumutbaren Zustands weiterhin ein Sezessionsrecht bestehen kann.[187]

---

[182] Anhang der Resolution der UN-Generalversammlung Nr. 3314 (XXIX) vom 14.12.1974, Satorius II, 5.

[183] Doehring, Völkerrecht, Rn. 805.

[184] Doehring, Völkerecht, Rn. 806.

[185] Fischer, in Ipsen, Völkerrecht, § 59, Rn. 21.

[186] Fischer, in Ipsen, Völkerrecht, § 59, Rn. 21.

[187] Benedek, in Seidl-Hohenveldern, Völkerrecht, S. 366; Doehring, in Simma, Charta der Vereinten Nationen, nach Art. 1, Rn. 40; ders. Völkerrecht, Rn. 796 ff.; Blumenwitz,

Das Garantiesystem Zyperns stellt insofern spezielles Vertragsrecht dar, dass die Ausübung des Selbstbestimmungsrechts der Volksgruppen im Rahmen der politischen Gleichberechtigung sicher gestellt werden sollte. Wenn es nach allgemeinem Völkerrecht erlaubt sein kann, ein Volk bei seiner Ausübung des Selbstbestimmungsrechts militärisch zu unterstützen, dann kann es erst recht möglich sein, wenn dies vertraglich vereinbart wurde. Auf Zypern übertragen bedeutet das, dass es den Garantiestaaten möglich war, die Ausübung des Selbstbestimmungsrechts, zumindest so, wie es in den Gründungsverträgen vorgesehen worden war, mit militärischen Mitteln zu unterstützen. Aus den vorgegangenen Überlegungen ist zu folgern, dass in dem Interventionsrecht gemäß Art. 4 GarantieV kein Verstoß gegen das Gewaltverbot gesehen werden kann, wenn er auch militärische Mittel umfasst. Die Türkei konnte sich daher bei ihrer Intervention auf Art. 4 GarantieV berufen.

Die Frage nach der Zulässigkeit der militärischen Unterstützung in einem Befreiungskampf ist zwar sehr umstritten, da ein derartiges Vorgehen im Widerspruch zum Grundsatz der Staatensouveränität gerät und darüber hinaus beim Eingriff eines dritten Staates oft die Gefahr besteht, dass die Situation eskaliert.[188] Seit dem Kosovo-Krieg wird jedoch im Zusammenhang mit der Zulässigkeit der humanitären Intervention auch diskutiert, ob der Grundsatz der Staatensouveränität nicht in jenen Fällen an seine Grenzen stößt, in denen es in einem Staat zu massiven Menschenrechtsverletzungen kommt und der Staat keinen dauerhaften Frieden auf seinem Gebiet herstellen kann.[189]

Die Zyperntürken waren zum Zeitpunkt der türkischen Intervention seit zehn Jahren von der politischen Mitbestimmung ausgeschlossen. Ferner lebten sie unter schweren humanitären Bedingungen und hatten keinen Zugang zu staatlichen Infrastrukturen.[190] Es kam immer wieder zu bewaffneten Kämpfen zwischen den Volksgruppen. Mit einem geplanten „Blitzangriff"[191] der zyperngriechischen Nationalgarde auf zwei zyperntürkische Dörfer wurde 1967 die Korphinou-Krise ausgelöst, bei der durch diplomatische Bemühungen ein Eingriff der Türkei abgewendet werden konnte.[192] Der zyperntürkischen Volksgruppe kann daher die Anwendung von Gewalt zu ihrer Verteidigung und zur Durchsetzung ihrer Rechte nicht vorgeworfen werden. Wenn man davon aus-

---

Volksgruppen und Minderheiten, S. 72; Oeter, Selbstbestimmungsrecht im Wandel, S. 765; ferner mit Bezug auf Zypern, Heinze, Cyprus 2000, S. 66.

[188] Vgl. bei Fischer, in Ipsen, Völkerrecht, § 59, Rn. 21, 26; Nolte-Fischer, eingreifen auf Einladung, S. 215 f.; dazu auch Polat, Self-determination, violence, modernity, S. 99 ff.

[189] Doehring, Völkerrecht, Rn. 1010; Fischer, in Ipsen, Völkerrecht, § 59, Rn. 26.

[190] Siehe dazu ausführlich bei Abschnitt 1, A. III. 1.

[191] Choisi, Wurzeln und Strukturen des Zypernkonflikts, S. 243.

[192] Vgl. dazu Asmussen, Wir waren wie Brüder, S. 305-307; Choisi, Wurzeln und Strukturen des Zypernkonflikts, S. 241-245.

geht, dass die Unterstützung eines Volkes oder einer Volksgruppe im Kampf um die Verwirklichung des Selbstbestimmungsrechts zulässig ist und im besonderen Fall Zyperns auch eine vertragliche Grundlage findet, dann ist die militärische Intervention der Türkei zur Unterstützung der zyperntürkischen Volksgruppe ebenfalls als zulässig zu erachten. In diesem Zusammenhang ist jedoch umstritten, ob die Voraussetzungen und Grenzen des Art. 4 GarantieV bei der Intervention eingehalten wurden.[193]

### (3) Humanitäre Intervention

Angesicht der angespannten humanitären Lage nach dem Sampson-Putsch kann auch erörtert werden, ob eine über die Unterstützung in Kampf um die Verwirklichung des Selbstbestimmungsrechts hinausgehende humanitäre Intervention zum Schutz der zyperntürkischen Volksgruppe vorlag. Insbesondere seit dem Einsatz der NATO-Schutztruppen im Kosovo-Krieg 1999 wird rege darüber debattiert, ob der Einsatz militärischer Mittel in einem anderen Staat gerechtfertigt sein kann, wenn dadurch besonders schwerwiegende Menschenrechtsverletzungen des jeweiligen Staates gegenüber seinen Staatsbürgern beendet werden sollen.[194] Es geht darum, ob in Extremsituationen, wie z. B. bei Völkermord oder so genannten ethnischen Säuberungen ein militärischer Eingriff gerechtfertigt sein kann, wenn alle anderen nichtmilitärischen Mittel versagt haben.[195] Im Falle Zyperns wäre eine humanitäre Intervention denkbar, da die zyperntürkische Volksgruppe seit 1964 zum größten Teil unter sehr schlechten humanitären Bedingungen lebte und nach dem Sampson-Putsch Übergriffe durch die EOKA-B fürchtete. Die zyperngriechische Regierung selbst war nicht mehr in der Lage, die Sicherheit der gesamten Bevölkerung zu gewährleisten. Die EOKA-B und die Nationalgarde töteten zunächst zyperngriechische politische Gegner, und es war ein Angriff auf die zyperntürkische Bevölkerung zu erwarten.[196]

---

[193] Siehe dazu unten Punkt (4) und (5).

[194] Fischer, in Ipsen, Völkerrecht, § 59, Rn. 26; Randelzofer, in Simma, Charta der Vereinten Nationen, Art. 2 Ziff. 4, Rn. 49 ff.; kritisch Schöbener, Schutz der Menschenrechte mit militärischer Gewalt, S. 293 ff. m. w. N.; für eine Einzelfallabwägung Blumenwitz, Souveränität, Gewaltverbot, Menschenrechte, S. 19 ff.

[195] Fischer, in Ipsen, Völkerrecht, § 59, Rn. 26.

[196] Im bereits erwähnten Arkitas-Plan wurde ein gewaltsames Vorgehen gegen die Zyperntürken vorgesehen, vgl. Clerides, My Deposition, Vol. 1, S. 212 ff., insbes. S. 217; dt. Übersetzung in Auszügen bei Berner, Das vergessene Volk, S. 124-126; Anhaltspunkte für die Tötung hunderter Zyperntürken und weitere geplante Tötungen sind außerdem im Buch des britischen BBC-Journalisten Harry Scott Gibbons, The Genocide Files, London 1997, S. 408 ff. genannt. Es wird von Massenmorden der EOKA-B an Zyperntürken nach der Intervention der Türkei berichtet, vgl. Berner, Das vergessene Volk, S. 310-312; zu der

Wegen der ungenauen rechtlichen Voraussetzungen und der Gefahr des Missbrauchs hat sich noch keine breite Ansicht herausgebildet, nach der eine humanitäre Intervention zum Schutz fremder Staatsangehöriger als legitim betrachtet würde. So blieb auch die UN-Resolution zur Staatenverantwortlichkeit in dieser Frage zurückhaltend.[197] Aufgrund der weitgehend restriktiven Haltung der Staatenpraxis zur Zeit der türkischen Intervention, findet sich zumindest keine Grundlage für deren Rechtfertigung als humanitäre Intervention, die über die Unterstützung im Kampf zur Ausübung des Selbstbestimmungsrechts hinausginge.[198]

Davon zu unterscheiden ist die Intervention zum Schutz eigener Staatsbürger in einem fremden Staat. Auch hier ist es umstritten, ob ein Staat militärische Mittel im Hoheitsgebiet eines anderen Staates einsetzen kann, um seine eigenen Staatsbürger, z. B. durch Evakuierung, vor Menschenrechtsverletzungen zu schützen.[199] Aus der Sicht der Türkei handelt es sich bei den Zyperntürken um fremde Staatsangehörige. Eine Intervention zum Schutz eigener Staatsbürger scheidet daher aus. Bei diesem Ansatz wäre jedoch zumindest zu bedenken, dass die Türkei als Garantiestaat eine bestimmte Schutzfunktion für die Zyperntürken und die Durchsetzung ihrer verfassungsrechtlichen Volksgruppenrechte innehat. Die Zyperntürken stehen der Türkei dadurch näher als Angehörige eines anderen fremden Staates.

### (4) Voraussetzungen des Art. 4 GarantieV

In einem letzten Abschnitt ist zu untersuchen, ob die Voraussetzungen und Grenzen des Art. 4 GarantieV durch die Türkei bei der Intervention eingehalten worden sind. Bereits seit 1963 wurde die Verfassung der Republik Zypern nicht mehr rechtmäßig umgesetzt, so dass ein Interventionsfall gemäß Art. 4 GarantieV vorlag.[200] Mit dem Putsch der Nationalgarde und der Ausrufung der „Hellenistischen Republik Zypern" ist die Verfassung der Republik Zypern endgültig faktisch außer Kraft gesetzt worden und war die Unabhängigkeit Zyperns nicht mehr gewährleistet. Folglich war ein Interventionsfall gemäß Art. 4 Abs. 1 GarantieV gegeben.[201] Es fanden Verhandlungen zwischen der türkischen und britischen Regierung statt, die jedoch zu keiner Einigung führ-

---

Annahme, dass Übergriffe bereits vorher zu erwarten waren, vgl. auch Rumpf, Die staats- und völkerrechtliche Lage Zyperns, S. 545, Fn. 73.

197 Anlage der Resolution der Generalversammlung Nr. 56/83 vom 12.12.2001.

198 Anstötz, Perspektiven zur Neuordnung, S. 52; Zur Staatenpraxis vor 1999 vgl. Fischer, in Ipsen, Völkerrecht, § 59, Rn. 26.

199 Dazu Fischer, in Ipsen, Völkerrecht, § 59, Rn. 33 ff.

200 Heinze, Zum Stand des Zypern-Konflikts, S. 420; von Laffert, Die völkerrechtliche Lage, S. 81.

201 von Laffert, Die völkerrechtliche Lage, S. 81 f.

ten.[202] Die Voraussetzungen der Anwendbarkeit des Art. 4 GarantieV lagen somit vor.

### (5) Grenzen des Art. 4 GarantieV

Problematisch ist, dass die Intervention der Türkei zur territorialen Teilung der Insel geführt hat. Entsprechend dem klaren Wortlaut des Art. 4 Abs. 2 GarantieV sollten die Maßnahmen nur der Wiederherstellung des verfassungsmäßigen Zustandes, d. h. der *Basic Structure* von 1960, dienen. Die Anwendung von militärischer Gewalt über diesen Zweck hinaus wäre folglich nicht mehr vom Garantievertrag gedeckt und würde einen Verstoß gegen das Gewaltverbot darstellen.[203] Angesichts der Tatsache, dass die grundlegenden Artikel bereits seit 1963 nicht mehr erfüllt wurden und die Volksgruppen sich sowohl räumlich als auch sozial voneinander entfernt hatten,[204] ist es aber fraglich, ob die Wiederherstellung des früheren Zustandes überhaupt möglich und sinnvoll gewesen wäre.[205] Klar ist, dass die territoriale Trennung der Insel gerade durch den Garantievertrag verhindert werden sollte, wie es auch in Art. 2 GarantieV festgehalten wurde. Zumindest die erste Phase der Intervention kann als vereinbar mit dem Garantievertrag angesehen werden, da diese nicht zu einer Teilung geführt hat.[206] Während der Intervention ist es aber zu schweren Menschenrechtsverletzungen an der zyperngriechischen Bevölkerung gekommen. Daher kann die Verhältnismäßigkeit des Eingriffs insgesamt bezweifelt werden. Eine militärische Intervention darf, auch wenn sie gerechtfertigt ist, nicht über die Grenzen der Verhältnismäßigkeit hinausgehen und muss beendet werden, wenn sie ihren Zweck erreicht hat.[207]

Die zyperngriechische Regierung hat die Intervention und die Teilung der Insel in zwei Bundesstaaten scharf verurteilt. In der ersten Sitzung der UN-Generalversammlung nach der Intervention warf sie der Türkei vor, die Wiederherstellung des verfassungsmäßigen Zustandes nie beabsichtigt zu haben und die

---

[202] Vgl. oben unter Abschnitt 1, A. III. 2.

[203] Anstötz, Perspektiven zur Neuordnung, S. 55; Constantopoulos, Die türkische Invasion in Zypern, S. 286; Wippman, International Law and Ethnic Conflict, S. 164.

[204] Vgl. dazu Asmussen, Wir waren wie Brüder, S. 309; Bahçeli, Domestic Political Developments, S. 102; auch oben unter Abschnitt 1, A. III. 1.

[205] Heinze, Zum Stand des Zypern-Konflikts, S. 420; Der UN-Sicherheitsrat und die Parlamentarische Versammlung des Europaparlaments gingen zumindest davon aus, dass der frühere Zustand vor den einseitigen Verfassungsänderungen 1963 hergestellt werden sollte, vgl. S/RES/353 vom 20.7.1974, Ziff. 5 und Resolution der PV vom 29.7.1974, Ziff. 3.

[206] Anstötz, Perspektiven zur Neuordnung, S. 55; vgl. auch die Resolution Nr. 573 der Parlamentarischen Versammlung des Europarates vom 29.7.1974, oben Fn. 170.

[207] Dahm/Delbrück/Wolfrum, Völkerrecht, Band II, S. 417, Randelzofer, in Doehring, Charta der Vereinten Nationen, Rn. 37; IGH im Nicaragua-Fall, ICJ Reports 1986, 14 ff. (94), § 176.

Teilung Zyperns bereits vor der Intervention vorbereitet zu haben.[208] Die Vertreter der türkischen Regierung führten dagegen aus, dass die Wiederherstellung des früheren Zustandes aus türkischer und zyperntürkischer Sicht nach den bürgerkriegsähnlichen Verhältnissen seit 1963 und insbesondere nach den gescheiterten Verhandlungen in Genf keinen Sinn mehr gemacht habe.[209] Außerdem sei es nicht zu einer endgültigen staatlichen Teilung der Republik Zypern gekommen, sondern nur zu einer föderalen Teilung. Darüber hinaus wird angeführt, dass die zyperngriechische Regierung das Recht, die Wiederherstellung des früheren Zustandes zu fordern, vereitelt habe, da sie diesen selbst aufgehoben und bis zur Intervention 1974 auch keine Veranlassung gesehen habe, ihn wiederherzustellen.[210]

Zweck des Garantievertrages und des Interventionsrechts war die Beendigung eines möglichen Konflikts zwischen den Volksgruppen durch die Wiederherstellung des politischen Gleichgewichts.[211] Der Konflikt konnte aber nicht mehr einfach durch die Wiederherstellung des früheren Zustandes beendet werden, da inzwischen ein tiefes Missvertrauen zwischen den Volksgruppen entstanden war. In der Tat hatte die zyperngriechische Regierung ihre Glaubwürdigkeit eingebüßt, den verfassungsmäßigen Zustand wiederherstellen zu wollen. Durch den Bruch der Verfassung 1963 und die darauf folgende zehnjährige Praxis des Verfassungsbruchs, hatte sie deutlich gemacht, dass ihrerseits keine Bereitschaft zur Wiederherstellung der politischen Gleichberechtigung vorhanden war.[212] Aus türkischer und zyperntürkischer Sicht waren jedenfalls die Mittel zur Wiederherstellung der politischen Gleichberechtigung innerhalb eines gemeinsamen zentralen Staates erschöpft.[213] Die Zyperntürken wollten das Risiko eines erneuten Zusammenbruchs des gemeinsamen Staates nicht eingehen und glaubten, dass ihre physische Sicherheit und die Wahrung ihrer Rechte nur durch eine territoriale Teilung gewährleistet werden konnte.[214] Die Wiederherstellung der

---

[208] Vgl. A/SPC/PV 923, Official Records of the General Assembly, 29th Sess., Special Political Comitee, S. 91 ff.; dazu ferner Markides, The Rise and Fall, S. 154 f.; vgl. auch Dodd, The Cyprus Imbroglio, S. 81; Choisi, Wurzeln und Strukturen des Zypernkonfliktes, S. 274.

[209] A/SPC/PV 922, Official Records of the General Assembly, 29th Sess., Special Political Comitee, S. 91-125; Toluner, Kıbrıs Uyuşmazlığı ve Milletlerarası Hukuk, S. 337.

[210] Toluner, Kıbrıs Uyuşmazlığı ve Milletlerarası Hukuk, S. 335.

[211] Wippman, International Law and Ethnic Conflict, S. 155.

[212] Bahçeli/Rizopoulos, The Cyprus Impasse, S. 28; Heinze, Zum Stand des Zypern-Konflikts, S. 420; Polat, Self-determination, violence and modernity, S. 105, Rumpf, Verfassung und Recht, S. 170.

[213] Toluner, Kıbrıs Uyuşmazlığı ve Milletlerarası Hukuk, S. 337.

[214] Bahçeli/Rizopoulos, The Cyprus Impasse, 32; Berner, Das vergessene Volk, S. 269; Wippman, International Law and Ethnic Conflict, S. 170; vgl. auch Rumpf, Zypern und die Türkei, S. 460.

*Basic Structure* bot somit kein realistisches und effektives Mittel zur Beendigung des Konflikts dar.[215]

Die Wiederherstellung des Vertragszwecks durch andere Mittel, z. B. eine föderale Territorialteilung, könnte daher gerechtfertigt sein. Hinter der *Basic Structure* steht der Gedanke der politischen Gleichberechtigung beider Volksgruppen. Diese ist Hauptzweck der Gründungsverträge und Existenzbedingung der Republik Zypern gewesen.[216] Da sich herausstellt hat, dass die Gleichberechtigung nicht mehr durch die vereinbarten Strukturen gewährleistet werden konnte, konnte die Heranziehung eines effektiveren Mittels wie der föderalen Struktur gerechtfertigt sein. Zumal mit dieser nicht nur die politische Mitbestimmung sichergestellt, sondern auch elementare Grundrechte der Zyperntürken wiederhergestellt werden sollten.[217] Es kann daher argumentiert werden, dass ein Ende der interkommunalen Kämpfe und ein effektiver Schutz der zyperntürkischen Volksgruppe nur dadurch erreicht werden konnte, in dem ein Teil des Inselterritoriums der zyperngriechischen Staatsmacht entzogen wurde.[218] Dies hat jedoch zu Vertreibung und Flucht von Zyperngriechen geführt und es kam zu Menschenrechtsverletzungen, die die Verhältnismäßigkeit der Intervention insgesamt in Frage stellen.[219]

Das Verbot der Trennung und das Verbot des Anschlusses an einen anderen Staat, sowie die Einhaltung der Verfassung von 1960 bedingten sich gegenseitig. Aus dem Vertrageskontext und den Umständen seines Zustandekommens geht hervor, dass die Wiederherstellung des früheren Zustandes im Gegenzug die Einhaltung der anderen Vertragesteile erforderte. Die verfassungswidrige Praxis der zyperngriechischen Volksgruppe seit 1963 und die Akzeptanz dieser Praxis durch die anderen zwei Garantiestaaten wie auch durch die internationale Staatengemeinschaft konnten die Türkei und die zyperntürkische Volksgruppe nicht erwarten lassen, dass die anderen Vertragsbedingungen in Zukunft erfüllt werden würden. Es muss daher auch bedacht werden, dass nur wenig Spielraum für andere Alternativen bestand, die eine neutrale und effektive Lösung des Konflikts herbeiführen hätten können.[220] Da die Teilung aber gegen den offensichtlichen Willen der anderen Vertragspartner geschah und ihre Vermeidung eine der Bedingungen für die Selbständigkeit Zyperns war, bleibt umstritten, ob diese noch von Art. 4 GarantieV getragen werden konnte. In der Fortsetzung der

---

215 Ebenso Heinze, Zum Stand des Zypern-Konflikts, S. 420.

216 Siehe oben unter II. 1.

217 Heinze, Zum Stand des Zypern-Konflikts, S. 420 f.

218 Rumpf, Zypern und die Türkei, S. 459 f.; vgl. auch von Laffert, Die völkerrechtliche Lage, S. 59, Fn. 53.

219 Vgl. die Feststellungen der Europäischen Kommission für Menschenrechte, oben Abschnitt 1, Fn. 94.

220 Rumpf, Verfassung und Recht, S. 170.

Intervention und der Besetzung des Nordteils der Insel wird daher zum Teil eine Überschreitung der Grenzen des Art. 4 GarantieV und damit ein Verstoß gegen das Gewaltverbot gesehen.[221]

### (6) Stellungnahme des UN-Sicherheitsrates und die Staatenpraxis bezüglich der Intervention der Türkei

Der Sicherheitsrat, der sich meist zurückgehalten hat, die Ausübung eines vertraglich vereinbarten Interventionsrechts als einen Verstoß gegen das Gewaltverbot zu verurteilen, hat auch im Fall der türkischen Intervention keinen Verstoß gegen das Gewaltverbot festgestellt. In den Debatten zur Resolution 353 (1975) vom 20.7.1974 wurde zwar über einen Bruch des Gewaltverbots diskutiert, in der Resolution selbst wird aber kein Bruch des Friedens oder eine Angriffshandlung durch die Intervention festgestellt.[222] Lediglich die Gesamtsituation wird als ernsthafte Bedrohung des internationalen Friedens bezeichnet.[223] Ferner werden alle Staaten aufgerufen, die Souveränität, Unabhängigkeit und territoriale Integrität Zyperns zu respektieren und der Abzug aller ausländischen Truppen aus Zypern gefordert, deren Zahl die Vorgaben im Allianzvertrag übersteigt. Auch in der Resolution 3212 der Generalversammlung, die der Sicherheitsrat übernommen hat, werden alle beteiligten Parteien aufgefordert, die Souveränität, Unabhängigkeit und territoriale Integrität Zyperns zu achten und schnellstmöglich alle ausländischen Truppen abzuziehen.[224] Die Resolutionen sind jedoch nicht rechtsbindend. Zwar wird in der Resolution des Sicherheitsrates die ernsthafte Bedrohung des internationalen Friedens festgestellt, womit der Anwendungsbereich des Kapitel VII der UN-Charta als eröffnet betrachtet werden kann, jedoch ist kein Rechtsbindungswille erkennbar.[225]

Darüber hinaus hat sich der Sicherheitsrat bei dem Aufruf zur Nichtanerkennung der 1983 ausgerufenen TRNZ auf einen Verstoß gegen das Teilungsverbot des Garantievertrages gestützt und keinen Bezug auf einen Verstoß gegen

---

[221] Anstötz, Perpektiven der Neuordnung, S. 55; Constantopoulos, Die türkische Invasion in Zypern, S. 286; Tornaritis, Cyprus and its constitutional and other legal problems, S. 87-89; Wippman, International Law and Ethnic Conflict, S. 164; a. A. Heinze, Zum Stand des Zypern-Konflikts, S. 419 f., Necatigil, The Cyprus Question, S. 132.

[222] Vgl. S/RES/353 (1974); Arsava, der Zypernkonflikt, S. 22; von Laffert, Die völkerrechtliche Lage, S. 54; Leigh, The legal status in international law, S. 62, Fn. 13.

[223] „[...] Gravely concerned about the situation which has led to a serious threat to international peace and security, and wich has created a most explosive situation in the whole Eastern Mediterranean aerea [...]".

[224] Resolution 3212 (XXIX), YUN 28 (1974), S. 295.

[225] Vgl. von Laffert, Die völkerrechtliche Lage, S. 55; Anstötz, Perspektiven zur Neuordnung, S. 67-69.

das Gewaltverbot genommen.[226] Die Staaten der Europäischen Gemeinschaften haben ihrerseits die Nichtanerkennung damit begründet, dass die Regierung der Republik Zypern, als die einzig legitime Regierung angesehen wird.[227] Damit wird ebenfalls Bezug auf den Fortbestand der Republik Zypern und die Gründungsverträge genommen. Die Staaten des Commonwealth haben in ihrer Erklärung dagegen Bezug darauf genommen, dass die Ausrufung des sezessionistischen Staates unter fremder Besatzung rechtswidrig ist.[228]

Es ist festzuhalten, dass die Staatenpraxis trotz umstrittener Rechtsgrundlage und Beurteilung der Verhältnismäßigkeit der Intervention dahingeht, die Intervention der Türkei nicht als Verstoß gegen das Gewaltverbot anzusehen.[229] Ein internationales Gericht hat über die über die Frage der Rechtmäßigkeit der türkischen Intervention bisher nicht entschieden. Zu einer Klage vor dem IGH ist es nie gekommen, weil die beteiligten Staaten vermutlich in der Abwägung des Grundsatzes *pacta sunt servanda* gegen eine strenge Auslegung des Gewaltverbots ein zu großes Risiko für die Legitimität ihrer politischen Positionen sahen.[230]

### (7) Zwischenergebnis

Die Türkei konnte sich bei ihrer Intervention auf Art. 4 GarantieV berufen, in welchem die Republik Zypern gegenüber den Garantiestaaten ihr Einverständnis zu einer militärischen Intervention im Fall der Nichteinhaltung des 1960 geschaffenen Status quo abgegeben hat. Da das Einverständnis verfassungsrechtlich festgehalten wurde, war eine Bestätigung des Einladungswillens zum Zeitpunkt der Intervention durch die zyprische Regierung nicht erforderlich. Auch wenn umstritten ist, ob eine solche verfassungsrechtliche Bindung nicht gegen das Prinzip der Staatensouveränität verstößt, ist darauf hinzuweisen, dass das Garantiesystem Zyperns bei der Aufnahme in die UNO von der Staatengemeinschaft akzeptiert worden ist. Es bleibt aber umstritten, ob die Intervention sich in den Grenzen des Art. 4 GarantieV gehalten hat. Möglicherweise hat

---

[226] Anstötz, Perspektiven zur Neuordnung, S. 60 f.; Krieger, Das Effektivitätsprinzip, S. 240; Der Wortlaut der Resolution S/RES/541 (1983) lautet diesbezüglich: „[...] Considering that this declaration is incompatible with the 1960 Treaty concerning the establishment of the Republic of Cyprus and the 1960 Treaty of Guarantee, Considering therefore that the attempt to create a "Turkish Republic of Northern Cyprus" is invalid, and will contribute to a worsening of the situation in Cyprus, [...]".

[227] Vgl. die Erklärung der Europäischen Gemeinschaften vom 16.11.1983 wiedergegeben im Loizidou-Urteil des EMRG vom 18.12.1996, in EuGRZ 1997, S. 556.

[228] Vgl. die Erklärung der Regierungschefs des Commonwealth, wiedergegeben im Loizidou-Urteil des EMRG vom 18.12.1996, in EuGRZ 1997, S. 556.

[229] Vgl. auch Anstötz, Perspektiven zur Neuordnung, S. 146; Seidl-Hohenveldern/Stein, Völkerrecht, Rn. 397.

[230] Brewin, The European Union and Cyprus, S. 11.

die Wiederherstellung des früheren Zustandes, der im Kern in der politischen Gleichberechtigung bestand, durch ein föderales System und der territoriale Trennung nicht gegen den Zweck des Garantievertrages verstoßen, zumal es angesichts der vorherigen verfassungswidrigen Lage und humanitären Situation der Zyperntürken kaum andere effektive Lösungsalternativen gab. Dennoch bleibt umstritten, ob die territoriale Teilung gerechtfertigt gewesen ist, da gerade sie durch den Garantievertrag verhindert werden sollte. Der UN-Sicherheitsrat hat keinen Verstoß gegen das Gewaltanwendungsverbot festgestellt. Ebenso hat sich in der Staatenpraxis keine dahingehende Auffassung durchgesetzt. Die spätere Nichtanerkennung der TRNZ wurde allein auf die Pflicht zur Erhaltung der staatlichen Einheit Zyperns nach Art. 2 GarantieV (Teilungsverbot) gestützt.

**(8) Anwendung von Kriegsvölkerrecht**

Angesichts der unklaren rechtlichen Lage stellt sich die Frage, ob infolge der türkischen Intervention Friedensvölkerrecht oder Kriegsvölkerrecht einschlägig war. Eine formale Kriegserklärung hat es zwar nicht gegeben, seit der Intervention bestehen aber keine diplomatischen Beziehungen zwischen der Türkei und der zyperngriechischen Regierung.[231] Nach allgemeiner Ansicht ist außerdem anerkannt, dass das humanitäre Kriegsvölkerrecht auch dann Anwendung findet, wenn zwar keine formale Kriegserklärung erfolgt, es sich aber um einen internationalen bewaffneten Konflikt handelt.[232]

Es stellt sich jedoch die Frage, ob die Anwendung des Kriegsvölkerrechts nicht widersprüchlich ist, wenn man davon ausgeht, dass die Intervention der Türkei, eine Intervention auf Einladung war.[233] Denn in der Regel erfolgt eine Intervention auf Einladung mit Einverständnis des betroffenen Staates und richtet sich damit nicht gegen ihn.[234] Der internationale Bezug wäre somit nicht gegeben.[235] Der Begriff des „internationalen bewaffneten Konflikts" ist aber nicht abschließend definiert. Der internationale Bezug liegt zumindest immer dann vor, wenn auf staatlicher Entscheidungsgrundlage Waffengewalt gegen einen Schutzbereich eines anderen Völkerrechtssubjekts angewendet wird.[236] Es handelte sich bei der Intervention der Türkei nicht um einen klassischen Fall der Einladung zur Intervention, wie z. B. im Fall der Hilfeleistung bei einem Angriff durch einen Drittstaat. Es lag vielmehr eine Vereinbarung vor, die das Einverständnis zur Intervention sicherte, wenn die Staatsmacht der Republik Zypern selbst nicht mehr in der Lage war, einen bestimmten rechtlichen Status aufrecht

---

231 Zum klassischen Kriegsbegriff siehe Seidl-Hohenveldern/Stein, Völkerrecht, Rn. 1830 ff.
232 Ipsen, in ders., Völkerrecht, §66, Rn. 3 ff.; Doehring, Völkerrecht, Rn. 586.
233 Vgl. dazu auch Anstötz, Perspektiven zur Neuordnung, S. 56 f.
234 Ipsen, in ders., Völkerrecht, § 66, Rn. 11.
235 Mit Bezug auf Zypern, vgl. Anstötz, Perspektiven zur Neuordnung, S. 57.
236 Ipsen, in ders., Völkerrecht, § 66, Rn. 11.

zu erhalten. Da das Interventionsrecht die Unterstützung bei der Durchsetzung des Selbstbestimmungsrechts betraf, hatte es einen internationalen Bezug. Die Durchsetzung des Selbstbestimmungsrechts richtet sich, unabhängig davon, ob sie nur politische Mitbestimmung oder auch ein Sezessionsrecht umfasst, immer gegen die Souveränität des Staates und wird daher als ein internationaler Konflikt angesehen.[237] Die Staatenpraxis geht darüber hinaus immer mehr dazu über, die Regelungen des Kriegsvölkerrechts auch dann anzuwenden, wenn kein internationaler Bezug gegeben ist, um den Schutz des Einzelnen in bewaffneten Konflikten allgemein zu gewährleisten.[238] Die Türkei war folglich bei der Intervention an das Kriegsvölkerrecht gebunden.

Dementsprechend wurde den Angehörigen der zyperngriechischen Nationalgarde, die in türkische Gefangenschaft geraten waren, der Gefangenenstatus nach der III. Genfer Konvention eingeräumt. Delegierte des Internationalen Roten Kreuzes erhielten Zugang zu den Gefangenenlagern und berichteten darüber in den Veröffentlichungen des Roten Kreuzes. Die Europäische Kommission für Menschenrechte hat dies in ihrem Bericht zur ersten Staatenbeschwerde Zyperns gegen die Türkei zum Anlass genommen, bezüglich dieser Gefangenen keine weitere Prüfung einer Verletzung des Rechts auf Freiheit und Sicherheit gemäß Art. 5 EMRK vorzunehmen.[239]

Ferner war die Türkei als Besatzungsmacht an die Vorgaben der HLKO gemäß Art. 42 ff. gebunden, da sie während ihrer militärischen Intervention den Nordteil der Insel mit ihren Streitkräften besetzt und anschließend dort die tatsächliche Gewalt ausgeübt hat. Folglich durfte gemäß Art. 46 HLKO insbesondere das Privateigentum nicht eingezogen werden. Die HLKO ist jedoch grundsätzlich nur bis zum Ende der Feindseligkeiten anwendbar (*occupatio bellica*).[240] Das IV. Genfer Abkommen findet dagegen auch für die Besetzung nach dem Ende der Feindseligkeiten (*occupatio pacifica*) Anwendung, da es für jede Art von Besetzung gilt.[241] Problematisch wird die Lage, wenn der Zeitraum zwischen dem Ende der Feindseligkeiten, das meistens durch einen Waffenstillstand hergestellt wird, und dem Friedensabschluss sehr lange dauert. Bis zum Abschluss eines Waffenstillstandes wird eigentlich von der Fortdauer des Kriegszustandes im Rechtssinne und damit der weiteren Anwendung der HLKO ausgegangen, da es zu einer Wiederaufnahme der Kampfhandlungen kommen

---

[237] Doehring, Völkerrecht, Rn. 805; Fischer, in Ipsen, § 59, Rn. 21.

[238] Doehring, Völkerrecht, Rn. 585 f., 639.

[239] ASME Humanitas, Bericht der Kommission, Ziff. 313, mit Hinweis auf die Angaben in International Review of the Red Cross 14 (1974), S. 456, 605; Frowein, Probleme des Allgemeinen Völkerrechts, S. 293 ff.

[240] Ipsen, in ders., Völkerrecht, § 79, Rn. 23.

[241] Ipsen, in ders., Völkerrecht, § 79, Rn. 23.

kann.[242] Da die Verhandlungen zum Friedensschluss jedoch mehrere Jahre dauern können, ist fraglich, wie lange die Fiktion von der Fortdauer eines Kriegszustandes aufrechterhalten werden kann.[243] In Zypern existiert bis heute kein formeller Waffenstillstand.[244] Jedoch besteht seit 1989 eine Vereinbarung der zyperngriechischen und zyperntürkischen Regierung mit der UNFICYP, in der die Befugnisse der UNFICYP festgehalten werden und der die Züge eines Waffenstillstandes hat.[245] Darin wurde z. B. vorgesehen, dass die derzeitige Waffenstillstandslinie sowie die militärischen Positionen und der Standort von Flaggen nicht verändert werden dürfen.[246] Da inzwischen angesichts der entspannten politischen Lage auf Zypern, ein Ausbrechen von Kampfhandlungen nicht mehr erwartet wird und zahlreiche Bemühungen zur Rückkehr zu normalen Beziehungen unternommen werden, scheint die Anwendung von Kriegsvölkerrecht nicht mehr vertretbar.

### 4. Sezession der zyperntürkischen Volksgruppe

#### a) Politische Umstände der Sezession

Nach 1974 fanden zwischen den Vertretern der Volksgruppen Gespräche über eine mögliche Neuorganisation Zyperns als gemeinsamen aber föderal geteilten Staat statt.[247] In diesem Rahmen kam es 1977 und 1979 zu zwei Übereinkommen, in welchen die zukünftige föderale Reorganisation Zyperns in einem gemeinsamen Staat festgehalten wurde.[248] Die Verhandlungen gerieten jedoch bald ins Stocken. Als Teil ihrer Internationalisierungsstrategie erreichte die zyperngriechische Regierung im Mai 1983 mit Unterstützung der griechischen Regierung eine Resolution der UN-Generalversammlung, die die Position der zyperngriechischen Regierung als alleiniger Vertretung Zyperns bestätigte.[249] Die zyperntürkische politische Führung wertete dieses Vorgehen als Zeichen dafür, dass das föderale Konzept von den Zyperngriechen nicht ernsthaft unterstützt

---

242 Seidl-Hohenveldern/Stein, Völkerrecht, Rn. 1869; Doehring, Völkerrecht, Rn. 646 f.

243 Vgl. dazu und zur Staatenpraxis Seidl-Hohenveldern/Stein, Völkerrecht, Rn. 1870 ff.

244 Karádi/Lutz, Außen- und Sicherheitspolitik, S. 140; vgl. auch Chysostomides, The Republic of Cyprus, S. 227.

245 Vgl. Chrysostomides, The Republic of Cyprus, S. 233 f und Bericht des UN Generalsekretärs vom 31. 5.1989, UN doc. S/20663, Ziff. 14.

246 Zum Begriff des Waffenstillstands, vgl. Fischer, in Ipsen, Völkerrecht, § 68, Rn. 5 f.

247 Vgl. dazu Necatigil, The Cyprus Question, S. 185 ff.

248 Die so genannten "High level agreements" vom 12.2.1977 und vom 19.5.1979, vgl. zu diesen, Necatigil, The Cyprus Question, S. 151 ff., insbes. S. 156 und 162; vgl. auch die Rede des UN-Generalsekretärs am 09.8.1980, ebd. S. 163.

249 UN doc. A/RES/37/253 vom 13.5.1983, vgl. dazu Necatigil, S. 190 ff.; zur Internationalisierungspolitik, vgl. Káradi/Lutz, Außen- und Sicherheitspolitik, S. 143; Tzermias, Die Geschichte der Republik Zypern, S. 486.

wurde und suchte andere Wege, ihre Position zu stärken.[250] Nach mehrmaliger Vorwarnung wurde am 15. November 1983 die Türkische Republik Nordzypern ausgerufen.[251] Dies bedeutete eine endgültige Absage an die staatliche Einheit Zyperns. Der Sicherheitsrat verurteilte in seinen Resolutionen diesen Sezessionsakt und rief zur Nichtanerkennung der Türkischen Republik Nordzypern auf.[252] Der Ansicht des Sicherheitsrates haben sich alle Staaten bis auf die Türkei angeschlossen und die TRNZ nicht anerkannt.[253] Die Verfassung der TRNZ wurde im Mai 1985 bei einem Referendum mit der Mehrheit der Stimmen angenommen.[254] Sie sieht eine parlamentarische Demokratie vor und beinhaltet sowohl Elemente der britischen Rechtstradition, übernommen aus der zyprischen Verfassung von 1960, als auch Elemente der türkischen Verfassung von 1982.[255]

Die Staatengemeinschaft akzeptiert weiterhin die Alleinvertretung Zyperns durch die zyperngriechische Regierung. Sie hält aber gleichzeitig an der politischen Gleichberechtigung der Volksgruppen und damit implizit am Selbstbestimmungsrecht der Zyperntürken, wie es in den Verträgen von 1960 festhalten wurde, fest.[256] Es ist fraglich, wie effektiv dieses Vorgehen des Sicherheitsrates und der Staatengemeinschaft sein kann, wenn in der Ausrufung der TRNZ ein Verstoß gegen die Gründungsverträge gesehen wird, in der Nichterfüllung der politischen Gleichberechtigung der Volksgruppen, aber nicht.[257]

---

250 Tatlı, Der Zypern-Konflikt, S. 178.

251 Unabhängigkeitserklärung vom 15.11.1983, zu finden in Journal of Cyprus Studies, 14/15, Vol. 5, Nr. 1-2, S. 235-245; zu den genauen politischen Umständen der Ausrufung der TRNZ, vgl. Tatlı, Der Zypern-Konflikt, S. 173-181; Káradi/Lutz, Außen- und Sicherheitspolitik, S. 143; Necatigil, The Cyprus Question, S. 194 ff.

252 S/RES/541 vom 18.11.1983 und S/RES/550 vom 11. 5.1984.

253 Einige islamische Staaten, wie Pakistan und Bangladesch wollten die TRNZ anerkennen, haben aber auf Grund der Drohung von Sanktionen durch die USA davon abgelassen, vgl. dazu Dunér, Cyprus, S. 494 und Necatigil, The Cyprus Question, S. 204. Die TRNZ nimmt aber an der Internationalen Konferenz der Islamischen Staaten teil.

254 Necatigil, The Cyprus Question, S. 296, Fn. 5 geht von einer Mehrheit von 70,18 % der Stimmen aus; Tzermias, Die Geschichte der Republik Zypern, S. 588 kommt unter Beachtung der Enthaltungen zu einer Mehrheit von 53 %.

255 Vgl. zur Verfassung der TRNZ Rumpf, Verfassung und Recht, S. 176 ff.; Necatigil, The Cyprus Question, S. 296 ff.; ferner auch Rumpf, Türkei, EMRK und Zypernfrage, S. 201.

256 Vgl. vor allem die „Overall Objectives" im Set of Ideas, Text im Anhang zu UN doc. S/24472, Ziff. 2-7 und die Präambel des Annan-Planes, sowie Art. 2 Abs. 1 lit. a).

257 Dunér, Cyprus, S. 489.

**b) Völkerrechtliche Probleme der Sezession**

Die zyperntürkische Volksgruppe hat sich bei der Sezession auf ihr Selbstbestimmungsrecht berufen.[258] Die politische Führung stützt sich darauf, dass die zyperntürkische Volksgruppe über Jahre diskriminiert und von der Ausübung der Staatsgewalt im gemeinsamen Staat ausgeschlossen worden ist. Nach jahrelangen erfolglosen Verhandlungen mit der zyperngriechischen Volksgruppe sei klar geworden, dass diese kein effektives Interesse an der Beteiligung der Zyperntürken in einem gemeinsamen Staatssystem habe. Folglich sei die Ausrufung eines eigenen Staates die einzige Möglichkeit gewesen, die politische Selbstbestimmung der Zyperntürken zu sichern.[259]

Das Selbstbestimmungsrecht hat wie bereits erwähnt eine defensive Funktion und kann über die politische Mitbestimmung im gemeinsamen Staat hinaus auch eine Sezession rechtfertigen, wenn eine Volksgruppe unter massiven Verletzungen der Menschenrechte von der Teilnahme an der Staatsmacht ausgeschlossen wird.[260] Dies kann erst recht dann gelten, wenn die Ausübung bereits verfassungsrechtlich eingeräumter Mitbestimmungsrechte verhindert worden ist bzw. verhindert wird und die Wiederherstellung des rechtmäßigen Zustandes für diese Gruppe nicht mehr zu erwarten ist. Es ist jedoch fraglich, ob die zyperntürkische Volksgruppe ihre Sezession auf ein in den Gründungsverträgen anerkanntes Selbstbestimmungsrecht stützen kann, da diese Verträge zugleich auch die staatliche Einheit Zyperns sichern sollten. Ferner wird angeführt, dass eine Sezession in einem *mixed state*, in dem mehrere ethnische Gruppen ineinander gesiedelt leben, nicht zulässig ist, da diese in der Regel zwangsweise Umsiedlungen bzw. Legalisierung von vorausgegangener Vertreibung zur Folge hat.[261]

Sieht man in der Intervention der Türkei einen Verstoß gegen das Gewaltanwendungsverbot, so kann die Sezession der Zyperntürken auch nach dem Grundsatz *ex iniuria ius non oritur* dahingehend abgelehnt werden, dass entsprechend der Stimson-Doktrin die Anerkennung einer Gebietsänderung durch

---

[258] Beschluss des zyperntürkischen Bundesstaatsparlaments vom 17.6.1983, vgl. AdG 1983, S. 27170; ferner Unabhängigkeitserklärung vom 15.11.1983, Journal of Cyprus Studies 14/15, Vol. 5, Nr. 1-2, S. 235-245, Ziff. 18; vgl. auch Ertekün/Necatigil, The Right of the Turkish Cypriot People to Self-Determmination, S. 13-15.

[259] Vgl. Ertekün/Necatigil, The Right of the Turkish Cypriot People to Self-Determmination, S. 27 ff.

[260] Benedek, in Seidl-Hohenveldern, Völkerrecht, S. 366; Blumenwitz, Volksgruppen und Minderheiten, S. 72; Oeter, Selbstbestimmungsrecht im Wandel, S. 765; Doehring, in Simma, Charta der Vereinten Nationen, nach Art. 1, Rn. 40; ders. Völkerrecht, Rn. 796 ff.

[261] Vgl. dazu Anstötz, Perspektiven zur Neuordnung, S. 49 f.

völkerrechtswidrige Gewaltanwendung unzulässig ist.[262] Die Anwendung der Stimson-Doktrin wird jedoch zum Teil abgelehnt, da diese nur für die Annexion gilt, die im Falle Nordzyperns nicht vorliegt.[263] Auch wenn man von einer völkerrechtswidrigen Intervention ausgeht und die Legalität der TRNZ ablehnt, ist es fraglich, ob die Intervention der Türkei überhaupt der zyperntürkischen Volksgruppe zugerechnet werden kann. Zwar wurde die territoriale Sezession der Zyperntürken erst nach der Intervention der Türkei möglich, staatliche Strukturen hatten sich aber bereits vorher etabliert.[264] Dies wurde in der Genfer-Erklärung insbesondere mit Blick auf die Vergangenheit festgestellt und in den *High level agreements* von 1977 und 1979 bestätigt.[265] Die Ausübung des Selbstbestimmungsrechts, soweit dieses die Sezession einräumen sollte, kann daher nicht aufgrund der umstrittenen Rechtmäßigkeit der türkischen Intervention verneint werden.[266] Auch in der UN-Resolution zur Staatenverantwortlichkeit wird zwischen Handlungen einer aufständischen Bewegung und den Handlungen des helfenden Staates unterschieden. Gemäß Art. 10 Abs. 2 UN-Res StaatenV sind die Handlungen einer aufständischen oder sonstigen Bewegung als Handlung des neuen Staates zu werten, wenn es der Bewegung gelingt einen neuen Staat zu gründen. Davon bleibt aber gemäß Art. 10 Abs. 3 UN-Res StaatenV die Zurechnung eines Verhaltens des unterstützenden Staates unberührt, gleichviel in welcher Beziehung dieses Verhalten zu der aufständischen Bewegung steht, wenn es gemäß der Zurechnungsregeln der Art. 4 bis 9 UN-Res StaatenV als Verhalten dieses Staates gilt. Gemäß Art. 4 Abs. 1 UN-Res StaatenV ist die Militärintervention der Türkei allein ihr zuzurechnen.

Es ist hier zu unterscheiden zwischen einem möglichen Verstoß gegen die Verfassung von 1960 i. V. m. dem Garantievertrag und einem Verstoß gegen das allgemeine Völkerrecht.[267] Geht man davon aus, dass die Republik Zypern bereits 1963 oder 1974 untergegangen ist, kann es weder völkerrechtlich noch

---

[262] Vgl. dazu Seidl-Hohenveldern/Stein, Völkerrecht Rn. 1682 f.; Verdross/Simma, Universelles Völkerrecht, S. 293, § 478; Anstötz, Perspektiven zur Neuordnung, S. 60 f.; von Laffert, Die völkerrechtliche Lage, S. 93 ff.

[263] Blumenwitz, The legal status, S. 92 f. lehnt daher die Anwendbarkeit im Falle der TRNZ ab. Vgl. zu diesem Problemkreis ferner auch Dahm/Delbrück/Wolfrum, Völkerrecht Bd. I/1, S. 363 f.; Meng, in Bernhardt, EPIL, Stimson-Doctrine, S. 692 f.

[264] Choisi, Wurzeln und Strukturen des Zypernkonflikts, S. 275; Clerides, My Deposition Vol. III, S. 236 f.; Heinze, Zum Stand des Zypernkonflikts, S. 412; Leigh, The legal status in international law, S. 62, insbesondere Fn. 12.

[265] Krieger, Das Effektivitätsprinzip, S. 320; Leigh, The legal status in international law, S. 63.

[266] Blumenwitz, The legal status, S. 92 f.; Leigh, The legal status in international law, S. 62 f., insbesondere Fn. 13; Heinze, Zum Stand des Zypern-Konflikts, S. 419, 421; Rumpf, Verfassung und Recht, S. 173.

[267] Vgl. Rumpf, Verfassung und Recht, S. 171 ff.

staatsrechtlich eine rechtswidrige Sezession von ihr geben.[268] Da der weitere Bestand aber von allen am Konflikt beteiligten Staaten aufrechterhalten wird, muss weiterhin geprüft werden, inwiefern die türkische Volksgruppe an die Vorgaben der Gründungsverträge gebunden war. Der Garantievertrag bindet als völkerrechtlicher Vertrag zwar nur die Vertragspartner, ist aber gemäß Art. 181 VerfRZ Teil der Verfassung von 1960 und war folglich auch für die Volksgruppen selbst bindend, allerdings nur als Verfassungsvorschrift. Die Multilateralität der Gründungsverträge kann daher einer einseitigen Ausübung des Selbstbestimmungsrechts durch die Volksgruppen

nicht entgegenstehen, da sie nicht selbst direkt Vertragspartner der Gründungsverträge, sondern nur staatsrechtlich an diese gebunden sind.[269] Die jahrelange Praxis der zyperngriechischen Volksgruppe, die Staatsmacht ohne eine Beteiligung der zyperntürkischen Volksgruppe auszuüben, könnte dahingehend Verfassungsgewohnheitsrecht gesetzt haben, dass die Verfassung von 1960 nicht mehr in ihrem Charakter als Volksgruppenverfassung bindend war.[270] Es ist danach zu fragen, wieso die zyperntürkische Volksgruppe weiterhin an das Trennungsverbot der Verfassung gebunden sein soll, wenn die politische Gleichberechtigung – als verfassungsrechtlich gegenseitige Bedingung dafür – über Jahre hinweg nicht erfüllt wurde. Zumal die Zyperntürken nicht nur von der Ausübung der Rechte aus der Verfassung von 1960 ausgeschlossen wurden, sondern ihnen auch sonst keine politische Beteiligung unterhalb der verfassungsrechtlichen Vorgaben gewährt wurde. Ein Angebot der Teilnahme an der Staatsmacht unter der Bedingung der Annahme willkürlicher Verfassungsänderungen kann nicht als angemessenes Angebot beurteilt werden.[271] Darüber hinaus wurden ihre Menschen- und Grundrechte in der Zeit zwischen 1964 und 1974 massiv verletzt.[272]

Ein Sezessionsrecht könnte aber im Falle Zyperns nach allgemeinem Völkerrecht ausgeschlossen sein, da es sich um einen *mixed state* handelte, in dem die zyperntürkische und zyperngriechische Volksgruppe ineinander gesiedelt lebten, wobei die interethnischen Beziehungen bereits seit 1964 zum Erliegen gekommen waren. In solchen Fällen, in denen kein abgeschlossenes eigenes Siedlungsgebiet einer Volksgruppe vorliegt, wird ein territoriales Sezessions-

---

[268] So Heinze, Zum Stand des Zypern-Konflikts, S. 418 mit Bezugnahme auf Leigh, The legal status in international law, S. 65.

[269] Vgl. a. A. Anstötz, Perspektiven zur Neuordnung, S. 60; Heinze, Zum Stand des Zypern-Konflikts, S. 418 weist darauf hin, dass nur die „Republik Zypern“ an die Verträge gebunden ist.

[270] Rumpf, Verfassung und Recht, S. 172 f.

[271] Siehe dazu oben II. 2.

[272] Vgl. Heinze, Zum Stand des Zypern-Konflikts, S. 412; ders., Beitrag der UNO, Vereinte Nationen 6/67, S. 180, Necatigil, The Cyprus Question, 30 ff.

recht abgelehnt.[273] Es ist aber zu hinterfragen, ob an diesem Grundsatz auch dann festgehalten werden kann, wenn das Siedlungsgefüge bereits vor der Sezession durch völkerrechtswidrige Binnenflucht gestört wurde.[274] Die räumliche Trennung der Volksgruppen auf Zypern hatte bereits 1958 mit dem Gewaltausbruch im Unabhängigkeitskrieg gegen die britische Kolonialmacht begonnen.[275] Mit dem Zerbrechen des dualen Staatssystems und dem erneuten Ausbruch interkommunaler Kämpfe kam es 1963/64 zu Flucht und Vertreibung der Zyperntürken, die sich in Enklaven zusammenschlossen.[276] Bereits vor 1974 wurde mit verschiedenen Vorschlägen versucht, den ethnischen Konflikt durch Umsiedlung und die territoriale Teilung der Volksgruppen zu lösen. Der UN-Generalsekretär Galo Plaza legte 1965 einen Bericht vor, der Erleichterungen für die Umsiedlung von Zyperntürken auf das türkische Festland vorsah.[277] Bei den Verhandlungen in Genf 1974 brachte der türkische Außenminister einen Vorschlag ein, der die Aufteilung Zyperns in Kantone beinhaltete.[278] Ein zusammenhängendes zyperntürkisches Siedlungsgebiet bestand jedoch bis zur türkischen Intervention 1974 nicht.[279] Erst durch die türkische Intervention, in deren Verlauf es zu völkerrechtswidrigen Vertreibungen kam, und einen Bevölkerungsaustausch unter der Aufsicht der UNFICYP im August 1975 erfolgte die nahezu vollständige Trennung der Volksgruppen.[280] Ein Recht der Zyperntürken auf Sezession wird daher abgelehnt, da es der nachträglichen Legalisierung von völkerrechtswidriger Vertreibungen und Zwangsumsiedlungen gleichkommen würde.[281]

---

[273] Doehring, Völkerrecht, Rn. 786; Buchheit, Secession, S. 127 ff.

[274] Zur Binnenflucht siehe, Ziegler, Fluchtverursachung als völkerrechtliches Delikt, S. 635 f.

[275] Vgl. Patrick, Political Geography, S. 12; Leigh, The legal status in international law, S. 62; Asmussen, Wir waren wie Brüder, S. 229 ff., insbesondere S. 244 und 245.

[276] Vgl. dazu Asmussen, Wir waren wie Brüder, S. 280 ff.; auch oben unter Abschnitt 1, III. 1.

[277] Plaza Report UN doc. S/6252 vom 26.3.1965; Berner, Das vergessene Volk, S. 211, Toluner, Kıbrıs Uyuşmazlığı ve Milletlerarası Hukuk, S. 338.

[278] Vgl. bei Berner, Das vergessene Volk, S. 287.

[279] Das Argument der zyperngriechischen Führung, dass diese Enklaven unter Druck der türkischen Untergrundorganisation TMT entstanden sind, um ein homogen zyperntürkisches Gebiet zu schaffen und damit die De-facto-Trennung Zyperns herbeizuführen, wird angesichts der Zersplitterung der Enklaven bezweifelt. Asmussen, Wir waren wie Brüder, S. 282, mit Hinweis auf den Bericht des UN-Generalsekretärs U-Thant vom 8.12.1967, S. 52/48; ferner Patrick, Political Geography, S. 78; vgl. auch das Zitat von Drury in Brey/Heinritz, Bevölkerungsverteilung, S. 19.

[280] Asmussen, Wir waren wie Brüder, S. 315; Kommuniqué über den Bevölkerungsaustausch vom 2.8.1975, Text bei Nedjatigil, The Cyprus Conflict, Anhang III, S. 205; Anlage zu UN doc. 11789.

[281] Anstötz, Perspektiven zur Neuordnung, S. 50; von Laffert, Die völkerrechtliche Lage, S. 32 f. und 110 f.; American Hellenic Institute, Crisis on Cyprus, S. 32-39 (1975), zit. nach Wippman, International Law and Ethnic Conflict, S. 171.

### c) Völkerrechtliche Qualität der TRNZ

Im Zusammenhang mit der umstrittenen Legalität der Sezession der Zyperntürken wird die Frage relevant, welche völkerrechtliche Stellung der nicht anerkannten TRNZ und den Akten ihrer Organe überhaupt zukommen kann. Grundsätzlich ist die Rechtmäßigkeit der Staatswerdung nicht erforderlich für das Bestehen der Staatlichkeit. Es kommt insofern entsprechend der Drei-Elemente-Lehre von Jellinek nur auf das Vorliegen von Staatsgebiet und Staatsvolk und einer effektiven Staatsgewalt an.[282] In der neueren Völkerrechtslehre wird die Staatenqualität jedoch zunehmend auch an Legalitäts- und Legitimitätsgesichtspunkte geknüpft.[283] Da in der Staatenpraxis jedoch oft politische Kriterien bei der Anerkennung eines neuen Staates ausschlaggebend sind, bleiben Überlegungen zur Rechtsmäßigkeit der Staatsgewalt oder ihre Ausrichtung an demokratischen Grundwerten nur Kriterien der Anerkennung.[284] Umstritten ist vor allem die Auswirkung der Anerkennung selbst. Nach der konstitutiven Theorie ist die Anerkennung durch andere Staaten notwendige Voraussetzung für die Entstehung des neuen Staates. Nach der deklaratorischen Theorie ist die Staatswerdung unabhängig von der Anerkennung durch Dritte.[285] Mit zunehmender Erstarkung des Selbstbestimmungsrechts hat sich die deklaratorische Theorie durchgesetzt.[286] Liegt das Selbstbestimmungsrecht vor und beinhaltet es das Recht, einen eigenen Staat zu gründen, so kann es nicht auf die Anerkennung durch andere Staaten ankommen, da sonst die Ausübung des Selbstbestimmungsrechts durch andere Staaten verhindert werden könnte.[287] Für diese Ansicht spricht auch der Wortlaut des Art. 10 UN-Res StaatenV, der bestimmte Rechtsfolgen daran knüpft, dass es einer aufständischen Bewegung „gelingt", einen Staat zu gründen. Es kommt dementsprechend für die Staatlichkeit nicht auf die Anerkennung durch dritte Staaten an. Die Anerkennung hat aber eine wichtige faktische Funktion, da der neue Staat erst durch die internationale Anerkennung seine völkerrechtliche Handlungsfähigkeit effektiv einsetzen kann. Erst dann kann er völkerrechtliche Verträge abschließen oder Mitglied einer internationalen Organisation werden. Der wirksame Abschluss von völkerrechtlichen Verträgen ist aber zumindest mit denjenigen Staaten möglich, die den neuen Staat als solchen anerkannt haben. Liegen die Staatselemente, vor allem eine effektive Staatsgewalt zwar vor, und kann diese aber nach außen nicht effektiv

---

[282] Epping, in Ipsen, Völkerrecht, § 5 Rn. 2 f.; Doehring, Völkerrecht, Rn. 151.

[283] Kokott/Doehring/Burgenthal, Grundzüge des Völkerrechts, Rn. 39.

[284] Epping, in Ipsen, Völkerrecht, § 5 Rn. 8.

[285] Zu diesem Streit Doehring, Völkerrecht, Rn. 154 f.; Frowein, Das de facto-Regime im Völkerrecht, S. 14 ff.; Seidl-Hohenveldern/Stein, Völkerrecht, Rn. 644 f.; Verdross/Simma, Universelles Völkerrecht, S. 602 f., § 961.

[286] Doehring, Völkerrecht, Rn. 155; Gloria, in Ipsen, Völkerrecht, § 22, Rn. 27 ff.; Kokott/Doehring/Buergenthal, Grundzüge des Völkerrechts, Rn. 427.

[287] Doehring, Völkerrecht, Rn. 155.

ausgeübt werden, weil die Anerkennung durch andere Staaten fehlt, so kann man von einem *stabilisierten* De-facto-Regime ausgehen.[288] Ein De-facto-Regime übt effektive Herrschaftsgewalt über ein bestimmtes Gebiet und dessen Bewohner aus und kann, wenn auch begrenzt, Träger von völkerrechtlichen Rechten und Pflichten sein.[289]

Die TRNZ ist somit als ein stabilisiertes De-facto-Regime zu bewerten, wenn die drei Staatselemente, insbesondere eine effektive, unabhängige und originär zyperntürkische Herrschaftsmacht vorliegen. Staatsgebiet und Staatsvolk werden im Falle der TRNZ bejaht.[290] Ebenso hat sich in Nordzypern eine effektive zyperntürkische Gesetzgebung, Verwaltung und Rechtsprechung etabliert.[291] Die Existenz von zwei getrennten Verwaltungseinheiten wurde bereits 1974 in den Genfer Erklärungen anerkannt und ihr weiterer Bestand in den Erklärungen 1977 und 1979 bestätigt. Umstritten ist jedoch die Unabhängigkeit der TRNZ wegen der Militärpräsenz der Türkei seit 1974 und ihrer engen politischen Bindung an die Türkei. Seit der Intervention hat die Türkei bis heute eine auf 35.000 Mann geschätzte Streitmacht auf Nordzypern stationiert, die unter türkischem Kommando steht.[292] Angesichts des großen Umfangs der Streitkräfte wird ihnen die Einflussnahme auf die politische Situation in der TRNZ in einem solchen Maße zugesprochen, dass der TRNZ die eigenständige Staatsmacht und damit die Staatsqualität abgestritten werden. Die TRNZ sei daher nur ein Marionettenstaat der Türkei, dem jegliche Eigenständigkeit fehle.[293] Die Stationierung von fremden Truppen lässt aber angesichts der ständigen Praxis von Stationierungsabkommen nicht automatisch auf das Fehlen der effektiven Staatsgewalt und damit der Staatseigenschaft schließen.[294] Die türkischen Truppen halten sich

[288] Frowein, Das de facto-Regime im Völkerrecht, S. 7; Epping, in Ipsen, Völkerrecht, § 8, Rn. 13.

[289] So die Feststellung des IGH im Namibia-Gutachten, ICJ Reports, 1971, S. 16 ff., Ziff. 125; Frowein, in Bernhardt, EPIL, De-Facto Régime, S. 966 f.; Verdross/Simma, Universelles Völkerrecht S. 240 ff., § 405.

[290] Anstötz, Perspektiven zur Neuordnung, S. 58; Krieger, Das Effektivitätsprinzip, S. 235.

[291] Dazu von Laffert, Die völkerrechtliche Lage, S. 105 f.; Necatigil, The Cyprus Question, S. 296-309; Rumpf Die staats- und völkerrechtliche Lage Zyperns, S. 539 ff.

[292] Regelmäßiger Bericht der Kommission 1998, S. 13.

[293] Vgl. Vortrag der zyperngriechischen Regierung in EMRG, Loizidou v. Turkey (Hauptsache), Urteil vom 18.12.1996, in EuGRZ 1997, S. 560.

[294] von Laffert, Die völkerrechtliche Lage, S. 106; Zur Stationierung griechischer Soldaten in Südzypern siehe Bauer, in Bellers/Brenner/Gerke, S. 298 und Regelmäßiger Bericht der Kommission 1998, S. 13: „Neben den 950 Soldaten, die Griechenland gemäß dem Allianzvertrag von 1960 auf Zypern stationiert hat, sind weitere rund 1000 Mann zu Ausbildungszwecken in Südzypern eingesetzt. Die zyperngriechische Nationalgarde (Greek Cypriot National Guard), bestehend aus 19.500 Mann und 100.000 Reservisten, steht unter dem Kommando eines Offiziers, der wie die meisten höheren Offiziere den griechischen Festlandkräften angehört.“ Andere Zahlenangaben bei Kàradi/Lutz, Außen- und Si-

zudem nach eigenen Angaben mit dem Einverständnis der zyperntürkischen Regierung in Nordzypern auf und sollen der Überwachung der Demarkationslinie und dem Schutz der Zyperntürken bei einem möglichen neuen Ausbruch von Gewalt auf der Insel dienen.[295] Für die Frage der unabhängigen Herrschaftsgewalt der TRNZ ist vielmehr entscheidend, ob die türkischen Truppen einen konkreten Einfluss auf die Entscheidungswege in der TRNZ haben und dieser so weit geht, dass die Staatlichkeit verneint werden kann. Eine umfassende Verantwortung der Türkei für jegliches Handeln der zyperntürkischen Verwaltung kann alleine auf Grund der Truppenpräsenz aber nicht angenommen werden.[296] Es müsste im konkreten Fall genauer überprüft werden, ob die jeweilige zyperntürkische Behörde weisungsgebunden an die Türkei handelt, oder als unabhängiges Organ der zyperntürkischen Verwaltung tätig wird.[297] Allgemein ist darauf hinzuweisen, dass in der TRNZ regelmäßig freie und geheime Wahlen stattfinden, wie dies in Art. 68-71 VerfTRNZ vorgesehen ist, und ein breites Spektrum an politischen Parteien existiert, so dass eine eigenständige und unabhängige Willensbildung des Volkes grundsätzlich gewährleistet ist.[298]

Nicht von der Hand zu weisen ist, dass eine enge politische Zusammenarbeit zwischen der Türkei und der TRNZ besteht.[299] Diese ist aber hauptsächlich auf die internationale Nichtanerkennung zurückzuführen, durch welche die völkerrechtliche Handlungsunfähigkeit der TRNZ so eingeschränkt ist, dass ihr sonst keine Möglichkeit außer der engen wirtschaftlichen, politischen und verwaltungstechnischen Zusammenarbeit mit der Türkei bleibt.[300] Das Post- und Telekommunikationswesen ist z. B. auf die verwaltungstechnische Unterstützung der Türkei angewiesen. Ebenso kann die TRNZ bisher nur über einen türkischen Flughafen angeflogen oder über einen türkischen Schiffshafen erreicht werden, da andere Staaten den direkten Zugang von ihrem Territorium aus nicht zulassen.[301] Ferner war die TRNZ bislang stark von der wirtschaftlichen Unterstützung durch die Türkei in Form von Direktbeihilfen, Darlehen, Subventionen

---

cherheitspolitik, S. 133. Ferner besteht seit 1993 eine „Gemeinsame Verteidigungsdoktrin" zwischen der zyperngriechischen Regierung und Griechenland. Die Aufstellung von Luftabwehrraketen in diesem Zusammenhang hat 1997 zu einer Krise geführt. Dazu näher Axt, Die S-300 Raketen und die Türkei, S. 29 f.

295 Vgl. Necatigil, The Cyprus Question, S. 327.

296 Rumpf, Zypern und die Türkei, S. 463 und 465; Talmon, Consequences of (Non) Recognition, S. 68; vgl. auch von Laffert, Die völkerrechtliche Lage, S. 121 der von einer konkurrierenden Staatenverantwortlichkeit ausgeht.

297 Rumpf, Zypern und die Türkei, S. 463.

298 Vgl. dazu auch Axt/Choisi, Politisches System, S. 203 ff., 211 ff. und 223 ff.

299 Vgl. z. B. die Verträge zur wirtschaftlichen und sozialen Zusammenarbeit, so wie der Kooperation in der Verbrechensbekämpfung, Rumpf, Verträge, S. 887 f.

300 Rumpf, Rezension zu von Laffert, S. 840; Dunér, Cyprus, S. 492.

301 Bahçeli, Domestic Political Developements, S. 116.

und sonstigen Hilfen abhängig gewesen. Das Finanzvolumen betrug 1997 noch 300 Mio. und wurde bis 2003 auf ca. 120 Mio. jährlich Dollar reduziert.[302] Wirtschaftliche Abhängigkeit und verwaltungstechnische Unterstützung zur Versorgung der Zyperntürken stehen der Eigenstaatlichkeit der TRNZ jedoch nicht entgegen.[303]

An dieser Stelle ist festzuhalten, dass sich die Beziehungen der Zyperntürken zur Türkei seit 1974 gewandelt haben. Obwohl die Intervention und politische Unterstützung begrüßt wurden, stand bereits damals die Mehrheit der Zyperntürken einer Vereinigung mit der Türkei stets skeptisch gegenüber, weil sie sich als eine von der Türkei unabhängige türkische Gemeinschaft verstanden.[304] Mit zunehmender Isolierung durch die internationale Nichtanerkennung und damit einhergehenden stärkeren Anbindung an die Türkei, ist der Unmut über die enge Zusammenarbeit gewachsen. Insbesondere seit Mitte der 90er Jahre ist ein deutlicher Widerstand gegen die Interessen der Türkei zu beobachten.[305] Dies zeigt sich vor allem in der Gründung zahlreicher politisch engagierter Nichtregierungsorganisationen, vor allem der Bürgerbewegung „Dies ist unser Land".[306] Das Erstarken der politischen Opposition gegen Präsident Denktaş, der eine enge Anbindung der TRNZ an die Türkei verfolgte und eine Wiedervereinigung ablehnte, führte im November 2003 zum Regierungswechsel – wenn auch mit knapper Mehrheit.[307] Dieser Vorgang zeigt, dass eine eigenständige und effektive Willensbildung in der zyperntürkischen Bevölkerung stattfindet. Die Eigenständigkeit der zyperntürkischen Staatsmacht hat mit dem Regierungswechsel an Stabilität gewonnen.

Die Unabhängigkeit der TRNZ wurde auch wegen der politischen Einflussnahme der Türkei durch deren aktive Siedlungspolitik in Zweifel gezogen.[308] Seit 1974 sind mehr als 80.000 Personen vom türkischen Festland nach Zypern übergesiedelt, die unter erleichterten Bedingungen eingebürgert werden und das Wahlrecht in der TRNZ erhalten können. Ihre Ansiedlung wird vor al-

---

302 Bahçeli/Rizopoulos, The Cyprus Impasse, S. 38; Regelmäßiger Bericht der Kommission 2001, S. 25.

303 Krieger, Das Effektivitätsprinzip, S. 236.

304 Richmond, Mediating in Cyprus, S. 236.

305 Polat, Self-determination, violence and modernity, S. 107 f.

306 Vgl. Regelmäßiger Bericht der Kommission 2001, S. 24; Polat, Self-determination, violence and modernity, S. 108; Schloch, Zypern wird EU-Mitglied – und der Konflikt?, S. 34.

307 Siehe oben unter Abschnitt 1, B. III; zum gespaltenen Verhältnis der zyperntürkischen Links-Opposition zu dem Präsidenten Denktaş, vgl. Richmond, Mediating in Cyprus, S. 236; am 17. April 2005 wurde der Premierminister Talat zum Präsidenten gewählt und löste Denktaş ab, vgl. dazu Kramer/Hein, Ein neuer Präsident in Nordzypern, S. 1 ff.

308 Anstötz, Perspektiven zur Neuordnung, S. 58 mit Hinweis auf den Bericht der EU-Kommission 1993, vom 30.6.1993; dazu auch von Laffert, Die völkerrechtliche Lage, S. 108 f.

lem als Verstoß gegen Art. 49 Abs. 4 der IV. GK kritisiert, der ein Verbot der Ansiedlung von eigenen Staatsangehörigen im besetzten Gebiet ausspricht.[309] Im Gegenzug ist eine beachtliche Zahl von Zyperntürken – vor allem aufgrund der schlechten wirtschaftlichen Lage in Nordzypern – ausgewandert, vorwiegend nach Großbritannien.[310] Eine mittelbare Einflussnahme auf die Wahlen zu Gunsten derer, die eine engere Anbindung an die Türkei befürworten ist somit denkbar.[311] Eine vorsätzliche und konkrete Einflussnahme durch die Türkei lässt sich aber nicht nachweisen. Die Ansiedlung von Bewohnern aus dem türkischen Festland könnte Denktaş zur Machterhaltung gedient haben. Das letzte Wahlergebnis und das Referendum zum Annan-Plan, bei dem sich die Zyperntürken eindeutig für eine Wiedervereinigung ausgesprochen haben, deuten jedoch daraufhin, dass der Einfluss der Siedlungspolitik in diesem Sinne nur bedingt effektiv gewesen ist.[312]

Das Vorliegen einer effektiven, unabhängigen und originär zyperntürkischen Regierungsgewalt der TRNZ kann bejaht werden. Auch wenn die enge politische Zusammenarbeit mit der Türkei auch in Zukunft weitergeführt werden wird, durch das Referendum zum Annan-Plan und die Ergebnisse der Wahlen im November 2003 ist deutlich geworden, dass die politische Nähe zur Türkei einer eigenständigen und demokratischen Willensbildung in der TRNZ nicht entgegensteht. Die TRNZ ist somit als ein eigenständiges De-facto-Regime einzuordnen.[313] Sie kann als De-facto-Regime gegenüber Personen im Nordteil eigenständige Hoheitsgewalt ausüben, auch wenn sie international nicht anerkannt ist und daher keine völkerrechtliche Handlungsfähigkeit hat. Ihren Akten im allgemeinen Verwaltungsbereich kommt daher jedenfalls Wirksamkeit zu.[314] Diesem Umstand ist im Annan-Plan mit dem Vorschlag Rechnung getragen worden, alle abgeschlossenen internationalen Verträge, sowie Gesetzgebungs-, Verwaltungs- und Gerichtsentscheide der TRNZ zu akzeptieren, und die Effektivität der Akte TRNZ anzuerkennen.[315] Im zwischenstaatlichen Bereich kann

---

309 Kritisch zur Siedlungspolitik der Türkei ist der Bericht der Parlamentarischen Versammlung des Europarates, Report of the Committee on Migration, Refugees and Demography, Doc. 9799 vom 2.5.2003.

310 Etwa 30.000 Personen, vgl. ebd. Ziff. 4.

311 Vgl. von Laffert, Die völkerrechtliche Lage, S. 108 f.

312 Vgl. auch Krieger, Das Effektivitätsprinzip, S. 236.

313 Blumenwitz, Political and Legal Realities, S. 70; Necatigil, De-facto-Regime in international Law, S. 66; Anstötz, Perspektiven zur Neuordnung, S. 62; Krieger, Das Effektivitätsprinzip, S. 252; von Laffert, Die völkerrechtliche Lage, S. 121, einschränkend bezüglich der unabhängigen Staatsmacht.

314 Rumpf, Zypern und die Türkei, S. 464; von Laffert, Die völkerrechtliche Lage, S. 123.

315 Pabst, Bewegung auf Zypern, S. 122; Reuter, UNO-Zypernplan, S. 14; Artikel 12 Annan-Plan FoundA lautet: "Any act, whether of a legislative, executive or judicial nature, by any authority in Cyprus whatsoever, prior to entry into force of this Agreement, is recognised as valid and, provided it is not inconsistent with or repugnant to any other provision

den Akten der TRNZ als De-facto-Regime nur dann Wirksamkeit zukommen, soweit die Akte nicht vom Willen eines Staates abhängig sind, der die TRNZ nicht anerkannt hat.[316] Davon zu unterscheiden ist die Frage der Haftung für die Akte der TRNZ. In den Bereichen, in denen die TRNZ alleine die Hoheitsmacht ausübt, haftet sie alleine für ihre Akte. Das trifft auf alle Akte der allgemeinen Verwaltung, Gesetzgebung und Rechtsprechung zu. Wird eine Entscheidung vor allem im politischen Bereich zusammen mit der Türkei getroffen, so kommt eine gesamtschuldnerische Haftung in Betracht.[317]

Die effektive Eigenständigkeit der beiden Teile Zyperns steht jedoch zunehmend im Widerspruch zum weiteren rechtlichen Fortbestand der Republik Zypern. Die normative Kraft des Faktischen könnte in Zukunft zum endgültigen Untergang des gemeinsamen Staates führen.[318] Solange es aber Bemühungen um eine Wiedervereinigung gibt und somit am weiteren Bestand festgehalten wird, ist dies abzulehnen.[319] Zurzeit existieren zwei getrennte eigenständige Verwaltungen auf dem Gebiet eines Staates, dessen Fortbestand umstritten ist. Es gibt Ansätze, die geteilte Lage Zyperns entsprechend der Teilordnungstheorie, die in Bezug auf die Lage Deutschlands nach dem Zweiten Weltkrieg entwickelt wurde, rechtlich in Griff zu bekommen.[320] Der zyperngriechische Teil und der zyperntürkische Teil wären demnach gleichberechtigte Glieder der gesamtstaatlichen Republik Zypern, wobei ihr rechtlich weiterer Fortbestand mit der faktischen Eigenständigkeit der beiden Landesteile im Einklang stehen würde. Diese Ansicht hat aber aufgrund der Ablehnung der Eigenständigkeit der TRNZ in der Völkerrechtsgemeinschaft noch keine Unterstützung gefunden.[321]

### d) De-facto-Anerkennung der TRNZ

Da die TRNZ trotz der Nichtanerkennung als Staat nicht völlig ausgeschlossen von zwischenstaatlicher Zusammenarbeit ist, könnte auch eine De-facto-Anerkennung vorliegen. Die Nichtanerkennung einer Herrschaftsgewalt als Staatsmacht schließt nicht aus, dass sie als etwas anderes, z. B. als ein De-

---

of this Agreement or international law, its effect shall continue following entry into force of this Agreement. No-one shall be able to contest the validity of such acts by reason of what occurred prior to entry into force of this Agreement. Any claims for liability or compensation arising from acts prior to this Agreement shall, insofar as they are not otherwise regulated by the provisions of this Agreement, be dealt with by the constituent state from which the claimant hails."

[316] Vgl. Frowein, Das de facto-Regime im Völkerrecht, S. 70.

[317] von Laffert, Die völkerrechtliche Lage, S. 123.

[318] Anstötz, Perspektiven zur Neuordnung, S. 61.

[319] Krieger, Das Effektivitätsprinzip, S. 236 f.

[320] Blumenwitz, The legal status, S. 90; von Laffert, Die völkerrechtliche Lage, S. 161 ff.

[321] Anstötz, Perspektiven zur Neuordnung, S. 73.

facto-Regime anerkannt wird.[322] Eine offizielle Anerkennung als De-facto-Regime erfolgt zwar meistens aus politischen Gründen nicht, die Anerkennung kann aber aus dem Verhalten eines Staates gegenüber der fraglichen Regierung hervorgehen.[323] Allgemein kann die De-facto-Anerkennung als Ausdruck des Willens bewertet werden, irgendwelche offiziellen Beziehungen mit einer Regierung einzugehen, ohne die verbindliche Absicht, diese auch weiterhin aufrechtzuerhalten, während eine De-iure-Anerkennung zum Ausdruck bringt, dass man bestimmte Beziehungen (z. B. diplomatische) aufnehmen und aufrecht erhalten will.[324]

Für eine solche De-facto-Anerkennung der zyperntürkischen Herrschaftsgewalt spricht insbesondere das Verhalten der britischen Regierung, die eine inoffizielle Vertretung der *British High Commission in Cyprus* im türkischen Teil von Nikosia unterhält.[325] Diese befasst sich sowohl mit Anfragen von Briten als auch Zyperntürken. Die britische Regierung hat Klagen bei zyperntürkischen Gerichten bezüglich des Verlustes von Eigentümern britischer Staatsangehöriger während der Kämpfe von 1974 eingelegt.[326] Ferner haben britische und zyperntürkische Polizei kooperiert.[327] Darüber hinaus bestehen zahlreiche wirtschaftliche Kontakte.[328] In britischen Gerichtsentscheidungen wurde der Herrschaftsgewalt der TRNZ rechtliche Wirksamkeit zugesprochen. Im Hesperides-Urteil von 1977 wurde festgestellt, dass britische Gerichte grundsätzlich Akte der zyperntürkischen Behörden auf ihre Wirksamkeit hin überprüfen und bejahen können.[329] Im Ergebnis wurde die Frage der Wirksamkeit der vorliegenden Enteignungen aber für nicht justiziabel gehalten.[330] In einer weiteren

[322] Blumenwitz, Political and Legal Realities, S. 71; Talmon, Recognition of Governments, S. 31.

[323] Talmon, Recognition of Governments, S. 31; Schweitzer/Weber, Handbuch der Völkerrechtspraxis der Bundesrepublik Deutschland, Rn. 469.

[324] Gloria, in Ipsen, Völkerrecht, § 22, Rn. 13 ff.; Verdross/Simma, Universelles Völkerrecht, S. 605, § 962 f.; Talmon, Recognition of Governments, S. 85 f.

[325] Talmon, Recognition of Governments, S. 32; Krieger, Das Effektivitätsprinzip, S. 250 f.

[326] Talmon, Recognition of Governments, S. 32 m. w. N.

[327] Krieger, Das Effektivitätsprinzip, S. 247 f., Talmon, Recognition of Governments, S. 32 m. w. N.

[328] Krieger, Das Effektivitätsprinzip, S. 248; Großbritannien erkannte auch zyperntürkische Dokumente zur Ausfuhr von Landwirtschaftsprodukten an. Später musste diese Praxis jedoch auf Grund des EuGH-Urteils Anastasiou eingestellt werden. Vgl. dazu bereits oben Abschnitt 1, C.

[329] Urteil von Lord Denning MR im Fall Hesperides Hotel Ltd v. Agean Turkish Holidays Ltd and Muftizada, BYIL 49 (1978), S. 259-261.

[330] Vgl. dazu auch von Laffert, Die völkerrechtliche Lage, S. 118 f.

Entscheidung Polly Peck International v. Nadir wurde die Wirksamkeit der Bankgesetze der TRNZ dagegen ausdrücklich anerkannt.[331]

Die Haltung des Sicherheitsrates gegenüber der TRNZ als De-facto-Regime war bisher widersprüchlich. Die Gründung eines eigenen Staates wurde nicht anerkannt. Es wurde aber an der Fortgeltung der Verträge von 1960 und damit an dem darin enthaltenen Selbstbestimmungsrecht der Zyperntürken festgehalten. Dementsprechend unterstützte der Sicherheitsrat in zahlreichen Resolutionen die gleichberechtigte Verhandlungsposition beider Volksgruppen und die Neuordnung Zyperns auf der Basis der politischen Gleichberechtigung.[332] Es fanden zahlreiche Verhandlungen des UN-Generalsekretärs sowohl mit zyperngriechischen als auch mit der zyperntürkischen politischen Vertretern statt, um eine Lösung für die zukünftige Reorganisation Zyperns zu finden. Damit wird die faktische Herrschaftsgewalt der TRNZ zumindest insoweit anerkannt, als es zur Lösung des Konflikts notwendig ist.[333]

Es ist jedoch zu beobachten, dass die Eigenständigkeit der zyperntürkischen Volksgruppe auf internationaler Ebene immer mehr Anerkennung findet. Bereits 1994 hat der politische Ausschuss der Parlamentarischen Versammlung des Europarates in seinem Bericht über die Lage in Zypern von einer „De-facto-Anerkennung der Verwaltungseinheit im Norden Zyperns“ gesprochen.[334] Im August 1997 sprach der italienische Außenminister Lamberto Dini im Zusammenhang mit dem bevorstehenden EU-Beitritt von „zwei Staaten und zwei Regierungen in Zypern“. Auf Kritik der zyperngriechischen Regierung wurden diese Äußerungen aber zurückgezogen, und die italienische Regierung gab eine Erklärung ab, dass nur die zyperngriechische Regierung als die Regierung der Republik Zypern angesehen wird.[335] Ferner weist die internationale Aufmerk-

[331] Polly Peck International v. Nadir (No 2), [1992] A II ER 769, zit. nach Talmon, Recognition of Governments, S. 230, Fn 123; vgl. auch Necatigil, De-facto-Regime in International Law, S. 68.

[332] Vgl. z. B. S/RES/649 (1990): "The Security Council [...] 3. Calls upon the leaders of the two communities [...] to co-operate, on an equal footing, [...]." Ferner Set of Ideas (1992) Ziff. 3: "The overall framework agreement recognizes that Cyprus is the common home of the Greek Cypriot community and of the Turkish Cypriot community and that their relationship is not one of majority and minority but one of two communities in the federal republic of Cyprus. [...] Ziff. 5: The overall framework agreement acknowledges and ensures the political equality of the two communities." Ebenso die Präambel zum Annan-Plan (2004) Abs. 3: „Acknowledging each other's distinct identity and integrity and that our relationship is not one of majority and minority but of political equality where neither side may claim authority or jurisdiction over the other."

[333] Krieger, Das Effektivitätsprinzip, S. 251.

[334] Talmon, Recognition of Governments, S. 89, Fn. 213; Bericht vom 15.12.1994, CoE, PA, Documents, Doc. 7206, 19.

[335] AdG 1997, 42272; vgl. Dunér, Cyprus, S. 495; Krieger, Das Effektivitätsprinzip, S. 252.

samkeit gegenüber den Wahlen in der TRNZ im November 2003 darauf hin, dass die Willensbildung in der zyperntürkischen Volksgruppe und ihre Durchsetzung nicht ignoriert bleiben, auch wenn das gewählte Parlament *de iure* nicht als solches anerkannt wird.[336]

Der Widerspruch im Verhalten der internationalen Staatengemeinschaft, einerseits am Selbstbestimmungsrecht und der politischen Gleichberechtigung der Volksgruppen auf Basis der Gründungsverträge festzuhalten, andererseits aber die Alleinvertretung durch die zyperngriechische Regierung zu akzeptieren, wird mit zunehmender Effektivität der zyperntürkischen Herrschaftsgewalt schwieriger zu überbrücken. Dies verdeutlicht auch das gescheiterte Referendum zum Annan-Plan. Das getrennte Referendum in beiden Volksgruppen wurde von der internationalen Staatengemeinschaft, insbesondere von den drei Garantiestaaten, der EU und den USA, eindeutig befürwortet.[337] Darin kam zum Ausdruck, dass für die zukünftige Neuordnung Zyperns nicht die alleinige Entscheidung der zyperngriechischen Regierung ausschlaggebend sein kann, sondern das Einverständnis beider Volksgruppen, also auch die Willensbildung in der zyperntürkischen Volksgruppe. Das Referendum der zyperntürkischen Volksgruppe wird folglich als wirksame Grundlage für die Wiedervereinigung angesehen. Im Widerspruch dazu steht, dass die Wahl der neuen zyperntürkischen Regierung und deren Akte, die auf den gleichen Volkswillen zurückgehen, als nicht wirksam erachtet werden. Das Scheitern des Referendums stellt daher die Alleinvertretung Zyperns durch die zyperngriechische Regierung deutlich in Frage. Denn das Votum der zyperntürkischen Volksgruppe für den Plan und die Wiedervereinigung hat gezeigt, dass dort eine effektive und originär zyperntürkische Willensbildung stattfindet, dieses jedoch weder in der zyperngriechischen Regierung, noch im zyperngriechischen politischen System allgemein zum Ausdruck kommt. Bis 2004 war es auch für Zyperntürken, die im Süden der Insel leben, nicht möglich, an den Wahlen dort teilzunehmen. Dies wurde nach einer Entscheidung des Europäischen Menschenrechtsgerichtshofs geändert.[338]

Da sich die zyperngriechische Volksgruppe gegen eine Wiedervereinigung zu den im Annan-Plan vorgesehenen Bedingungen ausgesprochen hat, die Zyperntürken deswegen aber nicht durch die weitere internationale Isolation benachteiligt werden sollen, hat sich der UN-Generalsekretär für eine Lockerung

---

[336] Die Wahlen wurden in der internationalen Presse verfolgt und von verschiedenen Regierungen kommentiert, vgl. z. B. FAZ-Porträt, Mehmet Ali Talat – Wahlsieger in Nordzypern, FAZ vom 15.12.2003; Entscheidende Wahlen in Nordzypern, NZZ Online vom 13.12.2003; Schlötzer, Moderate Regierung in Nordzypern Perfekt, SZ vom 12.1.2004, S. 6.

[337] Bericht des UN-Generalsekretärs vom 28.5.2004, UN doc. S/2004/437, Ziff. 70.

[338] Aziz v. Cyprus Beschwerde Nr. 69949/01, Urteil vom 22.6.2004, Ziff. 26-30.

der Isolation Nordzyperns ausgesprochen.[339] Damit soll wohl auch verhindert werden, dass die wirtschaftlichen und sozialen Unterscheide zwischen den Volksgruppen noch größer werden. Ebenso hat die Parlamentarische Versammlung des Europarates eine Beendigung der internationalen Isolation der Zyperntürken und eine engere Zusammenarbeit mit ihrem politischen Vertretern gefordert. [340] Auch die Organisation der Islamischen Konferenz hat in seiner Abschlusserklärung zum 31. Treffen im Juni 2004 die politische und wirtschaftliche Unterstützung der Zyperntürken angekündigt, um ihre Isolation zu beenden. Ausgehend vom Annan-Plan, wurde dabei die politische Gleichberechtigung der beiden Volksgruppen betont und festgestellt, dass keine der beiden Seiten Herrschaft über die andere beanspruchen kann oder Jurisdiktion über diese ausüben kann. Die Zyperngriechen könnten daher nicht die Zyperntürken nach Außen vertreten.

Vor allem im Zusammenhang mit der Besetzung der Abgeordnetenmandate Zyperns im EU-Parlament ist die fehlende Legitimation der zyperngriechischen Regierung kritisiert worden. Die zyperntürkische Regierung hatte gefordert, entsprechend dem Annan-Plan zwei der sechs Sitze Zyperns mit Zyperntürken zu besetzen.[341] Bereits vor dem Referendum hatte die EU konsularische Beziehungen zum zyperntürkischen De-facto-Regime aufgenommen. Kurze Zeit nach dem Referendum wurde der zyperntürkische Ministerpräsident Talat zu einer Rede zum Stand des Zypernkonflikts vor dem Europaparlament eingeladen.[342] Verhandlungen zur Annäherung Nordzyperns an die EU und über Wirtschaftshilfen dauern an.[343] Die neue politische, wirtschaftliche und verwaltungstechnische Zusammenarbeit der EU mit den zyperntürkischen Vertretern kann als zunehmende De-facto-Anerkennung gewertet werden. Durch die wirtschaftliche Unterstützung wird die zyperntürkische Herrschaftsgewalt an Selbständigkeit und Stabilität gewinnen und damit auch unabhängiger von der türkischen Politik werden. Zudem eröffnen wirtschaftliche Kontakte neue Möglichkeiten der Handlungsfähigkeit im internationalen Bereich.[344]

Das Scheitern des Referendums wirft zugleich die Frage auf, wie eine Konfliktlösung in Zukunft überhaupt aussehen kann. Wenn man bedenkt, dass

[339] Bericht des UN-Generalsekretärs vom 28.5.2004, UN doc. S/2004/437, Ziff. 93.

[340] Resolution der Parlamentarischen Versammlung 1376/2004 vom 29.4.2004.

[341] FAZ vom 26.4.2004, S. 3; Diese Forderung wurde vom Deutsch-Zyprischen Forum e. V. unterstützt, Pressemitteilung vom 25.4.2004.

[342] Rede vom 27.4.2004, News Report (Europaparlament) vom 27.4.2004 und Kıbrıs Gazetesi vom 28.4.2004.

[343] Wernicke/Haas, EU beendet Isolation, SZ vom 30.4.2004; siehe dazu auch Abschnitt 1, C.

[344] Vgl. zu den jüngsten Entwicklungen in den Beziehungen der EU zu Nordzypern, Emerson, Welcome to Northern Cyprus – autonomous entity of the European Union, CEPS, Brüssel, Dezember 2004.

beide Volksgruppen in die Vorbereitungen des Annan-Planes eingebunden waren, die Verhandlungen sich über vier Jahre hingezogen haben, der Plan als bestmöglicher Kompromiss große Unterstützung in der internationalen Staatengemeinschaft gefunden hat,[345] aber dennoch keine Einigung erzielt werden konnte, so erscheint es äußerst schwer, an eine Verwirklichung der Wiedervereinigung Zyperns zu glauben. Das politische Vertrauen beider Volksgruppen ineinander, das in jedem föderalen Staat gegeben sein muss, scheint noch immer nicht hergestellt zu sein. Unter diesen Umständen ist es fraglich, ob eine weitere Vermittlung der UN überhaupt effektiv sein kann.[346] Wie vorausgegangene Vorschläge ist auch der Annan-Plan daran gescheitert, dass die Interessen der Volksgruppen sich im Kern gegenseitig ausschließen: Lösungsvorschlägen wird die Unterstützung entzogen, sobald sie den Interessen der anderen Seite stärker als den eigenen entgegenkommen.[347] Von Seiten der zyperngriechischen Volksgruppe sind als Hauptgründe für die Ablehnung des Annan-Planes das Fortbestehen des Interventionsrechts der Garantiestaaten, die Besetzung des Verfassungsgerichts mit drei zusätzlichen ausländischen Richtern und das Fehlen eigener Verteidigungsmöglichkeiten genannt worden.[348] Ferner wurden auch die Eigentumsregelungen kritisiert, die nicht allen früheren Eigentümern die Möglichkeit der Restitution eröffnen.[349]

Der UN-Generalsekretär hat nach dem Scheitern des Referendums deutlich gemacht, dass er seinerseits in naher Zukunft keine neuen Bemühungen für eine Wiedervereinigung unternehmen wird.[350] Sein Büro für Gute Dienste auf Zypern wurde geschlossen. Damit wuchsen die Erwartungen an die EU, die Vermittlerrolle auszufüllen. Die faktische Trennung Zyperns und eine immer weniger möglich erscheinende Wiedervereinigung könnten trotz der Bedenken gegen eine Eigenstaatlichkeit der Zyperntürken im Lauf der Zeit zur Anerkennung der TRNZ führen.[351] Hierbei könnte auch das Interesse der EU eine Rolle

[345] Bericht des UN-Generalsekretärs vom 28.5.2004, UN doc. S/2004/437, Ziff. 9, 16, 29, 77, 78.

[346] Vgl. dazu Fisher, Cyprus: The Failure of Mediation, S. 307 ff. mit einer Analyse der bisherigen Lösungsbemühungen der UN und dem Grund ihres Scheiterns.

[347] Fisher, Cyprus: The Failure of Mediation, S. 322.

[348] Kramer/Hein, Ein neuer Präsident in Nordzypern, S. 3; NZZ vom 24./25.4.2004, Ringen um den Annan-Plan auf Zypern, S. 3.

[349] Bericht des UN-Generalsekretärs vom 28.5.2004, UN doc. S/2004/437, Ziff. 48; NZZ vom 24./25.4.2004, Ringen um den Annan-Plan auf Zypern, S. 3.

[350] Bericht des UN-Generalsekretärs vom 28.5.2004, UN doc. S/2004/437, Ziff. 91.

[351] Anstötz, Perspektiven zur Neuordnung, S. 61; Krieger, Das Effektivitätsprinzip, S. 236 f.

spielen, die politische Lage auf Zypern wegen der strategischen Bedeutung der Insel für die Sicherheitslage im östlichen Mittelmeerraum zu stabilisieren.[352]

### e) Zwischenergebnis

Als Ergebnis ist festzuhalten, dass die TRNZ als stabilisiertes De-Facto-Regime eingeordnet werden kann. Das Referendum zum Annan-Plan hat zwar gezeigt, dass der zyperntürkische Volkswille die Wiedervereinigung Zyperns der Eigenstaatlichkeit vorzieht, allerdings zu den Bedingungen des Annan-Planes. Zugleich ist deutlich geworden – wie auch bei den Wahlen im November 2003 – dass in Nordzypern eine eigenständige Willensbildung stattfindet. Gerade deswegen findet die zyperntürkische Regierung auch *de facto* internationale Anerkennung. Die zyperntürkische Herrschaftsgewalt hat damit an Stabilität gewonnen. Die wirtschaftliche Unterstützung Nordzyperns durch die EU dürfte diese Selbstständigkeit verstärken und kann die Bindungen der zyperntürkischen Politik an die Türkei lockern. Dies könnte sich positiv auf eine Wiedervereinigung auswirken. Weiterhin muss am Aufbau eines tragfähigen Vertrauens der beiden Volksgruppen gearbeitet werden. Anderenfalls könnte die fortbestehende Teilung Zyperns durch die normative Kraft des Faktischen zu einer Anerkennung der TRNZ führen.

## C. Die Bewertung des Zypernkonflikts vor der Europäischen Kommission für Menschenrechte

### I. Staatenbeschwerden

Im Zusammenhang mit der Militärintervention von 1974 hat die zyperngriechische Regierung insgesamt vier Staatenbeschwerden vor den Kontrollorganen der EMRK gegen die Türkei eingelegt. Drei davon wurden vor der Kommission verhandelt.[353] Auf die materiellen Konventionsverletzungen, die in diesen Staatenbeschwerden festgestellt wurden, soll hier nur im Überblick eingegangen werden, da in Hinblick auf den noch zu behandelnden Loizidou-Fall vielmehr die Beurteilung der prozessualen Vorfragen von Interesse ist.

---

[352] Vgl. dazu Stivachtis, Greece and the Eastern Mediterranean region, S. 41 und Kazan, Cyprus and the Eastern Mediterranean, seen from Turkey, S. 68 f.

[353] Die Beschwerden Nr. 6780/74 und Nr. 6950/75 wurden in der Zulässigkeitsprüfung verbunden, EKMR, Cyprus v. Turkey, Zulässigkeitsentscheidung vom 26.5.1975, DR 2, S. 125 ff., dt. Übersetzung in EuGRZ 1976, S. 33 ff.; zur dritten Staatenbeschwerde: Beschwerde Nr. 8007/77, EKMR, Cyprus v. Turkey, Zulässigkeitsentscheidung vom 10.7.1978, DR 13, S. 85 ff., Bericht der Kommission vom 4.10.1983, DR 72, S. 5 ff. und HRLJ 1992, S. 154 ff., dt. Zusammenfassung und Übersetzung in Teilen in EuGRZ 1992, S. 466 ff.

In ihrem Bericht zu den ersten beiden Staatenbeschwerden vom 10.7.1976 stellte die Kommission fest, dass die Türkei für die Verletzung der Art. 2, Recht auf Leben, Art. 3, Verbot der Folter, Art. 5, Recht auf Freiheit und Sicherheit, Art. 8, Recht auf Achtung des Privat- und Familienlebens, Art. 13, Recht auf wirksame Beschwerde und Art. 14, Diskriminierungsverbot der Konvention verantwortlich ist, wie auch für die Verletzung des Art. 1, 1. ZP zur EMRK, Schutz des Eigentums.[354] Die Verletzung des Art. 5 EMRK wurde in den Fällen der 2.400 Gefangenen, nicht geprüft, da ihnen der Kriegsgefangenenstatus gemäß der III. Genfer Rotkreuzkonvention eingeräumt worden war. Die Rotkreuzkonventionen wurden hier als vorrangiges Spezialrecht zur EMRK angesehen.[355] Die Anwendbarkeit von Art. 15 EMRK, der die Außerkraftsetzung der Konvention in Kriegs- und Notstandsfällen zulässt, soweit die Maßnahmen nicht in Widerspruch zum sonstigen Völkerrecht stehen, wurde abgelehnt.[356]

In der dritten Staatenbeschwerde wandte die türkische Regierung ein, dass die Beschwerde missbräuchlich sei, da die vorgetragenen Sachverhalte bereits Gegenstand der ersten beiden Staatenbeschwerden gewesen seien.[357] Das Verfahren würde zum Zweck der Propaganda eingesetzt.[358] Die Kommission gab diesen Einwänden nicht statt und verwies zum Teil auf ihre früheren Entscheidungsgründe. Das rechtliche Interesse läge vor, weil insbesondere bezüglich der vermissten Personen neue Informationen und Beweise vorgebracht wurden, die eine erneute Prüfung der Sachlage rechtfertigten.[359] Die Kommission stellte in ihrem abschließenden Bericht vom 4.10.1983 fest, dass die Türkei es versäumt habe, das unerklärte Verschwinden von knapp 2.000 Personen zu verhindern und daher für die Verletzung ihres Rechts auf Freiheit und Sicherheit gemäß Art. 5 EMRK verantwortlich sei.[360] Ferner wurde erneut die Verletzung der

---

354 ASME Humanitas, Bericht der Kommission, Schlussfolgerungen, S. 163-167.

355 Frowein, Probleme des allgemeinen Völkerrechts, S. 294 f.

356 ASME Humanitas, Bericht der Kommission, Ziffn. 524-531.

357 EKMR, Cyprus v. Turkey, Bericht vom 4.10.1983, HRLJ 1992, S. 154 ff., Ziff. 14.

358 Vgl. dazu Necatigil, The Cyprus Question, S. 147; ders., The Cyprus Conflict, S. 139 f.

359 EKMR, Cyprus v. Turkey, Bericht vom 4.10.1983, HRLJ 1992, S. 154 ff., Ziff. 58.

360 EKMR, Cyprus v. Turkey, Bericht vom 4.10.1983, HRLJ 1992, S. 154 ff., Ziff. 123. Die Kommission prüfte aus den angeführten 1619 Fällen von vermissten Personen fünf exemplarisch und hörte sich mehrere Zeugen zu diesen an. In drei der überprüften Fälle wurden die Zeugen als glaubwürdig beurteilt. Von diesen Untersuchungen ausgehend, nahm die Kommission in einer unbestimmten Anzahl von Fällen an, dass diese vermissten Zyperngriechen sich 1974 in türkischem Gewahrsam befunden haben, und legte die Vermutung nahe, dass die Türkei die Verantwortung für das Schicksal dieser Personen trage, ebd. Ziffn. 96-122.

Art. 8, 6, 13 und 14 EMRK und des Art. 1, 1. ZP zur EMRK festgestellt.[361] Die Anwendbarkeit des Art. 15 EMRK wurde wiederum abgelehnt.[362]

### 1. Prozessführungsbefugnis der zyperngriechischen Regierung der Republik Zypern

Die Aktivlegitimation der Republik Zypern als Hohe Vertragsschließende Partei gemäß Art. 1 EMRK wurde bei den Verfahren vor der Kommission, sowie auch vor dem Gerichtshof nicht in Frage gestellt. Damit wird ihr weiterer Fortbestand als Staat bestätigt. Die Türkei hat jedoch immer Einwand gegen die Prozessführungsbefugnis der zyperngriechischen Regierung erhoben. Diese sei nicht die verfassungsmäßige Regierung Zyperns, sondern nur die politische Führung der zyperngriechischen Volksgruppe (*greek cypriot administration*) und habe keine Befugnis vor der Kommission Staatenbeschwerde im Namen der Republik Zypern einzulegen.[363]

Im ersten Verfahren wies die Kommission den Einwand der Türkei ab und stellte fest, dass die beschwerdeführende Regierung international als die Regierung der Republik Zypern anerkannt wird und daher auch ein Verfahren gemäß Art. 24 EMRK a. F. führen kann.[364] Dabei bezog sich die Kommission auf die Resolution 364 (1974) des UN-Sicherheitsrates zur Verlängerung des Einsatzes der UNFICYP.[365] Darin wurde die Zustimmung der „Regierung Zyperns" festgestellt, womit jedoch faktisch nur die Zustimmung der zyperngriechischen Regierung gemeint war. Die Resolution sagt aber darüber hinaus nichts über die Verfassungsmäßigkeit oder völkerrechtliche Legalität der zyperngriechischen Regierung aus. Bis 1974 hatte der UN-Sicherheitsrat in den Resolutionen zum Einsatz der UNFICPY immer das Einverständnis „aller beteiligten Parteien" und der Regierung Zyperns festgestellt und damit auch die zyperntürksiche Volksgruppe mit eingeschlossen.[366] Warum der Sicherheitsrat diese Praxis offensichtlich nach der Intervention der Türkei geändert hat wird in der Resolution nicht dargelegt. Außerdem hält er wie bereits oben dargestellt weiterhin an den Gründungsversträgen und der politischen Gleichberechtigung der Volksgruppen fest,

---

[361] EKMR, Cyprus v. Turkey, Bericht vom 4.10.1983, HRLJ 1992, S. 154 ff., Ziffn. 135 f., 155, 158 und 162.

[362] EKMR, Cyprus v. Turkey, Bericht vom 4.10.1983, HRLJ 1992, S. 154 ff., Ziff. 66.

[363] ASME Humanitas, Bericht der Kommission, Ziff. 23; ferner Necatigil, The Cyprus Question, S. 141.

[364] Vgl. dazu auch Frowein, Probleme des Allgemeinen Völkerrechts, S. 299 f.

[365] EKMR, Zulässigkeitsentscheidung vom 26.5.1975, EuGRZ 1976, S. 36.

[366] Bis 1974 wurde in den UN-Resolutionen die Formulierung "[...] the parties concerned had signified their concurrence and the Cypsrus government has agreed [...]" benutzt. Nach 1974 sprach der Sicherheitsrat nur noch von "the Cyprus Government" vgl. Gazioğlu, Security Council Resolution 186 and UNFICYP, Perceptions, S. 56.

was jedoch eben im Widerspruch zu einer Anerkennung der zyperngriechischen Regierung stehen würde.[367] Eine „zyperngriechische Regierung" der Republik Zypern wurde daher auch nie ausdrücklich anerkannt.[368]

Ferner wies die Kommission auf die Teilnahme der zyperngriechischen Vertreter im Ministerkomitee des Europarates und auf die Ratifikation von Zusatzprotokollen der EMRK durch die zyperngriechische Regierung hin, gegen deren Wirksamkeit auch die Türkei keine Bedenken geäußert habe.[369] Es ist jedoch fraglich, ob daraus bereits eine Anerkennung der Legitimität der fraglichen Regierung gefolgert werden kann.[370] Kein Bezug wurde auf die Praxis in der Parlamentarischen Versammlung als beratendes Organ des Europarates genommen.[371] Dort sind insgesamt drei Sitze für Zypern vorgesehen, wovon zwei zyperngriechischen Vertretern mit jeweils einem Ersatzmann und einer einem zyperntürkischen Vertreter mit Ersatzmann zusteht.[372] Die Besetzung dieser drei Mandate mit nur zyperngriechischen Vertretern nach dem Zusammenbruch des dualen Systems 1963/64 wurde von der Parlamentarischen Versammlung abgelehnt mit dem Hinweis darauf, dass dies nicht mit den Gründungsverträgen der Republik Zypern und dem Status des Europarates vereinbar sei.[373] Daraufhin verzichtete die zyperngriechische Regierung auf die Teilnahme in der Versammlung, so dass ab 1965 gar keine zyprischen Vertreter mehr an den Versammlungen teilnahmen.[374]

Die Feststellung der Kommission geht folglich dahin, dass der *locus standi* der beschwerdeführenden Regierung auch dann gegeben ist, wenn er nach innerstaatlichem Recht zwar einem Legitimationsmangel unterliegt, aber weiterhin international anerkannt wird.[375] Die Alleinvertretung Zyperns durch die zyperngriechische Regierung wurde jedoch wie dargestellt weder im UN-

---

367 Vgl. oben II. 4. d).

368 Leigh, The status in international law, S. 65.

369 EKMR, Zulässigkeitsentscheidung vom 26.5.1975, EuGRZ 1976, S. 36.

370 Kritisch dazu, Sinagra, Illegality and Non-Recognition of the State, S. 41.

371 Zur Funktion der Parlamentarischen Versammlung im Europarat, vgl. Stegen, Die Rolle der Parlamentarischen Versammlung als Motor des Europarates, S. 79 ff.

372 Talmon, Consequences of (Non) Recognition, S. 59.

373 Talmon, Consequences of (Non) Recognition, S. 59 mit Hinweis auf den Bericht des Empfehlungskomitees, Assembly, Documents, Doc. 1762 (23.4.1964), S. 4-5 und Doc. 1764 (20.4.1964).

374 Seit 1983 nimmt wieder ein zyperngriechischer Vertreter an der Versammlung teil. Die anderen zwei Plätze sind vakant. Bei Debatten die direkt den Zypernkonflikt betreffen werden seit 1995 auch Vertreter der zyperntürkischen Volksgruppe eingeladen, vgl. Resolution 1054 (1995) der Parlamentarischen Versammlung vom 2.2.1995. Ferner zu dieser Problematik Talmon, Consequences of (Non) Recognition, S. 60 ff.; Brewin, The European Union and Cyprus, S. 231.

375 Rumpf, Zypern und die Türkei, S. 463.

Sicherheitsrat noch im Europarat eindeutig beurteilt. Ferner ist zu beachten, dass in keinem der genannten internationalen Organisationen eine Prüfung der Regierungsqualität anhand juristischer Kriterien erfolgt ist. Die Anerkennung einer Regierung selbst ist nur ein politischer Akt, der zwar ein Indiz für das Vorliegen der juristischen Kriterien, wie effektive Kontrolle, Unabhängigkeit und völkerrechtliche Legalität ist, diese aber nicht ersetzen kann.[376] Die Kommission und der Gerichtshof, der später in gleicher Weise entschied, sind anders als manche nationale Gerichte, die an die Anerkennungspraxis der Exekutive gebunden sind,[377] nicht an die Entscheidungen der politischen Organe des Europarates gebunden.[378] Sie können und müssen insbesondere in einem Fall, in dem die Anerkennung der in Frage stehenden Regierung nicht eindeutig und seine Legalität umstritten ist, eine eigene Prüfung der Regierungsqualität an Hand rechtlicher Kriterien vornehmen.[379]

Nachdem die Kommission die Prozessführungsbefugnis der zyperngriechischen Regierung anerkannt hatte, nahm die Türkei nicht mehr an der weiteren Verhandlung teil.[380] Damit versäumte sie die Gelegenheit, die Umstände der Intervention aus ihrer Sicht darzulegen und die Rechtsgrundlage aus Art. 4 GarantieV zu ihrer Rechtfertigung anzuführen. Die Kommission wies darauf hin, dass eine Mitwirkungspflicht der Parteien gemäß Art. 28 EMRK a. F. bestehe, sie aber nicht daran gehindert sei, das Verfahren fortzusetzen, falls diese Pflicht nicht eingehalten werde.[381] Die türkische Regierung legte dagegen dar, dass die Kommission als Quasi-Rechtsprechungsorgan nicht befugt ist ein Versäumnisurteil auszusprechen, wenn es nicht zu einem kontradiktorischen Verfahren gemäß Art. 28 Abs. 1 lit. a) EMRK a. F. gekommen ist. Sie müsse in diesem Fall an das Ministerkomitee einen Bericht über die Blockadesituation vorlegen und die Lösung des politischen Problems abwarten.[382] Die Kommission setzte das Verfahren jedoch ohne das Mitwirken der Türkei und ohne eine Vorlage der Sache an das Ministerkomitee fort.

---

376 Talmon, Consequences of (Non) Recognition, S. 65; Leigh, The legal status in international law, S. 64.

377 So z. B. die US-Gerichte, vgl. dazu Talmon, Recognition of Governments, S. 228; deutsche Gerichte sind dagegen nicht an die Anerkennungspraxis der eigenen Regierung gebunden, vgl. dazu Schweitzer/Weber, Handbuch der Völkerrechtspraxis der Bundesrepublik Deutschland, Rn. 473 ff.

378 Talmon, Consequences of (Non) Recognition, S. 64.

379 Talmon, Consequences of (Non) Recognition, S. 64.

380 ASME Humanitas, Bericht der Kommission, Ziff. 78; Die Türkei erklärte in einem Pressekommuniqué vom 27.11.1975, dass dies nicht aus mangelndem Respekt gegenüber der Kommission geschehe, sondern auf Grund der Nichtanerkennung der beschwerdeführenden Partei, vgl. Necatigil, The Cyprus Question, S. 142.

381 ASME Humanitas, Bericht der Kommission, Ziff. 55.

382 ASME Humanitas, Bericht der Kommission, Ziff. 31; dazu abweichende Stellungnahme des Kommissionsmitgliedes Daver, ASME Humanitas, Bericht der Kommission, S. 188 f.

Im zweiten Verfahren[383] erhob die Türkei erneut Einwand gegen den *locus standi* der zyperngriechischen Regierung und führte an, dass sie nicht dazu gezwungen werden könne, mit einer von ihr nicht anerkannten Regierung Kontakt aufzunehmen.[384] Das kontradiktorische Verfahren gemäß Art. 24 i. V. m. Art. 28 EMRK a. F. würde eine gegenseitige Zusammenarbeit der Parteien erfordern. Da es der Türkei aber nach allgemeinem Völkerecht zustehe, eine Regierung nicht anzuerkennen und keine Beziehungen zu dieser zu unterhalten, könne von ihr auch nicht die Zusammenarbeit mit dieser Regierung im Rahmen der EMRK verlangt werden. Es bestehe somit keine Pflicht an dem Verfahren teilzunehmen.[385] Die Kommission führte dagegen aus, dass das Verfahren gemäß Art. 28 EMRK a. F. keinen direkten Kontakt der Parteien erfordert, und in einer Staatenbeschwerde gemäß Art. 24 EMRK a. F. nicht gegenseitige Verpflichtungen der Staaten geltend gemacht werden, sondern objektive Verpflichtungen, die sich unmittelbar aus der EMRK ergeben. Zudem würde der Zweck der EMRK ausgehebelt werden, wenn sich die Konventionsstaaten durch Nichtanerkennung der beschwerdeführenden Regierung den Verpflichtungen aus der EMRK entziehen könnten.[386] Das Ministerkomitee, an den diesmal eine Vorlage ergangen war, bestätigte die Ansicht der Kommission und stellte fest, dass Art. 28 für alle Hohen Vertragschließenden Parteien bindend ist.[387] Die türkische Regierung nahm im diesem Verfahren zwar weiterhin an der Begründetheitsprüfung teil, bezog aber nicht zu allen Rügen Stellung.[388]

Die Nichtanerkennung der gegnerischen Regierung eines ansonsten anerkannten Staates steht der Teilnahme in einem internationalen Gerichtsverfahren nicht entgegen. Wie bereits erwähnt, ist die Anerkennung ein politischer Akt, der das Vorliegen der juristischen Kriterien indiziert. Daher kann es sein, dass die in Frage stehende klägerische Regierung zwar von der beklagten Regierung nicht als solche anerkannt wird, aber die juristischen Kriterien einer Regierung nach allgemeinem Völkerrecht erfüllt.[389] Könnte sich die beklagte Regierung in so einem Fall wirksam auf Nichtanerkennung berufen und würde damit das Verfahren zum Scheitern bringen, wäre der Weg eröffnet, auf diese Weise Konven-

---

[383] Beschwerde Nr. 8007/77; EKMR, Cyprus v. Turkey, Zulässigkeitsentscheidung vom 10.7.1978, DR 13, S. 85 ff.; Bericht der Kommission vom 4.10.1983, DR 72, S. 5 ff und HRLJ 1992, S. 154 ff.; dt. Zusammenfassung und Übersetzung in Teilen in EuGRZ 1992, S. 466 ff.

[384] ECHR, Report of 4. October 1983, HRLJ 1992, S. 156, Ziff. 23; vgl. auch Frowein, Probleme des Allgemeinen Völkerrechts, S. 299.

[385] Vgl. dazu vor allem, Nedjatigil, The Cyprus Conflict, S. 133 ff.

[386] ECHR, Report of 4. October 1983, HRLJ 1992, S. 154 ff., Ziff. 40-43.

[387] Beschluss vom 4.12.1980, vgl. Krüger, Beweiserhebung, S. 17; ECHR, Report of 4. October 1983, HRLJ 1992, S. 154 ff., Ziff. 50.

[388] Rumpf, Zypern und die Türkei, S. 458.

[389] Talmon, Consequences of (Non) Recognition, S. 65.

tionsverpflichtungen zu umgehen.[390] Die effektive Durchsetzung der Konvention wäre folglich nicht mehr gewährleistet. Im Fall der zyperngriechischen Regierung ist es bedenklich, dass eben gerade nicht festgestellt worden ist, ob die rechtlichen Kriterien tatsächlich erfüllt werden, sondern nur auf internationale Anerkennungspraxis verwiesen worden ist. Dennoch ist die Türkei als Hohe Vertragsschließende Partei an die Beschlüsse der Kommission gebunden und hätte sich danach richten müssen. Die Teilnahme an der Verhandlung hätte zudem nicht die Anerkennung der zyperngriechischen Regierung als Regierung der Republik Zypern bedeutet.[391]

### 2. Passivlegitimität der Türkei in den Staatenbeschwerden

Der zweite Einwand, den die Türkei in den Staatenbeschwerden und in den Individualbeschwerden vor der Kommission erhoben hat, bezog sich auf ihre Passivlegitimität. Sie führte an, dass sie keine Jurisdiktion im Sinne von Art. 1 EMRK über Nordzypern ausübe und daher nicht für die Akte zyperntürkischer Behörden verantwortlich gemacht werden könne. Die Türkei habe Nordzypern weder annektiert, noch eine eigene Zivil- oder Militärregierung dort errichtet. Allein die zyperntürkische Verwaltung, d. h. bis 1983 der zyperntürkische Bundesstaat TBZ und danach die TRNZ, übe *de facto* die ausschließliche Jurisdiktion über Nordzypern aus.[392] Die Türkei sei daher nicht die richtige Beklagte. Aus der Stationierung türkischer Streitkräfte in Nordzypern könne nicht automatisch ihre Jurisdiktion gemäß Art. 1 EMRK geschlossen werden. Die Truppen würden sich außerdem mit Einverständnis der örtlichen Behörden dort aufhalten.[393]

Die Kommission wies auch diesen Einwand der Türkei ab und stellte in den Staatenbeschwerden fest, dass die türkischen Streitkräfte alle Personen und das betroffene Eigentum in Nordzypern unter die effektive Kontrolle der Türkei gebracht haben, so dass die Ausübung der Jurisdiktion i. S. v. Art. 1 EMRK dort durch die Türkei zu bejahen sei.[394] Im zweiten Verfahren führte die Kommission zudem aus, dass die Gründung eines zyperntürkischen Bundesstaates nichts an den Feststellungen im ersten Verfahren ändere, da sie nicht den Fortbestand eines einheitlichen Staates Zypern beeinträchtige. Demnach könne der zyperntürkische Bundesstaat nicht als eine Einheit bewertet werden, die Jurisdiktion im

---

[390] Talmon, Consequences of (Non) Recognition, S. 65.
[391] Rumpf, Zypern und die Türkei, S. 466.
[392] Vgl. EKMR, Zulässigkeitsentscheidung vom 26.5.1975, EuGRZ 1976, S. 37, Ziff. 7.
[393] Vgl. zur türkischen Argumentation Necatigil, The Cyprus Conflict, S. 137 ff. und ders., The Cyprus Question, S. 146.
[394] EKMR, Zulässigkeitsentscheidung vom 26.5.1975, EuGRZ 1976, S. 38, Ziff. 10; ASME Humanitas, Bericht der Kommission, Ziff. 83; ECHR, Report of 4. October 1983, HRLJ 1992, S. 154 ff., Ziff. 63.

Sinne von Art. 1 EMRK ausüben kann.[395] Die Existenz einer Zivilverwaltung schließe darüber hinaus nicht die Ausübung eines *bestimmten Grades* an Kontrolle und damit der Jurisdiktion durch die Türkei aus.[396] Jedenfalls reiche es aus, dass in Nordzypern keine grundlegend wichtigen Veränderungen ohne die Zustimmung der Türkei vorgenommen werden könnten.

Bezüglich der letzten Feststellung könnte hinterfragt werden, inwieweit sich dies mit dem Abhängigkeitsverhältnis zwischen der Türkei als Garantiestaat und der zyperntürkischen Verwaltung unter dem Status quo, wie er in den Gründungsverträgen, insbesondere im Garantievertrag, vorgesehen war, deckt und somit nicht zu beanstanden war. Der Aspekt, dass Zypern gewissen Souveränitätsbeschränkungen unterworfen war, so dass auch vor 1974 keine fundamentalen Änderungen ohne die zumindest politische Zustimmung der Garantiestaaten möglich waren, wird in der Bewertung durch die Kommission (und später auch den Gerichtshof) in keiner Weise beachtet. Dass sich die Verhältnisse auf Zypern auch heute faktisch nicht ohne die Zustimmung der Garantiestaaten ändern können, wird daran deutlich, dass die Garantiestaaten in die Verhandlungen zu allen bisherigen Lösungsvorschlägen, zuletzt zum Annan-Plan, mit eingebunden waren.[397]

In der vorliegenden Arbeit soll jedoch mit Blick auf die noch zu untersuchende Loizidou-Entscheidung die Frage im Vordergrund stehen, ob die Jurisdiktion der Türkei allein auf Grund ihrer Militärpräsenz angenommen werden kann. In ihren Zulässigkeitsentscheidungen führte die Kommission aus, dass sich der Wortlaut des Art. 1 EMRK klar auf „Personen" bezieht, die unter der Jurisdiktion einer Hohen Vertragsschließenden Partei stehen. Damit sei ein Mitgliedsstaat auch dann an die EMRK gebunden, wenn er außerhalb seines Territoriums hoheitlich gegenüber Personen oder Eigentum tätig werde, die unter seiner tatsächlichen Gewalt und Verantwortlichkeit stünden, z. B. durch diplomatische und konsularische Vertreter oder durch seine Streitkräfte.[398]

---

[395] ECHR, Report of 4. October 1983, HRLJ 1992, S. 154 ff., Ziff. 63.

[396] ECHR, Report of 4. October 1983, HRLJ 1992, S. 154 ff., Ziff. 64.

[397] Vgl. dazu Abschnitt 1, B. III.

[398] EKMR, Zulässigkeitsentscheidung vom 26.5.1975, EuGRZ 1976, S. 37, Ziff. 8; vgl. auch Frowein, Probleme des allgemeinen Völkerrechts, S. 290; ferner Frowein/Peukert, EMRK-Kommentar, Art. 1, Rn. 5; kritisch zu dieser Argumentation Nedjatigil, The Cyprus Conflict, S. 139, mit Hinweis auf die *travaux préparatoires*. Die ursprünglich vorgesehenen Formulierungen „all persons within the territory", später „residing within the territory" und „living in the territory" hätten einen eindeutigen Territorialbezug gehabt. Darauf weist auch der Gerichtshof in seiner späteren Bankovich-Entscheidung hin, EMRG, Bankovich u. a. gegen 17 Nato-Staaten, Entscheidung vom 12.12.2001, EuGRZ 2002, S. 133 ff., Ziff. 63; dazu vgl. unten C. III. 1. b).

Dementsprechend war die Hoheitsgewalt, die im Nordteil Zyperns ausgeübt wurde, der Türkei zuzurechnen, wenn entweder türkische Vertreter Hoheitsbefugnisse gegenüber Personen oder Eigentum in Nordzypern ausübten, oder Akte zyperntürkischer Behörden vorlagen, die der Türkei zugerechnet werden mussten. Bezüglich letzterem standen dabei, im Gegensatz zur späteren Loizidou-Entscheidung des Gerichtshofes, lediglich die Akte des zyperntürkischen Bundesstaates zur Beurteilung, da die Staatenbeschwerde den Zeitraum vor Ausrufung eines eigenständigen zyperntürkischen Staates betraf. Bereits in der Genfer-Erklärung von 1975 wurde die Existenz von zwei selbständigen und voneinander getrennten Verwaltungen auf Zypern festgestellt.[399] Es existierte folglich keine einheitliche Zentralgewalt mehr. Mit der Gründung eines Bundesstaates hielt die zyperntürkische Volksgruppe aber zunächst am Weiterbestand des zyprischen Einheitsstaates fest. Die Akte der TBZ konnten daher weder einer zentralen zyprischen Staatsgewalt zugerechnet, noch auf eine selbständige und unabhängige zyperntürkische zurückgeführt werden, die völkerrechtlich von Bedeutung gewesen ist. Damit wurden die Akte der TBZ auf völkerrechtlicher Ebene ohne eine weitere Unterscheidung, wer tatsächlicher Entscheidungsträger der Akte war, der türkischen Hoheitsgewalt zugerechnet, die damals zumindest in Zusammenarbeit mit der zyperntürkischen Verwaltung die Herrschaftsgewalt in Nordzypern ausübte.[400] Während die Kommission in ihrem ersten Bericht bei jeder Rüge einzeln feststellte, ob die jeweilige Konventionsverletzung der Türkei zuzurechnen war, nahm sie im zweiten Bericht keine solche konkrete Prüfung vor.[401]

### 3. Anwendung von Art. 15 EMRK

Aus der Argumentation der Kommission ging ferner hervor, dass es bei der Frage der Jurisdiktion als Folge eines tatsächlichen Herrschaftsverhältnisses nicht auf die Rechtsgrundlage der Anwesenheit türkischer Truppen in Zypern oder der Rechtmäßigkeit ihrer Akte nach allgemeinem Völkerrecht ankam.[402] Die Rechtmäßigkeit der türkischen Intervention wäre erst bei der Prüfung von Rechtfertigungsgründen, insbesondere der Anwendbarkeit der Notstandsklausel gemäß Art. 15 EMRK, relevant gewesen. Da die Kommission die Anwendbarkeit des Art. 15 EMRK jedoch aufgrund des Versäumnisses einer öffentlichen Derogation der EMRK durch die Türkei ablehnte, wurde nicht weiter auf die Rechtmäßigkeit der türkischen Intervention und der Akte der Türkei in Folge

---

[399] Vgl. Necatigil, The Cyprus Question, S. 412-414.
[400] Vgl. Rumpf, Zypern und die Türkei, S. 458; kritisch dazu Nedjatigil, The Cyprus Conflict, S. 139.
[401] ASME Humanitas, Bericht der Kommission, Ziff. 84.
[402] Frowein, Probleme des allgemeinen Völkerrechts, S. 290.

eingegangen.[403] Im Einzelnen war jedoch umstritten, ob eine öffentliche Derogation überhaupt erforderlich gewesen ist.

Gemäß Art. 15 EMRK kann jede der Hohen Vertragsschließenden Parteien im Falle eines Krieges oder eines anderen öffentlichen Notstandes, der das Leben der Nation bedroht, Maßnahmen ergreifen, welche die in der Konvention vorgesehnen Verpflichtungen außer Kraft setzen, soweit sie verhältnismäßig sind und das sonstige einschlägige Völkerrecht eingehalten wird, wobei die Artikel 2, 3, 4 Abs. 1 und 7 EMRK notstandsfest sind. Ein durch Spezialnormen des Kriegsvölkerrechts gerechtfertigtes Vorgehen der Besatzungsmacht verstößt daher nicht gegen die EMRK.[404] Ein öffentlicher Notstand, der das Leben der Nation bedroht, liegt vor, wenn durch den Notstand die ganze Bevölkerung betroffen und das geregelte Gemeinschaftsleben gefährdet ist.[405] Dies war auf Zypern bereits mit dem Militärputsch der zyperngriechischen Nationalgarde am 15.7.1974 der Fall, bei dem die Verfassung außer Kraft gesetzt worden ist und der amtierende Präsident Makarios von der Insel fliehen musste.[406] Mit der Landung der türkischen Truppen am 20. Juli trat ein weiterer Notsandsfall ein. Die Kommission folgerte aus der effektiven Kontrolle der Türkei, die sie durch ihre Streitkräfte über Nordzypern ausübte, dass sie dort Jurisdiktion gemäß Art. 1 EMRK hatte, und dass die türkische Regierung daher für die Ergreifung von Notstandsmaßnahmen in diesem Gebiet zuständig gewesen ist.[407] Zur Prüfung, ob diese Maßnahmen verhältnismäßig waren und sich im Rahmen des sonst geltenden Völkerrechts befanden, kam die Kommission jedoch nicht. Sie lehnte die Anwendung des Art. 15 EMRK auf Grund der mangelnden formalen und öffentlichen Außerkraftsetzung der Konvention ab.[408] Eine formelle Aufhebung der EMRK ist bisher jedoch in keinem Fall erfolgt, in dem sich ein Staat auf Art. 15 EMRK berufen hat.[409] Erforderlich ist zumindest, dass die Notstandsmaßnahmen in irgendeiner Weise der betroffenen Bevölkerung gegenüber deutlich gemacht werden.[410] In ihrer abweichenden Stellungnahme zum ersten Kommissionsbericht vertraten die Kommissionsmitglieder Sperduti und Trechsel die Ansicht, dass eine förmliche Derogation bei einer militärischen Besetzung, die offensichtlich ist und alle Bereiche des öffentlichen Lebens betrifft, nicht erfor-

---

403 ASME Humanitas, Bericht der Kommission, Ziff. 527 und 528; EKMR, Cyprus v. Turkey, Bericht vom 4.10.1983, HRLJ 1992, S. 154 ff., Ziff. 66-68.
404 Frowein, Probleme des allgemeinen Völkerrechts, S. 294 f.
405 Frowein/Peukert, EMRK-Kommentar, Art. 15, Rn. 7.
406 Zu diesen Ereignissen vgl. oben Abschnitt 1, A. III. 2.
407 ASME Humanitas, Bericht der Kommission, Ziff. 525.
408 ASME Humanitas, Bericht der Kommission, Ziff. 527 und 528; EKMR, Cyprus v. Turkey, Bericht vom 4.10.1983, HRLJ 1992, S. 154 ff., Ziff. 66-68.
409 Frowein/Peukert, EMRK-Kommentar, Art. 15, Rn. 8.
410 Frowein/Peukert, EMRK-Kommentar, Art. 15, Rn. 8.

derlich sei.[411] Sie erscheint nur dann sinnvoll und notwendig, wenn es sich um einen nicht für die gesamte Bevölkerung ersichtlichen Übergang vom Normalzustand zum Notstand handelt.[412] Das militärische Eingreifen der Türkei stand aber angesichts der vorausgegangenen Ereignisse auf Zypern und den Interventionsverhandlungen mit Großbritannien in der Aufmerksamkeit der zyprischen Öffentlichkeit und der Weltöffentlichkeit. Am 20.7.1974 wandte sich die türkische Regierung ferner in einem Pressekommuniqué an die zyprische Bevölkerung, in dem sie ihre militärischen Aktionen ankündigte und sich dabei auf Art. 4 des Garantievertrages berief.[413] Damit war die Bevölkerung Zyperns zumindest vom Bevorstehen der Notstandsmaßnahmen unterrichtet worden.

Die Kommission sah es ferner als problematisch an, dass die Türkei den Generalsekretär des Europarates nicht gemäß Art. 15 Abs. 3 EMRK von den Notstandsmaßnahmen informiert hatte. Die Frage, ob diese Unterlassung eine Berufung auf Art. 15 EMRK präkludiert, wurde jedoch offen gelassen.[414] Nach allgemeiner Ansicht kommt es für die Wirksamkeit des Art. 15 EMRK nicht auf die vorherige Benachrichtigung Generals Sekretärs an.[415]

Insgesamt hat die Kommission die Voraussetzungen des Art. 15 EMRK in den Zypern-Fällen viel zu hoch angesetzt und seine Anwendung auf Grund eines „unangemessenen Formalismus" abgelehnt.[416] Damit wurden die Prüfung möglicher Rechtfertigungsgründe und der Ermessenspielraum der Türkei bei den Notstandsmaßnahmen umgangen. Ausgehend von dem Ergebnis der Kommission hat der Gerichtshof die Notstandsklausel in den späteren Individualbeschwerden zum Zypernkonflikt und in der vierten Staatenbeschwerde nicht mehr behandelt. Dabei ist Art. 15 EMRK die wichtigste Einwendung für die Beschränkung von Konventionsrechten, bei welcher den staatlichen Behörden

[411] Abweichende Stellungnahme der Kommissionsmitglieder Sperduti und Trechsel, ASME Humanitas, Bericht der Kommission, S. 168-171, Ziff. 4 ff.

[412] Rumpf, Zypern und die Türkei, S. 459.

[413] Pressekommuniqué vom 20.7.1974: „[...] Nach einer vollständigen Bewertung der jüngst auf der Insel stattgefundenen Ereignisse und in Anbetracht des Scheiterns der Konsultationen und Bemühungen, die sie in Übereinstimmung mit dem Garantievertrag von 1960 als eine der Garantiemächte übernahm, hat die Regierung der Türkei beschlossen, ihre Verpflichtungen gemäß Art. 4 Abs. 2 des genannten Vertrages auszuführen, [...]", vgl. ASME Humanitas, Bericht der Kommission, Ziff. 6; vgl. auch Erklärung der türkischen Regierung vom 27.8.1974 in Europa Archiv 29 (1974) S. D 456-D 458.

[414] ASME Humanitas, Bericht der Kommission, Ziff. 526 f.

[415] Frowein/Peukert, EMRK-Kommentar, Art. 15, Rn. 13; dazu auch Abweichende Stellungnahme der Kommissionsmitglieder Sperduti und Trechsel, ASME Humanitas, Bericht der Kommission, S. 168-171, Ziff. 1-3.

[416] Rumpf, Zypern und die Türkei, S. 459.

meist ein weiter Ermessenspielraum einräumt wird, da diese näher am Geschehen sind und die Notwendigkeit der Maßnahmen besser beurteilen können.[417]

Es stellt sich die Frage, inwiefern die Kommission und der Gerichtshof *ex officio* die der Intervention vorausgegangenen Ereignisse und die rechtliche Bedeutung des Garantievertrages im Lichte der Konvention hätten untersuchen und würdigen müssen. Die Kommission und der Gerichtshof sind als Rechtsprechungsorgane an den durch die klägerische Partei vorgelegten Sachverhalt gebunden, können aber weitere Untersuchungen anstellen, soweit diese der Klärung des Sachverhalts dienlich sind.[418] Dies geht bereits aus Art. 38 EMRK hervor. Ebenso hat die Kommission festgestellt, dass sie nicht nur an den formellen Vortrag des Beschwerdeführers gebunden ist, sondern darüber hinaus auch andere Konventionsverletzungen der beklagten Partei prüfen kann.[419] Dies könnte ebenso für die Untersuchung möglicher Rechtfertigungsgründe gelten. Die verfassungswidrige Lage auf Zypern von 1963 bis 1974, sowie die Bestimmungen aus dem Garantievertrag und die Umstände des Sampson-Putschs waren allgemein bekannt und wurden zumindest in der Zulässigkeitsprüfung von der türkischen Regierung vorgetragen. Diese Umstände hätten vor allem dann im Zusammenhang mit den Konventionsverletzungen der Türkei untersucht werden müssen, wenn sie eine Grundlage für Rechtfertigungsgründe im Rahmen des Art. 15 EMRK geboten hätten.

## 4. Innerstaatliche Rechtswegerschöpfung

Sowohl die zyperngriechische Regierung als auch später die zyperngriechischen Individualbeschwerdeführer haben sich stets direkt an die Organe in Straßburg gewendet, ohne vorher die Gerichte in Nordzypern oder in der Türkei anzurufen. Es stellte sich daher die Frage, ob in den Staatenbeschwerden, soweit die Republik Zypern konkrete Konventionsverletzungen ihrer Staatsbürger geltend machte, und in den Individualbeschwerden Umstände vorlagen, die die Beschwerdeführer von der Einhaltung der Zulässigkeitsvoraussetzung der innerstaatlichen Rechtswegerschöpfung gemäß Art. 26 EMRK a. F. befreiten.

In der Regel ist ein Verfahren gemäß der EMRK entsprechend der völkerrechtlichen *local remedies rule* erst dann zulässig, wenn alle innerstaatlichen Rechtsbehelfe des beklagten Staates erschöpft wurden.[420] Dies gilt auch bei Konventionsverletzungen an eigenen Staatsbürgern, die innerhalb einer Staaten-

---

[417] Rumpf, Zypern und die Türkei, S. 459; Frowein/Peukert, EMRK-Kommentar, Art. 15, Rn. 9.

[418] Rumpf, Zypern und die Türkei, S. 458.

[419] Frowein/Peukert, Art. 19, Rn. 1. So auch der Gerichtshof in der Guzzardi-Entscheidung, EuGRZ 1983, S. 633 ff., Ziff. 105 ff.

[420] Vgl. Art. 35 EMRK n. F.

beschwerde von der klägerischen Regierung stellvertretend geltend gemacht werden.[421] Soweit keine konkreten Rechtsverletzungen an einzelnen Personen vorgebracht werden, bleibt die Erschöpfungsregel außer Betracht.[422] Die Rechtsbehelfe müssen dabei zugänglich, sowie wirksam und ausreichend sein, um dem geltend gemachten Unrecht oder Schaden abhelfen zu können.[423] Ansonsten kann von der Erschöpfung des Rechtsweges abgesehen werden.[424]

Bei den Zypern-Fällen sind zwei Möglichkeiten der Rechtswegerschöpfung denkbar. Zunächst kommt der Rechtsweg in der Republik Türkei als beklagte Partei in Frage. Der Rechtsweg gegen die Akte und Entscheidungen der türkischen Verwaltung zu den Verwaltungsgerichten, sowie gegen die Akte des Militärs zu den Militärgerichten, ist in der türkischen Verfassung garantiert.[425] Es könnten aber auch die Behörden in Nordzypern angerufen werden, um dortigen Konventionsverletzungen abzuhelfen. Das Recht auf ein faires Verfahren vor den Gerichten in der TRNZ ist in Art. 17 VerfTRNZ festgehalten. Der Rechtsweg steht gemäß Art. 152 VerfTRNZ gegen Verwaltungsakte, und gemäß Art. 156 und 157 VerfTRNZ gegen Akte des Militärs offen.[426]

Die Kommission hat jedoch weder den Rechtsweg in Nordzypern, noch den Rechtsweg in der Türkei als wirksam und ausreichend befunden und daher in allen Fällen von der Erforderlichkeit der Rechtswegerschöpfung gemäß Art. 26 EMRK a. F. abgesehen. Bereits in den ersten zwei Staatenbeschwerden der zyperngriechischen Regierung führte die Kommission aus, dass die vorgebrachten Fälle in unmittelbarem Zusammenhang mit der Militäraktion der Republik Türkei stehen, durch die das Leben der Menschen im Norden Zyperns, insbesondere der Zyperngriechen, massiv beeinträchtigt wurde.[427] Die Türkei habe jedoch nicht dargelegt, dass die dortigen Rechtsbehelfe trotz dieser besonderen Situation und der großen Anzahl der Beschwerden, „brauchbar sind und normal funktionieren".[428] Die Kommission befand daher, dass keine wirksamen und ausreichenden Rechtsbehelfe im innerstaatlichen Rechtszug vorliegen und die Beschwerden daher nicht gemäß Art. 26 und Art. 27 Abs. 3 EMRK a. F. als

[421] Frowein/Peukert, EMRK-Kommentar, Art. 26, Rn. 2 und Art. 24, Rn. 11 mit Verweis auf die Zulässigkeitsentscheidung der Kommission vom 28.6 1996 zur vierten Staatenbeschwerde Zyperns gegen die Türkei, Beschwerde Nr. 25781/94.

[422] Frowein/Peukert, EMRK-Kommentar, Art. 26, Rn. 2.

[423] Peters, Einführung in die Europäische Menschenrechtskonvention, S. 243.

[424] Vgl. Frowein/Peukert, EMRK-Kommentar, Art. 26, Rn. 33 ff.

[425] Art. 36 i. V. m. Art. 138 ff TV, dt. Übersetzung der türkischen Verfassung von 1982 bei Rumpf, Das türkische Verfassungssystem, Anhang S. 317 ff.

[426] Englische Übersetzung der Verfassung zu finden in Journal of Cyprus Studies (Gazimağusa) 14/15, Vol. 5, Nr. 1, 1991, S. 119 ff.

[427] EKMR, Zulässigkeitsentscheidung vom 26.5.1975, EuGRZ 1976, S. 39, Ziff. 13.

[428] EKMR, Zulässigkeitsentscheidung vom 26.5.1975, EuGRZ 1976, S. 39, Ziff. 14.

unzulässig abzuweisen sind. Ebenso entschied sie auch in der dritten Staatenbeschwerde, jedoch ohne eine Unterscheidung zwischen den Sachverhalten vorzunehmen, die im unmittelbaren Zusammenhang mit der Militäraktion standen, und denen, die sich in der Zeit danach ereignet haben. Bezüglich letzteren hätte jedoch geprüft werden können, ob bei ihnen wegen des zeitlichen Abstandes zur Intervention ein effektiver Rechtsweg nicht anzunehmen gewesen ist.[429]

## II. Individualbeschwerden

### 1. Örtliche Zuständigkeit der Kommission in den Individualbeschwerden

Im ersten Individualbeschwerdeverfahren mit Bezug zum Zypernkonflikt, Chrysostomos, Papachrystomou Loizidou v. Turkey,[430] vor der Kommission war ferner zu klären, ob die örtliche Zuständigkeit der Kommission aufgrund der Vorbehalte der Türkei in ihren Erklärungen zur Anerkennung des Individualbeschwerderechts gemäß Art. 25 EMRK a. F. ausgeschlossen war. In dieser Erklärung wurde die Anwendbarkeit des Individualbeschwerderechts allein auf das Gebiet der Türkei beschränkt.[431] Die Kommission lehnte jedoch die Wirksamkeit der Vorbehalte ab, da gemäß Art. 25 a. F. EMRK nur Beschränkungen bezüglich der zeitlichen Geltung zulässig waren.[432] Eine Grundlage für weitere zulässige Beschränkungen würde sich aus der EMRK nicht ergeben und entspreche auch nicht dem Sinn und Zweck der Konvention als Dokument der öffentlichen europäischen Ordnung.[433] Auch wurde eine analoge Anwendung von Art. 63 EMRK a. F. [Art. 59 n. F.] abgelehnt, gemäß dem es für Konventionsstaaten möglich ist Gebiete, für deren internationale Beziehungen sie ver-

---

429 Vgl. dazu Rumpf, Zypern und die Türkei, S. 460.

430 Beschwerde Nr. 15299/89, Nr. 15300/89 und Nr. 15318/89; die Beschwerden wurden in der Zulässigkeitsprüfung verbunden, EKMR, Zulässigkeitsentscheidung vom 4.3.1991, dt. Übersetzung in EuGRZ 1991, S. 254 ff.

431 Die hier streitige Passage in der Erklärung der Türkei gemäß Art. 25 EMRK a. F. zur Anerkennung der Zuständigkeit der Kommission für Individualgesuche vom 28.1.1987 lautet:
„The Government of Turkey, acting pursuant to Art. 25 (1) of the Convention for the Protection of Human Rights and Fundamental Freedoms hereby declares to accept the competence of the European Commission of Human Rights and to receive petitions according to Article 25 of the Convention subject as following:
(i) the recognition of the right of petition extends only to the allegations concerning acts or omissions of public authorities in Turkey performed **within the boundaries of the territory to which the Constitution of the Republic of Turkey is applicable;** (Hervorhebung durch die Bearbeiterin).

432 EKMR, Zulässigkeitsentscheidung vom 4.3.1991, Chrysostomos, Papachrystomou, Loizidou v. Turkey, EuGRZ 1991, S. 254 ff., Ziff. 29.

433 EKMR, Zulässigkeitsentscheidung vom 4.3.1991, Chrysostomos, Papachrystomou, Loizidou v. Turkey, EuGRZ 1991, S. 254 ff., Ziff. 12 f., 20-22.

antwortlich sind, vom Anwendungsbereich der EMRK auszunehmen.[434] Ferner befand die Kommission, dass die Unwirksamkeit der Beschränkungen selbst nicht zur Unwirksamkeit der gesamten Anerkennungserklärung führte. Die Türkei sei daher weiterhin an die Anerkennung des Individualbeschwerderechts vor der Kommission gebunden.[435] Damit wurde zur Auslegung der Konvention als Instrument des europäischen *ordre public* eine wichtige, jedoch sehr umstrittene Grundentscheidung ausgesprochen, die später vom Gerichtshof bestätigt und weitergeführt wurde.[436]

### 2. Beurteilung der Jurisdiktion der Türkei gemäß Art. 1 EMRK im Fall Chrysostomos, Papachrystomou, Loizidou v. Turkey

In der weiteren Frage, ob die Türkei in den vorliegenden Fällen Jurisdiktion gemäß Art. 1 EMRK ausgeübt hatte, hat die Kommission in diesem Verfahren eine Unterscheidung zwischen türkischen und zyperntürkischen Akten vorgenommen. Zu den Festnahmen von Demonstranten an der Pufferzone und zu den folgenden Gerichtsverfahren in den Fällen Chrysostomos und Papachrystomou gegen die Türkei wurde festgestellt, dass die Türkei keine Jurisdiktion über das Justiz- und Gefängniswesen in Nordzypern ausübt.[437] Diese Ansicht wurde im abschließenden Beschluss durch das Ministerkomitee bestätigt.[438] Die Kommission führte aus, dass keine türkischen Organe an der Festnahme oder an den Gerichtsverfahren direkt beteiligt gewesen seien. Diese Akte könnten daher nicht der Türkei zugerechnet werden.[439] Einer möglicherweise indirekten Beteiligung in Form einer generellen Einflussnahme auf die Gesamtverwaltung in Nordzypern durch umfangreiche Militärpräsenz wird keine Bedeutung beigemessen. Die zyperntürkischen Akte werden damit als eigenständige, von der

[434] EKMR, Zulässigkeitsentscheidung vom 4.3.1991, Chrysostomos, Papachrystomou, Loizidou v. Turkey, EuGRZ 1991, S. 254 ff., Ziff. 40; vgl. aber Minderheitsvotum der Richter Norgaard, Gaukur Jörundsson, Gözbüyük, Soyer und Danelius zum Bericht der Kommission vom 8.7.1993, wiedergegeben im Anhang zu EMRG, Loizidou v. Turkey, (Verfahrenseinreden), Urteil vom 25.3.1995, RDJ Series A Nr. 310, 1995, Opinion of the Commission, S. 55.

[435] EKMR, Zulässigkeitsentscheidung vom 4.3.1991, Chrysostomos, Papachrystomou, Loizidou v. Turkey, EuGRZ 1991, S. 254 ff., Ziff. 43-48.

[436] Siehe dazu unten D. II. 3. c). Zu der umstrittenen Entscheidung der Kommission siehe ausführlich: kritisch Golsong, Interpreting the European Convention, S. 155 ff.; Rumpf, Die Anerkennung des Individualbeschwerderechts gemäß Art. 25 EMRK durch die Türkei, S. 778 ff.; ders., Türkei, EMRK und Zypernfrage, S. 202; befürwortend Tomuschat, Turkey's Declaration, S. 119 ff.; siehe zu dieser Problematik auch Kälin, Die Vorbehalte der Türkei zu ihrer Erklärung gem. Art. 25 EMRK, S. 421 ff.

[437] Beschwerden Nr. 15299/89 und 15300/89, Bericht der Kommission vom 8.7.1993, 86-A DR 4, Ziff. 143-170.

[438] Resolution DH (95) 245 vom 19.10.1995.

[439] Bericht der Kommission vom 8.7.1993, 86-A DR 4, Ziff. 170.

türkischen Verwaltung zu trennende Akte angesehen.[440] Während die Kommission in der dritten Staatenbeschwerde die Fähigkeit der örtlichen zyperntürkischen Behörden Jurisdiktion der im Sinne der EMRK auszuüben, abgelehnt hatte, scheint sie die Lage nach der Ausrufung der TRNZ anders zu beurteilen. Zumindest wird die vorher angenommene Kontrolle der Türkei über Nordzypern, nicht mehr in solchen Ausmaßen festgestellt, bei denen das Justiz- und Gefängniswesen eingeschlossen ist.

## D. Die Loizidou-Entscheidung des Europäischen Gerichtshofs für Menschenrechte

Die Beschwerde der Zyperngriechin Titina Loizidou gegen die Türkei ist die erste Individualbeschwerde gewesen, die im Zusammenhang mit dem Zypernkonflikt vor dem Gerichtshof erhoben wurde. Die Beschwerdeführerin machte die Verletzung ihres Eigentumsrechts gemäß Art. 1, 1. ZP zur EMRK[441] an Grundstücken geltend, die im Norden der Insel gelegen sind. Die Türkei wurde am 28.7.1998 gemäß Art. 50 EMRK a. F. zur Zahlung einer Nutzungsentschädigung in Höhe von umgerechnet 780.000 Euro verurteilt. Diese Entschädigung entrichtete die Türkei erst nach jahrelangen Verhandlungen im Dezember 2003. Der Loizidou-Entscheidung folgten weitere zyperngriechische Individualbeschwerden mit ähnlichem Sachverhalt, die größtenteils noch anhängig sind. Die Präzedenzentscheidung ist in Hinblick auf ihre Tragweite und politischen Auswirkungen umstritten. Im Folgenden soll das Augenmerk auf dieses Verfahren und die Beurteilung der darin aufgeworfenen Rechtsfragen gerichtet werden.

### I. Sachverhalt und Verfahren vor den Kontrollorganen der EMRK

#### 1. Sachverhalt

Die Beschwerdeführerin wuchs in Kyrenia an der Nordküste der Insel auf, heiratete 1972 und zog mit ihrem Ehemann nach Nikosia. Wie durch Grundbuchurkunden der zyprischen Land- und Liegenschaftsverwaltung belegt werden konnte, war sie 1974 Eigentümerin mehrerer Grundstücke im Norden Zyperns in der Nähe der Stadt Kyrenia.[442] Seit der Militärintervention der Türkei am 20.7.1974 und der faktischen Teilung Zyperns konnte Frau Loizidou nicht

440 Vgl. Vortrag der türkischen Regierung Loizidou v. Turkey (Hauptsache), Urteil vom 18.12.1996, RJD Nr. 26, S. 2216 ff., Ziff. 35.

441 Zusatzprotokoll zur Konvention zum Schutze der Menschenrechte und Grundfreiheiten vom 20.3.1952, BGBl. 1956 II, S. 1880.

442 Grundstücke Nrn. 4609, 4610, 4618, 4619,4748, 4884, 5002, 5004, 5386 und 5390, vgl. EMRG, Loizidou v. Turkey (Verfahrenseinreden), Urteil vom 25.3.1995, RDJ Series A Nr. 310, 1995, S. 10, Ziff. 11.

mehr zu diesen Grundstücken gelangen oder sie nutzen. Am 19.3.1989 nahm sie an einem Marsch der Frauenbewegung „Frauen laufen nach Hause“ im Dorf Lymbia in der Nähe der Waffenstillstandslinie teil. Während dieses Marsches gelang es ihr, zusammen mit den anderen ca. 2000 Frauen, den Wachposten der Vereinten Nationen zu passieren und auf das Gebiet der TRNZ vorzudringen, auf dem sich bereits eine Gegendemonstration von zyperntürkischen Frauen anbahnte.[443] Da die Situation zu eskalieren drohte, umringten unbewaffnete türkische Soldaten die Demonstranten und hinderten sie am Weitergehen. Frau Loizidou wurde von der zyperntürkischen Polizei festgenommen und im späteren Verlauf des Tages an die UNFICYP übergeben.

Ab November 1988 hatten in der UN-Pufferzone mehrere Demonstrationen von Zyperngriechen stattgefunden, die zyperntürkische Gegendemonstrationen und zum Teil gewalttätige Auseinandersetzungen nach sich zogen. Die UNFICYP hatte die zyperngriechische Regierung aufgefordert, die Respektierung der Waffenstillstandslinie sicherzustellen und Maßnahmen zu ergreifen, um die Demonstranten am Betreten der UN-Pufferzone zu hindern. Trotz der Zusage der Regierung, alles Notwendige zu unternehmen, konnten die Verletzungen der UN-Pufferzone nicht unterbunden werden.[444] Die Demonstrationen der zyperngriechischen Frauen, die vorher immer angekündigt wurden und öffentliche Aufmerksamkeit erreichten, führten unter anderem zum Scheitern der Verhandlungen über den Lösungsentwurf des UN-Generalsekretärs Pérez de Cuéllar.[445]

Zweck der Demonstrationen war es, das Recht der zyperngriechischen Flüchtlinge auf Rückkehr zu ihren früheren Heimatstätten durchzusetzen. In Art. 159 Abs. 1 lit. b) der Verfassung der TRNZ vom 7.5.1985 war die Enteignung aller verlassenen Grundstücke, Gebäude und Einrichtungen im Nordteil der Insel vorgesehen worden. Diese fielen zunächst in die öffentliche Hand und wurden dann von der zyperntürkischen Verwaltung Zyperntürken zugewiesen, die ihrerseits Eigentum im Südteil der Insel zurückgelassen hatten, aber auch an Türken vom Festland, die nach Nordzypern ausgewandert waren.

---

[443] Bericht des UN-Generalsekretärs vom 31.5.1989, UN doc. S/20663, Ziff. 11, teilweise wiedergegeben in EMRG, Loizidou v. Turkey (Hauptsache), Urteil vom 18.12.1996, RJD Nr. 26, 1996, S. 2216 ff., Ziff. 15; dt. Übersetzung in EuGRZ 1997, S. 555 ff.

[444] Bericht des UN-Generalsekretärs vom 31.5.1989, UN doc. S/20663, Ziff. 11.

[445] Anstötz, Perspektiven zur Neuordnung, S. 41; vgl. auch Berner, Das vergessene Volk, S. 446; Necatigil, The Cyprus Question, S. 360-362; Tzermias, Die Geschichte der Republik Zypern, S. 635.

## 2. Verfahren vor der Kommission

Am 22.7.1989 legte Frau Titina Loizidou gemäß Art. 25 Abs. 1 EMRK a. F. Individualbeschwerde vor der Europäischen Kommission für Menschenrechte gegen die Türkei ein.[446] Sie trug vor, durch Misshandlung und willkürliche Festnahme in ihren Rechten aus Art. 3 EMRK, Verbot der Folter, Art. 5 Abs. 1 EMRK, Recht auf Freiheit und Sicherheit, und Art. 8 EMRK, Recht auf Achtung des Privat- und Familienlebens, verletzt worden zu sein. Ferner führte sie an, dass sie seit dem 20.7.1974 durch die türkischen Streitkräfte daran gehindert werde, Zugang zu ihren Grundstücken zu erhalten und ihr Eigentum zu nutzen. Sie werde daher seit diesem Zeitpunkt fortdauernd in ihrem Eigentumsrecht gemäß Art. 1, 1. ZP zur EMRK und dem Recht auf Achtung der Wohnung gemäß Art. 8 EMRK verletzt.

Die Kommission entschied über die Zulässigkeit der Beschwerde am 4.3.1991.[447] Darin wurde die Geltendmachung einer Verletzung des Art. 8 Abs. 1 EMRK für offensichtlich unbegründet befunden, da Frau Loizidou bereits seit 1972 nicht mehr in Nordzypern lebte.[448] Die mögliche Verletzung von Art. 3, Art. 5 und Art. 1, 1. ZP zur EMRK wurden dagegen nicht als offensichtlich unbegründet beurteilt. Der Bericht zur Begründetheit der Beschwerde wurde am 8.7.1993 vorgelegt.[449] Bezüglich der möglichen Verletzung von Art. 3 und 5 EMRK stellte die Kommission fest, dass die Demonstration vom 19.3.1989 dem bereits oben genannten Bericht des UN-Generalsekretärs zufolge eine ernstzunehmende Gefahr für den Frieden und die öffentliche Sicherheit an der Pufferzone dargestellt hat.[450] Die Behandlung der Beschwerdeführerin während der Festnahme und ihre Überführung nach Nikosia seien weit unter den Voraussetzungen einer spürbaren Härte geblieben, die für das Vorliegen einer Verletzung von Art. 3 EMRK erforderlich ist.[451] Die Festnahme sei ferner angesichts der angespannten Situation im Sinne von Art. 8 Abs. 2 EMRK erforderlich gewe-

[446] Beschwerde Nr. 15318/89.

[447] EKMR, Zulässigkeitsentscheidung vom 4.3.1991 über die Beschwerden Nr. 15299/89, Nr. 15300/89 und Nr. 15318/89, Chrysostomos, Papachrystomou und Loizidou v. Turkey; die Beschwerden wurden in der Zulässigkeitsprüfung verbunden, dt. Übersetzung in EuGRZ 1991, S. 254 ff.

[448] EKMR, Zulässigkeitsentscheidung vom 4.3.1991, Ziff. 69.

[449] Bericht der Kommission vom 8.7.1993, wiedergegeben im Anhang zu EMRG, Loizidou v. Turkey, (Verfahrenseinreden), Urteil vom 25.3.1995, RDJ Series A Nr. 310, 1995, Opinion of the Commission, S. 45 ff.

[450] EMRG, Loizidou v. Turkey (Verfahrenseinreden), Urteil vom 25.3.1995, RDJ Series A Nr. 310, 1995, Opinion of the Commission, S. 53, Ziff. 58 mit Verweis auf den Bericht des UN-Generalsekretärs vom 31.5.1989, UN doc. S/20663.

[451] EMRG, Loizidou v. Turkey (Verfahrenseinreden), Urteil vom 25.3.1995, RDJ Series A Nr. 310, 1995, Opinion of the Commission, S. 48, Ziff. 64.

sen.[452] Bezüglich Art. 5 EMRK führte die Kommission an, dass die Überschreitung der Demarkationslinie eine Verletzung der Vereinbarungen über die Einhaltung der UN-Pufferzone darstellten. Die Maßnahmen zur Verhinderung des weiteren Zutritts in dieses Gebiet hätten daher dem Schutz der Pufferzone gedient und könnten nicht als willkürlich angesehen werden.[453] Außerdem sei die Festnahme durch die zyperntürkische Polizei unter Bezug auf Kapitel 155, Teil 14 (1), Absatz (b) und (c) des zyprischen Strafprozessrechtes erfolgt und könne sich somit auf eine gesetzliche Grundlage stützen.[454] Die Verletzung des Art. 5 EMRK wurde daher ebenfalls abgelehnt.

Ferner war zu klären, ob die Verhinderung des Zugangs zu den Grundstücken seit 1974 eine Verletzung des Art. 8 EMRK und Art. 1, 1. ZP zur EMRK darstellte. Bereits in der Zulässigkeitsentscheidung hatte die Kommission festgestellt, dass sie *rationae temporis* nicht über die Zuständigkeit verfügte, Individualbeschwerden zu behandeln, die den Zeitraum zwischen dem 20.7.1974 und dem 28.1.1987 betreffen.[455] Die Türkei hatte das Individualbeschwerderecht vor der Kommission gemäß Art. 25 Abs. 1 EMRK a. F. erst am 29.1.1987 anerkannt.[456] Zu einer möglichen Konventionsverletzung nach diesem Zeitpunkt stellte die Kommission fest, dass der Schutzbereich des Art. 8 EMRK nicht eröffnet sei. Die Beschwerdeführerin wohne bereits seit 1972 in Nikosia. Zwar habe sie angeführt, dass vor der türkischen Intervention auf dem Grundstück Nr. 5390 mit dem Bau eines Wohngebäudes begonnen worden war. Die Absicht, sich in Zukunft an einem bestimmten Ort niederzulassen, genüge jedoch nicht für eine Verletzung des Art. 8 EMRK.[457] Zur möglichen Verletzung von Art. 1, 1. ZP zur EMRK stellte die Kommission zunächst fest, dass die Türkei auf Grund ihrer nördlich von der Pufferzone stationierten Streitkräfte Kontrolle in diesem Bereich habe, und dass die Verhinderung des Zugangs ihr zugerechnet werden könne.[458] Im weiteren wurde zwischen dem Recht auf Eigentum und dem Recht auf Freizügigkeit unterschieden. Frau Loizidou beanspruche hier das Recht, sich frei und ungeachtet der UN-Pufferzone auf Zypern zu bewegen. Dies stütze sie auf den Umstand, dass sie Grundstücke im Norden der Insel besitze

---

[452] EMRG, Loizidou v. Turkey (Verfahrenseinreden), Urteil vom 25.3.1995, RDJ Series A Nr. 310, 1995, Opinion of the Commission, S. 49, Ziff. 71.

[453] EMRG, Loizidou v. Turkey (Verfahrenseinreden), Urteil vom 25.3.1995, RDJ Series A Nr. 310, 1995, Opinion of the Commission, S. 51, Ziff. 82.

[454] EMRG, Loizidou v. Turkey (Verfahrenseinreden), Urteil vom 25.3.1995, RDJ Series A Nr. 310, 1995, Opinion of the Commission, S. 50, Ziff. 77.

[455] EKMR, Zulässigkeitsentscheidung vom 4.3.1991, EuGRZ 1991, S. 260, Ziff. 60.

[456] Vgl. zur Erklärung der Türkei bereits oben II. 3. c).

[457] EMRG, Loizidou v. Turkey (Verfahrenseinreden), Urteil vom 25.3.1995, RDJ Series A Nr. 310, 1995, Opinion of the Commission, S. 52, Ziff. 87 f.

[458] EMRG, Loizidou v. Turkey (Verfahrenseinreden), Urteil vom 25.3.1995, RDJ Series A Nr. 310, 1995, Opinion of the Commission, S. 53, Ziff. 94 f.

und Zutritt zu diesen verlange.[459] Das Recht aus Art. 1, 1. ZP zur EMRK beinhalte aber nicht automatisch auch das Recht auf Freizügigkeit.[460] Der freie Zugang über die Waffenstillstandslinie hinweg zum Norden Zyperns könne daher nicht auf das Eigentumsrecht gemäß Art. 1, 1. ZP zur EMRK gestützt werden.[461] Die Beschwerde beschränke sich alleine auf das Recht der Freizügigkeit, so dass Art. 1, 1. ZP zur EMRK nicht berührt werde. Daher sei durch die Verhinderung des Zutritts zum Nordteil der Insel eine Verletzung des Eigentumsrechts gemäß Art. 1, 1. ZP zur EMRK nicht gegeben.[462]

### 3. Verfahren vor dem Gerichtshof

Nachdem die Kommission die Beschwerde der Frau Loizidou für unbegründet befunden hatte, wurde der Fall von der zyperngriechischen Regierung der Republik Zypern gemäß Art. 48 lit. b) EMRK a. F. am 09.11.1993 dem Gerichtshof fristgerecht vorgelegt.[463] In ihrem Schriftsatz beantragte sie zu überprüfen, ob in der Verhinderung des Zugangs zum Norden der Insel durch türkische Truppen seit 1974 eine fortdauernde Verletzung der Art. 1, 1. ZP zur EMRK und Art. 8 EMRK durch die Türkei vorliegt. Die Beschwerdeführerin Loizidou nahm auf eigenen Wunsch an dem Prozess teil und wurde anwaltlich vertreten.

Die Türkei äußerte sehr bald Bedenken gegen die Zulässigkeit der Beschwerde. Bereits am 26.11.1993 unterrichtete ein türkischer Vertreter im Europarat den Gerichtshof in einem Brief darüber, dass aus der Sicht der Türkei die Zuständigkeit des Gerichtshofs für den vorliegenden Fall nicht gegeben sei.[464] Es werde ein Ereignis angefochten, das vor Anerkennung der Zuständigkeit des Gerichtshofs durch die Türkei liege (Einrede *rationae temporis*). Die Türkei habe die Verbindlichkeit der Rechtsprechung des Gerichtshofes gemäß Art. 46 Abs. 1 EMRK a. F. erst am 22.1.1990 anerkannt. Die Beschwerde von Frau Loizidou beziehe sich jedoch auf ein Ereignis, das vor diesem Zeitpunkt liege. Wie auch die Erklärung zur Anerkennung des Individualbeschwerderechts gemäß

---

[459] EMRG, Loizidou v. Turkey (Verfahrenseinreden), Urteil vom 25.3.1995, RDJ Series A Nr. 310, 1995, Opinion of the Commission, S. 53, Ziff. 97.

[460] EMRG, Loizidou v. Turkey (Verfahrenseinreden), Urteil vom 25.3.1995, RDJ Series A Nr. 310, 1995, Opinion of the Commission, S. 53, Ziff. 98.

[461] EMRG, Loizidou v. Turkey (Verfahrenseinreden), Urteil vom 25.3.1995, RDJ Series A Nr. 310, 1995, Opinion of the Commission, S. 53, Ziff. 99.

[462] EMRG, Loizidou v. Turkey (Verfahrenseinreden), Urteil vom 25.3.1995, RDJ Series A Nr. 310, 1995, Opinion of the Commission, S. 53, Ziff. 101.

[463] EMRG, Loizidou v. Turkey (Verfahrenseinreden), Urteil vom 25.3.1995, RDJ Series A Nr. 310, 1995, S. 7 f., Ziff. 1.

[464] Vgl. EMRG, Loizidou v. Turkey (Verfahrenseinreden), Urteil vom 25.3.1995, RDJ Series A Nr. 310, 1995, S. 8, Ziff. 4.

Art. 25 EMRK a. F. beinhalte die Erklärung ferner eine territoriale Beschränkung auf das Gebiet der Republik Türkei. Die Zuständigkeit des Gerichtshofes könne daher nicht auf das Gebiet der TRNZ ausgeweitet werden (Einrede *rationae loci*).

Angesichts der aufgeworfenen schwierigen Rechtsfragen entschied der Gerichtshof über die Einwendungen der Türkei in einem getrennten Verfahren vorweg. In seiner Entscheidung zu den Verfahrenseinreden vom 25.3.1995 stellte er fest, dass sich die Jurisdiktion eines Konventionsstaates gemäß Art. 1 EMRK nicht auf sein nationales Gebiet beschränkt und es daher grundsätzlich möglich sei, dass die Türkei auch außerhalb ihres Territoriums in Nordzypern Jurisdiktion ausübe.[465] Ob die Türkei im vorliegenden Fall tatsächlich auch Jurisdiktion ausgeübt habe, könne jedoch erst im Hauptverfahren festgestellt werden. Die territorialen Beschränkungen zu den Erklärungen der Türkei zur Anerkennung des Individualbeschwerderechts gemäß Art. 25 und 46 EMRK a. F. wurden für unwirksam befunden. Besonders umstritten war die Frage, ob sich diese Unwirksamkeit auf die gesamte jeweilige Erklärung erstreckte, da die Türkei ausdrücklich vorgetragen hatte, nicht an die Erklärungen gebunden zu sein wollen, wenn die territorialen Beschränkungen unwirksam sind. Der Gerichtshof stellte aber mit Verweis auf den Charakter der EMRK als ein Instrument der europäischen öffentlichen Ordnung fest, dass die Anerkennungserklärungen weiterhin wirksam sind.[466] Seine örtliche Zuständigkeit für Beschwerden gegen die Türkei, deren Gegenstand mögliche Konventionsverletzungen seit dem 22.1.1990 betreffen, sei daher gegeben. Streitig war außerdem die Frage, ob die Zuständigkeit des Gerichtshofs *rationae temporis* gegeben war. Dies hing jedoch eng mit der Frage zusammen, ob es sich hier um eine fortdauernde Beeinträchtigung des Eigentums gehandelt hat, und konnte erst im Hauptverfahren entschieden werden.

Im Verfahren zur Hauptsache[467] wurde sodann festgestellt, dass keine wirksame Enteignung durch die Verfassung der TRNZ erfolgt sei, da die TRNZ international nicht anerkannt werde und ihren Akten daher keine völkerrechtliche Wirksamkeit zukomme. Da die Beschwerdeführerin folglich weiterhin Eigentümerin der Grundstücke sei und ihr der Zugang zu diesen verweigert werde, läge eine fortdauernde Situation vor, die seit dem 29.1.1989 *rationae temporis* in

---

[465] EMRG, Loizidou v. Turkey (Verfahrenseinreden), Urteil vom 25.3.1995, RDJ Series A Nr. 310, 1995, S. 23 f., Ziff. 59-64.

[466] EMRG, Loizidou v. Turkey (Verfahrenseinreden), Urteil vom 25.3.1995, RDJ Series A Nr. 310, 1995, S. 32, Ziff. 98.

[467] EMRG, Loizidou v. Turkey (Hauptsache), Urteil vom 18.12.1996, RJD Nr. 26, 1996, S. 2216 ff., dt. Übersetzung in EuGRZ 1997, S. 555 ff.

den Zuständigkeitsbereich des Gerichtshofs falle.[468] Die Eigentumsverletzung sah der Gerichtshof in der fortdauernden Verhinderung des Zugangs zum Eigentum.[469] Diese Rechtsverletzung sei, wie bereits vorher festgestellt wurde, nur der Türkei zuzurechnen, da sie wegen ihrer starken Militärpräsenz auf Nordzypern die effektive Herrschaftsgewalt innehabe.[470] Die Verletzung von Art. 8 EMRK wurde abgelehnt, da die Beschwerdeführerin die Grundstücke zum Zeitpunkt der Intervention der Türkei nicht bewohnt hatte.[471] Die Türkei wurde in einer weiteren Entscheidung gemäß Art. 50 EMRK zur Zahlung einer Nutzungsentschädigung in Höhe von 320.000 zyprischen Pfund und dem Ersatz der klägerischen Prozesskosten in Höhe von 137.804 ZYP verurteilt.[472]

#### 4. Bedeutung des Falles für den Zypernkonflikt

Die Loizidou-Entscheidung ist wegen der aufgeworfenen juristischen Fragen und in Hinblick auf ihre politischen Auswirkungen äußerst umstritten. Problematisch sind die umfassende Zurechnung aller Akte der TRNZ zur Türkei, sowie die Beurteilung des Eigentumseingriffs als fortdauernde Verletzung. Vor allem bleibt in der Rechtsprechung des EMRG außer Betracht, dass es sich hier um einen völkerrechtlichen Konflikt handelt, auf den das humanitäre Völkerrecht Anwendung findet. Ebenso bleiben der geschichtliche Kontext des Konflikts und die Verhandlungen zur Überwindung der Teilung unter Schirmherrschaft der UN unberücksichtigt. Der Gerichtshof stellt, wie zuvor auch die Kommission, auf die Rolle der Türkei als alleiniger Akteur des Konflikts ab, ohne die vorausgegangenen Ereignisse der Intervention oder die besondere völkerrechtliche Situation der Republik Zypern in die Wertung des Falles mit einzubeziehen.[473] Zwar handelt es sich hier um einen konkreten Einzelfall, dennoch kann nicht außer Betracht bleiben, dass er im unmittelbaren Zusammenhang mit dem völkerrechtlichen Konflikt steht.[474] Ferner wird die Problematik der Eigentumsrechte auf Zypern und die im Weiteren Zusammenhang stehende Frage nach dem Rückkehrrecht der Flüchtlinge auch von den UN-Lösungsvorschlägen

---

[468] EMRG, Loizidou v. Turkey (Hauptsache), Urteil vom 18.12.1996, RJD Nr. 26, 1996, S. 2231, Ziff. 44-47.

[469] EMRG, Loizidou v. Turkey (Hauptsache), Urteil vom 18.12.1996, RJD Nr. 26, 1996, S. 2237, Ziff. 63, 64.

[470] EMRG, Loizidou v. Turkey (Hauptsache), Urteil vom 18.12.1996, RJD Nr. 26, 1996, S. 2235, Ziff. 56, 57.

[471] EMRG, Loizidou v. Turkey (Hauptsache), Urteil vom 18.12.1996, RJD Nr. 26, 1996, S. 2238, Ziff. 66.

[472] EMRG, Loizidou v. Turkey (Art. 50), Urteil vom 28.7.1998, RDJ Nr. 81, 1998, S. 1807 ff., insgesamt umgerechnet ca. 780.000 Euro bei einem Kurs von 1,70 Euro.

[473] Huscheer, Die völkerrechtliche Verantwortlichkeit der Türkei, S. 398.

[474] Vgl. Minderheitsvotum von Richter Bernhardt und Richter Lopes Rocha, EMRG, Loizidou v. Turkey (Hauptsache), Urteil vom 18.12.1996, RJD Nr. 26, 1996, S. 2242 f., Ziff. 1.

erfasst. Die Verhandlungen über die Rückgabe von Eigentum und Territorium gestalteten sich bislang am schwierigsten. Während die zyperngriechische Seite die Rückgabe des gesamten Eigentums und die Rückkehr aller Flüchtlinge forderte, wollte die zyperntürkische Seite einen Globalaustausch der Eigentümer erreichen, damit die bizonale Teilung Zyperns erhalten bleibt.[475]

Es gibt tausende vergleichbare Fälle, auf die die Loizidou-Entscheidung Präzedenzwirkung hat. Bis November 2004 wurden in Straßburg 1.260 weitere Beschwerden, zum Teil Sammelklagen, zu Eigentumsrechten zyperngriechischer Vertriebener eingereicht.[476] Damit hängen nicht nur hohe finanzielle Belastungen für die Türkei zusammen, sondern auch eine erhebliche Beeinträchtigung der Umsetzung des UN-Kompromissvorschlags. Die Türkei hatte die Entscheidungen zum Fall Loizidou daher zunächst nicht akzeptiert und sich geweigert, die Entschädigung zu zahlen. Sie stützte sich darauf, dass sie keine völkerrechtliche Verantwortung für die Handlungen der TRNZ trage.[477] Aus türkischer Sicht sei es allein Sache der zyprischen Volksgruppen, im Rahmen der Annäherungsgespräche zur Lösung des Zypernkonfliktes die Frage des Eigentumsrechts zu entscheiden. Die Nichtumsetzung der Entscheidung führte zu Spannungen im Verhältnis der Türkei zum Europarat. Ein Ausschluss der Türkei aus dem Europarat als *ultima ratio*, da keine anderen Zwangsmittel zur Durchsetzung von Urteilen zur Verfügung stehen, wurde jedoch nicht angedroht.[478] Erst nach zahlreichen Verhandlungen und Aufforderungen des Ministerkomitees kam die Türkei im Dezember 2003 der Loizidou-Entscheidung nach und zahlte die Entschädigung.[479] Mit 8 % Zinsen p. a., die in der Entschädigungsentscheidung für den Fall der Nichtzahlung bereits vorgesehen worden waren, hatte sich der Betrag auf ca. 640.000 ZYP (ca. 1.090.000 Euro) erhöht. Der Gerichtshof stellte bisher in zwei weiteren Nachfolgeprozessen ebenfalls die Verletzung des Art. 1, 1. ZP zur EMRK fest.[480]

---

475 Vgl. zum zyperngriechischen Standpunkt den Bericht des UN-Generalsekretärs vom 1.4.2003, UN doc. S/2003/398, Ziff. 21 f., zum zyperntürkischen Standpunkt Ziff. 22; ferner Bahçeli/Rizopoulos, The Cyprus Impasse, S. 35.

476 Angaben des EMRG auf Anfrage der Bearbeiterin; in der Hürriyet vom 19.6.2003 wurde von 2963 Einzelfällen insgesamt ausgegangen.

477 Presseerklärung des türkischen Außenministeriums vom 30.7.1998, Turkish Ministry of Foreign Affairs, Department of Information, Statement of 30 July 1998; vgl. auch Loizidou v. Turkey (Art. 50), Urteil vom 28.7.1998, RDJ Nr. 81, 1998, S. 1807 ff., Ziff. 5.

478 Huscheer, Die völkerrechtliche Verantwortlichkeit der Türkei, S. 389.

479 Presseerklärung des Generalsekretärs des Europarates vom 2.12.2003, Nr. 619d03; Schlötzer, Millionen-Scheck für ein verlassenes Haus, SZ vom 4.12.2003, S. 8.

480 Eugenia Michaelidou Developments Ltd and Michael Tymvios v. Turkey, Beschwerde Nr. 16163/90, Urteil vom 31.7.2003; Demades v. Turkey, Beschwerde Nr. 16219/90, Urteil vom 31.7.2003; Die Beschwerde Skoutaridou v. Turkey, Beschwerde Nr. 16159/90, wurde am 17.12.1999 ausgesetzt.

Im Folgenden sollen zunächst die aufgeworfenen Rechtsfragen untersucht werden. In Abschnitt 3 wird dann die politische Auswirkung der Loizidou-Rechtsprechung analysiert.

## II. Verfahrenseinreden

### 1. Prozessführungsbefugnis der zyperngriechischen Regierung

Wie bereits in früheren Verfahren bestritt die Türkei, die Befugnis der zyperngriechischen Regierung, als Regierung Zyperns auftreten und eine Beschwerde gemäß Art. 48 lit. b) EMRK a. F. vor den Gerichtshof bringen zu können. Der Gerichtshof folgte aber der Argumentation der Kommission und stellte fest, dass kein Zweifel am *locus standi* der zyperngriechischen Regierung bestehe, da sie international als die Regierung Zyperns anerkannt sei.[481] Bereits im Zusammenhang mit der Beurteilung dieser Frage durch die Kommission wurde darauf hingewiesen, dass die Anerkennung einer Regierung zunächst nur politische Bedeutung hat, und die UN-Resolutionen, auf welche die Kommission Bezug genommen hat, sich nicht auf rechtliche Überlegungen stützen.[482] Die Anerkennung ist zwar ein Indiz für das Vorliegen der juristischen Kriterien wie effektive Kontrolle, Unabhängigkeit und völkerrechtliche Legalität, sie kann diese Kriterien aber nicht ersetzen.[483] Daher muss in einem internationalen Gerichtsverfahren die Regierungsqualität anhand rechtlicher Kriterien überprüft werden, wenn die Anerkennung der Regierung nicht offensichtlich und ihre Legalität umstritten ist.[484] Der EMRG ist dabei nicht an die Entscheidungen der politischen Organe des Europarates gebunden, sondern kann in freier Beweiswürdigung darüber urteilen.[485] Die internationale Anerkennung der zyperngriechischen Regierung ist – wie bereits oben aufgezeigt – nicht eindeutig. In Resolutionen des UN-Sicherheitsrates und der Staatenpraxis wird noch immer an der Verfassung der Republik Zypern von 1960 festgehalten. Darin ist jedoch eine Regierung vorgesehen, die aus drei zyperntürkischen und sieben zyperngriechischen Ministern besteht. Die willkürlichen, durch die zyperngriechischen Abgeordneten verabschiedeten Verfassungsänderungen 1963 waren nicht rechtmäßig und haben sich angesichts des fortwährenden Protestes der zyperntürkischen Volksgruppe und des Garantiestaates Türkei nicht als anerkannte Verfassungspraxis durchgesetzt.[486] Aus den Resolutionen und Lösungsvorschlägen der UN geht ferner hervor, dass auch international an der zyprischen Verfassung von

---

[481] Vgl. EMRG, Loizidou v. Turkey (Verfahrenseinreden), Urteil vom 25.3.1995, RDJ Series A Nr. 310, 1995, S. 18, Ziff. 39 ff.

[482] Vgl. oben Punkt III. 1.

[483] Talmon, Consequences of (Non) Recognition, S. 65.

[484] Talmon, Consequences of (Non) Recognition, S. 64.

[485] Talmon, Consequences of (Non) Recognition, S. 64.

[486] Vgl. dazu oben B. II. 2.

1960 in ihrer damaligen Fassung festgehalten wird. So wurden immer das Selbstbestimmungsrecht beider Volksgruppen betont und in den Lösungsvorschlägen die Fortgeltung der Gründungsverträge von 1960 für den Fall der Wiedervereinigung vorgesehen.[487] Eine nur mit zyperngriechischen Ministern besetzte Regierung wurde daher bislang offiziell nicht anerkannt, sondern immer nur auf die „Regierung der Republik Zypern" Bezug genommen.[488] In ihrem „Regelmäßigen Bericht" von 1998 bezieht sich die EU-Kommission sogar ausdrücklich auf die Verfassung von 1960 in ihrer ursprünglichen Fassung, wenn sie feststellt:

> „Gemäß der Verfassung gibt es einen griechisch-zyprischen Präsidenten und einen türkisch-zyprischen Vizepräsidenten, die beide von ihrer jeweiligen Volksgruppe gewählt werden, sowie einen Ministerrat, der im Verhältnis 7:3 die griechischen und die türkischen Zyprer vertritt. Im Grundsatz werden diese Bestimmungen zwar noch angewendet, jedoch ohne das Element der Machtteilung."[489]

Aus alldem ist zu folgern, dass die internationale Anerkennung einer nur mit zyperngriechischen Ministern besetzten Regierung als die Regierung der Republik Zypern nicht eindeutig ist. Ihre Legalität wird ferner von der Republik Türkei und der zyperntürkischen Volksgruppe bestritten. Es wäre daher im Verfahren eine rechtliche Überprüfung der Regierungsqualität erforderlich gewesen. Durch den Verweis auf die internationale De-facto-Anerkennung hat der Gerichtshof dem politischen Vorgehen der Staatengemeinschaft eine rechtliche Bedeutung beigemessen, und zugleich aber die Uneindeutigkeit dieses Vorgehens zu Gunsten der zyperngriechischen Regierung ausgelegt. Das faktische Verhalten eines Staates gegenüber einer *de iure* nicht anerkannten Regierung kann zwar rechtliche Bedeutung haben und ihm auch entgegengehalten werden.[490] Es entbindet ein Gericht aber nicht davon, bei einer uneindeutigen Lage die Prüfung des *locus standi* der fraglichen Regierung nach juristischen Kriterien vorzunehmen.[491] Das Vorgehen des EMRG ist im konkreten Fall Zyperns auch deswegen bedenklich, weil er bei der Bewertung der rechtlichen Bedeutung ei-

---

[487] Vgl. Set of Ideas, Text im Anhang zu UN doc. S/24472, Ziff. 54; im Annan-Plan vgl. Abs. 3 der Präambel und Art. 1, Abs. 3 FoundA; ferner Lauterpacht, The status of the two Communities in Cyprus, Ziff. 18-32; Heinze, Zum Stand des Zypern-Konflikts, S. 417.

[488] Leigh, The status in international law, S. 65.

[489] Regelmäßiger Bericht der Kommission über Zyperns Fortschritte auf dem Weg zum Beitritt 1998, S. 8.

[490] Talmon, Consequences of (Non) Recognition, S. 66.

[491] Talmon, Consequences of (Non) Recognition, S. 65.

ner De-facto-Anerkennung nicht konsequent bleibt. Der De-facto-Anerkennung der TRNZ wird im Weiteren Verfahren keine Bedeutung beigemessen.[492]

Wie der Gerichtshof jedoch zu Recht ausführt, kommt es für ein Verfahren gemäß Art. 24 oder 48 EMRK a. F. nicht darauf an, ob die beklagte Partei die klägerische Regierung anerkennt. Käme es darauf an, könnte sich die beklagte Partei ihrer Verpflichtung unter der Konvention entziehen, indem sie sich auf die Nichtanerkennung auch dann beruft, wenn der Status der klägerischen Regierung unumstritten ist.[493] Die politische Bedeutung der Anerkennung von Regierungen und ihre Tragweite wird hier wieder deutlich. Es ist zwar problematisch, dass gerade bei den Zypern-Fällen keine Prüfung der rechtlichen Kriterien erfolgt ist und nur auf die internationale Anerkennungspraxis verwiesen wird. Die Türkei hatte jedoch als Partei des Verfahrens die Entscheidung der Gerichtshofes gemäß Art. 48 lit. d) i. V. m. Art. 53 EMRK a. F. zu akzeptieren. Anders als bei ihrem teilweisen Boykott der Staatenbeschwerdeverfahren, nahm sie hier am gesamten weiteren Verfahren Teil.

Auch der Vorwurf der türkischen Regierung, die zyperngriechische Regierung würde den Prozess für Propagandazwecke missbrauchen, um den Status der TRNZ in Frage zu stellen, wurde verworfen. Die Regierung habe in Hinblick auf die Rechte ihrer anderen Staatsbürger in ähnlicher Situation durchaus ein billiges Interesse an der Klärung der juristischen Fragen im vorliegenden Fall. Es könne daher nicht von einem Missbrauch ausgegangen werden.[494]

## 2. Passivlegitimität der Türkei

Wie auch in den Staatenbeschwerden führte die Türkei an, dass sie nicht für die Akte der TRNZ verantwortlich gemacht werden könne, und dass sie keine Jurisdiktion i. S. v. Art. 1 EMRK über Nordzypern ausübe. Als einziger Konventionsstaat, der die TRNZ anerkenne, trete sie im vorliegenden Verfahren nur als *amicus curie* der TRNZ auf. Der Gerichtshof schloss sich dagegen der Ansicht der Kommission an und stellte fest, dass die Türkei im Verfahren selbst als verantwortliche Hohe Vertragsschließende Partei auftritt. Ohne dem Rest der

---

[492] Siehe unten 3. b).

[493] Vgl. EMRG, Loizidou v. Turkey (Verfahrenseinreden), Urteil vom 25.3.1995, RDJ Series A Nr. 310, 1995, S. 18 Ziff. 41; Talmon, Consequences of (Non) Recognition, S. 65.

[494] EMRG, Loizidou v. Turkey (Verfahrenseinreden), Urteil vom 25.3.1995, RDJ Series A Nr. 310, 1995, S. 18, Ziff. 45; die Frage, ob die Einrede des Verfahrensmissbrauchs auf Individualbeschwerden überhaupt anwendbar ist, ließ der Gerichtshof hier offen, vgl. ebd. Ziff. 46.

aufgeworfenen Fragen damit vorzugreifen, sei die Türkei grundsätzlich die richtige Beklagte.[495]

### 3. Örtliche Zuständigkeit des EMRG (Einrede *rationae loci*)

Die türkische Regierung trug ferner vor, dass die Türkei über das betroffene Gebiet keine Jurisdiktion i. S. v. Art. 1 EMRK ausübe. Die örtliche Zuständigkeit des EMRG sei darüber hinaus aufgrund der territorialen Beschränkungen, die die Türkei in ihren Erklärungen gemäß Art. 25 und Art. 46 EMRK a. F. vorgenommen hatte, nicht gegeben. Die Anerkennung des Individualbeschwerderechts und der Gerichtsbarkeit des Gerichtshofs waren darin auf das Gebiet der Republik Türkei beschränkt worden.

#### a) Jurisdiktion der Türkei gemäß Art. 1 EMRK

Zunächst hatte der Gerichtshof die Frage zu klären, ob es grundsätzlich möglich war, dass ein Konventionsstaat Jurisdiktion i. S. v. Art. 1 EMRK außerhalb seines Territoriums ausüben konnte. Bereits in den Staatenbeschwerden Zyperns gegen die Türkei hatte die Kommission festgestellt, dass ein Staat durch seine Vertreter oder seine Streitkräfte Jurisdiktion außerhalb seines Territoriums gegenüber Personen und Eigentum ausüben kann, wenn diese unter seiner aktuellen Autorität und Verantwortlichkeit stehen.[496] Diese Ansicht vertrat der Gerichtshof auch im Loizidou-Fall und führte aus, dass ein Konventionsstaat infolge eines militärischen Eingriffs durch seine Streitkräfte oder aber auch durch eine untergeordnete örtliche Verwaltung (*local subordinate authority*) Jurisdiktion außerhalb seines Territoriums ausüben könne.[497] Auf die Rechtmäßigkeit des militärischen Eingriffs käme es dabei nicht an. Ferner habe die Türkei nicht bestritten, dass der Zugang zum Eigentum in Nordzypern durch die türkische Militärintervention und die Gründung der TRNZ beeinträchtigt worden sei.[498] Es sei daher grundsätzlich möglich, dass eine in Nordzypern erfolgte Eigentumsverletzung unter die Jurisdiktion der Türkei falle, zumal sie dort durch ihre Streitkräfte in das Geschehen eingebunden sei. Die weitere Frage, ob die konkrete Eigentumsbeeinträchtigung im vorliegenden Fall auch tatsächlich in die

---

[495] EMRG, Loizidou v. Turkey (Verfahrenseinreden), Urteil vom 25.3.1995, RDJ Series A Nr. 310, 1995, S. 20, Ziff. 47-52.

[496] EKMR, Zulässigkeitsentscheidung vom 26.5.1975, EuGRZ 1976, S. 38, Ziff. 10; ASME Humanitas, Bericht der Kommission, Ziff. 83; ECHR, Report of 4. October 1983, HRLJ 1992, S. 154 ff., Ziff. 63.

[497] EMRG, Loizidou v. Turkey (Verfahrenseinreden), Urteil vom 25.3.1995, RDJ Series A Nr. 310, 1995, S. 24, Ziff. 62.

[498] EMRG, Loizidou v. Turkey (Verfahrenseinreden), Urteil vom 25.3.1995, RDJ Series A Nr. 310, 1995, S. 24, Ziff. 63.

Jurisdiktion der Türkei fiel, erfordere eine nähere Untersuchung des Sachverhalts und sollte erst in der Entscheidung zur Hauptsache geklärt werden.[499]

### (1) Begriff der Jurisdiktion

Unter Jurisdiktion ist die Ausübung staatlicher Hoheitsgewalt zu verstehen, die durch das Völkerrecht geregelt und begrenzt ist.[500] Nach allgemeinem Völkerrecht ist die staatliche Hoheit grundsätzlich territorial beschränkt und kann nur unter besonderen Umständen außerhalb des nationalen Territoriums ausgeübt werden. Die Ausübung von Hoheitsgewalt im Ausland ist dabei in der Regel durch die souveränen territorialen Rechte der anderen betroffenen Staaten begrenzt.[501]

Während die Kommission und der Gerichtshof in ihrer früheren Rechtsprechung davon ausgegangen sind, dass Jurisdiktion i. S. v. Art. 1 EMRK auch außerhalb des Territoriums ausgeübt werden kann, führte der Gerichtshof in der Zulässigkeitsentscheidung zum Fall Bankovich aus, dass der Jurisdiktionsbegriff der EMRK grundsätzlich als territorial begrenzte Ausübung von Hoheitsgewalt zu verstehen ist.

### (2) Frühere Rechtsprechung von Kommission und Gerichtshof

Nicht nur in den oben genannten Staatenbeschwerden Zyperns, sondern auch in den Fällen zur Ausübung von Besatzungsbefugnissen Großbritanniens in Berlin und zu schweizerischen Hoheitsakten in Liechtenstein hatte die Kommission vertreten, dass die Ausübung von Jurisdiktion i. S. v. Art. 1 EMRK nicht auf das nationale Gebiet beschränkt ist.[502] In seiner Rechtsprechung zur Auslieferung bzw. Ausweisung von Personen ins Ausland bestätigte der Gerichtshof die Auslegung des Jurisdiktionsbegriffes durch die Kommission, nach der diese grundsätzlich auch Hoheitsakte umfasst, die Auswirkungen außerhalb des eigenen Territoriums haben.[503] Im Fall Drodz führte er ferner aus, dass die Verant-

---

[499] Dazu vgl. unten III. 1.

[500] Frowein/Peukert, EMRK-Kommentar, Art. 1 Rn. 4. Im deutschen Text wird das englische Wort *jurisdiction* bzw. das französische *jurisdiction* mit „Herrschaftsgewalt" übersetzt.

[501] Doehring, Völkerrecht, Rn. 808-826.

[502] Hess v. United Kingdom, Beschwerde Nr. 6231/73, D. R. 2 (1975), S. 72 f., dt. Übersetzung in EuGRZ 1975, S. 482 ff.; X und Y v. Switzerland, Beschwerde Nr. 7289/75 und 7349/76, D. R. 9 (1978), S. 57 ff., dt. Übersetzung in EuGRZ 1977, S. 497 ff.; vgl. dazu Frowein, Probleme des allgemeinen Völkerrechts vor der Europäischen Kommission für Menschenrechte, S. 290 f.

[503] Soering v. United Kingdom, Urteil vom 7.7.1989, Series A Nr. 161, S. 35-36 ff., Ziff. 91; Cruz Varas and others v. Sweden, Urteil vom 20.3.1991, Series A Nr. 201, S. 28, Ziff. 69 f.; Vilvarajah and others v. United Kingdom, Urteil vom 30.10.1991, Series A Nr. 215, S. 34, Ziff. 103.

wortlichkeit eines Staates unter der Konvention auch infolge eines Hoheitsaktes gegeben sein kann, der Auswirkungen im Ausland hat, unabhängig davon, ob der Akt selbst im In- oder Ausland vorgenommen wurde.[504] In seiner Loizidou-Rechtsprechung vertrat er, wie bereits erwähnt, darüber hinaus die Ansicht, dass ein Staat infolge eines militärischen Einsatzes durch seine Streitkräfte Jurisdiktion außerhalb seines Territoriums ausüben kann, wenn er dort umfassende und effektive Kontrolle ausübt. Damit ist festzustellen, dass es für den Gerichtshof bei der Auslegung des Jurisdiktionsbegriffes vor allem auf den Hoheitsakt selbst ankam, unabhängig davon, wo er stattgefunden hat.[505]

### (3) Die Bankovich-Entscheidung

In der Zulässigkeitsentscheidung zum Fall Bankovich hat der Gerichtshof diese Rechtsprechung jedoch eingeschränkt. Die Klage betraf die Bombardierung eines Fernsehsenders beim Einsatz der Nato-Truppen im Kosovo 1999, bei der 16 Menschen umgekommen waren.[506] Die Beschwerdeführer, sechs Staatsangehörige der Bundesrepublik Jugoslawien, trugen sowohl im eigenen Namen als auch im Namen ihrer bei dieser Bombardierung verstorbenen Angehörigen vor, dass diejenigen Nato-Staaten, die zugleich Unterzeichnerstaaten der EMRK waren, gegen ihre Verpflichtungen aus der Konvention verstoßen hatten. Unter Bezug auf die Rechtsprechung der Kommission und des Gerichtshofes in den Zypern-Fällen führten sie aus, dass diese Staaten durch ihre militärische Operation Jurisdiktion i. S. v. von Art. 1 EMRK außerhalb ihres Territoriums ausgeübt hatten.

Der Gerichtshof sah im vorliegenden Fall keine Verantwortung der beklagten Staaten unter der EMRK gegeben und lehnte die Zulässigkeit der Klage ab. Ausgehend von der grundsätzlich territorialen Natur staatlicher Hoheitsgewalt im Völkerrecht führte er aus, dass Jurisdiktion im Sinne von Art. 1 EMRK diese übliche und grundsätzliche Bedeutung als territoriale Herrschaftsgewalt habe. Andere Grundlagen von Herrschaftsgewalt seien die Ausnahme und bedürften im Einzelfall einer besonderen Rechtfertigung.[507] Die bisherige Praxis der Konventionsstaaten deute darauf hin, dass die Hoheitsausübung außerhalb des eigenen Territoriums nicht ohne weiteres von Art. 1 EMRK erfasst werde.

---

[504] Drodz and Janusek v. France and Spain, Urteil vom 26.6.1992, Series A Nr. 240, S. 29, Ziff. 91.

[505] Gündüz, Creeping Jurisdiction, S. 12; Tomuschat, Turkey's Declaration, S. 129; Huscheer, Die völkerrechtliche Verantwortlichkeit der Türkei, S. 396; Travernier, Le droit international dans la jurisprudence de la CEDH, S. 423 f.

[506] EMRG, Bankovich u. a. gegen 17 Nato-Staaten, Entscheidung vom 12.12.2001, RDJ 2001-XII, S. 333 ff.; dt. Übersetzung in EuGRZ 2002, S. 133 ff.

[507] EMRG, Bankovich u. a. gegen 17 Nato-Staaten, Entscheidung vom 12.12.2001, EuGRZ 2002, S. 133 ff., Ziff. 59 ff., 61.

Bei exterritorialen militärischen Aktionen, etwa im Golfkrieg oder in Bosnien-Herzegowina, habe keiner der Vertragsstaaten die Anwendung der Konvention nach der Notstandklausel des Art. 15 EMRK begrenzt.[508] Ebenso ginge aus den vorbereitenden Unterlagen zur Konvention hervor, dass hier nur die territorial begrenzte Ausübung von Jurisdiktion gemeint sei.[509] Diesen ist zu entnehmen, dass die ursprünglich in Art. 1 EMRK vorgesehene Formulierung „in ihrem Hoheitsgebiet" später durch „ihrer Hoheitsgewalt unterstehend" ersetzt wurde.[510] Damit sollten, unabhängig von der Staatsangehörigkeit oder vom Wohnsitz, alle Personen umfasst sein, die sich auf dem Territorium eines Konventionsstaates befanden.[511] Eine Ausweitung des Jurisdiktionsbegriffes auf Akte außerhalb des Territoriums war somit nicht beabsichtigt. Dies bedeutet folglich, dass die Beschwerdeführer im Fall Bankovich in den Genuss der Konventionsrechte gekommen wären, wenn sie durch einen Hoheitsakt auf dem Gebiet eines der beklagten Staaten betroffen gewesen wären, das gleiche aber dann nicht gilt, wenn sie außerhalb des Territoriums des Konventionsstaates von einem Hoheitsakt des gleichen Staates betroffen sind. Um diesen Widerspruch zu erklären, wies der Gerichtshof auf den regionalen Charakter der Konvention hin. Die EMRK greife nur im Rechtsraum der Konventionsstaaten und sei nicht dazu gedacht, weltweit Anwendung zu finden.[512]

Diese territorial begrenzte Auslegung des Jurisdiktionsbegriffs im Fall Bankovich steht im Widerspruch zur vorherigen Rechtsprechung, insbesondere im Loizidou-Fall.[513] Der Gerichtshof führt zwar an, dass es sich bei letzterem um die Ausübung tatsächlicher Kontrolle infolge einer militärischen Besetzung gehandelt hat.[514] Zunächst ist nicht ersichtlich, warum im Fall einer zeitlich begrenzten militärischen Aktion bei der Jurisdiktion eines Staates andere Maßstäbe gelten sollten. Denn auch bei einem zeitlich begrenzten Eingriff können Personen und Eigentum unter der aktuellen Autorität und Verantwortlichkeit eines

---

508 EMRG, Bankovich u. a. gegen 17 Nato-Staaten, Entscheidung vom 12.12.2001, EuGRZ 2002, S. 133 ff., Ziff. 62; Gerade dies hatte die EKMR jedoch in den Staatenbeschwerden Zyperns gegen die Türkei bemängelt. Vgl. ASME Humanitas, Bericht der Kommission, Ziff. 527 und 528; EKMR, Cyprus v. Turkey, Bericht vom 4.10.1983, HRLJ 1992, S. 154 ff., Ziff. 66-68.

509 EMRG, Bankovich u. a. gegen 17 Nato-Staaten, Entscheidung vom 12.12.2001, EuGRZ 2002, S. 133 ff., Ziff. 63.

510 Vgl. dazu mit Bezug auf Zypern auch Nedjatigil, The Cyprus Conflict, S. 139.

511 Vgl. EMRG, Bankovich u. a. gegen 17 Nato-Staaten, Entscheidung vom 12.12.2001, EuGRZ 2002, S. 133 ff., Ziff. 63; Frowein/Peukert, EMRK-Kommentar, Art. 1, 1. ZP zur EMRK, Rn. 3.

512 EMRG, Bankovich u. a. gegen 17 Nato-Staaten, Entscheidung vom 12.12.2001, EuGRZ 2002, S. 133 ff., Ziff. 80.

513 Gündüz, Creeping Jurisdiction, S. 23.

514 EMRG, Bankovich u. a. gegen 17 Nato-Staaten, Entscheidung vom 12.12.2001, EuGRZ 2002, S. 133 ff., Ziff. 71.

Konventionsstaates stehen. Nach der Rechtsprechung des Gerichtshofs zu den Zypern-Fällen wäre dann die Jurisdiktion gemäß Art. 1 EMRK auch im Bankovich-Fall zu bejahen gewesen. Der Gerichtshof weist aber auch darauf hin, dass insofern ein Unterschied zwischen den Gebieten der Bundesrepublik Jugoslawien und Nordzypern besteht, als dass die Personen in Nordzypern bereits in den Genuss der Konvention gekommen waren. Zypern ist bereits seit 1961 Mitglied des Europarates und hatte 1962 die EMRK zusammen mit dem 1. ZP 1962 ratifiziert.[515] Verneinte man nun die Anwendung der Konvention auf Nordzypern, würden die Bewohner Nordzyperns von Rechten ausgeschlossen werden, die ihnen bereits zugestanden worden sind. Dies würde zu einem nicht hinzunehmenden Vakuum im Konventionssystem führen und sei daher zu vermeiden gewesen.[516] Damit hätten dort außergewöhnliche Umstände vorgelegen, die im Bankovich-Fall nicht gegeben gewesen wären.

### (4) Schlussfolgerungen

Dem Gerichtshof ist im Ergebnis zuzustimmen, dass die EMRK ein regional begrenztes Wirkungsgebiet hat und daher nicht weltweit Anwendung finden kann. Auch ist seine Rechtsprechung, nach der die Verantwortung der Konventionsstaaten außerhalb ihres Territoriums unter der EMRK gegeben ist, soweit es sich dabei um das Wirkungsgebiet der Konvention handelt, eindeutig und wurde in der vierten Staatenbeschwerde Zyperns gegen die Türkei wiederholt bestätigt.[517] Dennoch kann die Bankovich-Rechtsprechung und die darin festgestellte grundsätzliche territoriale Bedeutung des Jurisdiktionsbegriffes hier nicht unberücksichtigt bleiben. Die Ausübung von Jurisdiktion außerhalb des eigenen Territoriums ist eine Ausnahme im Konventionssystem und fällt nur nach besonderer Rechtfertigung unter Art. 1 EMRK.[518] Von der Frage, ob ein Konventionsstaat grundsätzlich Jurisdiktion im Ausland ausüben kann, ist jedoch die Frage zu unterscheiden, ob er im konkreten Fall tatsächlich Hoheitsgewalt ausgeübt hat und der fragliche Hoheitsakt ihm auch zugerechnet werden kann.[519] Da es sich bei der Ausübung von Hoheitsgewalt im Ausland um eine Ausnahmesituation handelt, bedarf es dabei einer genauen Prüfung der besonderen Umstände der Hoheitsverhältnisse im betroffenen Gebiet. Dies gilt insbesondere dann, wenn nicht eindeutig ist, wem die gerügte Verletzungshandlung zugerechnet werden kann: Dem Staat, dem die Verletzungshandlung vorgewor-

---

[515] Vgl. die Ratifikationstabelle bei Frowein/Peukert, EMRK-Kommentar, S. 988 f.

[516] EMRG, Bankovich u. a. gegen 17 Nato-Staaten, Entscheidung vom 12.12.2001, EuGRZ 2002, S. 133 ff., Ziff. 80.

[517] EMRG, Cyprus v. Turkey, Urteil vom 10.5.2001, HRLJ 2001, S. 217 ff., Ziff. 80.

[518] EMRG, Bankovich u. a. gegen 17 Nato-Staaten, Entscheidung vom 12.12.2001, EuGRZ 2002, S. 133 ff., Ziff. 61; vgl. auch Peters, Einführung in die Europäische Menschenrechtskonvention, S. 234.

[519] Travernier, Le droit international dans la jurisprudence de la CEDH, S. 425.

fen wird, oder dem Staat, auf dessen Gebiet der Akt stattgefunden bzw. dieser dort Auswirkungen gehabt hat, oder – mit Bezug auf Zypern – dem De-facto-Regime, das in dem betroffenen Gebiet existiert. Berücksichtigt man die grundsätzlich territoriale Bedeutung des Jurisdiktionsbegriffes, wäre es für den Fall, dass die Ausübung von Jurisdiktion außerhalb des eigenen Territoriums in Frage steht und die Hoheitsverhältnisse umstritten sind, erforderlich und angemessen, strenge Maßstäbe anzulegen und genau zu prüfen, wer im Einzelfall tatsächlich Jurisdiktion ausgeübt hat. Genau dies hat der Gerichtshof aber im Loizidou-Fall nicht getan, worin die eigentliche Problematik des Falles liegt. Er hat aufgrund der hohen Militärpräsenz der Türkei deren umfassende und effektive Kontrolle über Nordzypern angenommen, ohne in einer konkreten Prüfung zwischen den Akten der türkischen Streitkräfte und denen der zyperntürkischen Verwaltung zu unterscheiden. Dabei lagen dem Gerichtshof, wie im Folgenden noch zu zeigen ist, Indizien dafür vor, dass in Nordzypern eine eigenständige zyperntürkische, von der türkischen Hoheitsmacht zu unterscheidende, Hoheitsmacht existiert.

### b) Zurechnung der Akte der TRNZ zur Türkei im Hauptverfahren

Es ist daher angebracht, bereits hier auf das Vorgehen des Gerichtshofs bei der Zurechnung der Eigentumsbeeinträchtigung zur Türkei im Hauptverfahren einzugehen.[520]

### (1) Umfassende Kontrolle

Bereits bei Prüfung seiner örtlichen Zuständigkeit hatte der Gerichtshof ausgeführt, dass ein Konventionsstaat infolge eines militärischen Eingriffs durch seine Streitkräfte oder aber auch durch eine untergeordnete örtliche Verwaltung (*local subordinate authority*) Jurisdiktion außerhalb seines Territoriums ausüben kann.[521] Im Hauptverfahren wurde dann festgestellt, dass die Türkei umfassende Kontrolle über die örtliche zyperntürkische Verwaltung in Nordzypern ausübe. Aus dem Umfang der in Nordzypern stationierten Streitkräfte in einer Stärke von mehr als 30.000 Mann gehe offensichtlich hervor, dass die Türkei effektive und umfassende Kontrolle über Politik und Handlungen der TRNZ habe. Personen und Vermögen, die von der Politik oder den Handlungen der TRNZ betroffen seien, würden daher folglich der Jurisdiktion der Türkei gemäß Art. 1 EMRK unterstehen.[522] Die fortdauernde Verhinderung des Zugangs zum Eigentum, welche die Beschwerdeführerin rügte, müsse daher ebenfalls der Türkei

---

[520] Vgl. EMRG, Loizidou v. Turkey (Hauptsache), Urteil vom 18.12.1996, RJD Nr. 26, 1996, S. 2235, Ziff. 56 ff.

[521] EMRG, Loizidou v. Turkey (Verfahrenseinreden), Urteil vom 25.3.1995, RDJ Series A Nr. 310, 1995, S. 24, Ziff. 62.

[522] EMRG, Loizidou v. Turkey (Hauptsache), Urteil vom 18.12.1996, RJD Nr. 26, 1996, S. 2235 f., Ziff. 56.

zugerechnet werden.[523] Eine weitergehende Überprüfung der konkreten Umstände und Befehlsstrukturen in Nordzypern und eine Unterscheidung zwischen den Akten der türkischen Streitkräfte und den Akten der zyperntürkischen Behörden sei daher nicht erforderlich. Da die Ausübung der Jurisdiktion außerhalb des eigenen Territoriums jedoch in Hinblick auf die grundsätzlich territorial begrenzte Bedeutung des Jurisdiktionsbegriffs in der EMRK als eine Ausnahmesituation zu bewerten ist, wäre es hier angebracht gewesen, eine genauere Prüfung der Herrschafts- und Hoheitsverhältnisse im betroffenen Gebiet vorzunehmen.

### (2) Vorgehensweise des Gerichtshofs im Lichte der UN-Resolution zur Staatenverantwortlichkeit

Der Gerichtshof weist in seinen Ausführungen ferner darauf hin, dass der Begriff der Jurisdiktion im Lichte der einschlägigen Regeln zur Staatenverantwortlichkeit im allgemeinen Völkerrecht beurteilt werden muss.[524] Aus weiteren Ausführungen geht jedoch nicht eindeutig hervor, welchem Konzept der Zurechnung der Gerichtshof dabei folgt. Die TRNZ wird zwar als untergeordnete örtliche Verwaltung der Türkei bezeichnet, bei der Zurechnung ihrer Akte wird aber dennoch auf die effektive Kontrolle der Türkei abgestellt. In der UN-Resolution zur Staatenverantwortlichkeit, die konzeptionell zwischen der Zurechnung von Handlungen eines staatlichen Organs oder einer Gruppe von Personen, die im Auftrag des Staates tätig wird, und der Zurechnung einer Handlung eines Staates zu einem anderen Staat unterscheidet, wird das Kriterium der effektiven Kontrolle nur im Rahmen der Zurechnung der Akte eines Staates zu einem anderen Staat gemäß Art. 17 relevant.[525] Es geht daher aus der Rechtsprechung des Gerichtshofs nicht eindeutig hervor, ob die Akte der TRNZ als Akte eines Organs der Türkei beurteilt werden oder über die Grundsätze der Zurechnung des Verhaltens eines Staates zu einem anderen Staat der Türkei zugerechnet werden.[526] Da aber hauptsächlich auf die umfassende und effektive Kontrolle abgestellt wird, erscheint Letzteres naheliegender. Es wird eine so weitgehende Kontrolle durch die türkischen Streitkräfte angenommen, dass keine Möglichkeit für Entscheidungen der örtlichen zyperntürkischen Behörden nach eigenem Ermessen gesehen wird.

Es ist aber fraglich, ob die bloße Feststellung einer umfangreichen Militärpräsenz ausreicht, eine solche effektive und umfassende Kontrolle anzuneh-

[523] EMRG, Loizidou v. Turkey (Hauptsache), Urteil vom 18.12.1996, RJD Nr. 26, 1996, S. 2236, Ziff. 57.

[524] EMRG, Loizidou v. Turkey (Hauptsache), Urteil vom 18.12.1996, RJD Nr. 26, 1996, S. 2234, Ziff. 52.

[525] Vgl. Art. 4, 8 und 17 der UN-Resolution zur Staatenverantwortlichkeit; Anlage zu der Resolution der Generalversammlung Nr. 56/83 vom 12.12.2001, s. Satorius II, EL. 35, Nr. 6.

[526] Klebes-Pelissier, L´arrêt Chypre contre Turquie, S. 11.

men. Die ILC stellt zum Art. 17 der UN-Resolution zur Staatenverantwortlichkeit klar, dass die Verantwortlichkeit eines Staates für die Akte des anderen Staates durch die konkrete und tatsächliche Ausübung von Kontrolle bei der Handlung des anderen Staates begründet wird.[527] Unter dem Ausdruck *„direction and control"* sei nicht die allgemeine Überwachung oder Möglichkeit der Einflussnahme zu verstehen. Vielmehr müsse nachgewiesen werden, dass die konkrete Tatherrschaft bei dem Staat liegt, dem die Handlung vorgeworfen wird.[528] Dies gilt auch im Verhältnis des besetzten Staates zum Besatzer.[529]

**(3) Bewertung der Militärpräsenz der Türkei in Nordzypern**

Aus der türkischen Militärpräsenz alleine kann daher nicht ohne weiteres die Gesamtkontrolle der zyperntürkischen Verwaltung gefolgert werden.[530] Zwar haben Besatzungstruppen im Moment der Inbesitznahme eines Gebietes, vor allem bei der kriegerischen Besetzung, die tatsächliche umfassende Hoheitsgewalt über das eingenommene Gebiet.[531] Nach dem Ende der Inbesitznahme muss jedoch differenziert werden, in welchen Bereichen der Verwaltung die Besatzungstruppen noch Hoheitsrechte ausüben oder bis zu welchem Grad sie Einfluss auf die örtlichen Behörden nehmen.[532] Das Handeln der Verwaltung des besetzten Staates kann nur dann der Besatzungsmacht zugerechnet werden, wenn ein zurechenbares, weisungsgebundenes Verhalten vorliegt.[533] So wurde zum Beispiel die Verantwortlichkeit des Besatzerstaates in den Fällen verneint, in denen er keine Möglichkeit hatte, in die interne Verwaltungstätigkeit des besetzten Staates einzugreifen.[534] Auch die Kommission hat in der ersten Staatenbeschwerde beim Entzug von Eigentum geprüft, ob zyperntürkische Stellen weisungsgebunden an die Türkei gehandelt haben. Es wurde ausdrücklich festgestellt, dass die Zyperntürken unter dem direkten Befehl oder der Macht der türkischen Streitkräfte gehandelt haben, dass es dafür Beweise gab und diese Akte deswegen der Türkei zugerechnet werden mussten.[535]

---

[527] Vgl. ILC, Commentaries, Art. 17, Ziff. 6 und 7, S. 163 f.

[528] ILC, Commentaries, Art. 17, Ziff. 7, S. 164.

[529] ILC, Commentaries, Art. 17, Ziff. 5, S. 163: "[...] In such cases the occupying State is responsible for acts of the occupied State *which* it directs and controls." (Hervorhebung durch Bearbeiterin).

[530] Vgl. dazu Rumpf, Zypern und die Türkei, S. 463 ff.; Talmon, Consequences of (Non) Recognition, S. 68 f.

[531] ILC, Commentaries, Art. 17, Ziff. 5, S. 163.

[532] Rumpf, Zypern und die Türkei, S. 465, vgl. auch Ipsen, in ders., Völkerrecht, § 69, Rn. 22.

[533] Vgl. Seidl-Hohenveldern/Stein, Völkerrecht, Rn. 1668 und Rn. 1861 ff.; Verdross/Simma, Universelles Völkerrecht, § 1284.

[534] Vgl. ILC, Commentaries, Art. 17, Ziff. 6, S. 163 f.

[535] ASME, Bericht der Kommission, Ziff. 485 (S. 151).

Die Tatsache allein, dass ein Staat die Möglichkeit hat, durch seine Truppen vor Ort in das Verhalten des anderen Staates in bestimmten Bereichen einzugreifen, begründet nicht die Verantwortlichkeit des Besatzerstaates für alle rechtswidrigen Akte des besetzten Staates.[536] Dies ist insbesondere dann zu beachten, wenn die Besatzungsmacht nicht alle Möglichkeiten eines Besatzungsregimes ausschöpft, und die örtlichen Behörden ausdrücklich mit der weiteren Stationierung der Truppen als „Schutztruppen“ einverstanden sind.[537]

Die Türkei hat mit der zweiten Phase der Intervention die tatsächliche Hoheitsgewalt in Nordzypern übernommen und diese von da ab bis zur Gründung des zyperntürkischen Bundesstaates im Februar 1975 alleine ausgeübt.[538] Danach wurden die Hoheitsstrukturen schrittweise von der bereits vor der Intervention entstandenen zyperntürkischen Verwaltung ausgefüllt, deren Existenz und Eigenständigkeit in der Genfer Erklärung vom 30.7.1974 von allen am Konflikt beteiligten Parteien anerkannt worden war.[539] Nach Ausrufung der TRNZ 1983 und ihrer Anerkennung durch die Türkei wurde der Einfluss der türkischen Hoheitsmacht weiter eingeschränkt. Seitdem üben die Türkei und die TRNZ zumindest gemeinsam die Hoheitsmacht über Nordzypern aus.[540] Es kann dabei zwischen dem Bereich der allgemeinen Verwaltung, in dem die TRNZ alleine Jurisdiktion ausübt, und dem politischen Bereich unterschieden werden, soweit dort die zyperntürkische Regierung gemeinsam mit der Türkei Entscheidungen trifft.[541] Die TRNZ ist als De-facto-Regime grundsätzlich fähig, gegenüber Personen im Nordteil eigenständige Hoheitsgewalt auszuüben, auch wenn sie international nicht anerkannt ist und daher keine völkerrechtliche Handlungsfähigkeit hat.[542]

Im Loizidou-Fall hätte daher überprüft werden müssen, ob und inwieweit eigenständige staatliche Strukturen vor Ort vorhanden waren, und ob die örtlichen Behörden im betroffenen Gebiet Jurisdiktion über Personen und Vermögensgegenstände ausüben konnten. Erst dann hätte auf Grund der konkreten

---

[536] ILC, Commentaries, Art. 17, Ziff. 6 a. E., S. 163 f: "[...] The mere fact that a State may have power to exercise direction and control over another State in some field is not a sufficient basis for attributing to it any wrongful acts of the latter State in that field."

[537] Rumpf, Zypern und die Türkei, S. 465; Talmon, Consequences of (Non) Recognition, S. 68.

[538] Rumpf, Zypern und die Türkei, S. 465.

[539] Rumpf Zypern und die Türkei, S. 463; Heinze, Zum Stand des Zypern-Konflikts, S. 413 f., 416 f.; Necatigil, The Loizidou Case, S. 30 ff.; Text der Genfer Erklärung bei Necatigil, The Cyprus Question, S. 412-414.

[540] Vgl. das Zwischenergebnis bei Rumpf, Zypern und die Türkei, S. 464; ferner von Laffert, Die völkerrechtliche Lage, S. 121, 123.

[541] Vgl. von Laffert, Die völkerrechtliche Lage, S. 123.

[542] Rumpf, Zypern und die Türkei, S. 464; siehe dazu ausführlich oben B. II. 4. c).

Umstände des Falles geklärt werden können, ob die gerügte Eigentumsverletzung tatsächlich auf die türkische Hoheitsmacht zurückzuführen war. Dies gilt umso mehr, wenn man dem grundsätzlich territorialen Charakter des Jurisdiktionsbegriffes der EMRK Rechnung tragen will. Es wäre daher sachgerechter gewesen, wenn der Gerichtshof die Hoheitsverhältnisse und Befehlsstrukturen in der TRNZ genauer untersucht hätte, wie dies die Richter Pettiti und Gölcüklü in ihrem gemeinsamen Minderheitsvotum zu den Verfahrenseinreden bereits gefordert hatten.[543] Zu bedenken ist ferner, dass im Loizidou-Fall keine innerstaatliche Rechtswegerschöpfung stattgefunden hat, während der es in der Regel zu einer umfassenden Untersuchung des Sachverhaltes und somit auch der Hoheitsverhältnisse im betroffenen Gebiet durch mehrere Gerichte kommt.[544] Eine Untersuchung der Umstände vor Ort durch die Kommission hätte in der Zulässigkeitsphase dazu beitragen können, die schwierige Lage zu erfassen und dann festzustellen, wie die Frage der Jurisdiktion i. S. v. Art. 1 EMRK zu beurteilen war.[545]

#### (4) Indizien für die völkerrechtliche Stellung der TRNZ als De-facto-Regime

Mit der Qualifizierung der TRNZ als untergeordnete örtliche Verwaltung, deren Akte alle der Türkei zuzurechnen sind, hat der Gerichtshof der Stellung der TRNZ als stabilisiertes De-facto-Regime keine Bedeutung beigemessen.[546] Vielmehr hat er die veraltete Rechtsprechung der Kommission in den Staatenbeschwerden zur Lage vor Ausrufung der TRNZ übernommen.[547] Die Kommission hatte jedoch bereits in der *Chrysostomos* Entscheidung festgestellt, dass es in der TRNZ Bereiche gibt, die nicht unter die Jurisdiktion der Türkei fallen.[548] Konkret ging es immerhin um das Justiz- und Gefängniswesen, wesentliche Bereiche der staatlichen Organisation. Eine direkte oder indirekte Einflussnahme auf diese Bereiche durch die Militärpräsenz der Türkei wurde dort nicht festgestellt. Die umfassende Kontrolle der Türkei über Nordzypern, wie sie der Gerichtshof im Loizidou-Fall angenommen hat, konnte somit nicht ohne eine ausführliche

---

543 EMRG, Loizidou v. Turkey (Verfahrenseinreden), Urteil vom 25.3.1995, RDJ Series A Nr. 310, 1995, S. 37.

544 Vgl. dazu Krüger, Beweiserhebung, S. 7.

545 So Richter Pettiti in seinem Minderheitsvotum zu Loizidou v. Turkey (Hauptsache), Urteil vom 18.12.1996, RJD Nr. 26, 1996, S. 2252.

546 Klebes-Pelissier, L'arrêt Chypre contre Turquie, S. 11 ; kritisch zum Begriff der *local subordinate authority* Necatigil, The Loizidou Case, S. 30.

547 Huscheer, Die völkerrechtliche Verantwortlichkeit der Türkei, S. 398; Talmon, Consequences of (Non) Recognition, S. 67.

548 EKMR, Bericht vom 8.7.1993, 86-A DR 4; vgl. dazu auch Necatigil Chrysostomos and Papachrysostomou v. Turkey, S. 217 ff.

Begründung gefolgert werden.[549] Da es bei der Frage der Zurechenbarkeit eines bestimmten Aktes zu einer Hoheitsgewalt auf das tatsächliche Herrschaftsverhältnis ankommt, hätte hier überprüft werden müssen, ob sich die Hoheitsverhältnisse in Nordzypern seit der Ausrufung der TRNZ geändert haben. In diesem Zusammenhang muss festgestellt werden, dass die Anerkennung oder Nichtanerkennung eines Gebildes durch andere Staaten nicht dessen Jurisdiktion herstellt oder aufhebt. Dies hat der IGH mit Bezug auf ein De-facto-Regime bereits im Gutachten zur Militärpräsenz Südafrikas in Namibia festgestellt.[550] Die Anerkennung der TRNZ durch die Türkei konnte aber ein Indiz dafür sein, dass sie ihren Einflussbereich in Nordzypern eingeschränkt hat.[551]

Auch die Beziehungen der anderen Konventionsstaaten zur TRNZ, die darauf hinweisen, dass in Nordzypern eine eigenständige Verwaltung existiert, können hier nicht unbeachtet bleiben. Insbesondere Großbritannien unterhält administrative und wirtschaftliche Beziehungen zur TRNZ. Britische Gerichte haben Urteile zyperntürkischer Gerichte als verbindlich und Gesetze der TRNZ als wirksam anerkannt.[552] Dies hätte den Gerichtshof veranlassen müssen, in der Jurisdiktionsfrage eine genauere Prüfung der Sachlage vorzunehmen.[553]

#### (5) Differenzierung zwischen türkischen und zyperntürkischen Akten

Eine sachgerechte Lösung der Jurisdiktionsfrage kann nur eine konkrete Prüfung der Zurechnung in jedem Einzelfall sein.[554] Von Fall zu Fall muss überprüft werden, bei wem die Letztentscheidungsbefugnis im Verhältnis des Bürgers zur Hoheitsmacht tatsächlich liegt.[555] Im Zusammenhang mit den Akten türkischer Streitkräfte in Nordzypern ist die Rechtslage insofern klar. Die Streitkräfte unterstehen dem Oberkommando der Türkei und sind folglich an die EMRK gebunden, wenn sie gegenüber Personen oder Eigentum in Nordzypern hoheitlich tätig werden.[556] Liegt jedoch *prima facie* ein Akt zyperntürkischer Behörden vor, so muss differenziert werden, ob sie weisungsgebunden an die

---

549 Necatigil, The Loizidou Case, S. 19.

550 ICJ Reports, 1971, S. 16 ff., Ziff. 125: "[...] Physical control of a territory, and not sovereignty or legitimacy of title, is the basis of state liability for acts affecting other states. [...]"; vgl. dazu auch Talmon, Consequences of (Non) Recognition, S. 67 f.; Necatigil, De facto Regime in International Law, S. 57 f.

551 Talmon, Consequences of (Non) Recognition, S. 68.

552 Talmon, Consequences of (Non) Recognition, S. 69; Necatigil, The Loizidou Case, S. 16; vgl. auch die Angaben oben unter B. II. 4. d).

553 Talmon, Consequences of (Non) Recognition, S. 68 f.; Necatigil, De facto Regime in International Law, S. 74, Sinagra, Illegality and Non-Recognition of the State, S. 50.

554 Talmon, Consequences of (Non) Recognition, S. 69.

555 Rumpf, Zypern und die Türkei, S. 463.

556 EKMR, Zulässigkeitsentscheidung vom 26.5.1975, EuGRZ 1976, S. 38, Ziff. 10; Rumpf, Zypern und die Türkei, S. 463.

Türkei bzw. an die türkischen Streitkräfte vor Ort oder nach eigenem Ermessen gehandelt haben.[557] Haben sie nicht weisungsgebunden an die Türkei gehandelt, so kann die Entscheidungsverantwortlichkeit nur auf die zyperntürkische Hoheitsgewalt zurückgeführt werden. Es liegt dann keine Juridiktion der Türkei im Sinne von Art. 1 EMRK vor.

Fraglich ist darüber hinaus, wem die Beweislast hier obliegt. Grundsätzlich muss der Beschwerdeführer darlegen, dass er in seinen Rechten verletzt wurde.[558] Da dem Einzelnen jedoch nicht zugemutet werden kann, die Hoheitsverhältnisse und Befehlsstrukturen in einem Gebiet nachzuweisen, das Gegenstand völkerrechtlicher Streitigkeiten ist, muss die Beweislast zumindest bei den Individualbeschwerden gegen die Türkei bei der türkischen Regierung liegen.[559]

### (6) Charakter der EMRK als Instrument des *ordre public européen*

Handelt es sich bei der behaupteten Verletzung um einen Akt, der allein auf die zyperntürkische Hoheitsgewalt zurückzuführen ist, so entzieht er sich dem Wirkungsbereich der EMRK, da die TRNZ keine Partei dieser ist und auch nicht werden kann, solange sie nicht von den anderen Konventionsstaaten als Staat anerkannt wird.[560] Da Zypern die EMRK bereits 1962 ratifiziert hat, wären die Bewohner Nordzyperns damit durch die negativen Entwicklungen im Zypernkonflikt vom Menschenrechtsschutz der EMRK seit 1974 wieder ausgeschlossen. Aus den Ausführungen des Gerichtshofs zur vierten Staatenbeschwerde Zyperns gegen die Türkei geht hervor, dass die zum Nachteil der Bewohner Nordzyperns entstehende Lücke im Konventionssystem vermieden werden sollte. Da die klägerische, d. h. die zyperngriechische Regierung, auf Grund der Militärpräsenz der Türkei nicht in der Lage sei, ihren Verpflichtungen entsprechend der EMRK im Norden Zyperns nachzukommen, müsse die Türkei wegen ihrer umfassenden Kontrolle dort nicht nur für die Handlungen ihrer Streitkräfte und Organe, sondern auch für alle Handlungen der örtlichen zyperntürkischen Behörden haften. Anderenfalls würde bei der Durchsetzung der EMRK ein Vakuum entstehen, das in Hinblick auf Effektivität und besonderen Charakter der EMRK als ein Instrument der öffentlichen europäischen Ordnung nicht akzeptiert werden könne.[561] Der *ordre public européen* wird folglich als

---

[557] Rumpf, Zypern und die Türkei, S. 463; Talmon, Consequences of (Non) Recognition, S. 68.

[558] Frowein/Peukert, EMRK-Kommentar, Art. 25, Rn. 20.

[559] Talmon, Consequences of (Non) Recognition, S. 69.

[560] Rumpf, Zypern und die Türkei, S. 465; Talmon, Consequences of (Non) Recognition, S. 69.

[561] Vgl. EMRG, Cyprus v. Turkey, Urteil vom 10.5.2001, HRLJ 2001, S. 217 ff., Ziff. 77 f.; im Loizidou-Fall wurde dieses Argument nur von der Beschwerdeführerin angeführt, vgl. Loizidou v. Turkey (Verfahrenseinreden), Urteil vom 25.3.1995, RDJ Series A Nr. 310,

Begründung dafür herangezogen, dass es nicht auf eine genaue Untersuchung ankommen darf, wer tatsächlich Jurisdiktion in Nordzypern ausübt, sondern dass aufgrund der effektiven und umfassenden Kontrolle der Türkei, die jedoch umstritten und nicht eindeutig belegt ist, alle Akte der zyperntürkischen Behörden der Türkei zugerechnet werden müssen.

Aus den Ausführungen des Gerichtshofs geht zudem hervor, dass die Türkei für das Entstehen des Vakuums verantwortlich angesehen wird und daher auch für die Einhaltung der EMRK auf dem Gebiet der TRNZ verantwortlich gemacht werden muss.[562] Die heutige völkerrechtlich schwierige Lage Zyperns wird somit allein auf die Intervention der Türkei 1974 und ihre Militärpräsenz seitdem zurückgeführt. Es scheint, als dass der Gerichtshof das Konzept der Jurisdiktion mit der möglichen Staatenverantwortlichkeit der Türkei für die Situation in Zypern nach allgemeinem Völkerrecht verknüpft.[563] Zwar kann es sein, dass die Türkei gegenüber der Republik Zypern für die Intervention 1974 nach völkerrechtlichem Deliktsrecht haftet. Dies ist jedoch von der Frage zu trennen, wer heute tatsächlich die Jurisdiktion über Nordzypern ausübt.[564]

Die Auslegung der EMRK als ein Instrument des *ordre public européen* ist in diesem Zusammenhang nicht unproblematisch. Zunächst ist eine Auseinandersetzung mit dem Inhalt und der Tragweite dieses Begriffes erforderlich. Dazu soll untersucht werden, in welchem Zusammenhang die EMRK bereits als ein Instrument des *ordre public européen* ausgelegt wurde.

In Art. 1 EMRK wird die Verpflichtung der Unterzeichnerstaaten gegenüber den Personen betont, die ihrer Jurisdiktion unterstehen. Daraus geht bereits hervor, dass die EMRK als völkerrechtlicher Vertrag nicht nur gegenseitige Verpflichtungen der Unterzeichnerstaaten, sondern auch objektive Pflichten der

---

1995, S. 22, Ziff. 57 und Loizidou v. Turkey (Hauptsache), Urteil vom 18.12.1996, RJD Nr. 26, 1996, S. 2233, Ziff. 49.

[562] EMRG, Cyprus v. Turkey, Urteil vom 10.5.2001, HRLJ 2001, S. 217 ff., Ziff. 78: "[...] Having regard to the applicant Government's continuing inability to exercise their Convention obligations in northern Cyprus, any other finding would result in a regrettable vacuum in the system of human-rights protection in the territory in question by removing from individuals there the benefit of the Convention's fundamental safeguards and their right to call a High Contracting Party to account for violation of their rights in proceedings before the Court."

[563] Gündüz, Creeping Jurisdiction, S. 15 und 17.

[564] Minderheitsvotum der Richter Göcüklü und Pettiti, EMRG, Loizidou v. Turkey (Verfahrenseinreden), Urteil vom 25.3.1995, RDJ Series A Nr. 310, 1995, S. 35; Zur Abgrenzung von Staatenverantwortlichkeit und Zurechenbarkeit siehe auch Ipsen, in ders. Völkerrecht, § 39, Rn. 49-55.

Konventionsstaaten gegenüber dem Einzelnen begründet.[565] Die Konventionsstaaten haben sich folglich gegenseitig verpflichtet, ihre objektiven Pflichten gegenüber dem Einzelnen einzuhalten, der ihrer Jurisdiktion untersteht. Die Urteile des EMRG, der gemäß Art. 19 EMRK durch die Konventionsstaaten die Kompetenz erhalten hat, die Einhaltung der Konventionsrechte zu überwachen, tragen in den Individualbeschwerden somit nicht nur der Beschwer des Einzelnen Rechnung, sondern verpflichten die Konventionsstaaten auch als Völkerrechtssubjekt.[566] Ein homogener Schutz der Menschenrechte durch die EMRK als ein Instrument der „kollektiven Garantie", wie es in der Präambel gefordert wird, kann aber nur dann gewährleistet werden, wenn die Konvention einheitlich ausgelegt und angewendet wird. Darin sieht der Gerichtshof den besonderen Charakter der EMRK als ein Dokument des *ordre public européen*.[567] Jedoch ist umstritten, ob die Schaffung eines europäischen *ordre public* selbst eine Vertragspflicht ist, oder dieser erst durch die Urteile des EMRG entsteht. Die EMRK muss als völkerrechtlicher Vertrag nicht in das nationale Recht ungesetzt werden.[568] Erst durch die Rechtsprechung des EMRG entsteht ein in allen Konventionsstaaten gleich geltender menschenrechtlicher Standard. Die öffentliche europäische Ordnung ist somit als eine Folge des EMRK-Systems und nicht als sein Zweck zu verstehen.[569] Die Staaten haben sich in der EMRK in erster Linie nicht dazu verpflichtet eine öffentliche europäische Ordnung zu schaffen, sondern dem Einzelnen bestimmte Menschenrechte zu garantieren und diese in dem Rahmen zu verwirklichen, in dem der Gerichtshof es in den Individualbeschwerden für erforderlich hält. Daraus entsteht eine europäische öffentliche Ordnung, die aber nicht selbst der völkerrechtlich vereinbarte Zweck der EMRK ist.[570]

Der Charakter der EMRK als ein Instrument des *ordre public européen* wurde vor allem zur Begründung der Wirksamkeit der Erklärungen der Türkei zur Anerkennung des Individualbeschwerderechts und der Gerichtsbarkeit des

---

[565] So bereits EKMR, Ireland v. United Kingdom, Series A Nr. 25, 1978, S. 90, Ziff. 239; Tomuschat, Individueller Rechtsschutz, S. 96; Peters, Einführung in die Europäische Menschenrechtskonvention, S. 13.

[566] Frowein/Peukert, EMRK-Kommentar, Art. 25, Rn. 3; Okresek, Die Umsetzung der EMRG-Urteile und ihre Überwachung, S. 169.

[567] EMRG, Loizidou v. Turkey, (Verfahrenseinreden), Urteil vom 25.3.1995, RDJ Series A Nr. 310, 1995, S. 27 f., Ziff. 75.

[568] Frowein/Peukert, EMRK-Kommentar, Art. 1 Rn. 2.

[569] Okresek, Die Umsetzung der EMRG-Urteile und ihre Überwachung, S. 169.

[570] Okresek, Die Umsetzung der EMRG-Urteile und ihre Überwachung, S. 169; kritisch zur Auslegung der EMRK als Instrument des *ordre public européen*: Golsong, Interpreting the Convention, S. 158; Gündüz, Creeping Jurisdiction, S. 31 f.; Klebes-Pelissier, L'arrêt Chypre contre Turquie, S. 12; Travernier, Le droit international dans la jurisprudence de la CEDH, S. 413.

Gerichtshofs herangezogen.[571] Obwohl die Türkei ausdrücklich dargelegt hatte, nicht an die Erklärungen gebunden sein zu wollen, wenn die Beschränkungen dazu unwirksam seien, hielt der Gerichtshof die Erklärungen auch ohne die Beschränkungen für wirksam. In diesem Zusammenhang erklärte der Gerichtshof, dass es bezüglich der Anerkennung des Individualbeschwerderechts nicht nur auf den aktuellen Willen der Unterzeichnerstaaten ankommen kann, sondern der Wille, die Individualbeschwerde anzuerkennen im Lichte der Effektivität der EMRK und deren Charakter als Instrument der öffentlichen europäischen Ordnung ausgelegt werden muss.[572] Damit wurde die Existenz höherrangiger Verpflichtungen der Konventionsstaaten impliziert, die ihren freien Entscheidungswillen in Hinblick auf den Schutz des Einzelnen beschränken.[573]

Von der echten Durchsetzung des *ordre public européen* wird vor allem bezüglich der Staatenbeschwerden mehrerer Regierungen gegen die Militärdiktaturen in Griechenland und in der Türkei gesprochen.[574] Bei den anderen bisherigen Staatenbeschwerden ging es entweder um den Schutz einer ethnisch nahestehenden Bevölkerungsgruppe in dem anderen Staat, oder, wie bei den Staatenbeschwerden Zyperns gegen die Türkei, um eine „klassische zwischenstaatliche Streitigkeit".[575] Die Staatenbeschwerde ist ein Instrument, das den Konventionsstaaten die Möglichkeit gibt, ihrer Wächterrolle für die Durchsetzung der EMRK nachzukommen. Der klägerische Staat macht dabei nicht die Verletzung eigener Rechte geltend, sondern rügt die Verletzung des europäischen *ordre public*.[576] Mit ihr soll sichergestellt werden, dass die in der EMRK verbürgten Menschenrechte in einem anderen Konventionsstaat auch dann verwirklicht werden, wenn die Menschen dort wegen der Ausnahmesituation in ihrem Staat nicht die Möglichkeit haben, den Gerichtshof anzurufen.[577]

Im hier vorliegenden Zusammenhang geht es jedoch noch nicht um die Frage, ob der Menschenrechtsschutz der EMRK eingehalten wird oder nicht, oder ob dem Einzelnen das Recht auf Individualbeschwerde zusteht, sondern um die Vorfrage, wer im betroffenen Gebiet überhaupt Jurisdiktion ausübt. Es geht somit nicht um das Verhältnis des Konventionsstaates zum Einzelnen oder seiner völkerrechtlichen Verpflichtungen unter der EMRK, sondern um das Ver-

[571] Siehe dazu unten c).
[572] EMRG, Loizidou v. Turkey (Verfahrenseinreden), Urteil vom 25.3.1995, RDJ Series A Nr. 310, 1995, S. 31, Ziff. 93.
[573] Klebes-Pelissier, L'arrêt Chypre contre Turquie, S. 12; kritisch Golsong, Interpreting the Convention, S. 158 f.
[574] Frowein/Peukert, EMRK-Kommentar, Art. 24, Rn. 4; Tomuschat, Individueller Rechtschutz, S. 97.
[575] Tomuschat, Individueller Rechtschutz, S. 96 f.
[576] Frowein/Peukert, EMRK-Kommentar, Art. 24, Rn. 2.
[577] Tomuschat, Individueller Rechtschutz, S. 96.

hältnis der in die vorliegende Situation eingebundenen Völkerrechtssubjekte zueinander. Der Gerichtshof übergeht, dass der TRNZ als stabilisiertem De-facto-Regime ein bestimmter völkerrechtlicher Status zukommt, auch wenn dieser nicht dem eines völkerrechtlich voll handlungsfähigen Staates entspricht. Wie bereits dargestellt, ist die zyperntürkische Verwaltung durchaus in der Lage, eigenständige Jurisdiktion in Nordzypern auszuüben, und ihre Akte können nicht der Türkei zugerechnet werden, soweit die zyperntürkischen Behörden nicht weisungsgebunden handeln. Dadurch entsteht zwar ein Vakuum im Wirkungsbereich der EMRK, es ist aber fraglich, ob dieses ohne weiteres dadurch geschlossen werden kann, dass die völkerrechtlichen Entwicklungen in Nordzypern übergangen werden. In Anbetracht des Streites, wann ein völkerrechtliches Gebilde als Staat anzusehen ist, und ob dies von der Anerkennung durch andere Staaten abhängig sein kann, kann diese Vorgehensweise sogar in Konflikt mit dem Selbstbestimmungsrecht der Völker geraten. Die Nichtanwendbarkeit der EMRK auf die eigenverantwortlichen Akte der TRNZ muss in Anbetracht der faktischen Lage, die gemäß dem Effektivitätsprinzip nicht unberücksichtigt bleiben kann, hingenommen werden.[578]

#### c) Wirksamkeit der territorialen Beschränkungen in den Erklärungen gemäß Art. 25 und 46 EMRK a. F.

##### (1) Ausführungen des Gerichtshofs

Ein weiterer umstrittener Punkt bei der örtlichen Zuständigkeit des Gerichtshofs betraf die Wirksamkeit der territorialen Beschränkungen, die die Türkei ihren Erklärungen bezüglich der Anerkennung des Individualbeschwerderechts und der Gerichtsbarkeit des Gerichtshofes gemäß Art. 49 a. F. EMRK [Art. 32 Abs. 2 n. F.] hinzugefügt hatte. Wie Vorbehalte zu einem völkerrechtlichen Vertrag sollten diese Beschränkungen die Anerkennung des Individualbeschwerderechts und der Gerichtsbarkeit des EMRG auf das nationale Gebiet der Türkei beschränken.[579] Der Gerichtshof ließ offen, ob es sich hierbei um Vorbe-

[578] Talmon, Consequences of (Non) Recognition, S. 69; a. A. Heintze, Entscheidungen des Europäischen Menschenrechtsgerichtshofs als Politikersatz?, S. 450; Huscheer, Die völkerrechtliche Verantwortlichkeit der Türkei, S. 389.

[579] Zum Text der Erklärung bezüglich Art. 25 EMRK a. F. vgl. oben Fn. 431. Der Text der Erklärung gemäß Art. 46 EMRK a. F. vom 22.1.1990 lautet: „[...] The Government of the Republic of Turkey acting in accordance with Article 46 of the European Convention for the Protection of Human Rights and Fundamental Freedoms, hereby recognises as compulsory *ipso facto* and without special agreement the jurisdiction of the European Court of Human Rights in all matters concerning the interpretation and application of the Convention wich relate to the exersice of jurisdiction within the meaning of Article 1 of the Convention, performed within the boundaries of the national territory of the Republic of Turkey and provided further that such matters have previously been examined by the Commission within the power conferred upon it by Turkey. [...]", vgl. dazu auch EMRG,

halte nach dem allgemeinen Völkerrecht handelte, und führte aus, dass die Konvention selbst nur eine zeitliche Beschränkung vorsehe. Die Möglichkeit einer territorialen Beschränkung darüber hinaus würde die einheitliche und damit effektive Durchsetzung der Konventionsrechte als Instrument des Europäischen *ordre public* untergraben.[580] Die territorialen Beschränkungen in den Erklärungen der Türkei müssten daher als gegenstandlos betrachtet werden.[581] Eine analoge Anwendung von Art. 36 IGH-Statut, der eine weitgehende Vorbehaltspraxis zulässt und das zentrale Vorbild für den Text der EMRK gewesen ist, lehnte der Gerichtshof ab.[582] Ebenso lehnte er die analoge Anwendung von Art. 56 Abs. 4 [Art. 63 Abs. 4 a. F.] EMRK ab, gemäß dem Konventionsstaaten die Anerkennung des Individualbeschwerderechts für ein Gebiet, für das sie die internationale Verantwortung tragen, optional anerkennen können.[583] Mit dieser Regelung sollte den Konventionsstaaten ein Ermessensspielraum für ihre außereuropäischen Gebiete gegeben werden.[584]

Da die Türkei der Ansicht war, an die Anerkennung des Individualbeschwerderechts und die Zuständigkeit des EMRG allein unter der Bedingung der territorialen Beschränkungen gebunden zu sein, musste weiterhin geklärt werden, ob die Unzulässigkeit der Beschränkungen die Nichtigkeit der gesamten Erklärungen zur Folge hatten. Auch hier stellte der Gerichtshof auf den verfassungsrechtlichen Charakter der EMRK als Teil des *ordre public européen* ab und unterschied bei den Erklärungen zwischen einem „Beschränkungs-" und einem „Unterwerfungsteil".[585] Für die Wirksamkeit der Anerkennungserklärungen käme es in Hinblick auf die effektive Durchsetzung der Konvention allein auf den grundsätzlichen Rechtsbindungswillen des jeweiligen Konventionsstaa-

---

Loizidou v. Turkey (Verfahrenseinreden), Urteil vom 25.3.1995, RDJ Series A Nr. 310, 1995, S. 12-15.

580 EMRG, Loizidou v. Turkey (Verfahrenseinreden), Urteil vom 25.3.1995, RDJ Series A Nr. 310, 1995, S. 27, Ziff. 75.

581 EMRG, Loizidou v. Turkey (Verfahrenseinreden), Urteil vom 25.3.1995, RDJ Series A Nr. 310, 1995, S. 30, Ziff. 89.

582 EMRG, Loizidou v. Turkey (Verfahrenseinreden), Urteil vom 25.3.1995, RDJ Series A Nr. 310, 1995, S. 29, Ziff. 82-85; kritisch dazu Golsong, Interpreting the Convention, S. 158-160.

583 EMRG, Loizidou v. Turkey (Verfahrenseinreden), Urteil vom 25.3.1995, RDJ Series A Nr. 310, 1995, S. 29 f., Ziff. 86-88; vgl. zur analogen Anwendbarkeit des früheren Art. 63 Abs. 4 EMRK: Minderheitsvotum der Richter Norgaard, Gaukur Jörundsson, Gözbüyük, Soyer und Danelius zum Bericht der Kommission vom 8.7.1993, wiedergegeben im Anhang zu EMRG, Loizidou v. Turkey, (Verfahrenseinreden), Urteil vom 25.3.1995, RDJ Series A Nr. 310, 1995, Opinion of the Commission, S. 55; ferner befürwortend Gündüz, Creeping Jurisdiction, S. 27; ablehnend Tomuschat, Turkey's Declaration, S. 128 f.

584 Tomuschat, Turkey's Declaration, S. 128.

585 EMRG, Loizidou v. Turkey (Verfahrenseinreden), Urteil vom 25.3.1995, RDJ Series A Nr. 310, 1995, S. 32, Ziff. 97; Ress, Die Zulässigkeit territorialer Beschränkungen, S. 436.

tes an, sich der Gerichtsbarkeit des EMRG zu unterwerfen.[586] Der Gerichtshof wies auch auf seine frühere Rechtsprechung im Fall Belilos hin. Darin hatte er die volle Bindung der Schweiz an die Konvention trotz der Unwirksamkeit einer einschränkenden Auslegungserklärung zu Art. 6 Abs. 1 EMRK angenommen.[587] Während aber im Fall Belilos eine Erklärung der Schweiz vorlag, dass sie ihre Bindung an die Konvention nicht durch die Unwirksamkeit der Auslegungserklärung beeinträchtigt sieht, erklärte die Türkei im Loizidou-Fall ausdrücklich, dass sie im Falle der Nichtigkeit der territorialen Beschränkungen nicht an die Konvention gebunden sein wollte.[588] Damit wurde die Bindung an die Konvention nicht am ausdrücklichen Willen des Konventionsstaates bei Abgabe der Erklärung festgemacht, sondern am objektiven Zweck der EMRK, die effektive und einheitliche Durchsetzung des menschenrechtlichen Standards in den Unterzeichnerstaaten zu gewährleisten. Das Loizidou-Urteil zu den Verfahrenseinreden gilt daher als Grundsatzentscheidung zum Charakter der EMRK als Instrument des *ordre public européen*.[589]

Der Gerichtshof wies ferner darauf hin, dass die Türkei die Erklärung zur Anerkennung der Gerichtsbarkeit des EMRG unter Wiederholung der gleichen territorialen Beschränkungen verlängert hatte, obwohl andere Konventionsstaaten Bedenken gegen die Wirksamkeit geäußert hatten, und die Kommission die Nichtigkeit der Erklärungen in Bezug auf Art. 25 EMRK a. F. bereits festgestellt hatte. Damit sei sie das Risiko eingegangen, an die Konvention gebunden zu sein, ohne eine Wirksamkeit der territorialen Beschränkungen geltend machen zu können.[590] Die Türkei sei daher seit der Abgabe ihrer Anerkennungserklärung am 22.1.1990 für alle Gebiete, auf die sich ihre Jurisdiktion gemäß Art. 1 EMRK erstreckt, an die Rechtsprechung des Gerichtshofes gebunden, und die örtliche Zuständigkeit des Gerichtshofes sei somit gegeben.[591]

---

[586] EMRG, Loizidou v. Turkey (Verfahrenseinreden), Urteil vom 25.3.1995, RDJ Series A Nr. 310, 1995, S. 27, Ziff. 93 ff.; kritisch dazu Necatigil, The Cyprus Question, S. 149; Rumpf, Türkei, EMRK und Zypernfrage, S. 202 f.

[587] Belilos v. Switzerland, Series A Nr. 132, S. 28, Ziff. 60.

[588] Ress, Die Zulässigkeit territorialer Beschränkungen, S. 436.

[589] Ress, Die Zulässigkeit territorialer Beschränkungen, S. 435 f.; vgl. zu den Rechtsfolgen Peters, Einführung in die Europäische Menschenrechtskonvention, S. 12 ff.

[590] EMRG, Loizidou v. Turkey (Verfahrenseinreden), Urteil vom 25.3.1995, RDJ Series A Nr. 310, 1995, S. 31 f., Ziff. 95.

[591] EMRG, Loizidou v. Turkey (Verfahrenseinreden), Urteil vom 25.3.1995, RDJ Series A Nr. 310, 1995, S. 32, Ziff. 98.

### (2) Abgrenzung der Erklärungen gemäß Art. 25 und 46 EMRK a. F. zu Vorbehalten im allgemeinen Völkerrecht

Im Unterschied zu Vorbehalten, die gemäß Art. 2 Abs. 1 lit. d) WÜV den Geltungsumfang eines völkerrechtlichen Vertrags betreffen, bezogen sich die Erklärungen gemäß Art. 25 und 46 EMRK a. F., mit denen vor der Reform der EMRK durch das 11. Protokoll[592] das Individualbeschwerderecht und die Gerichtsbarkeit des EMRG fakultativ anerkannt werden konnten, auf die Zuständigkeit der Überwachungsorgane, die bereits durch einen völkerrechtlichen Vertrag geschaffen worden waren.[593] Sie berührten damit nicht mehr den Inhalt der Konvention als völkerrechtlichen Vertrag. Im Gegensatz zum IGH-Statut setzt die EMRK keine Gegenseitigkeit in den Verpflichtungen der Konventionsstaaten voraus, sondern erlegt ihnen objektive Pflichten gegenüber Personen auf, die ihrer Jurisdiktion unterstehen. Eine Anerkennungspraxis, nach der andere Beschränkungen möglich gewesen wären als die in der Konvention vorgesehenen zeitlichen, hätte jedoch zu einer uneinheitlichen Durchsetzung der EMRK geführt und wäre somit kontraproduktiv gewesen.[594] Die Anerkennung des Individualbeschwerderechts und der Gerichtsbarkeit des Gerichtshofs waren somit nur unter einer zeitlichen Beschränkung möglich.

### (3) Wirksamkeit der Erklärungen insgesamt

Weiterhin ist umstritten, ob der verfassungsähnliche Charakter der EMRK auch in Bezug auf die Wirksamkeit der Anerkennungserklärungen insgesamt herangezogen werden konnte. Denn die Türkei hatte ausdrücklich erklärt, im Falle der Nichtigkeit der Beschränkungen nicht an die Anerkennung gebunden sein zu wollen.[595] Der Gerichtshof wies in diesem Zusammenhang darauf hin, dass die Konvention als ein *living instrument* im Lichte der gegenwärtigen Bedingungen ausgelegt werden müsse. Dies gelte nicht nur für die Normativbestimmungen, sondern auch für die Regeln zur Anwendung der Konvention.[596] Die Erklärungen wären daher nicht alleine im Einklang mit den Absichten eines

---

[592] Protokoll Nr. 11 zur EMRK vom 11.5.1994, ETS Nr. 155, abgedruckt in BGBl. 1995 II, S. 579 ff.

[593] Ress, Die Zulässigkeit territorialer Beschränkungen, S. 430; Huscheer, Die völkerrechtliche Verantwortlichkeit der Türkei, S. 408 f.

[594] EMRG, Loizidou v. Turkey, (Verfahrenseinreden), Urteil vom 25.3.1995, RDJ Series A Nr. 310, 1995, S. 27 f., Ziff. 75; Ress, Die Zulässigkeit territorialer Beschränkungen, S. 433; Tomuschat, Turkey's Declaration, S. 127 f.; Huscheer, Die völkerrechtliche Verantwortlichkeit der Türkei, S. 402.

[595] EMRG, Loizidou v. Turkey (Verfahrenseinreden), Urteil vom 25.3.1995, RDJ Series A Nr. 310, 1995, S. 30, Ziff. 90.

[596] EMRG, Loizidou v. Turkey (Verfahrenseinreden), Urteil vom 25.3.1995, RDJ Series A Nr. 310, 1995, S. 26, Ziff. 71.

Konventionsstaates zu beurteilen, sondern auch im Lichte der EMRK als Instrument der europäischen Ordnung.[597] Da es hier im Gegensatz zur Frage der Zulässigkeit von Beschränkungen nicht um die Reichweite der Anerkennung ging, sondern um die Frage, ob ein Konventionsstaat überhaupt das Individualbeschwerderecht bzw. die Gerichtsbarkeit des Gerichtshofs anerkennen wollte, war fraglich, ob die einheitliche Durchsetzung der Konvention gefährdet gewesen ist. Denn die Option, sich der Gerichtsbarkeit des EMRG zu unterwerfen, oblag nach der damaligen Fassung der EMRK den Konventionsstaaten. Der Gerichtshof unterschied jedoch zwischen Unterwerfungs- und Beschränkungswillen der Türkei und führte aus, dass es für die effektive Durchsetzung der Konvention auf den grundsätzlichen Unterwerfungswillen der Türkei ankäme.[598] Damit wurde zwar eine wichtige Hürde bei der Einbindung der Konventionsstaaten in das Menschenrechtsschutzsystem der EMRK genommen.[599] Die „Zersägung" der türkischen Erklärung in einen Unterwerfungsteil und einen Beschränkungsteil wurde indes auch als Verstoß gegen das Prinzip der freien Willensentscheidung kritisiert.[600]

Mit der Reform der EMRK durch das 11. Zusatzprotokoll ist die fakultative Anerkennung des Individualbeschwerderechts und der Gerichtsbarkeit des Gerichtshofs und damit auch die Möglichkeit entfallen, diesem territorialen Beschränkungen hinzuzufügen. Die Diskussion, welche Auswirkungen der Charakter der EMRK als Instrument der europäischen öffentlichen Ordnung hat, hat sich in den Zypern-Fällen allein auf die Frage verlagert, in welchem Rahmen die Verantwortung der Türkei auf Nordzypern unter der Konvention gegeben ist, d. h. bei der Ausübung von Jurisdiktion außerhalb ihres nationalen Territoriums.

#### d) Zwischenergebnis

Zusammenfassend kann festgehalten werden, dass sich der Gerichtshof bei der Feststellung seiner örtlichen Zuständigkeit hauptsächlich auf den Cha-

---

597 EMRG, Loizidou v. Turkey (Verfahrenseinreden), Urteil vom 25.3.1995, RDJ Series A Nr. 310, 1995, S. 31, Ziff. 93; Vgl. auch die erklärenden Ausführungen zur Loizidou Rechtsprechung in der Bankovich Entscheidung EMRG, Bankovich u. a. gegen 17 Nato-Staaten, Entscheidung vom 12.12.2001, EuGRZ 2002, S. 133 ff., Ziff. 64.

598 EMRG, Loizidou v. Turkey (Verfahrenseinreden), Urteil vom 25.3.1995, RDJ Series A Nr. 310, 1995, S. 32, Ziff. 97 befürwortend Ress, Die Zulässigkeit territorialer Beschränkungen, S. 437 f.; Huscheer, Die völkerrechtliche Verantwortlichkeit der Türkei, S. 410 f.; in diese Richtung weist auch Tomuschat, Turkey's Declaration, S. 136.

599 Huscheer, Die völkerrechtliche Verantwortlichkeit der Türkei, S. 410.

600 Klebes-Pelissier, L'arrêt Chypre contre Turquie, S. 12 m. w. N.; Minderheitsvotum der Richter Gölcüklü und Pettiti, EMRG, Loizidou v. Turkey (Verfahrenseinreden), Urteil vom 25.3.1995, RDJ Series A Nr. 310, 1995, S. 36 f.; kritisch auch Rumpf, Türkei, EMRK und Zypernfrage, S. 203; zu diesem Problem ferner Huscheer, Die völkerrechtliche Verantwortlichkeit der Türkei, S. 410 f.

rakter der EMRK als Instrument der öffentlichen europäischen Ordnung gestützt hat. Dies gilt sowohl für die Auslegung des Jurisdiktionsbegriffs, wie auch für die Wirksamkeit der Anerkennungserklärungen gemäß Art. 25 und 46 EMRK a. F. Inwiefern die Konvention jedoch als ein Dokument der öffentlichen europäischen Ordnung ausgelegt werden kann, und wie sich das auf ihre eigentliche Konzeption als völkerrechtlicher Vertrag auswirkt, ist im Einzelnen sehr umstritten.[601]

Die Bankovich-Entscheidung, in welcher der Gerichtshof eindeutig die grundsätzlich territoriale Begrenzung des Jurisdiktionsbegriffes i. S. v. Art. 1 EMRK dargelegt hat, kann für die Rechtsprechung im Loizidou-Fall und den Nachfolgeprozessen nicht ohne Berücksichtigung bleiben. Zwar ist richtig, dass das Menschenrechtssystem der EMRK regional begrenzt ist und nicht weltweit Anwendung finden kann. Jedoch muss unter Berücksichtigung der Tatsache, dass die exterritoriale Ausübung von Hoheitsmacht eine Ausnahme ist, bei der Klärung der Frage, ob im konkreten Fall auch tatsächlich Jurisdiktion ausgeübt wurde, eine *konkrete* Prüfung der Zurechenbarkeit des jeweiligen Aktes vorgenommen werden. Dies gilt umso mehr, wenn dem Gerichtshof Indizien dafür vorliegen, dass die Hoheitsverhältnisse im betroffenen Gebiet nicht eindeutig sind.

#### 4. Zeitliche Zuständigkeit des Gerichtshofs (Einrede *rationae temporis*)

Da die Türkei die Zuständigkeit des Gerichtshofs erst ab dem 22.1.1990 anerkannt hatte, stellte sich weiterhin die Frage, ob die zeitliche Zuständigkeit des Gerichtshofs gegeben war. Dies richtete sich nach der Qualität des Eigentumseingriffs, die erst im Hauptverfahren geklärt werden konnte. Kam es auf ein Ereignis an, das vor dem 22.1.1990 lag, so war die Zuständigkeit *rationae temporis* nicht gegeben. Lag jedoch eine fortdauernde Situation vor, die bis zum Abschluss des Verfahrens andauerte, war die zeitliche Zuständigkeit des Gerichtshofs ab dem oben genannten Datum gegeben. Die türkische Regierung führte im Hauptverfahren an, dass die Beschwerdeführerin ihr Eigentum bereits vor dem 22.1.1990 durch Art. 159 Abs. 1 der Verfassung der TRNZ verloren habe. Die Zuständigkeit des Gerichtshofs sei somit nicht gegeben. Der Gerichtshof lehnte jedoch die Wirksamkeit der Verfassung der TRNZ ab und stellte fest, dass darin keine wirksame Enteignung der Beschwerdeführerin gesehen werden kann.[602] Sie sei daher weiterhin Eigentümerin der Grundstücke. Die Verhinderung des Zugangs zu den Grundstücken stelle folglich eine andauernde Situation

[601] Vgl. Golsong, Interpreting the Convention, S. 158; Gündüz, Creeping Jurisdiction, S. 31 f.; Klebes-Pelissier, L'arrêt Chypre contre Turquie, S. 12; Travernier, Le droit international dans la jurisprudence de la CEDH, S. 413.

[602] EMRG, Loizidou v. Turkey (Hauptsache), Urteil vom 18.12.1996, RJD Nr. 26, 1996, S. 2232, Ziff. 46.

dar, die über den Zeitpunkt der Anerkennung der Gerichtsbarkeit des EMRG hinaus fortwirken würde. Die Zuständigkeit *rationae temporis* des Gerichtshofs wäre somit gegeben.[603] Im Einzelnen ist diese Frage jedoch sehr umstritten und soll im Teil bezüglich der materiellen Probleme des Falles ausführlich behandelt werden.[604]

### 5. Innerstaatliche Rechtswegerschöpfung

Grundsätzlich kann eine Beschwerde beim EMRG gemäß Art. 35 EMRK erst nach Erschöpfung des innerstaatlichen Rechtsweges eingelegt werden. Wenn die in Frage kommenden Rechtsbehelfe jedoch nicht zugänglich oder nicht wirksam und ausreichend sind, um dem geltend gemachten Unrecht oder Schaden abhelfen zu können, kann von der Erschöpfung des Rechtsweges abgesehen werden.[605] In einem Fall, in dem der Rechtsweg gegen einen Legislativakt nicht gegeben ist oder die behauptete Konventionsverletzung aus der allgemeinen Verwaltungspraxis hervorgeht, besteht kein Erfordernis der Rechtswegerschöpfung.[606]

#### (1) Im Loizidou-Fall

Im Loizidou-Fall wurde die Verfahrenseinrede der innerstaatlichen Rechtswegerschöpfung nicht erhoben. Die Kommission stellte lediglich bezüglich der gemäß Art. 35 Abs. 1. EMRK [Art. 26 a. F.] einzuhaltenden Frist von sechs Monaten seit der letzten innerstaatlichen Entscheidung fest, dass hier eine fortdauernde Situation gerügt werde. Nach gängiger Rechtsprechung der Kommission könne die Sechs-Monate-Regel jedoch erst dann greifen, wenn dieser Zustand aufgehört habe.[607] Die Klage sei daher nicht gemäß Art. 26 i. V. m. Art. 27 Abs. 3 EMRK a. F. abzuweisen.

#### (2) Volksgruppengespräche

Für die Nachfolgeprozesse stellt sich die Frage, inwiefern die Volksgruppengespräche und Verhandlungen zum UN-Lösungsplan einen Rechtsweg darstellen können. Grundsätzlich müssen individuelle Restitutions- oder Entschädigungsansprüche, die aus einem Völkerrechtsverstoß entstehen wegen der

---

[603] EMRG, Loizidou v. Turkey (Hauptsache), Urteil vom 18.12.1996, RJD Nr. 26, 1996, S. 2232, Ziff. 47.
[604] Siehe Punkt III.
[605] Vgl. dazu Frowein/Peukert, EMRK-Kommentar, Art. 26, Rn. 2 und 33 ff.
[606] EKMR, Zulässigkeitsentscheidung vom 28.6.1996, EHRR 23 (1997), S. 244 ff., Ziff. 52; vgl. auch Frowein/Peukert, EMRK-Kommentar, Art. 26, Rn. 41.
[607] EKMR, Zulässigkeitsentscheidung vom 4.3.1991, dt. Übersetzung in EuGRZ 1991, S. 254 ff., Ziff. 56.

Mediatisierung des Einzelnen im Völkerrecht durch die jeweilige Regierung geltend gemacht werden.[608] Die Annäherungsgespräche zur Überwindung der Teilung Zyperns boten Gelegenheit hierzu.[609] Für die Erschöpfung des Rechtswegs gemäß Art. 35 EMRK kommt es nicht nur auf den ordentlichen Rechtsweg an. Es kommen auch alle anderen Rechtsbehelfe in Frage, die wirksam und geeignet sind, einer Konventionsverletzung entgegenzuwirken oder abzuhelfen.[610] Bei den Annäherungsgesprächen unter der Schirmherrschaft der UN wurden die jeweiligen Ansprüche vorgetragen und nach völkerrechtlichen Gesichtspunkten verhandelt. Die Volksgruppengespräche kommen daher als Rechtsweg gemäß Art. 35 EMRK in Betracht. Da der Annan-Plan jedoch beim Referendum Ende April 2004 nicht angenommen wurde, kann er inzwischen auch als erschöpft beurteilt werden.

### (3) Zyperntürkische Eigentumskommission

Infolge der Loizidou-Entscheidung hat das zyperntürkische Parlament ein Gesetzes zur Entschädigung von unbeweglichem Eigentum, das von Art. 159 Abs. 1 VerfTRNZ betroffen ist, verabschiedet.[611] Diesem Gesetz entsprechend wurde eine Eigentumskommission gegründet, die sich mit Entschädigungsanträgen von Zyperngriechen befasst. Diese Kommission könnte bei Nachfolgeprozessen ebenfalls als möglicher Rechtsbehelf i. S. v. Art. 35 Abs. 1 EMRK in Betracht kommen, da auch eine Entschädigungszahlung dazu dienlich sein kann, Konventionsverletzungen entgegenzuwirken.[612] Die Eigentumskommission kann daher grundsätzlich als zu erschöpfender Rechtsweg angesehen werden, wenn die Beschwerdeführer eine Enteignungsentschädigung geltend machen wollen. Da in den meisten Fällen jedoch die fortdauernde Verletzung des Eigentums gerügt wird, kommt aus Sicht der Beschwerdeführer nur die Rückgabe bzw. die Zulassung des Zugangs zum Eigentum als Forderung in Frage.[613] Dies kann aber vor der Eigentumskommission nicht geltend gemacht werden, da die zyperntürkische Rechtsauffassung davon ausgeht, dass eine wirksame Enteignung gemäß Art. 159 Abs. 1 VerfTRNZ stattgefunden hat. Es ist daher fraglich, ob dieser Rechtsbehelf als wirksam für die Durchsetzung des von den Beschwerdeführern geltend gemachten Anspruchs angesehen werden kann. Die sehr umstrittene Frage, ob es sich bei den Eigentumsbeeinträchtigungen in Nordzypern um ein-

---

608 Seidl-Hohenveldern/Stein, Völkerrecht, Rn. 1602; Verdross/Simma, Universelles Völkerrecht, S. 878, § 1300.

609 Vgl. Bericht des UN-Generalsekretärs vom 1.4.2003, UN doc. S/2003/398, Ziff. 21 ff.

610 Frowein/Peukert, EMRK-Kommentar, Art. 26, Rn. 11.

611 Gesetz zur Entschädigung von unbeweglichem Eigentum innerhalb der TRNZ vom 30.7.2003.

612 Frowein/Peukert, EMRK-Kommentar, Art. 26, Rn. 14.

613 Vgl. zu wirksamen Rechtsbehelfen bei andauernden Verletzungen Frowein/Peukert, EMRK-Kommentar, Art. 26, Rn. 15.

malige Akte oder um fortdauernde Verletzungen handelt, bleibt somit auch hier entscheidendes Kriterium. Das Gesetz sieht ferner vor, dass alle Personen, die einen Antrag stellen wollen oder ein Verfahren vor der Kommission anhängig gemacht haben, und ihre rechtlichen Vertreter sowie Zeugen, die zum Verfahren gehört werden sollen, unbeschränkten Zugang in die TRNZ haben.[614] Die Zugänglichkeit des Rechtswegs wäre somit unproblematisch.

**(4) Ausblick auf die Nachfolgeprozesse**

Bei der Beurteilung der Frage, ob und welche Rechtsbehelfe in Frage kommen, und ob diese wirksam und ausreichend sind, ist auf den Zeitpunkt der Entscheidung über die Zulässigkeit abzustellen.[615] Es kommt somit auf die aktuellen Umstände im beklagten Staat an. Der Gerichtshof ist daher nicht an seine frühere Rechtsprechung gebunden, wenn er bereits in einer ähnlichen Sache die Erschöpfung des Rechtsweges für entbehrlich befunden hat, sich aber die Möglichkeiten der Rechtsdurchsetzung in dem beklagten Staat seitdem geändert haben. Die Bejahung der Zulässigkeitsvoraussetzungen ist darüber hinaus nicht präjudiziell.[616] Der Gerichtshof kann gemäß Art. 35 Abs. 4 EMRK in jedem Stadium des Verfahrens die Beschwerde zurückweisen, wenn festgestellt wird, dass ein Rechtsbehelf in Anspruch genommen werden musste. Der Einwand ist jedoch nur dann beachtlich, wenn er auch in der Zulässigkeitsprüfung geltend gemacht wurde.[617]

Es ist jedoch fraglich, ob der Gerichtshof die Wirksamkeit des Gesetzes der TRNZ überhaupt akzeptieren wird, da er auch bereits die Verfassung der TRNZ als nicht wirksam befunden hat. In der vierten Staatenbeschwerde Zyperns gegen die Türkei hat der Gerichtshof zumindest festgestellt, dass der Rechtsweg in Nordzypern als Rechtsweg der Türkei angesehen werden könne und daher grundsätzlich erschöpft werden muss. Im konkreten Fall müsste jedoch untersucht werden, ob der Rechtsschutz in Hinblick auf die Umstände des Falles als effektiv angesehen werden kann.[618] In den Fällen Michaelidou und Demades hat der Gerichtshof den Antrag der Türkei abgelehnt, die zyperntürkische Eigentumskommission müsse noch als Rechtsbehelf in Anspruch genommen werden, weil dieser Einwand der fehlenden Rechtswegerschöpfung nicht im Vortrag zur Zulässigkeitsentscheidung vorgebracht worden war.[619] Im derzeit

---

[614] Art. 4 Abs. 2.

[615] Frowein/Peukert, EMRK-Kommentar, Art. 26, Rn. 4.

[616] Frowein/Peukert, EMRK-Kommentar, Art. 26, Rn. 4.

[617] Frowein/Peukert, EMRK-Kommentar, Art. 26, Rn. 4.

[618] EMRG, Cyprus v. Turkey, Urteil vom 10.5.2001, HRLJ 2001, S. 217 ff., Ziff. 102.

[619] Eugenia Michaelidou Developments Ltd and Michael Tymvios v. Turkey, Beschwerde Nr. 16163/90, Urteil vom 31.7.2003, Ziff. 22; Demades v. Turkey, Beschwerde Nr. 16219/90,

verhandelten Fall Xenides-Arestis wurde der Einwand zur Nichterschöpfung des Rechtsweges rechtzeitig erhoben, so dass nun geprüft wird, ob die Eigentumskommission oder die Verhandlungen zum UN-Lösungsplan als mögliche Rechtswege in Frage kommen.[620] Da die Türkei den Einwand erhoben hat, obliegt ihr die Beweislast, die Wirksamkeit dieser Rechtsbehelfe darzulegen.[621]

### III. Materiellrechtliche Probleme des Falles

Um die materiellrechtlichen Probleme des Loizidou-Falles umfassend darstellen zu können, muss auf die genauen historischen Umstände eingegangen werden, unter denen die Flüchtlinge nach der Intervention Eigentum verloren haben bzw. in Besitz von Eigentum gekommen sind.

#### 1. Die Eigentumsfrage im Überblick

##### a) Völkerrechtswidrigkeit der Vertreibungen

Anlässlich der Intervention der Türkei 1974 kam es zu Fluchtbewegungen von Zyperngriechen in den Süden und von Zyperntürken in den Norden der Insel. Ferner wurden nachdem Denktaş und Klerides, damals als Vertreter von Präsident Makarios, 1975 ein Kommuniqué über einen Bevölkerungsaustausch [622] unterzeichnet hatten, mit organisatorischer Unterstützung der UNFICYP mehrere tausend Zyperngriechen und Zyperntürken umgesiedelt.[623] Unabhängig davon, ob die Fluchtbewegungen durch direkte physische Gewaltanwendung staatlicher Organe oder durch die Angst davor ausgelöst wurden, handelte es sich dabei um völkerrechtswidrige Vertreibungen.[624] Gemäß Art. 49 der IV. GK ist die Deportation der Bevölkerung aus besetzten Gebieten verboten, soweit es nicht zur Sicherheit der Bevölkerung oder aus zwingenden militärischen Gründen erforderlich ist. Darüber hinaus ist das Verbot der Vertreibung

---

Urteil vom 31.7.2003, Ziff. 20; dazu kritisch das Minderheitsvotum von Richter Gölcüklü, Ziff. 17 ff.

620 Xenides-Arestis v. Turkey, Beschwerde Nr. 46347/99; Presseerklärung des EMRG Nr. 407 vom 2.9.2004.

621 Peters, Einführung in die Europäische Menschenrechtskonvention, S. 245.

622 Kommuniqué über den Bevölkerungsaustausch vom 2.8.1975, Anlage zu UN doc. 11789; Text bei Nedjatigil, The Cyprus Conflict, Anhang III, S. 205.

623 Brey/Heinritz, Bevölkerungsverteilung, S. 30; Asmussen, Wir waren wie Brüder, S. 315.

624 Vgl. zum genauen Vorgang Brey/Heinritz, Bevölkerungsverteilung, S. 24-30; zur rechtlichen Beurteilung, von Laffert, Die völkerrechtliche Lage, S. 180 f.; Anstötz, Perspektiven zur Neuordnung, S. 133; Zu den Begriffen „Flucht" und „Vertreibung" Blumenwitz, Flucht und Vertreibung, S. 12 ff.

in Friedenszeiten weitgehend als Völkergewohnheitsrecht anerkannt.[625] Die Kodifikation des Vertreibungsverbots und die Schaffung von effektiven Instrumenten zur Verhinderung von Vertreibung wurde im Bericht des UN-Spezialberichterstatters empfohlen. Seit dem sind verschiedene Entwürfe in Bearbeitung.[626] Als Verstoß gegen das Selbstbestimmungsrecht stellt die Vertreibung einen Verstoß gegen das *ius cogens* dar.[627] Die Zwangsumsiedlungen, die im Rahmen des Bevölkerungsaustausches stattgefunden haben, werden daher ebenfalls als Verstoß gegen das *ius cogens* bewertet, da das zwingende Völkerrecht grundsätzlich nicht zur Disposition der Staaten steht.[628] Die Beteiligung der UN-Kontingente an der Durchführungen der Zwangsumsiedlungen und deren stillschweigende Hinnahme durch die Staatengemeinschaft können jedoch auf eine in Hinblick auf die Gesamtumstände zu rechtfertigende Ausnahme hinweisen.

### b) Entzug und Enteignung des zyperngriechischen Eigentums in Nordzypern nach 1974

Die Zyperngriechen ließen bei der Flucht und Umsiedlung zahlreiche Grundstücke und Häuser im Norden der Insel zurück. Dies gilt ebenso für die Zyperntürken, die aus dem Süden geflohen waren, jedoch in geringerer Zahl.[629] Viele Zyperntürken hatten bereits bei den Fluchtbewegungen 1964 Grundeigentum verloren.[630] Das zurückgebliebene zyperngriechische Eigentum in Nordzypern wurde zunächst beschlagnahmt und von der zyperntürkischen Verwaltung zur ersten Versorgung der aus dem Süden ankommenden Flüchtlinge verwendet. Es wurden Vermittlungsbüros eingerichtet, die die Flüchtlinge in leerstehende Wohnungen und Häuser einwiesen. Angesichts der humanitär schwierigen Lage, insbesondere derjenigen Zyperntürken, die seit 1964 in Flüchtlingslagern gelebt hatten, kann die Nutzung der zyperngriechischen Wohnungen und Häuser als

[625] Blumenwitz, Das Recht auf die Heimat, S. 46; Heintze, Menschen- und Flüchtlingsrechtliche Bestimmungen, S. 45; de Zayas, in Bernhardt, EPIL, Population, Expulsion and Transfer, S. 1062 ff.

[626] Entwurf einer Erklärung über „Population Transfers and on the Implantation of Settlers", UN doc. E/CN.4/Sub.2/1997/23, Text bei Blumenwitz, Interessenausgleich, S. 146; siehe dazu auch Heintze, in Ipsen, Völkerrecht, § 27, Rn. 13; ferner Katalog über die "Guiding Principles on International Displacement" UN doc. E/CN.4/Sub.2/1998/53/Add.2, vgl. dazu Ziegler, Fluchtverursachung als völkerrechtliches Delikt, S. 293.

[627] Blumenwitz, Interessenausgleich, S. 26; Heintze, in Ipsen, Völkerrecht, § 27, Rn. 12 ff.; de Zayas, in Bernhardt, EPIL, Population, Expulsion and Transfer, S. 1064.

[628] Abi-Saab u. a., Gutachten, Ziff. 18; Anstötz, Perspektiven zur Neuordnung, S. 133 f.; zum *ius cogens* Doehring, Völkerrecht, Rn. 298 ff.

[629] 48.611 zyperngriechische Häuser, vgl. ASME Humanitas, Bericht der Kommission, Ziff. 438, und 5.500 zyperntürkische Häuser, vgl. Yaşın, in: Strateji, S. 6.

[630] Seit 1958 wurden insgesamt 25.857 zyperntürkische Häuser verlassen, vgl. An, Kıbrıs nereye gidiyor?, S. 315.

gerechtfertigte Notstandsmaßnahme angesehen werden.[631] Der bis 1974 ausschließlich von Zyperngriechen bewohnte Stadtteil Varosha in Famagusta blieb unbewohnt. Dort befanden sich vor allem Hotels, die einen wichtigen Teil der Einkünfte im Tourismussektor erwirtschaftet hatten. In den Verhandlungen über die staatliche Neuordnung Zyperns wurde die Rückgabe von Varosha oft als Gegenleistung zu einem zyperngriechischen Kompromiss eingesetzt.

Nach einem Gipfeltreffen zwischen Makarios und Denktaş im Februar 1977, bei dem sich die Vertreter der beiden Volksgruppen auf eine Neuordnung Zyperns auf der Grundlage eines bikommunalen Bundesstaates einigten (sog. *High level agreements*),[632] begann die zyperntürkische Verwaltung mit der gesetzlichen Verteilung des zyperngriechischen Eigentums zur Nutzung, Bewirtschaftung und Übernahme an Zyperntürken, neue Bewohner vom türkischen Festland und Familien gefallener Soldaten.[633] Ob dieses Vorgehen durch die *High level agreements* gerechtfertigt war, ist umstritten. Das Abkommen spricht nicht ausdrücklich von einer bikommunalen Organisation, die auch auf einer bizonalen Trennung beruht. Eine dahingehende Interpretation liegt aber nahe, da sich die Volksgruppen bereits seit 1958 räumlich voneinander abgesondert hatten und das Zusammenleben nach dem Ausbruch der interkommunalen Kämpfe 1964 besonders schwierig geworden war.[634] Im Jahre 1979 wurden die *High level agreements* (auch *Makarios – Denktaş guidelines* genannt) von 1977 in einem Abkommen zwischen Denktaş und dem neuen zyperngriechischen Präsidenten Kyprianou bestätigt.[635]

Die Legalenteignung der zyperngriechischen Grundeigentümer erfolgte erst nach der Ausrufung des zyperntürkischen Staates durch Art. 159 Abs. 1 lit. c) der VerfTRNZ. Dieser lautet:

---

[631] Rumpf, Zypern und die Türkei, S. 459 f.; zur Notstandslehre vgl. Doehring, Völkerrecht, Rn. 769 ff.

[632] UN doc. S/12323.

[633] „Gesetz zur Versorgung mit Wohnraum und gleichwertigem Land" Gesetz Nr. 41 vom 1.3.1977; vgl. auch Bericht des UN-Generalsekretärs vom 21.8.1992, Ziff. 31; Zu den so genannten "High level agreements" vom 12.2.1977 und vom 19.5.1979 vgl. Necatigil, The Cyprus Question, S. 151 ff., insbes. S. 156 und 162; vgl. auch die Rede des UN-Generalsekretärs am 9.8.1980, ebd. S. 163.

[634] Kadritzke/Wagner, Im Fadenkreuz der NATO, S. 117: „Für eine unverbindliche Zusage, die von türkischer Seite bis heute nicht eingelöst wurde, haben die griechischen Cyprioten den Austausch der beiden Volksgruppen offiziell anerkannt, und Denktasch kann seither mit einigem Recht behaupten, die andere Seite habe das Prinzip der geographischen Teilung Cyperns im Grunde schon akzeptiert." zit. nach Brey/Heinritz, Bevölkerungsverteilung S. 30; zur räumlichen Absonderung der Volksgruppen Patrick, Political Geography and the Cyprus Conflict, S. 12 und Asmussen, Wir waren wie Brüder, S. 229 ff.

[635] Vgl. UN doc. S/13369.

„Alle Grundstücke, Gebäude und Einrichtungen, die am 13. Februar 1975 verlassen vorgefunden wurden, als der Türkische Bundesstaat Nordzypern ausgerufen wurde, oder die nach dem oben genannten Zeitpunkt durch Gesetz für verlassen oder ohne Eigentümer erklärt wurden oder die im Besitz oder unter der Kontrolle der öffentlichen Hand standen, ohne dass bislang das Eigentum bestimmt worden wäre, und die sich am 15. November 1983 innerhalb der Grenzen der TRNZ befanden, stehen im Eigentum der TRNZ ungeachtet der Tatsache, dass sie nicht in dieser Weise im Grundbuch eingetragen sind; das Grundbuch ist entsprechend zu berichtigen."

Davon waren hauptsächlich die von Zyperngriechen bei der Teilung der Insel 1974 zurückgelassenen Grundstücke und Häuser betroffen. Abs. 4 der Vorschrift bestimmte, dass die Entschädigung der betroffenen Personen durch ein weiteres Gesetz erfolgen sollte.[636] Da die Frage der Entschädigung aber eng mit den Volksgruppenverhandlungen verknüpft war, bei denen man sich nicht auf eine Lösung der Eigentumsfrage einigen konnte, ist bislang keine Entschädigung erfolgt. Obwohl aus zyperntürkischer Sicht nach der Enteignung durch Art. 159 VerfTRNZ einer endgültigen Eigentumsübertragung auf diejenigen Zyperntürken, die im Süden der Insel ebenfalls Eigentum zurückgelassen hatten, und auf weiteren Personen nichts entgegenstand, wurden entsprechende Eigentümerurkunden erst ab 1989 ausgegeben.[637]

### c) Zyperntürkisches Eigentum in Südzypern

Der Vollständigkeit wegen und zur Darstellung der Gesamtlage soll kurz auch auf das zyperntürkische Eigentum in Südzypern eingegangen werden. Auf Grund der hohen Anzahl zyperngriechischer Flüchtlinge bestand hier ebenfalls dringender Bedarf an angemessenen Unterkünften. In den meisten Fällen bezogen zyperngriechische Flüchtlinge verlassene Häuser auf eigene Initiative.[638] Bei der Durchführung des Bevölkerungsaustausches war es auch zu privaten Transaktionen des Eigentums zwischen den Flüchtlingen durch Miete oder Verkauf gekommen. Ende 1974 wurde dann ein *Comitee of Turkish Cypriot Ownership* gegründet, das dem Innenministerium unterstand und mit der Verwaltung des zyperntürkischen Wohn- und Grundeigentums beauftragt wurde. Die zyperntürkischen Häuser und Grundstücke wurden mit Option auf eine jährliche Verlängerung beschlagnahmt und den zyperngriechischen Flüchtlingen zur Nutzung

[636] Text der Verfassung der TRNZ (engl. Übersetzung) in Journal of Cyprus Studies 14/15, Vol. 5, Nr. 1, 1991, S. 119 ff.

[637] EMRG, Cyprus v. Turkey, Urteil vom 10.5.2001, HRLJ 2001, S. 217 ff., Ziff. 32.

[638] Dazu ausführlich Brey/Heinritz, Bevölkerungsverteilung, S. 50; so ferner auch Evripidou, A Lose-Lose Situation, The Sunday Mail vom 3.10.2004.

überlassen. Begründet wurde dies mit dem Notstandsrecht.[639] Eine gesetzliche Grundlage für die Verwaltung des zyperntürkischen Eigentums wurde erst 1991 geschaffen.[640] Insgesamt sind heute rund 40.000 zyperngriechische Flüchtlinge in zyperntürkischem Eigentum untergebracht.[641] Die meisten Dörfer, vor allem in der Gegend um Paphos, konnten nach 1974 nicht ausreichend besiedelt werden, da hier die Anzahl der geflohenen Zyperntürken weit höher war als die der anzusiedelnden Zyperngriechen. Hinzu kam, dass nach 1974 eine starke Urbanisierung einsetzte.[642] Infolgedessen sind viele der ehemaligen zyperntürkischen Dörfer inzwischen verfallen und unbewohnbar geworden.[643]

Obwohl zyperntürkische Grundeigentümer in Südzypern von der zyperngriechischen Regierung auf der Grundlage des Gesetzes Nr. 139/91 nur verwaltet werden und die Rückgabe des Eigentums jederzeit beantragt werden kann, gestaltet sich die praktische Abwicklung nicht ganz ohne Probleme. Am 16.6.2001 beantragte ein Zyperntürke, der die Staatsangehörigkeit der Republik Zypern besitzt und 1974 aus Südzypern geflohen war, die Rückgabe seines Hauses in der Nähe von Limasol, in dem bislang zyperngriechische Vertriebene aus dem Norden untergebracht waren. Nachdem sein Antrag zunächst abgelehnt wurde, beschritt er den Rechtsweg in Südzypern und erreichte ein Urteil des Obersten Gerichtshofs, das den diesbezüglichen Beschluss des Innenministeriums wegen Unvereinbarkeit mit dem Gesetz Nr. 139/91 wieder aufhob.[644] Dennoch ist die Rückgabe des Hauses bislang nicht erfolgt. Der zyperngriechische Innenminister erklärte am 29.9.2004, dass eine Rückübertragung zyperntürkischen Eigentums nicht erfolgen werde, solange es keine Lösung im Zypernkonflikt gäbe.[645] Der Oberste Gerichtshof akzeptierte daraufhin die Aufschiebung der Umsetzung des Urteils, um im konkreten Fall eine gütliche Einigung zu ermöglichen.[646] Eine Klage vor dem EMRG wird für den Fall des Scheiterns dieser Bemühungen jedoch nicht ausgeschlossen und würde gegebenenfalls das Gegenstück zum Loizidou-Fall darstellen.

---

[639] Rumpf, Verfassung und Recht, S. 162, Fn. 18, mit Verweis auf das Urteil Loukis Kritiotis v. The Municipality of Paphos, 8.2.1986, in: Cyprus Law Review 4 (1986), S. 2138-2151.

[640] Gesetz Nr. 139/91, Turkish Cypriot Properties Law, Management and other Matters (Temporary Provisions).

[641] Evripidou, A Lose-Lose Situation, The Sunday Mail vom 3.10.2004.

[642] Brey/Heinritz, Bevölkerungsverteilung, S. 44 f.; Darauf weist auch Stavrinides hin, Revisting the Ghali "Set of Ideas", S. 64.

[643] Brey/Heinritz, Bevölkerungsverteilung, S. 51 ff., insbes. S. 54.

[644] Urteil des zyperngriechischen Supreme Court vom 24.9.2004, vgl. Evripidou, A Lose-Lose Situation, The Sunday Mail vom 3.10.2004; Afrika vom 25.9.2004; Das Urteil löste zum Teil heftige Proteste aus, Simerini vom 28.9.2004.

[645] Yaşın, in: Strateji, S. 6.

[646] Phileftheros vom 5.10.2004.

## 2. Völkerrechtliche Beurteilung der Enteignungsakte in Nordzypern

Da es im Loizidou-Fall um zyperngriechisches Vermögen geht, das von der türkischen Intervention betroffen ist, wird hier nur auf die völkerrechtliche Beurteilung der Enteignungsakte in Nordzypern eingegangen. Bereits oben wurde dargestellt, dass es sich bei der Intervention der Türkei um einen bewaffneten Konflikt handelt, auf den das Kriegsvölkerrecht Anwendung gefunden hat.[647] Es sind daher grundsätzlich die Bestimmungen der HLKO als kodifiziertes Völkergewohnheitsrecht einschlägig.

### a) Verstöße gegen das humanitäre Kriegsvölkerrecht

Gemäß Art. 23 lit. g), 46 und 47 HLKO darf Privateigentum bei einer Besetzung nicht zerstört oder eingezogen werden. Die HLKO stellt kodifiziertes Völkergewohnheitsrecht dar, so dass es für seine Anwendbarkeit nicht auf die Unterzeichnung des Abkommens ankommt. Der besetzende Staat darf in die innerstaatliche Struktur des besetzten Gebietes nicht eingreifen, sofern dies nicht aus militärischen Gründen erforderlich ist oder zu Verwaltungszwecken dient.[648] Enteignungen sind im besetzten Gebiet daher einzig und allein nur dann zulässig, wenn sie der Verwaltung des Gebietes dienen. Ferner sind gemäß Art. 43 die Gesetze des besetzten Landes zu beachten. Nimmt man die fortdauernde Wirksamkeit der Verfassung der Republik Zypern an, so wäre bei der Besetzung Nordzyperns auch Art. 23 VerfRZ zu beachten gewesen, der Enteignungen nur im öffentlichen Interesse und gegen billige Entschädigung zulässt.[649] Beim Entzug des zyperngriechischen Eigentums könnte es sich daher um völkerrechtswidrige Konfiskationen handeln. Unter Konfiskation ist der politisch motivierte Entzug von – insbesondere ausländischem – Eigentum zu verstehen, der auf Dauer angelegt ist und ohne Entschädigung erfolgt.[650] Davon zu unterscheiden sind besatzungsrechtliche Requisitionen, bei denen das feindliche Eigentum beschlagnahmt und genutzt werden kann, jedoch nicht dauerhaft enteignet wird.[651]

Die türkischen Streitkräfte haben das zyperngriechische Privateigentum bei der Intervention eingenommen und es nach Ende der Kämpfe der zyperntürkischen Verwaltung zur Nutzung überlassen. Die Nutzung des Wohneigentums

---

[647] Vgl. oben B. II. 3. b) (8).

[648] Blumenwitz, Flucht und Vertreibung, S. 189; vgl. zu den Vorgaben der HLKO Fischer, in Ipsen, Völkerrecht, § 69, Rn. 21 ff.

[649] von Laffert, Die völkerrechtliche Lage, S. 203; Rumpf, Verfassung und Recht, S. 162, Fn. 18.

[650] Seidl-Hohenveldern, Internationales Konfiskations- und Enteignungsrecht, S. 5; Verdross/Simma, Universelles Völkerrecht, S. 806, § 1216.

[651] Dolzer, in Bernhardt, EPIL, Requisitions, S. 205 ff.; von Laffert, Die völkerrechtliche Lage, S. 199.

zur ersten Versorgung der zyperntürkischen Flüchtlinge kann als eine durch das Notstandsrecht gerechtfertigte Beschlagnahme angesehen werden.[652] Spätestens mit dem Art. 159 VerfTRNZ ist die Dauerhaftigkeit des Eigentumsentzugs jedoch festgelegt worden. Geht man davon aus, dass zu diesem Zeitpunkt das Kriegsvölkerrecht weiterhin anwendbar gewesen[653] und die Verfassung der TRNZ als Hoheitsakt der Türkei zu betrachten ist, so haftet die Türkei als Besatzungsmacht nach Art. 23 lit. g), 43 und 46 HLKO. Zwar ist in Art. 159 Abs. 4 VerfTRNZ eine Entschädigung der Enteignungen vorgesehen, diese konnte aber bis heute nicht verwirklicht werden. Die Frage der Rückgabe des Eigentums oder ihrer Entschädigung ist Gegenstand der Volksgruppenverhandlungen, bei denen man sich bislang nicht einigen konnte. Die Zahlung einer Entschädigung wird aber weder von der Türkei noch von der zyperntürkischen Regierung ausgeschlossen.

**b) Rechtsfolgen**

Die Rechtsfolgen eines völkerrechtswidrigen Eigentumsentzugs sind umstritten. Es besteht in jedem Fall eine Wiedergutmachungspflicht, die in erster Linie die Restitution des Eigentums erfordert. Je nach der Schwere der Völkerrechtswidrigkeit könnte die Enteignung aber auch gänzlich unwirksam sein, so dass ein selbständiger Anspruch auf Herausgabe des Eigentums besteht.

**(1) Wirksamkeit der Enteignungen**

Die entschädigungslose Wegnahme von Eigentum über die militärisch unvermeidbare Notwendigkeit hinaus verstößt gegen die HLKO und muss als völkerrechtswidriger Akt durch dritte Staaten nicht anerkannt werden.[654] Umstritten ist dabei jedoch, worauf sich die Nichtanerkennung stützt. Da in der Staatenpraxis Enteignungen anerkannt werden, die zwar völkerrechtswidrig sind, aber im eigenen Gebiet eines Staates stattfinden, kann der Grund der Nichtanerkennung bei exterritorialen Vermögenseingriffen zunächst im Territorialitätsprinzip gesehen werden.[655] Demnach sind Enteignungen im eigenen Gebiet eines Staates grundsätzlich als wirksam anzuerkennen (*Act of State Theory*). Zum Teil wird aber die Wirksamkeit auch unter Berufung auf den eigenen nationalen *ordre public* verneint.[656] Vermögenseingriffe außerhalb des eigenen Territoriums verstoßen jedoch gegen die Souveränität des Staates, auf dessen Gebiet die Enteignungen vorgenommen werden, und müssen daher als unzulässige

---

[652] Die Zerstörung und Plünderung von beweglichen Sachen, sowie kulturellem Erbe soll hier unbeachtet bleiben. Vgl. dazu aber Anstötz, Perspektiven zur Neuordnung, S. 155-157.
[653] Siehe zu diesem Problem oben B. II. 3. b) (8).
[654] Seidl-Hohenveldern, Inernationales Konfiskations- und Enteignungsrecht, S. 31 f.
[655] Seidl-Hohenveldern, Inernationales Konfiskations- und Enteignungsrecht, S. 33.
[656] Doehring, Völkerrecht, Rn. 960.

Akte z. B. von Gerichten eines dritten Staates nicht anerkannt werden.[657] Bei Vorliegen eines besonders schwerwiegenden Völkerrechtsverstoßes kann darüber hinaus auch eine rechtliche Verpflichtung zur Nichtanerkennung bestehen. Ausgehend von der Stimson-Doktrin wird dies vor allem bei einem Verstoß gegen das Gewaltanwendungsverbot als Teil des zwingenden Völkerrechts angenommen.[658] Jedoch ist umstritten, ob aus der Stimson-Doktrin, die Pflicht zur Nichtanerkennung für jede gewaltsame territoriale Veränderung gefolgert werden kann, da diese Doktrin nur für Annexionen gilt.[659] Im Falle Nordzyperns liegt keine Annexion durch die Türkei vor. Ein Verstoß gegen das Gewaltverbot ist ferner umstritten und wurde weder vom Sicherheitsrat noch von einem nationalen oder internationalen Gericht festgestellt. Die Nichtanerkennung der TRNZ in den UN-Resolutionen wurde nicht auf einen Verstoß gegen das Gewaltverbot gestützt, sondern auf den Verstoß gegen Trennungsverbot in Art. 2 GarantieV.

Aus der HLKO selbst ergibt sich keine ausdrückliche Grundlage für die Unwirksamkeit der Vermögenseingriffe. Es besteht eine Pflicht zur Zahlung eines Schadensersatzes gemäß Art. 3 Mantelabkommen zur HLKO. Aus der Staatenverantwortlichkeit ergibt sich aber eine Wiedergutmachungspflicht, die zunächst die Restitution des Eigentums erfordert. Ist die Restitution faktisch nicht möglich oder unzumutbar, da sie unverhältnismäßige Maßnahmen erfordern würde, ist eine Entschädigungszahlung zulässig.[660]

### (2) Verstoß gegen das zwingende Völkerrecht

Darüber hinaus könnte aber ein Verstoß gegen das zwingende Völkerrecht auf Grund der Vertreibungen und Zwangsumsiedlungen vorliegen, die während und nach der Intervention stattgefunden haben, wenn die Enteignungen im rechtlichen Zusammenhang mit diesen zu beurteilen sind. Der Verstoß gegen das *ius cogens* könnte dann die Unwirksamkeit der Enteignungen zur Folge haben. Das Verbot von Vertreibung und Zwangsumsiedlungen wird als Grundsatz des zwingenden Völkerrechts anerkannt.[661] Enteignungen, die im Zusammenhang mit der Vertreibung einer Minderheit oder einer Volksgruppe stehen, können daher ebenfalls einen Verstoß gegen das *ius cogens* darstellen. Das ist vor

[657] Zum Territorialitätsprinzip, siehe Seidl-Hohenveldern/Stein, Völkerrecht, Rn. 1510, 1518; Gloria, in Ipsen, Völkerrecht, § 47, Rn. 16, 27.

[658] Verdross/Simma, Universelles Völkerrecht, S. 906 Fn 22; Gloria, in Ipsen, Völklerrecht, § 23, Rn. 44 ff.; ILC, Commentaries, Art. 41, Ziff. 6, S. 287 f.

[659] Blumenwitz, The legal status, S. 92 f.; vgl. ferner auch Dahm/Delbrück/Wolfrum, Völkerrecht Bd. I/1, S. 363 f.; Meng, in Bernhardt, EPIL, Stimson-Doctrine, S. 692 f. In den ILC Commentaries zur UN-Res StaatenV wird in diesem Zusammenhang nur von einem Erwerb des Gebiets (*aqcuisition*) gesprochen, vgl. Art. 41, Ziff. 5 ff., S. 287.

[660] Doehring, Völkerrecht, Rn. 838.

[661] Blumenwitz, Interessenausgleich, S. 26; Abi-Saab u. a., Gutachten, Ziff. 18.

allem dann denkbar, wenn die Enteignungen erfolgen, um eine Flucht auszulösen, also als Teil der Vertreibung selbst zu beurteilen sind.[662] Der Eigentumsentzug kann aber auch selbst ein Verstoß gegen das *ius cogens* sein, wenn der betroffenen ethnischen, nationalen oder religiösen Gruppe dadurch die physische Existenzgrundlage weggenommen wird. Ein Entzug der physischen Existenzgrundlage könnte dann – als vorsätzliche Auferlegung von Lebensbedingungen, die geeignet sind, die körperliche Zerstörung der Mitglieder der betroffenen Gruppe ganz oder teilweise herbeizuführen – den Tatbestand des Völkermordes gemäß Art. 2 der Völkermord-Konvention erfüllen.[663]

Umstritten ist jedoch, ob die Enteignung von Eigentum als ein rechtlich einheitlicher Vorgang mit den Vertreibungen, die davor oder danach stattgefunden haben, beurteilt werden kann.[664] Im Fall der Vertreibungen auf Zypern scheint dies besonders schwierig zu sein. Die Enteignungen in Nordzypern sind erst zehn Jahre nach der Intervention erfolgt, so dass sie nicht als Mittel der Vertreibung selbst bewertet werden können. Sie wurden nicht eingesetzt, um eine Flucht auszulösen. Der faktische Entzug des Eigentums während der Intervention könnte aber den Entzug der physischen Existenzgrundlage bedeutet haben, so dass dadurch der Tatbestand des Völkermordes erfüllt sein könnte. Die Legalisierung des Entzuges wäre dann ebenfalls als ein Verstoß gegen das zwingende Völkerrecht anzusehen. Gemäß Art. 2 Abs. 1 Völkermord-Konvention ist der Tatbestand des Völkermordes erfüllt, wenn die Absicht vorliegt, eine ethnische, rassische oder religiöse Gruppe als solche ganz oder teilweise zu zerstören. Die Intervention der Türkei hatte jedoch nicht die Vernichtung der zyperngriechischen Volksgruppe zum Ziel. Sie sollte den Anschluss Zyperns an Griechenland und einen Angriff auf die zyperntürkische Volksgruppe verhindern. In diesem Zusammenhang kann die Lage der Zyperntürken nicht unbeachtet bleiben. Sie hatten vor der Intervention zehn Jahre lang unter schweren humanitären Bedingungen, zum Teil in Flüchtlingslagern, gelebt.[665] Ende 1966 schätzte die UNFICYP den Anteil der türkischen Zyprer, die dringend als sozial unterstützungsbedürftig gelten konnten, auf ein Drittel der gesamten Volksgruppe.[666] Ihre Vertreibung, sowie die Zerstörung und Wegnahme ihres Eigentums 1963/64 könnte daher ebenfalls als Erfüllung des Tatbestandes des Völkermordes in Betracht gezogen werden.[667] Die Wegnahme von Territorium schien daher die ein-

662 Blumenwitz, Interessenausgleich, S. 29 ff.

663 Blumenwitz, Interessenausgleich, S. 32 ff.; vgl. auch Doehring, Völkerrecht, Rn. 796.

664 Vgl. Tomuschat, Die Vertreibung der Sudetendeutschen, S. 10 ff.

665 Siehe dazu ausführlich oben Abschnitt 1, A. III. 1. und Abschnitt 3, D. I. b).

666 Brey/Heinritz, Bevölkerungsverteilung, S. 20 f. mit Verweis auf Patrick, Political Geography, S. 108.

667 In diesem Zusammenhang soll hier auch auf den Akritas-Plan hingewiesen werden, von dem angenommen wird, dass er die gewaltsame Herstellung griechischer Herrschaft über

zige Lösungsmöglichkeit für den Schutz der Zyperntürken zu sein.[668] Die Türkei hatte dabei jedoch nicht die Absicht, die zyperngriechische Volksgruppe zu vernichten. Der Tatbestand des Völkermordes ist daher nicht gegeben.

Darüber hinaus können Enteignungen aber als Mittel zur Aufrechterhaltung eines Zustandes, der durch Vertreibung hergestellt wurde, unwirksam sein. Der Verstoß gegen das Vertreibungsverbot führt zu einer Wiedergutmachungspflicht, die darin besteht, den Vertriebenen die Rückkehr zu gewähren. Enteignungen von früher bewohnten Wohnstätten und sonstigem Eigentum tragen jedoch dazu bei, dass eine Rückkehr erschwert wird oder gar nicht mehr möglich ist. Der Versuch, eine Situation, die sich aus einer erzwungenen Bevölkerungsumsiedlung ergeben hat, durch gesetzliche oder andere Maßnahmen aufrecht zu erhalten, muss daher ebenso als völkerrechtswidrig angesehen werden.[669] Dafür spricht auch, dass gemäß Art. 41 Abs. 2 UN-Res StaatenV ein Akt, der zur Aufrechterhaltung eines Zustandes dient, welcher durch einen Verstoß gegen das *ius cogens* erreicht wurde, nicht anerkannt werden darf. Jedoch ist hier auch zu überlegen, dass die Enteignungen 20 Jahre zurückliegen, und sich inzwischen Wirksamkeit auf Grund des Vertrauensschutzes der neuen Bewohner herausgebildet haben könnte.[670] Dem kann zwar entgegen gehalten werden, dass es sich bei der Vertreibung um einen Verstoß gegen das zwingende Völkerrecht handelt, und dies einen Vertrauensschutz der neuen Bewohner ausschließt.[671] Es kann aber nicht unberücksichtigt bleiben, dass die Enteignungen größtenteils zu Gunsten von Zyperntürken erfolgt sind, die zuvor ebenfalls Opfer von Vertreibungen geworden waren. Vertreibungen im Inland sind aus menschenrechtlicher Sicht ebenso als Verstoß gegen das zwingende Völkerrecht zu beurteilen wie zwischenstaatliche Vertreibungen.[672] Die Mitwirkung der zyperngriechischen Regierung an den Zwangsumsiedlungen sowie die zunehmende internationale Akzeptanz eines in Zukunft bundesstaatlich organisierten Zyperns haben die neuen Bewohner dazu veranlasst, darauf zu vertrauen, dass sie weiterhin in ihrer neuen Unterkunft wohnen bleiben dürfen. Viele Zyperntürken hatten 1975 vor der Zwangsumsiedlung in den Norden ihre Häuser und Grundstücke an Zyperngriechen verkauft.[673] Es erscheint daher nicht angemessen, ihnen jeglichen Ver-

---

Zypern vorsah. Vgl. Heinze, Zum Stand des Zypern-Konflikts, S. 412, insbes. Fn. 18 m. w. N.

668 Rumpf, Zypern und die Türkei, S. 459 f.; vgl. auch von Laffert, Die völkerrechtliche Lage, S. 59, Fn. 53.

669 Blumenwitz, Der Schutz des Eigentums vertriebener Volksgruppen, S. 582; Abi-Saab u. a, Gutachten, Ziff. 22.

670 Zur Bedeutung des Vertrauensschutzes im Eigentumsschutz, vgl. Frowein, Eigentumsschutz im Europarecht, S. 198 f.

671 Anstötz, Perspektiven zur Neuordnung, S. 148.

672 Ziegler, Fluchtverursachung als völkerrechtliches Delikt, S. 45 und 635.

673 Brey/Heinritz, Bevölkerungsverteilung, S. 50.

trauensschutz vorzuenthalten. Ihre erneute Umsiedlung nach 20 Jahren könnte zudem einen neuen Verstoß gegen *ius cogens* darstellen.[674] Soweit Eigentum vom türkischen Festland neu zugezogenen Bewohnern zugewiesen wurde, könnte etwas anderes gelten. Aber auch hier muss bedacht werden, dass sie auf Grund der Anerkennung der TRNZ durch die Türkei bei ihrer Umsiedlung nach Nordzypern auf den Bestand ihres neuen Wohnsitzes vertrauen durften.[675]

Ferner könnte ein Verstoß gegen das Gewaltanwendungsverbot beim Entzug des Eigentums als Grundsatz des zwingenden Völkerrechts der Wirksamkeit der Enteignungen entgegenstehen. Das Gewaltverbot des Art. 2 Nr. 4 UN-Charta gilt als Grundsatz des zwingenden Völkerrechts.[676] Das Vorliegen eines Verstoßes gegen das Gewaltanwendungsverbot bei der Intervention der Türkei, die sich dabei auf Art. 4 GarantieV berufen hat, ist umstritten und wurde weder vom Sicherheitsrat noch vor einem nationalen oder internationalen Gericht festgestellt.[677] Ein eindeutiger Verstoß gegen das zwingende Völkerrecht kann hier daher nicht angenommen werden.

**(3) Zwischenergebnis**

Als Zwischenergebnis kann festgehalten werden, dass nach der hier vertretenen Ansicht die Vertreibungen von 1974 zwar gegen das zwingende Völkerrecht verstoßen haben, die Enteignungen aber, die später in Nordzypern stattgefunden haben, nicht selbst auch als Verstöße gegen das *ius cogens* zu bewerteten sind.

**(4) Ansprüche gegen die Türkei**

Werden die Enteignungen durch die Verfassung der TRNZ auf Grund eines Verstoßes gegen das *ius cogens* als unwirksam beurteilt, so besteht das Eigentum weiterhin fort, und es kann ein Anspruch aus Eigentum auf Herausgabe, also Wiedereinräumung des Besitzes, geltend gemacht werden.[678] Werden die Enteignungen dagegen zwar als völkerrechtswidrig, aber dennoch wirksam beurteilt, besteht ein Anspruch auf Wiedergutmachung, der grundsätzlich die Rückgabe des Eigentums (*restitutio ad integrum*) beinhaltet. Es handelt sich dabei nicht mehr um einen Anspruch aus Eigentum, sondern auf Eigentum, genauer also die Wiedereinräumung des Eigentumsrechts. Ist die Rückgabe rechtlich oder tatsächlich unmöglich geworden, ist eine Ersatzleistung zu erbringen. Diese

---

674 Seidl-Hohenveldern/Stein, Völkerrecht, Rn. 1583.
675 Reuter, Der UNO-Zypernplan, S. 29.
676 Doehring, Völkerrecht, Rn. 300; von Heintschel-Heinegg, in Ipsen, Völkerrecht, § 15, Rn. 59.
677 Vgl. dazu oben B. II. 3. b) (6).
678 Blumenwitz, Interessenausgleich, S. 36.

muss eine vollständige Wiedergutmachung des erlittenen Schadens gewährleisten.[679] Auf den Ausgleich zwischen Rückgabe und Entschädigung, wie er in den bisherigen Lösungsvorschlägen der UN vorgesehen wurde, soll im dritten Abschnitt eingegangen werden.

Die Ansprüche der durch Eigentumsentzug geschädigten Personen müssen wegen der Mediatisierung des Einzelnen im Völkerrecht im Wege des diplomatischen Schutzes durch den Heimatstaat, hier also die Republik Zypern, geltend gemacht werden.[680] Problematisch im Falle Zypern ist, welche Regierung befugt ist, diesen Anspruch im Namen der Republik Zypern geltend zu machen. Da die Türkei die zyperngriechische Regierung nicht als Regierung der Republik Zypern anerkennt, scheint eine Durchsetzung des Anspruchs durch diese Regierung nicht möglich.

**c) Ansprüche gegen die TRNZ**

Es könnten aber weiterhin Ansprüche gegen die TRNZ bestehen, wenn die Enteignungen als allein der zyperntürkischen Verwaltung zuzurechnende Akte angesehen werden.[681] Denn das De-facto-Regime ist als Teilvölkerrechtssubjekt an das *ius cogens* wie auch an das Verbot der entschädigungslosen Enteignung von Ausländern gebunden.[682] Die Haftung des De-facto-Regimes für seine Völkerrechtsdelikte geht aus Art. 10 der UN-Res StaatenV hervor, der die Haftung einer aufständischen Bewegung für Völkerrechtsdelikte vorsieht, sofern es dieser gelingt, einen Staat zu gründen.[683]

Entsprechend dem Territorialitätsprinzip sind Enteignungen im Ausland grundsätzlich anzuerkennen (*Act of State Theory*), soweit sie keinen Inlandbezug haben. Dies gilt auch für Maßnahmen eines De-facto-Regimes, wenn sie die erforderliche Effektivität aufweisen.[684] Das Territorialitätsprinzip kann folglich dahingehend ausgelegt werden, dass die daraus abzuleitenden Rechte demjenigen Machthaber zustehen, der am Ort der Konfiskation tatsächlich imstande ist, die Regierungsgewalt auszuüben, auch wenn er nicht mit der *de jure* oder *de*

---

679 Doehring, Völkerrecht, Rn. 838; Verdross/Simma, Universelles Völkerrecht, S. 874, § 1295.

680 Seidl-Hohenveldern/Stein, Völkerrecht, Rn. 1602; Verdross/Simma, Universelles Völkerrecht, S. 878, § 1300.

681 Vgl. dazu oben II. 3. b) (5).

682 Frowein, Das de facto-Regime, S. 86.

683 ILC, Comentaries, Art. 10, Ziff. 9 ff., S. 115; vgl. auch von Laffert, Die völkerrechtliche Lage, S. 121.

684 Blumenwitz, Flucht und Vertreibung, S. 190 f.; von Laffert, Die völkerrechtliche Lage, S. 205 f.

*facto* anerkannten Regierung des betreffenden Gebietes identisch ist.[685] In Fällen, in denen eine Gemeinschaft, die für sich beansprucht, ein Staat zu sein, über einen langen Zeitraum hinweg jedoch diplomatisch nicht durch andere Staaten anerkannt wird, kann es aus Sicht der nationalen Gerichte gerechtfertigt sein, die Akte dieser Gemeinschaft faktisch anzuerkennen und den durch sie vorgenommenen Enteignungen Wirksamkeit zuzusprechen, wenn feststeht, dass es sich bei diesem Verband tatsächlich nicht mehr um ein „ephemeres Gebilde" handelt, sondern er imstande ist, über ein längst festgelegtes Herrschaftsgebiet dauernd Hoheitsrechte auszuüben.[686]

Die Enteignung ausländischen Eigentums ohne Entschädigung verstößt gegen den fremdenrechtlichen Mindeststandard und löst einen Anspruch der betroffenen Personen gegen das De-facto-Regime aus.[687] Aus zyperntürkischer Sicht sind die Zyperngriechen nach der Ausrufung der TRNZ Ausländer im Sinne des Völkerrechts und müssen daher bei Enteignungen entschädigt werden. Wie bereits oben erwähnt, konnte die Entschädigung, die in Art. 159 Abs. 4 VerfTRNZ vorgesehen war, nicht verwirklicht werden. Ein Verstoß gegen das *ius cogens* ist hier aus den im Zusammenhang mit den Ansprüchen gegen die Türkei angeführten Gründen ebenfalls denkbar. Aber auch hier scheint es vertretbar, die Enteignungen auf Grund des zeitlichen Abstandes und der konkreten Umstände in Zypern nicht als Verstoß gegen das *ius cogens*, sondern als einen einfachen Völkerrechtsverstoß zu beurteilen, und die Wirksamkeit der Enteignungen anzunehmen. Die betroffenen Personen können folglich einen Anspruch gegen die TRNZ auf Restitution des Eigentums oder Ersatzleistung geltend machen, der ihnen anstatt ihres Anspruchs gegen die Türkei zusteht. Dieser müsste ebenfalls durch die zyperngriechische Regierung im Wege des diplomatischen Schutzes geltend gemacht werden.[688] Hierfür bieten sich die Verhandlungen zwischen den Volksgruppen zur Lösung des Zypernkonflikts an.

### d) Gesamtschuldnerische Haftung

Sieht man die Verfassung der TRNZ als politischen Akt an, der sowohl der Türkei als auch der zyperntürkischen Verwaltung zugerechnet werden muss, so kommt auch eine gesamtschuldnerische Haftung in Betracht.[689] Es müsste jedoch zwischen der Entscheidung, die TRNZ auszurufen, und dem Inhalt der Verfassung unterschieden werden. Die Ausrufung der TRNZ 1983 war sicherlich eine politische Entscheidung, die im Einvernehmen mit der Türkei getroffen

---

685 Seidl-Hohenveldern, Internationales Konfiskations- und Enteignungsrecht, S. 20.

686 Seidl-Hohenveldern, Internationales Konfiskations- und Enteignungsrecht, S. 21 f.

687 Zum fremdenrechtlichen Mindeststandard, vgl. Seidl-Hohenveldern/Stein, Völkerrecht, Rn. 1596 ff., insb. Rn. 1605 f.

688 Seidl-Hohenveldern/Stein, Völkerrecht, Rn. 1602.

689 von Laffert, Die völkerrechtliche Lage, S. 123.

worden ist. Dies sagt aber noch nichts darüber aus, inwiefern die Türkei auch bei der Verfassungsgebung, die erst 1985 stattfand, beteiligt war. Das Ermessen, wie mit dem zyperngriechischen Eigentum zu verfahren ist, insbesondere darüber, ob und in welcher Höhe eine Entschädigung gezahlt werden soll, dürfte eher bei der zyperntürkischen Verwaltung gelegen haben.[690] Im Zweifel wäre die Nichtbeteiligung der Türkei bei einem Gerichtsverfahren durch die türkische Regierung zu beweisen.[691]

### e) Mitverschulden der Republik Zypern

Gemäß Art. 39 UN-Res StaatenV ist bei Wiedergutmachung zu berücksichtigen, inwieweit der verletzte Staat, der die Ansprüche seiner Staatsangehörigen geltend macht, den Schaden durch vorsätzliches oder fahrlässiges Tun oder durch Unterlassen mitverschuldet hat.[692] Es kommt hier zunächst ein Mitverschulden der Republik Zypern in Bezug auf die gesamte Konfliktlage in Betracht, die zur Intervention der Türkei geführt hat, infolge derer die betroffenen Personen ihr Eigentum faktisch verloren haben. Darüber hinaus ist ein konkretes vorsätzliches Mitwirken an den Zwangsumsiedlungen 1975 gegeben.

Der Zusammenbruch des dualen Systems 1963 ist aus zyperntürkischer Sicht von den zyperngriechischen Verantwortungsträgern vorsätzlich herbeigeführt worden. Die zyperngriechische Seite weist dagegen wiederum auf das Mitverschulden der zyperntürkischen Abgeordneten hin, die bei wichtigen Fragen (z. B. der Steuergesetzgebung) durch ihr Vetorecht die Arbeit des Parlaments blockiert hätten.[693] Zumindest kann aber grobe Fahrlässigkeit bei der zyperngriechischen Führung bejaht werden, da die 13-Punkte zur Änderung der Verfassung ohne jegliche Verhandlungen mit den zyperntürkischen Abgeordneten angenommen wurden, wodurch die Vertrauensbasis zerstört wurde. Außerdem hat die zyperngriechische Führung die darauf folgende Vertreibung der zyperntürkischen Volksgruppe und ihren Ausschluss aus dem gesellschaftlichen, politischen und wirtschaftlichen Leben zum Teil vorsätzlich, zum Teil fahrlässig, mitverschuldet.[694] Diese Umstände und der Putsch der zyperngriechischen Nationalgarde haben zusammen zur Intervention der Türkei geführt. Im geschichtlichen Teil wurde darauf hingewiesen, dass die Türkei bereits 1964 einmarschieren wollte, dies aber mangels Unterstützung der USA nicht getan hat.

---

690 Die Verfassung der TRNZ wurde durch eine Kommission aus Mitgliedern der Legislativen Versammlung des zyperntürkischen Bundesstaates erarbeitet, vgl. dazu Necatigil, The Cyprus Question, S. 250 ff.

691 Talmon, Consequences of (Non) Recognition, S. 69; vgl. ausführlicher oben II. 3. b) (5).

692 Vgl. auch Doehring, Völkerrecht, Rn. 844.

693 Vgl. zu der Blockadesituation im Parlament Tzermias, Die Geschichte der Republik Zypern, S. 268 f.

694 Siehe dazu die Ausführungen in Abschnitt 1, A. III. 1.

Nach dem Putsch marschierte die Türkei dann doch ein. Der Sampson-Putsch selbst kann der zyperngriechischen Regierung zwar nicht zugerechnet werden, es könnten ihr aber Ansprüche diesbezüglich gegen Griechenland zustehen. Der Militärputsch wurde bereits seinerzeit von Präsident Makarios in seiner Rede vor der UN-Generalversammlung als Invasion bezeichnet.[695] Ferner hat die zyperngriechische Führung 1975 das Kommuniqué über den Bevölkerungsaustausch unterzeichnet und an seiner Durchführung mitgewirkt. Der Verlust des Eigentums auf Grund dieser Zwangsumsiedlungen ist daher auch der zyperngriechischen Regierung zuzurechnen.[696] Das Mitverschulden der Republik Zypern, die durch die zyperngriechische Regierung international vertreten wird, ist gem. Art. 39 UN-Res StaatenV bei der Wiedergutmachung des Schadens entsprechend zu berücksichtigen.

### 3. Zwischenergebnis

Es bestehen Wiedergutmachungsansprüche von Zyperngriechen, die nach der faktischen Teilung Zyperns Eigentum verloren haben, gegenüber der Türkei auf Wiedereinräumung des Eigentums oder Entschädigung, die auf dem Weg des diplomatischen Schutzes durch die zyperngriechische Regierung geltend gemacht werden müssen. Dies ist aber praktisch nicht möglich, weil die Türkei die zyperngriechische Regierung nicht als Regierung der Republik Zypern anerkennt. Ansprüche, die stattdessen gegen die TRNZ geltend gemacht werden können, sind bereits Gegenstand der Volksgruppenverhandlungen. Bei der Wiedergutmachung ist das Mitverschulden der zyperngriechischen Regierung an der Konfliktlage in Zypern und insbesondere an den Zwangsumsiedlungen zu berücksichtigen.

### 4. Beurteilung des Eigentumsentzugs im Lichte der EMRK durch den Gerichtshof

Im Hauptverfahren zum Loizidou-Fall vor dem EMRG hat die türkische Regierung angeführt, dass die Beschwerdeführerin ihr Eigentum bereits vor dem 22.1.1990 durch die in der Verfassung der TRNZ vorgesehen Enteignungsmaßnahmen verloren hat. Sie war der Auffassung, dass der Prozess der Aneignung (*process of taking property*) 1974 begonnen hat, und Kraft Art. 159 Abs. 1 VerfTRNZ vom 7.5.1985 vollendet wurde und durch die völkerrechtliche Notstandlehre gerechtfertigt gewesen ist.[697] Es musste daher zunächst geklärt werden, ob die Beschwerdeführerin überhaupt noch Eigentümerin der betroffenen

[695] Tzermias, Die Geschichte der Republik Zypern, S. 449; Schultheiss, Anhang zu Birand, S. 207.

[696] Rumpf, Zypern und die Türkei, S. 459.

[697] EMRG, Loizidou v. Turkey (Hauptsache), Urteil vom 18.12.1996, RJD Nr. 26, S. 2228, Ziff. 35.

Grundstücke war und Eigentumsschutz gemäß Art. 1, 1. ZP zur EMRK beanspruchen konnte. Der Gerichtshof stellte fest, dass die türkische Regierung keine Enteignung der Grundstücke vor Inkrafttreten der Verfassung der TRNZ geltend gemacht hat. Daraus gehe hervor, dass die Beschwerdeführerin vor diesem Zeitpunkt ihr Eigentum nicht verloren habe. Es sei daher nur zu prüfen, ob eine wirksame Enteignung durch den entsprechenden Artikel in der Verfassung der TRNZ stattgefunden habe.[698]

Dazu führte er aus, dass die TRNZ international nicht als Staat anerkannt werde und dessen Ausrufung in den Resolutionen 541 (1983) und 550 (1984) des UN-Sicherheitsrates als rechtlich unwirksamer sezessionistischer Akt verurteilt wurde. Ferner wurde auf die Erklärungen des Ministerkomitees des Europarates, der Mitgliedstaaten der EG und der Regierungschefs des Commonwealth hingewiesen, in denen die jeweiligen Staaten zum Ausdruck bringen, dass sie allein die Regierung der Republik Zypern als einzige Regierung Zyperns anerkennen und die zyperntürkische Sezession verurteilen.[699] Der Gerichtshof nahm Bezug auf die Auslegungsregeln des WÜV und stellte fest, dass er gemäß Art. 31 Abs. 3 lit. c) WÜV alle Regeln des Völkerrechts, die für die Beziehungen der Parteien von Bedeutung sind bei der Auslegung der EMRK beachten müsse. Da es hier um die Frage seiner Zuständigkeit gehe müssten entsprechend Art. 31 WÜV die genannten Resolutionen und Erklärungen sowie die allgemeine Staatenpraxis der Vertragsstaaten der EMRK beachtet werden. Damit stellt der Gerichtshof fest, dass die TRNZ völkerrechtlich nicht als Staat angesehen wird und folgert, dass er dem Art. 159 Abs. 1 der VerfTRNZ vor diesem Hintergrund keine Rechtswirksamkeit zukommen lassen kann. Folglich könne auch keine wirksame Enteignung durch Art. 159 VerfTRNZ erfolgt sein. Die Beschwerdeführerin sei daher weiterhin Eigentümerin der betroffenen Grundstücke und werde seit 1974 fortlaufend daran gehindert, ihr Eigentumsrecht auszuüben. Es handele sich daher um eine fortdauernde Situation (*situation continue*), die seit der Anerkennung der Gerichtsbarkeit des EMRG durch die Türkei am 22.1.1990 zeitlich in seine Zuständigkeit fiele. Der Einwand der Türkei, der Gerichtshof sei *rationae temporis* nicht zuständig, wurde somit abgelehnt.

Im Weiteren prüfte der Gerichtshof die Zurechenbarkeit der Eigentumsbeeinträchtigung zur Türkei. Er stellte fest, dass die Türkei auf Grund ihrer starken Militärpräsenz in Nordzypern offensichtlich effektive und umfassende Kontrolle über Politik und Handlungen der TRNZ ausübe. Die Handlungen der TRNZ seien daher der Türkei zuzurechnen und würden gemäß Art. 1 EMRK

[698] EMRG, Loizidou v. Turkey (Hauptsache), Urteil vom 18.12.1996, RJD Nr. 26, S. 2230, Ziff. 42.

[699] EMRG, Loizidou v. Turkey (Hauptsache), Urteil vom 18.12.1996, RJD Nr. 26, S. 2233 ff., Ziff. 42-47.

unter deren Jurisdiktion fallen.[700] Die umstrittene Frage der Jurisdiktion und Zurechnung wurde bereits oben unter Punkt II. 3. a) und b) behandelt.

Im letzten Teil der Entscheidung stellt der Gerichtshof fest, dass die Beschwerdeführerin durch die Verhinderung des Zugangs zu ihren Grundstücken jegliche Verfügungsgewalt über ihr Eigentum verloren hat und somit auch die Möglichkeit, es zu nutzen. Dieser Eingriff könne angesichts der besonderen Umstände im vorliegenden Fall nicht als eine De-facto-Enteignung im Rahmen der ersten beiden Absätze des Art. 1, 1. ZP zur EMRK angesehen werden. Er falle jedoch als ein Eingriff in die „Achtung des Eigentumsrechts" unter Satz 1 des Art. 1, 1. ZP zur EMRK.[701] Für eine Rechtfertigung der Verhinderung des Zugangs durch die Notstandlehre sah der Gerichtshof keine ausreichenden Argumente seitens der Türkei vorgebracht. Auch die Auswirkung der Tatsache, dass die Eigentumsrechte Gegenstand von Volksgruppengesprächen zur Lösung des Zypernkonflikts sind, auf den konkreten Fall sei nicht hinreichend erläutert worden. Er stellte daher abschließend fest, dass ein fortdauernder Verstoß der Türkei gegen Art. 1, 1. ZP zur EMRK vorliege.[702]

### 5. Kritische Würdigung

#### a) Bestehendes Eigentum

Macht der Beschwerdeführer die Verletzung seines Eigentumsrechts gemäß Art. 1, 1. ZP zur EMRK geltend, so muss er grundsätzlich den Beweis erbringen, dass ihm ein Eigentumsrecht zusteht und dieses existiert.[703] Der Eigentumsbegriff der EMRK erstreckt sich dabei nicht nur auf bewegliches und unbewegliches Eigentum, sondern auch auf alle erworbenen Rechte mit Vermögenswert (weiter völkerrechtlicher Begriff).[704] Dazu gehören auch unbedingt entstandene Ansprüche auf vermögenswerte Leistungen bzw. Forderungen, sofern der Inhaber auf deren Erfüllung legitimerweise vertrauen konnte, d. h. wenn „berechtigte Erwartungen" (*legitimate expectations*) bestanden, dass diese auch realisiert werden können.[705] Auch Rückübereignungsansprüche, wie der An-

[700] EMRG, Loizidou v. Turkey (Hauptsache), Urteil vom 18.12.1996, RJD Nr. 26, S. 2235 f., Ziff. 56.
[701] EMRG, Loizidou v. Turkey (Hauptsache), Urteil vom 18.12.1996, RJD Nr. 26, S. 2237, Ziff. 63.
[702] EMRG, Loizidou v. Turkey (Hauptsache), Urteil vom 18.12.1996, RJD Nr. 26, S. 2238, Ziff. 64.
[703] EMRG, Van der Musele, Urteil vom 23.11. 1983, Serie A. Nr. 70, Ziff. 48; vgl. dazu auch Mittelberger, Der Eigentumsschutz nach Art. 1, S. 17.
[704] Frowein/Peukert, EMRK-Kommentar, Art. 1 des 1. ZP, Rn. 4.
[705] Grabenwarter, Europäische Menschenrechtskonvention, S. 414, Rn. 3; EMRG, Pine Valley Developements, Urteil vom 29. 11.1991, Series A Nr. 222, S. 23, Ziff. 51.

spruch auf Restitution des Eigentums, können solche berechtigten Erwartungen begründen. Im Gegensatz dazu hat der Gerichtshof die Hoffnung darauf, dass das Weiterbestehen eines früheren Eigentumsrechts, das über einen langen Zeitraum nicht wirksam ausgeübt werden konnte, anerkannt wird, nicht als Anspruchsgrundlage auf Eigentum im Sinne des Art. 1, 1. ZP zur EMRK anerkannt. Hier ist vor allem auf die Rechtsprechung der Kommission und später des Gerichtshofs bezüglich des deutschen Vermögens, das infolge der Vertreibungen der deutschstämmigen Bevölkerung aus Polen und der Tschechoslowakei nach dem Zweiten Weltkrieg völkerrechtswidrig konfisziert wurde, und auf die Enteignungen in der sowjetisch besetzten Zone nach dem Zweiten Weltkrieg hinzuweisen.[706]

Von der Frage, ob das Eigentum weiterhin fortbesteht, hängt die Beurteilung der Eigentumsverletzung als fortdauernde Verletzung und damit die zeitliche Zuständigkeit des Gerichtshofes ab. Die zwar rechtswidrige aber wirksame Enteignung des Eigentums stellt eine einmalige Verletzung des Eigentumsrechts gemäß Art. 1, 1. ZP zur EMRK dar und kann nur nach Inkrafttreten des ZP und der Anerkennung der Zuständigkeit der Kommission zur Prüfung von Individualbeschwerden gemäß Art. 25 EMRK a. F. geltend gemacht werden.[707] Handelt es sich folglich im Loizidou-Fall um einen einmaligen Eingriff, oder zumindest um eine vor dem 22.1.1990 abgeschlossene Enteignung, so ist die Zuständigkeit des Gerichtshofs *rationae temporis* nicht gegeben, da die Türkei die Zuständigkeit des Gerichtshof erst ab diesem Datum anerkannt hat. Besteht dagegen das Eigentumsrecht auf Grund einer unwirksamen Enteignung fort, so kann die Verhinderung der Nutzung des Eigentums als eine fortdauernde Verletzung angesehen werden, die die Zuständigkeit des Gerichtshofs auch über diesen Zeitpunkt hinaus begründet.

### (1) Beschwerden gegen die Gesetze zu den Ostverträgen

Nach Anerkennung der Oder-Neiße-Grenze durch Deutschland in völkerrechtlichen Verträgen mit Polen und der UdSSR (Verträge von Moskau und Warschau) hatten zahlreiche deutsche Staatsangehörige Verfassungsbeschwerde gegen die Begleitsätze zu den Ostverträgen eingelegt. Sie trugen vor, dass die Ratifikation der Ostverträge zu einem Eigentumsverlust zu ihren Lasten geführt habe, indem die betroffenen Gebiete von militärisch besetztem deutschen Gebiet zu polnischem Hoheitsgebiet erklärt wurden, und damit die dort vorgenommenen völkerrechtswidrigen Konfiskationen legalisiert worden seien. Das deutsche

[706] EKMR, Zulässigkeitsentscheidung vom 4.10.1977, EuGRZ 1978, S. 188 ff.; EKMR, Zulässigkeitsentscheidung vom 4.3.1996, EuGRZ 1996, S. 386 ff., 390; EMRG, Fürst Hans-Adam II. von und zu Liechtenstein v. Deutschland, Urteil vom 12.7.2001, EuGRZ 2001, S. 466 ff.

[707] Frowein/Peukert, EMRK-Kommentar, Art. 1 des 1. ZP, Rn. 21.

Privatvermögen sei aber gemäß Art. 46 Abs. 2 HLKO geschützt gewesen. Deutschland habe durch die Ratifikation an der Legalisierung der völkerrechtswidrigen Konfiskationen mitgewirkt und somit das bis dahin weiterhin bestehende Eigentum der Kläger verletzt. Nachdem ihre Beschwerden in sechs Musterverfahren mit der Begründung abgelehnt wurden, dass ihre privaten Rechte weiterhin fortbestehen würden,[708] wendeten sich die Beschwerdeführer an die Europäische Kommission für Menschenrechte.[709]

Die Kommission stellte bei der Zulässigkeitsprüfung fest, dass die Beschwerdeführer sich nicht mehr auf bestehendes Eigentum im Sinne von Art. 1, 1. ZP zur EMRK berufen konnten.[710] An erster Stelle wurde daraufhin hingewiesen, dass das Eigentumsrecht über einen langen Zeitraum von 30 Jahren hinweg nicht mehr ausgeübt werden konnte. Darüber hinaus sei es zweifelhaft, ob ein Verstoß gegen die HLKO die Unwirksamkeit der Enteignungen nach sich ziehe oder nur den handelnden Staat zur Entschädigung verpflichte. Die Kommission wies in diesem Zusammenhang auf Art. 3 der Mantelkonvention zur HLKO hin, der nur die Zahlung eines Schadensersatzes vorsieht. Die Frage, ob die Enteignungen auf Grund eines schwerwiegenden Völkerrechtsverstoßes als unwirksam hätten bewertet werden müssen, wurde dagegen nicht angesprochen. Die Kommission stellte lediglich fest, dass der Bestand des Eigentumsrechts bereits vor Ratifikation der Ostverträge aus genannten Gründen unsicher und seine Ausübung unmöglich gewesen sei. Es bestehe folglich keine Kausalität zwischen der Ratifikation und dem Verlust des Eigentumsrechts, und die Beschwerden seien in diesem Punkt offensichtlich unbegründet.[711] Damit wurde die Wirksamkeit der Enteignungen faktisch hingenommen und die Entziehung des Eigentums als einmalige Handlung bewertet, die keine rechtswidrige Dauerwirkung hervorbringt.[712]

### (2) Beschwerden gegen die Enteignungen in der sowjetischen Besatzungszone Deutschlands

Ähnlich war die Sachlage bei den Beschwerden deutscher Staatsangehöriger gegen die Enteignungen in der sowjetischen Besatzungszone im Zuge der Bodenreform zwischen 1945 und 1949, die bei der Wiedervereinigung Deutschlands entschädigungslos geblieben waren.[713] Im Einigungsvertrag[714] wurden für diese Enteignungen zwar mögliche Ausgleichszahlungen vorgesehen, aber keine

[708] BVerfGE 40, S. 141-179, wiedergegeben in EuGRZ 1975, S. 542 ff.
[709] Beschwerden Nr. 7655/76, 7656/76, 7657/76.
[710] EMRK, Zulässigkeitsentscheidung vom 4.10.1977, EuGRZ 1978, S. 188 ff.
[711] EMRK, Zulässigkeitsentscheidung vom 4.10.1977, EuGRZ 1978, S. 189.
[712] Blumenwitz, Der Schutz des Eigentums vertriebener Volksgruppen, S. 577.
[713] BVerfGE 84, S. 90-132; wiedergegeben in EuGRZ 1991, 121 ff.
[714] Vertrag über die Herstellung der Einheit Deutschlands, BGBl. 1990 II, S. 889.

volle Entschädigung. Die Beschwerdeführer trugen vor, dass die Enteignungen durch die sowjetischen Behörden völkerrechtswidrig waren, da das Privateigentum gemäß Art. 46 Abs. 2 HLKO nicht entzogen werden durfte. Im Gegensatz zu den Ostverträgen, in denen die Vermögensfragen offen gelassen wurden, schließe der Einigungsvertrag jegliche Rückübertragungsansprüche aus und legalisiere somit diese völkerrechtswidrigen Konfiskationen. Darin sahen sie eine Verletzung ihres Rechts auf Achtung ihres Eigentums.

Auch hier lehnte die Kommission die Zulässigkeit der Beschwerden mangels eines bestehenden Eigentumsrechts i. S. v. Art. 1, 1. ZP zur EMRK ab und wies in diesem Zusammenhang auf die Unsicherheit der Rechtsfolgen eines Verstoßes gegen die HLKO und den langen Zeitraum hin, in dem die Beschwerdeführer ihre Eigentumsrechte nicht ausüben konnten.[715] Die von den Beschwerdeführern beanstandeten Enteignungen seien zum einen durch sowjetische Behörden vorgenommen worden und somit der deutschen Hoheitsmacht nicht zurechenbar. Es läge daher keine Zuständigkeit *rationae personae* vor. Zum anderen seien sie vor Inkrafttreten der EMRK und der Ratifizierung des 1. Zusatzprotokolls zur EMRK durch Deutschland erfolgt. Zwar würden die Enteignungen weiterhin eine Wirkung erzeugen, nach der ständigen Rechtsprechung der Konventionsorgane sei aber die Entziehung von Eigentumsrechten oder anderen dinglichen Rechten grundsätzlich eine einmalige Handlung und bringe keine Dauerwirkung im Sinne einer fortdauernden Verletzung hervor.[716] Es sei zudem zweifelhaft, ob der Entzug von Eigentumsrechten unter Verstoß gegen die HLKO die Nichtigkeit der Enteignungen bedeute oder nur eine Entschädigungspflicht auslöse. Die Klärung dieser Frage ließ die Kommission jedoch offen und führte stattdessen aus, dass Forderungen, hier im konkreten Fall Ansprüche auf Grund eines Verstoßes gegen die HLKO, nur dann vorhandenes Eigentum im Sinne des Art. 1, 1. ZP zur EMRK darstellen, wenn eine berechtigte Hoffnung bestehe, dass diese sich auch realisieren lassen können.[717] Die Enteignungen seien ferner in der deutschen Rechtsordnung bereits vor dem Einigungsvertrag als rechtsgültig angesehen worden. Zudem hätten die Beschwerdeführer ihre Eigentumsrechte über einen langen Zeitraum hinweg nicht ausüben können. Es würde daher kein „vorhandenes Eigentum" vorliegen, in das die deutsche Hoheitsmacht nach Inkrafttreten der EMRK durch den Einigungsvertrag hätte eingreifen können. Die Kommission sei daher auch *rationae*

[715] EKMR, Zulässigkeitsentscheidung vom 4.3.1996, EuGRZ 1996, S. 386 ff., 390.

[716] Wörtlich Dauerwirkung einer „Rechtsentziehung", vgl. EuGRZ 1996, S. 386 ff., 390.

[717] EKMR, Zulässigkeitsentscheidung vom 4.3.1996, EuGRZ 1996, S. 386 ff., 390; vgl. auch Blumenwitz, Der Schutz des Eigentums vertriebener Volksgruppen, S. 577 f.

*temporis* nicht zuständig, über die Enteignungen zwischen 1945-1949 und ihre Folgen zu befinden.[718]

### (3) Beschwerde Fürst Hans-Adam II. von und zu Liechtenstein gegen Deutschland

Der Gerichtshof hat diese Rechtsprechung der Kommission mit der Liechtenstein-Entscheidung bestätigt.[719] Dabei ging es um ein Gemälde aus dem 17. Jh. („Szene um einen römischen Kalkofen" von Pieter van Laer), das seit 1767 im Familienbesitz des Fürsten von und zu Liechtenstein war, und sich nach dem Zweiten Weltkrieg in der Tschechoslowakei befand. Im Zuge der Enteignungen der deutschen und ungarischen Volksgruppen auf Grund des Beneš-Dekrets Nr. 12 wurde auch das neutrale liechtensteinische Vermögen, somit auch das genannte Gemälde, entschädigungslos enteignet.[720] Als das Bild im Jahre 1991 anlässlich einer Ausstellung in Köln auftauchte, erwirkte der Beschwerdeführer eine einstweilige Verfügung, auf Grund derer das Gemälde sequestriert wurde. Der Rechtstreit um die Eigentumsrechte an dem Bild ging bis zum Bundesverfassungsgericht, blieb aber letztendlich auf Grund der Jurisdiktions-Sperre des Art. 3 Abs. 1 und 3 im VI. Teil des Vertrages zur Regelung aus Krieg und Besatzung entstandener Fragen zwischen den drei Westmächten und der Bundesrepublik Deutschland (Überleitungsvertrag) offen.[721] Daraufhin wurde das Bild wieder an die Tschechische Republik aushändigt.

Der Beschwerdeführer berief sich vor dem EMRG auf sein weiterhin fortbestehendes Eigentumsrecht. Er trug vor, dass die entschädigungslose Enteignung des Gemäldes völkerrechtswidrig gewesen ist und daher als wirkungslos beurteilt werden müsse. Sein Eigentumsrecht würde daher fortbestehen und er könne einen Anspruch auf Herausgabe des Bildes aus Eigentum gegenüber der Bundesrepublik Deutschland geltend machen. Mit der Rückgabe des Bildes an die Tschechische Republik habe die deutsche Hoheitsmacht sein weiterhin fortbestehendes Eigentumsrecht verletzt. Der Gerichtshof befand die Klage zunächst für zulässig und ließ somit erkennen, dass es sich hierbei um existierendes Eigentum bei Inkrafttreten der Konvention gehandelt haben muss, da anderenfalls die Zuständigkeit des Gerichtshofs, wie in den oben dargestellten

---

[718] EKMR, Zulässigkeitsentscheidung vom 4.3.1996, EuGRZ 1996, S. 386 ff., 390.

[719] EMRG, Fürst Hans-Adam II. von und zu Liechtenstein v. Deutschland, Urteil vom 12.7.2001, RDJ 2001, S. 1-43, insbes. Ziff. 82 ff.; Entscheidung wiedergegeben in EuGRZ 2001, S. 466 ff.

[720] Dekret vom 21.6.1945, Slg. 12, vgl. dazu Blumenwitz, Interessenausgleich, S. 20. Die Bezeichnung „Beneš-Dekrete" bezieht sich auf Gesetze des Präsidenten Edvard Beneš, der auf der Grundlage eines Verfassungsdekrets vom 15.10.1940 außerordentliche Befugnisse ausübte.

[721] Blumenwitz, Die Liechtenstein-Entscheidung, S. 217 f.

Fällen, nicht gegeben gewesen wäre.[722] In der Sachentscheidung befand sie sich jedoch *rationae temporis* für nicht zuständig, da die Enteignung durch die tschechoslowakischen Behörden vor Inkrafttreten der Konvention erfolgt sei.[723] Zur Frage, ob der Verstoß gegen die HLKO die Nichtigkeit der Enteignungen herbeiführt, oder ob die Enteignungen einen Verstoß gegen das *ius cogens* darstellen und deswegen als unwirksam zu beurteilen sind, nahm der Gerichtshof keine Stellung. Anlass dazu hätte aber der Bezug auf das allgemeine Völkerrecht in Art. 1 Abs. 1 S. 2, 1. ZP zur EMRK geben müssen.[724] Vielmehr stellte der Gerichtshof fest, dass das Eigentum nicht mehr fortbestehe, da keine berechtigte Erwartung geltend gemacht werden könne, dass ein Eigentums- oder Restitutionsanspruch gegenüber der Bundesrepublik Deutschland realisiert werden kann. Damit wurde auch das Vorliegen einer fortdauernden Verletzung des Eigentumsrechts ausgeschlossen.[725] Durch diese Vorgehensweise hat der Gerichtshof faktisch die Wirksamkeit der Enteignungen anerkannt.[726]

### (4) Zwischenergebnis

Aus dieser Rechtsprechungspraxis ist zu folgern, dass die Rechtsauffassung der Kommission und des Gerichtshofes in Bezug auf Enteignungen, die während oder infolge der Besetzung eines Gebietes stattfinden, dahingeht, dass diese wegen eines Verstoßes gegen die HLKO zwar völkerrechtswidrig sind, aber dennoch als rechtswirksam bewertet werden. Es besteht daher kein Anspruch auf Herausgabe aus fortbestehendem Eigentum, sondern ein sekundärrechtlicher Anspruch auf Wiederherstellung des früheren Zustandes, der die Wiedereinräumung des Eigentumsrechts erfordert (*restitutio ad integrum*). Kann dieser Anspruch aber über lange Zeit nicht geltend gemacht werden und besteht keine berechtigte Erwartung auf die Wiedereinräumung des früheren Eigentumsrechts, fällt die bloße Hoffung darauf, dass das Eigentumsrecht anerkannt wird, nicht mehr in den Schutzbereich des Art. 1, 1. ZP zur EMRK. Die Berechtigung der Erwartung wird dabei aus der Sicht des Staates beurteilt, dessen Hoheitsakt gerügt wird, also aus der Sicht des enteignenden Staates oder desjenigen Staates, dessen Hoheitsakt den Eigentumsentzug bestätigt.[727] Die Frage, ob die Enteignungen einen Verstoß gegen das *ius cogens* darstellten und deswegen als un-

---

[722] Vgl. Blumenwitz, Der Schutz des Eigentums vertriebener Volksgruppen, S. 579; Zulässigkeitsentscheidung vom 6.6.2002.

[723] EMRG, Fürst Hans-Adam II. von und zu Liechtenstein v. Deutschland, Urteil vom 12.7.2001, RDJ 2001, S. 1-43, Ziff. 85.

[724] Vgl. dazu Blumenwitz, Die Liechtenstein-Entscheidung, S. 237.

[725] EMRG, Fürst Hans-Adam II. von und zu Liechtenstein v. Deutschland, Urteil vom 12.7.2001, RDJ 2001, S. 1-43, Ziff. 85; siehe dazu ausführlicher unten d) (2).

[726] Blumenwitz, Die Liechtenstein-Entscheidung, S. 237; Fassbender, Der Fürst, ein Bild und die deutschen Gerichte, S. 465.

[727] Blumenwitz, Die Liechtenstein-Entscheidung, S. 235 f.

wirksam zu beurteilen sind, ließen die Kommission wie auch später der Gerichtshof offen.

### (5) Frage der *existing posessions* in Nordzypern

Übertragen auf die Lage in Zypern bedeutet dies, dass die Enteignungen in Nordzypern, die der Gerichtshof ausschließlich der Türkei zurechnet, zwar gegen die HLKO verstoßen haben und daher völkerrechtswidrig waren, im Übrigen aber als wirksam angesehen werden können. Es bestehen daher Ansprüche auf Restitution des Eigentums oder Zahlung einer Entschädigung, aber kein Anspruch auf Herausgabe des Eigentums aus Eigentumsrecht. Einen möglichen Verstoß gegen das *ius cogens*, der zur Unwirksamkeit der Enteignungen führen könnte, hat der Gerichtshof auch hier außer Acht gelassen.[728] Er weist zwar auf die „besonderen Umstände“ des Falles hin, die die Beschwerdeführerin und die zyperngriechische Regierung vorgetragen haben, prüft diese aber nicht im Einzelnen.[729] Dabei handelt es sich im Vortrag der klägerischen Seite um die Besetzung Nordzyperns infolge der Intervention durch die Türkei, und dass dies ihrer Ansicht nach ein Verstoß gegen das Gewaltanwendungsverbot gewesen sei.[730] Wie bereits oben dargestellt, kann der Entzug des Eigentums durch oder infolge eines Verstoßes gegen das Gewaltanwendungsverbot entsprechend der Stimson-Doktrin als unwirksam beurteilt und nicht anerkannt werden. Der Gerichtshof prüft jedoch im Loizidou-Fall gerade nicht, ob bei der Intervention der Türkei ein Verstoß gegen das Gewaltanwendungsverbot gegeben war.[731] Richter Petitti weist in seinem Minderheitsvotum darauf hin, dass der Gerichtshof bei der Anwendung auf die UN-Resolutionen nur auf einen Aspekt hinweist, nämlich die Nichtanerkennung der TRNZ.[732] Er stellt aber nicht heraus, dass sich die Nichtanerkennung auf das Teilungsverbot des Art. 2 Garantievertrag stützt und nicht auf einen Verstoß gegen das Gewaltanwendungsverbot. Es bleibt auch außer Betracht, dass in der Resolution von besetzten Gebieten gesprochen wird, auf welche die HLKO Anwendung finden müsste.[733]

Bei der Prüfung der Frage, ob die Erwartungen bezüglich der Wiedereinräumung des Eigentumsrechts berechtigt sind, ist ferner auf die Sicht der Türkei

---

[728] Vgl. Blumenwitz, Der Schutz des Eigentums vertriebener Volksgruppen, S. 580 f.

[729] EMRG, Loizidou v. Turkey (Hauptsache), Urteil vom 18.12.1996, RJD Nr. 26, S. 2237, Ziff. 63.

[730] EMRG, Loizidou v. Turkey (Hauptsache), Urteil vom 18.12.1996, RJD Nr. 26, S. 2232 f., Ziff. 49 f.

[731] EMRG, Loizidou v. Turkey (Hauptsache), Urteil vom 18.12.1996, RJD Nr. 26, S. 2236, Ziff. 56.

[732] Minderheitsvotum von Richter Pettiti, RJD Nr. 26, S. 2251 f.

[733] Heintze, Entscheidungen des Europäischen Menschenrechtsgerichtshofs als Politikersatz?, S. 449 f.

und der zyperntürkischen Verwaltung abzustellen. Aus beiderlei Sicht ist durch die Verfassung der TRNZ 1985 eine endgültige Enteignung vorgenommen worden. Die Eigentumsfrage sollte im Idealfall im Rahmen eines Globalentschädigungsabkommens durch einen Austausch der Grundeigentümer gelöst werden.[734] Die Wiedereinräumung des Eigentums ist somit nicht mehr vorgesehen gewesen, was insbesondere durch die Ausgabe von Eigentümerurkunden an die neuen Bewohner ab 1989 offensichtlich wurde. Anders als in den deutschen Fällen ist der *process of taking property* damit als abgeschlossen betrachtet worden.[735] Auch aus zyperngriechischer Sicht wurde nicht mehr die Restitution des gesamten Eigentums erwartet.[736] Die Verhandlungen unter der Schirmherrschaft der UN liefen immer wieder auf eine teilweise Restitution des Vertriebeneneigentums hinaus. In diesem Zusammenhang ist vor allem auf die Regelung der Eigentumsfrage in dem 1989 von UN-Generalsekretär Perez de Cuellar initiierten und seinem Nachfolger Boutros Ghali weiter ausgearbeiteten *Set of Ideas* zu verweisen.[737] Die Rückgabe des gesamten Eigentums wurde darin nur für jene Gebiete vorgesehen, die an den zyperngriechischen Bundesstaat fallen sollten. In den restlichen Gebieten wurde als Regelfall die Enteignung und Entschädigung der Vertriebenen vorgesehen. Es bestand somit keine berechtigte Erwartung mehr, dass das alte Eigentumsrecht wiedereingeräumt werde. Da die Beschwerdeführerin zum Zeitpunkt der Entscheidungsfällung auch seit mehr als zwanzig Jahren keine Verfügungsgewalt über das betroffene Eigentum ausüben konnte, konnte sie entsprechend der Rechtsprechung des Gerichtshofes zu den deutschen Fällen kein unter Art. 1. 1. ZP zur EMRK geschütztes Eigentumsrecht mehr geltend machen.

### b) Wirksamkeit des Art. 159 Abs. 1 VerfTRNZ

Der Gerichtshof lehnte die Wirksamkeit der Enteignungen in Nordzypern durch Art. 159 Abs. 1 lit. b) VerfTRNZ jedoch auf Grund der internationalen Nichtanerkennung der TRNZ ab. Er stellte damit fest, dass das Eigentum der Beschwerdeführerin weiterhin fortbestand. Als Grundlage der internationalen Nichtanerkennung wurde auf die Resolutionen des UN-Sicherheitsrates hingewiesen.[738] Die Frage, inwiefern den Akten der TRNZ als Akten eines De-facto-Regimes Wirksamkeit zukommen kann, wurde somit nicht berührt.

---

[734] Necatigil, The Loizidou-Case, S. 171.

[735] Blumenwitz, Die Liechtenstein-Entscheidung, S. 236.

[736] Anstötz, Perspektiven zur Neuordnung, S. 155.

[737] Zu den Lösungsentwürfen z. B. Varvaroussis, Deutschland und die Zypernfrage, S. 253 ff.; Set of Ideas on an Overall Framework Agreement on Cyprus, Annex zu UN doc. S/24472; dazu auch unten Abschnitt 3, D. II. 6.

[738] EMRG, Loizidou v. Turkey (Hauptsache), Urteil vom 18.12.1996, RJD Nr. 26, S. 2231, Ziff. 44.

#### (1) Anwendung der UN-Resolutionen

Mit dem Hinweis auf die UN-Resolutionen und die Staatenpraxis erweckt der Gerichtshof den Anschein, dass aus diesen eine *opinio juris* zur völkerrechtlichen Qualität der TRNZ und der Wirksamkeit ihrer Akte hervorgeht, auch wenn er dies nicht ausdrücklich feststellt. [739] Die Resolutionen des UN-Sicherheitsrates sind jedoch grundsätzlich nur dann verbindlich, wenn eine entsprechende Ermächtigungsnorm vorliegt. Diese sind bei friedenssichernden Maßnahmen in der Regel in Kapitel VII oder VIII der UN-Charta gegeben oder können aus Kapitel VI hergeleitet werden.[740] Hier kommt die Ermächtigungsnorm des Art. 39 für Kapitel VII UN-Charta in Frage. Beim Aufruf zur Nichtanerkennung der TRNZ wird kein Bezug auf Maßnahmen gemäß Kapitel VII UN-Charta genommen oder von einer ernsthaften Bedrohung des internationalen Friedens gesprochen.[741] Der Anwendungsbereich des Kapitel VII ist daher nicht eröffnet, und die UN-Resolutionen zur Nichtanerkennung der TRNZ sind nicht rechtsverbindlich für die Staaten.[742] Sie können daher auch nicht zwingend verbindlich für den Gerichtshof bei der Auslegung der EMRK gemäß Art. 31 Abs. 3 lit. c) WÜV sein. Der EMRG ist darüber hinaus grundsätzlich nicht an die Entscheidungen seiner Exekutivorgane oder anderer internationalen Organisationen gebunden.[743]

Aus den Resolutionen geht ferner nicht hervor, ob sie sich auf eine juristische Prüfung der Lage in Zypern stützen. Es wird zwar festgestellt, dass die zyperntürkische Sezession nicht mit Art. 2 GarantieV vereinbar ist, darüber hinaus wird jedoch keine Stellung zur allgemeinen Völkerrechtslage in Zypern genommen. Insbesondere zur Wirksamkeit der Akte der zyperntürkischen Verwaltung wird, anders als z. B. in der Resolution zur Lage in Namibia, nichts gesagt.[744] Zu bedenken ist auch, dass die UN-Resolutionen in erster Linie politisch motiviert waren.[745] Die Einheit der Republik Zypern sollte gewahrt werden, um

[739] Travernier, Le droit international dans la jurisprudence de la CEDH, S. 420; Rudolf, Loizidou v. Turkey, S. 537.

[740] Delbrück, in Simma, Charta der Vereinten Nationen, Art. 25, Rn. 14 ff.

[741] Es wird lediglich, die Befürchtung ausgesprochen, dass sich die Lage verschlechtern könnte, vgl. UN/RES/541 (1983): „[...] considering that the attempt to create a "Turkish Republic of Cyprus" is invalid and will contribute to a worsening to the situation in Cyprus. [...]"; S/RES/541 (1983) vom 18.11.1983, S/RES/550 (1984) vom 11.5.1984, beide wiedergegeben in Vereinte Nationen 3 (1984), S. 69 f.

[742] Rumpf, Die staats- und völkerrechtliche Lage Zyperns, S. 544; Rudolf, Loizidou v. Turkey, S. 537; a. A. Heintze, Entscheidungen des Europäischen Menschenrechtsgerichtshofs als Politikersatz?, S. 449.

[743] Talmon, Consequences of (Non) Recognition, S. 65.

[744] Vgl. bezüglich der Lage in Namibia UN doc. S/RES/276 (1970), Ziff. 2.

[745] Blumenwitz, Political and Legal Realities, S. 74; Rumpf, Die staats- und völkerrechtliche Lage Zyperns, S. 544.

eine Verschärfung der bereits bestehenden Konfliktsituation zu vermeiden. Die Resolutionen bieten daher keine ausreichende Grundlage für die Beantwortung der Frage, ob und inwieweit den Akten der TRNZ Wirksamkeit zukommen kann. Auch die Nichtanerkennungspraxis der Konventionsstaaten bietet hier keine ausreichende juristische Grundlage. Die Anerkennung oder Nichtanerkennung von Staaten beruht meist eher auf politischen, als auf juristischen Überlegungen.[746] Zur Feststellung, ob und inwieweit den Akten der TRNZ Wirksamkeit zukommen kann, wäre hier eine eigene Prüfung der völkerrechtlichen Stellung der TRNZ durch den Gerichtshof erforderlich gewesen.[747] Wie bereits oben ausgeführt kann die TRNZ als stabilisiertes De-facto-Regime eingeordnet werden, deren Akten auf Grund ihrer Effektivität grundsätzlich Wirksamkeit zukommen kann. Der Gerichtshof weist auch auf die entsprechenden Ausführungen des IGH im Namibia-Gutachten hin, zieht jedoch in Bezug auf die TRNZ keine Schlüsse daraus.[748] Vielmehr führt er aus, dass es nicht wünschenswert oder notwendig sei, im vorliegenden Fall eine allgemeine Theorie zur Rechtmäßigkeit der legislativen und administrativen Akte der TRNZ zu entwickeln.[749] Aus den weiteren Ausführungen des Gerichtshofs und der Zurechnung aller Akte der TRNZ zur Türkei geht ferner hervor, dass er die TRNZ nicht als stabilisiertes De-facto-Regime einordnet, sondern als ein Marionettenregime der Türkei, ohne dies jedoch ausdrücklich zu prüfen oder festzustellen.[750] In der vierten Staatenbeschwerde Zyperns gegen die Türkei spricht der Gerichtshof zwar von einer De-facto-Situation in Nordzypern, bewertet die TRNZ aber ebenfalls nicht als De-facto-Regime.[751]

#### (2) Wirksamkeit der Akte eines De-facto-Regimes

Es ist indes umstritten, inwiefern sich die Anerkennung durch andere Staaten auf die Rechtsstellung einer Gemeinschaft, die nicht als Staat anerkannt wird, auswirkt. Wie bereits oben dargestellt, hat sich in der Völkerrechtslehre mit Erstarkung des Selbstbestimmungsrechts weitgehend die Ansicht durchgesetzt, dass die Anerkennung nur deklaratorisch ist und keine konstitutive Wirkung hat.[752] Dennoch bleibt eine Gemeinschaft völkerrechtlich handlungsunfähig, solange sie nicht als Staat anerkannt wird. Bei einem stabilisierten De-facto-

[746] Heintze, in Ipsen, Völkerrecht, § 29, Rn. 14; Talmon, Consequences of (Non) Recognition, S. 64; vgl. ferner die Fälle bei Frowein, Das de facto-Regime im Völkerrecht, S. 16.
[747] Necatigil, The Loizidou-Case, S. 24, vgl. auch Talmon, Consequences of (Non) Recognition, S. 65.
[748] ICJ Reports, 1971, S. 16 ff., Ziff. 125.
[749] EMRG, Loizidou v. Turkey (Hauptsache), Urteil vom 18.12.1996, RJD Nr. 26, S. 2231, Ziff. 45.
[750] Anstötz, Perspektiven zur Neuordnung, S. 142.
[751] Vgl. EMRG, Cyprus v. Turkey, Urteil vom 10.5.2001, HRLJ 2001, S. 217 ff., Ziff. 86, 90.
[752] Abschnitt 2, B. II. 4. c).

Regime liegen die drei Staatselemente, insbesondere eine effektive Staatsmacht, über eine gewisse Zeit hinweg vor. Die Staatsmacht kann auf Grund der Nichtanerkennung durch andere Staaten aber nicht nach außen ausgeübt werden. Die Regeln des allgemeinen Völkerrechts, die keine Willensübereinstimmung mit anderen Staaten erfordern, sind jedoch auf das De-facto-Regime grundsätzlich anwendbar.[753] Es kommt dem De-facto-Regime damit entsprechend dem Effektivitätsprinzip eine teilweise Völkerrechtssubjektivität Kraft Existenz zu. Darüber hinaus ist aber auch umstritten, welche Auswirkung die Nichtanerkennung auf die Akte des internen Verwaltungsbereiches, die nicht vom Willen der anderen Staaten abhängig sind, hat. Grundsätzlich bedeutet die Nichtanerkennung eines De-facto-Regimes als Staat nicht zwingend, dass auch seine internen Akte nicht anerkannt werden.[754] Ein nicht anerkannter Staat kann nicht einfach so behandelt werden, als gäbe es ihn nicht.[755] Davon zu trennen ist weiterhin die Frage der Haftung. Das De-facto-Regime ist selbst aktiv deliktsfähig und haftet nach den allgemeinen Regeln des Völkerrechts.[756] Sind seine Akte aber nicht allein auf den eigenen Entscheidungswillen zurückzuführen, kommt eine gesamtschuldnerische Haftung mit dem Staat, dem die Akte ebenfalls zuzurechnen sind, in Frage.[757]

Der IGH hat in seinem Gutachten zur Militärpräsenz Südafrikas in Namibia festgestellt, dass das Völkerrecht bestimmte rechtliche Regelungen und Handlungen eines De-facto-Regimes anerkennt, deren Wirkungen nur zum Nachteil der Bewohner des Gebietes ignoriert werden können. Als Beispiele werden die Registrierung von Geburten, Todesfällen und Eheschließungen genannt.[758] In Anlehnung dazu führt der EMRG in der vierten Staatenbeschwerde Zyperns gegen die Türkei bezüglich der Existenz eines effektiven Rechtswegs in der TRNZ aus:

---

[753] Frowein, Das de facto-Regime im Völkerrecht, S. 70 ff.

[754] Talmon, Kollektive Nichtanerkennung, S. 347; Minderheitsvotum von Richter Baka, RJD Nr. 26, S. 2244 f.; von Laffert, Die völkerrechtliche Lage, S. 118 mit Verweis auf die Unterscheidung zwischen *cognizance* und *recognition.*

[755] Epping, in Ipsen, Völkerrecht, § 8, Rn. 13; Schweitzer/Weber, Handbuch der Völkerrechtspraxis der Bundesrepublik Deutschland, Rn. 470.

[756] Frowein, in Bernhardt, EPIL, De-Facto Régime, S. 966 f.

[757] Mit Bezug auf Zypern, von Laffert, Die völkerrechtliche Lage, S. 123.

[758] Advisory Opinion on Legal Consequences for States of the Continued Presence of South Africa in Namibia (South West Africa) ICJ Reports, 1971, S. 16 ff., Ziff. 125: "In general, the non-recognition of South Africa's administration of the Territory should not result in depriving the people of Namibia of any advantages derived from international cooperation. In particular, while official acts performed by the Government of South Africa on behalf of or concerning Namibia after the termination of the Mandate are illegal and invalid, this invalidity cannot be extended to those acts, such as, for instance, the registration of births, deaths and marriages, the effects of which can be ignored only to the detriment of the inhabitants of the territory."

„It is to be noted that the International Court's Advisory Opinion, read in conjunction with the pleadings and the explanations given by some of that court's members, shows clearly that, in situations similar to those arising in the present case, the obligation to disregard acts of *de facto* entities is far from absolute. Life goes on in the territory concerned for its inhabitants. That life must be made tolerable and be protected by the *de facto* authorities, including their courts; and, in the very interest of the inhabitants, the acts of these authorities related thereto cannot be simply ignored by third States or by international institutions, especially courts, including this one. To hold otherwise would amount to stripping the inhabitants of the territory of all their rights whenever they are discussed in an international context, which would amount to depriving them even of the minimum standard of rights to which they are entitled."[759]

Den Akten eines De-facto-Regimes kann folglich auch dann Wirksamkeit zukommen, wenn das De-facto-Regime von den anderen Staaten als illegal angesehen und nicht anerkannt wird. Dies gilt insbesondere für solche Akte, die privatrechtliche Beziehungen betreffen. Die Frage, ob ein bestimmter Akt des De-facto-Regimes wirksam ist oder nicht, ist folglich nach seinem *Inhalt* zu beurteilen. Darauf lässt auch folgende Feststellung des Gerichtshofs schließen:

"It appears evident to the Court, despite the reservations the Greek-Cypriot community in northern Cyprus may harbour regarding the "TRNC" courts, that the absence of such institutions would work to the detriment of the members of that community. Moreover, recognising the effectiveness of those bodies for the limited purpose of protecting the rights of the territory's inhabitants does not, in the Court's view and following the Advisory Opinion of the International Court of Justice, legitimise the "TRNC" in any way."[760]

Die Anerkennung der Gerichte in der TRNZ als Rechtsweg i. S. v. Art. 35 Abs. 1 EMRK setzt jedoch die Wirksamkeit derjenigen Artikel der Verfassung der TRNZ voraus, aus denen die zyperntürkischen Gerichte ihre Kompetenzen ableiten. Es stellt sich folglich die Frage, warum Art. 159 VerfTRNZ auf Grund der Nichtanerkennung der TRNZ als Staat unwirksam ist, dies aber nicht für andere Rechtsätze der gleichen Verfassung gilt.[761] Beim Rechtsweg kommt es darüber hinaus nicht nur auf ein privatrechtliches Verhältnis an, sondern auf das Verhältnis zwischen Bürger und Staat. Die Entscheidungen der Judikative sind verbindlich für die am Verfahren beteiligten Bürger. Es scheint so, dass der Gerichtshof nicht umhinkommt, eine klare Theorie bezüglich der Wirk-

---

[759] EMRG, Cyprus v. Turkey, Urteil vom 10.5.2001, HRLJ 2001, S. 217 ff., Ziff. 96.

[760] EMRG, Cyprus v. Turkey, Urteil vom 10.5.2001, HRLJ 2001, S. 217 ff., Ziff. 92.

[761] Vgl. Talmon, Kollektive Nichtanerkennung, S. 348; Necatigil, De facto Regime in International Law, S. 69 f.

samkeit der Akte der TRNZ zu entwickeln, will er ihre Wirksamkeit sachgerecht beurteilen. Dass die Unwirksamkeit nicht alleine von der Anerkennung durch andere Staaten abhängen kann, wie dies im Loizidou-Fall ausgeführt worden ist, wird hier besonders deutlich.

Aus der Praxis einiger nationaler Gerichte geht ferner hervor, dass es für die Wirksamkeit der Akte eines teilweise anerkannten Staates oder eines nicht als Staat anerkannten De-facto-Regimes nicht auf die Anerkennung durch den Staat ankommt, dem das Gericht angehört. Bereits oben wurde darauf hingewiesen, dass aus es Sicht der Judikative gerechtfertigt sein kann, die Akte eines De-facto-Regimes in einem Verfahren als wirksam anzuerkennen, auch wenn es diplomatisch nicht durch den eigenen Staat anerkannt wird. Die Anerkennung der Wirksamkeit der Akte erscheint in einem Fall, in dem das De-facto-Regimes imstande ist, über ein festgelegtes Herrschaftsgebiet dauernd Hoheitsrechte auszuüben, lebensnaher und daher sinnvoller.[762] Nach deutschem Recht wie auch nach schweizerischen Recht kommt es allein darauf an, ob eine Rechtsordnung faktisch gilt.[763] Deutsche Gerichte entscheiden daher in freier Beweiswürdigung darüber, ob ein von ihrer Regierung noch nicht anerkannter Staat dennoch schon als Staat im Sinne z. B. des Strafgesetzbuches anzusehen ist.[764] Dagegen können im angelsächsischen Recht Akte eines nicht anerkannten Staates nicht ohne weiteres angewendet werden. In den USA ist es erforderlich, zuvor eine Stellungnahme der Regierung zu ihrer Haltung zum fraglichen De-facto-Regime einzuholen. [765] Dort wurde die Wirksamkeit der Akte der TRNZ in einem Gerichtsverfahren abgelehnt, jedoch ohne dass eine entsprechende Stellungnahme der Regierung eingeholt wurde.[766] Vor britischen Gerichten wurde die Wirksamkeit von Akten der TRNZ dagegen bereits anerkannt.[767]

Problematisch bei der Beurteilung der Wirksamkeit von Akten eines De-facto-Regimes ist, dass einem Regime einerseits die volle Rechtsstellung als Staat abgesprochen wird, und dies durchaus zur Nichtanerkennung sämtlicher

---

[762] Seidl-Hohenveldern, Internationales Konfiskations- und Enteignungsrecht, S. 21 f.

[763] Seidl-Hohenveldern/Stein, Völkerrecht, Rn. 672.

[764] Schweitzer/Weber, Handbuch der Völkerrechtspraxis der Bundesrepublik Deutschland, Rn. 473 und Rn. 474-477 mit weiteren Nachweisen.

[765] Vgl. Seidl-Hohenveldern/Stein, Völkerrecht, Rn. 670.

[766] Autocephalous Greek-Orthodox Church of Cyprus v. Goldberg and Feldman Fine Arts, Inc. 917 F. 2d 278, 293 (7th Cir. 1990), zit. nach Talmon, Kollektive Nichtanerkennung, S. 345.

[767] Urteil von Lord Denning MR im Fall Hesperides Hotel Ltd v. Agean Turkish Holidays Ltd and Muftizada, BYIL 49 (1978), S. 259-261; vgl. dazu auch von Laffert, Die völkerrechtliche Lage, S. 118 f.; Polly Peck International v. Nadir (No 2), [1992] A II ER 769, zit. Nach Talmon, Recognition of Governments, S. 230, Fn 123; vgl. auch Necatigil, De facto Regime in International Law, S. 68.

seiner Akte als konsequentem Ausdruck der Nichtanerkennung führen kann.[768] Andererseits sollte dies aber nicht zur Rechtlosigkeit von Menschen führen, die in dem von dem De-facto-Regime beherrschten Gebiet leben, wenn die dortigen Bewohner keine Möglichkeit haben, Einfluss auf das Regime zu nehmen.[769] Die negativen Auswirkungen der Nichtanerkennung auf die Individuen soll folglich begrenzt werden, da diese sich der effektiven Gewalt des Regimes nicht entziehen können. Besteht aber in einem De-facto-Regime zumindest ein Minimum an freiheitlichen Verhältnissen, und haben die dort lebenden Menschen die Möglichkeit, auf demokratischem Wege Einfluss auf die Hoheitsgewalt zu nehmen, so muss die Wirksamkeit der Hoheitsakte umso mehr anerkannt werden.[770] Sonst würde ein De-facto-Regime, das sich demokratisch legitimieren kann, schlechter behandelt werden als ein diktatorisches Regime. Es könnte daher bei der Prüfung der Wirksamkeit der Akte eines De-facto-Regimes bezüglich der Gründe, welche die Illegalität ausmachen, differenziert werden. In den meisten Fällen wird die Anerkennung eines De-facto-Regimes als Staat deswegen abgelehnt, weil es demokratisch nicht legitimiert ist und sich nur mit Hilfe militärischer Gewalt auf einem bestimmten Gebiet effektiv halten kann.[771] So war es z. B. im Falle Namibias problematisch, dass Südafrika den Entzug des UN-Mandats nicht akzeptierte und seine auf Grund des Mandats dort stationierten Truppen nicht abzog. Damit wurde eben gerade die Ausübung des Selbstbestimmungsrechts in Namibia verhindert. Die Hoheitsmacht, die Südafrika dort ausübte, war weder durch ein UN-Mandat noch durch die demokratische Mitbestimmung der dort lebenden Bevölkerung legitimiert.[772]

Die Lage in Nordzypern könnte jedoch anders sein. Dort wurde in der Ausrufung der TRNZ die Ausübung des Selbstbestimmungsrechts gesehen, welches die Zyperntürken vorher im Rahmens der Verfassung von 1960 nicht mehr ausüben konnten.[773] Es ist zwar umstritten, ob dieses Selbstbestimmungsrecht das Recht zur Gründung eines eigenständigen Staates beinhaltete. Dennoch handelt es sich bei der TRNZ nicht um ein diktatorisches Regime, in dem die Ausübung des *inneren* Selbstbestimmungsrechts der Zyperntürken verhindert wird. Sinn und Zweck der teilweisen Anerkennung bestimmter Akte eines De-facto-Regimes ist es, die Menschen, die sich der effektiven Gewalt eines solchen Re-

---

[768] Frowein, Das de facto-Regime im Völkerrecht, S. 194.

[769] Frowein, Das de facto-Regime im Völkerrecht, S. 194.

[770] Vgl. dazu Frowein, Das de facto-Regime im Völkerrecht, S. 224 ff.

[771] Vgl. dazu Frowein, Das de facto-Regime im Völkerrecht, S. 227 ff.

[772] 1920 erhielt die Südafrikanische Union das bis dahin deutsche Gebiet Südwestafrikas als C-Mandat zugesprochen. Die UN-Vollversammlung entzog Südafrika das Mandat wieder 1966, vgl. Resolution 2145 (XXI). Südafrika unterhielt jedoch weiterhin Truppen in Namibia und weigerte sich diese abzuziehen.

[773] Vgl. Unabhängigkeitserklärung vom 15.11.1983, zu finden in Journal of Cyprus Studies 14/15, Vol. 5, Nr. 1-2, S. 235-245.

gimes nicht entziehen können, nicht rechtlos stehen zu lassen. Wenn in einem undemokratischen De-facto-Regime aber bereits gewissen Akten Wirksamkeit zukommen kann, dann muss dies erst recht für Akte eines Regimes gelten, bei dem die Bewohner des von ihm beherrschten Gebietes die Möglichkeit der Einflussnahme auf die Hoheitsmacht haben. Denn dort wird nicht willkürliche Macht ausgeübt, sondern der kollektive Wille eines Verbandes verwirklicht. Dies kann von der Völkerrechtsgemeinschaft nicht gänzlich unbeachtet bleiben, indem das De-facto-Regime als völkerrechtliches *nullum* bewertet wird.

Bei der Beurteilung der Wirksamkeit der Akte sollte daher geprüft werden, ob und inwiefern der Wille der Menschen, die in dem betroffenen Gebiet leben, in der Ausübung der Hoheitsmacht durch das De-facto-Regime zum Ausdruck kommt. Beruht die Illegalität auf der Existenz einer undemokratischen Ordnung, erscheint es sinnvoll, die Wirksamkeit der Akte eines De-facto-Regimes nicht anzuerkennen, oder nur insoweit anzuerkennen, als den Bewohnern dort keine Nachteile entstehen dürfen. Wenn ein Regime aber demokratisch legitimiert ist, was in einem Gerichtsverfahren zu beweisen wäre, ist es umso mehr gerechtfertigt, die Wirksamkeit seiner Akte anzuerkennen. Währenddessen kann die völkerrechtliche Illegalität auf Grund eines möglichen Verstoßes gegen das Gewaltverbot oder gegen vertragliche Vereinbarungen weiterhin der Anerkennung als Staat entgegenstehen.[774] Um die Wirksamkeit der Akte der TRNZ festzustellen, hätte daher vor dem EMRG die demokratische Legitimation der zyperntürkischen Regierung und Verwaltung geprüft werden müssen. Der vom UN-Sicherheitsrat festgestellte Verstoß gegen die Gründungsverträge bietet hier kein sachgerechtes Kriterium, zumal die Illegalität nicht auf die Militärpräsenz der Türkei, sondern allein auf das Trennungsverbot im Garantievertrag gestützt wurde. Hier scheint der Gerichtshof aber nicht zu differenzieren. So folgert zum Beispiel Dipla, dass die Kommission und der Gerichtshof es zwar ablehnten über die Rechtmäßigkeit der Intervention zu befinden, diese aber verurteilt haben, in dem sie die Wirksamkeit der Akte der TRNZ verneinten.[775] Bei diesem Vorgehen wird jedoch nicht berücksichtigt, dass die Nichtanerkennung der TRNZ nicht auf einen möglichen Verstoß gegen das Gewaltverbot bei der Intervention der Türkei gestützt wird, sondern auf den Verstoß gegen Art. 2 GarantieV.[776] Sieht der Gerichtshof aber die Nichtanerkennung der TRNZ in einem Verstoß gegen das allgemeine Völkerrecht, genauer gegen das Gewaltverbot, begründet,

---

[774] Vgl. Minderheitsvotum Richter Baka, EMRG, Loizidou v. Turkey (Hauptsache), Urteil vom 18.12.1996, RJD Nr. 26, S. 2244.

[775] Dipla, Responsabilité de l'état et droits de l'homme, S. 41 f.

[776] Vgl. S/RES/541 (1983): „[...] Considering that this declaration is incompatible with the 1960 Treaty concerning the establishment of the Republic of Cyprus and the 1960 Treaty of Guarantee, Considering therefore that the attempt to create a "Turkish Republic of Northern Cyprus" is invalid, and will contribute to a worsening of the situation in Cyprus, [...]".

so müsste er diesen auch prüfen und dabei alle Umstände der Intervention in Betracht ziehen. Der Verweis auf die De-facto-Anerkennung der zyperngriechischen Regierung reicht nicht aus, da er über die juristische Beurteilung der Intervention selbst nichts aussagt.

Aus alledem ist zu folgern, dass die Wirksamkeit des Art. 159 VerfTRNZ nicht auf die Nichtanerkennung durch andere Staaten gestützt werden kann. Es müsste geprüft werden, ob die Verfassung der TRNZ auf einer demokratischen Legitimation durch die Zyperntürken beruht, und ob darüber hinaus der Inhalt des Art. 159 seiner Wirksamkeit entgegenstehen könnte. Der Gerichtshof führt in der vierten Staatenbeschwerde zwar aus:

"[...] It recalls in this connection that, although the Court in its Loizidou judgment (*merits*) refused to attribute legal validity to such provisions as "Article 159 of the TRNC Constitution", it did so with respect to the Convention (p. 2231, § 44). This conclusion was all the more compelling since the Article in question purported to vest in the "TRNC" authorities, irreversibly and without payment of any compensation, the applicant's rights to her land in northern Cyprus. [...]"[777]

Jedoch hat er die Unwirksamkeit des Art. 159 VerfTRNZ nicht auf dessen Inhalt oder die Nichtleistung einer Entschädigung gestützt. Die Wirksamkeit wurde bereits vorher auf Grund der Nichtanerkennung der TRNZ abgelehnt.[778] Die Frage, inwieweit Art. 159 VerfTRNZ tatsächlich Wirksamkeit zukommt, wurde daher nicht ausreichend geprüft.

### (3) Beurteilung der zyperntürkischen Verfassung als Akt der Türkei

Bereits bei der Untersuchung der Jurisdiktion wurde darauf hingewiesen, dass aus den Ausführungen des Gerichtshofs nicht eindeutig hervorgeht, ob die Akte der TRNZ zur Türkei als Akte eines eigenen staatlichen Organs gemäß Art. 4 oder als Akte einer von der türkischen Hoheitsmacht zu trennenden Einheit gemäß Art. 17 UN-Resolution zur Staatenverantwortlichkeit zugerechnet werden.[779] Für die erste Variante spricht die Bezeichnung der TRNZ als einer „örtlich untergeordneten Verwaltung" der Türkei. Für die zweite jedoch das Abstellen auf die umfassende Kontrolle der Türkei, die gemäß Art. 17 der UN-Resolution zur Staatenverantwortlichkeit nur im Rahmen der Zurechnung der Akte eines Staates zu einem anderen Staat als Kriterium relevant wird. Dieser

[777] EMRG, Cyprus v. Turkey, Urteil vom 10.5.2001, HRLJ 2001, S. 217 ff., Ziff. 89.
[778] Vgl. EMRG, Loizidou v. Turkey (Hauptsache), Urteil vom 18.12.1996, RJD Nr. 26, S. 2231, Ziff. 44; auf die mangelnde Rechtfertigung der Eigentumsentziehungen geht er jedoch erst in Ziff. 64 ein, ebd. S. 2237 f.
[779] Oben II. 3. b) (2).

Widerspruch im Vorgehen des Gerichtshofes scheint bei der Beurteilung der Wirksamkeit der Verfassung der TRNZ besonders schwer ins Gewicht zu fallen.

Die türkische Regierung hatte vorgetragen, dass der Prozess der Enteignung (*process of taking property*) mit der Intervention der Türkei 1974 begonnen und am 7.5.1985 durch Art. 159 Abs. 1 VerfTRNZ ihren Abschluss gefunden hat. Der Gerichtshof folgerte daraus, dass die Türkei den Verlust des Eigentums nicht vor dem besagten Datum geltend macht.[780] Es ist trotz der ungenauen Formulierung der türkischen Regierung offenkundig, dass das Eigentum bereits mit der Intervention der Türkei nicht mehr von der Beschwerdeführerin ohne weiteres betreten oder genutzt werden konnte.[781] Der faktische Entzug des Eigentums fand somit bereits durch die Intervention der Türkei statt, worauf auch der Gerichtshof in seinen Ausführungen zur Eingriffsqualität als eine fortdauernde Verletzung abstellt.[782] Mit dem *process of taking property* kann daher nur gemeint sein, dass das weitere Schicksal der in Besitz genommenen Grundstücke vom Verlauf der Volksgruppengespräche abhängig gemacht wurde, und die Entscheidungsgewalt darüber, was mit ihnen geschehen soll, der zyperntürkischen Verwaltung überlassen wurde. Diese hat sich die verlassenen Grundstücke nach Ausrufung der TRNZ durch Art. 159 Abs. 1 VerfTRNZ angeeignet.[783] Da aus Sicht des Gerichtshofes jede Person, die von der Politik oder den Handlungen der TRNZ betroffen ist unter die Jurisdiktion der Türkei fällt,[784] stellt sich hier die Frage, ob diese Aneignung und damit der Abschluss des Enteignungsprozesses nicht auch der Türkei zugerechnet werden muss. Als Hoheitsakt der Türkei, deren völkerrechtliche Qualität als Staat ja nicht umstritten ist, würde ihr dann grundsätzlich Wirksamkeit zukommen.[785]

Der Gerichtshof weist in diesem Zusammenhang darauf hin, dass für die Beurteilung der Jurisdiktion der Türkei die Regeln des allgemeinen Völkerrechts herangezogen werden müssen.[786] Wenn die TRNZ unter Verweis auf diese Regeln als eine untergeordnete örtliche Verwaltung der Türkei zu qualifizieren ist,

---

[780] EMRG, Loizidou v. Turkey (Hauptsache), Urteil vom 18.12.1996, RJD Nr. 26, S. 2230, Ziff. 42.

[781] Vgl. Minderheitsvotum Richter Jambrek, RJD Nr. 26, S. 2248 f.; Richter Pettiti, ebd., S. 2253.

[782] EMRG, Loizidou v. Turkey (Hauptsache), Urteil vom 18.12.1996, RJD Nr. 26, S. 2237, Ziff. 63, 64.

[783] Dafür spricht der Wortlaut des Art. 159, der nicht von Enteignung spricht, sondern davon, dass diese Grundstücke von nun an der TRNZ gehören.

[784] EMRG, Loizidou v. Turkey (Hauptsache), Urteil vom 18.12.1996, RJD Nr. 26, S. 2235, Ziff. 56.

[785] Blumenwitz, Der Schutz des Eigentums vertriebener Volksgruppen, S. 580; vgl. auch Anstötz, Perspektiven zur Neuordnung, S. 142 f.

[786] EMRG, Loizidou v. Turkey (Hauptsache), Urteil vom 18.12.1996, RJD Nr. 26, S. 2234, Ziff. 52.

so wäre Art. 159 VerfTRNZ entsprechend Art. 4 der UN-Resolution zur Staatenverantwortlichkeit wie der Akt eines eigenen staatlichen Organs der türkischen Hoheitsmacht voll zuzurechnen. Ist die TRNZ aber eine von der türkischen Hoheitsmacht zu unterscheidende Einheit, so muss gemäß Art. 17 der UN-Resolution untersucht werden, ob sie im konkreten Fall auf Weisung der Türkei gehandelt hat. Die umfangreiche Militärpräsenz alleine reicht als Zurechnungskriterium nicht aus. Es muss die Ausübung von Kontrolle im konkreten Fall nachgewiesen werden, z. B. in Form einer Beteiligung an der Planung der Politik.[787] Der Gerichtshof hätte hier weiterhin prüfen können, ob die Enteignung durch die Verfassung der TRNZ der Türkei insofern vorgeworfen werden kann, als diese die Verpflichtung hatte, eine Enteignung zu verhindern. Bisher wurde es jedoch abgelehnt, die Verantwortung eines Staates auf Grund Unterlassens, allein auf Grund der Tatsache anzunehmen, dass dieser zwar die Möglichkeit gehabt hätte einzugreifen, im konkreten Fall jedoch keine Herrschaftsgewalt ausgeübt hat.[788]

### c) Zwischenergebnis

Die Wirksamkeit des Art. 159 Abs. 1 lit. b) VerfTRNZ kann nicht auf Grund der Nichtanerkennung der TRNZ durch andere Staaten abgelehnt werden. Vielmehr muss die Wirksamkeit der zyperntürkischen Akte nach der demokratischen Legitimation der TRNZ-Regierung beurteilt werden. Nach der hier ausgeführten Prüfung in Abschnitt 2, Punkt B. existiert in Nordzypern eine demokratisch legitimierte Hoheitsmacht, die von anderen Staaten zunehmend *de facto* anerkannt wird.[789] Zwar wird zum Teil bezweifelt, inwiefern dies für den Zeitpunkt der Verfassungsgebung gelten kann, da auch Siedler vom türkischen Festland am dem Referendum teilgenommen haben.[790] Andererseits kann die fortdauernde Umsetzung der Verfassung, die von der heutigen demokratischen Willensbildung in der zyperntürkischen Volksgruppe getragen wird, als Bestätigung angesehen werden.[791]

---

[787] Vgl. ILC, Commentaries, Art. 17, Ziff. 6 und 7, S. 163 f.; Klebes-Pelissier, L´arrêt Chypre contre Turquie, S. 11.

[788] ILC, Commentaries, Art. 17, Ziff. 6, S. 163: "[...] International tribunals have consistently refused to infer responsibility on the part of a dominant State merely because the latter may have the power to interfere in matters of administration internal to a dependent State, if that power is not exercised in the particular case."; zur Verantwortlichkeit der Türkei durch Unterlassen, siehe auch Rumpf, Zypern und die Türkei, S. 463 f.

[789] Vgl. oben unter B. II. 4 c) und d).

[790] Choisi, Wurzeln und Strukturen des Zypernkonflikts, S. 318.

[791] Siehe die Wahlergebnisse ebenfalls bei Choisi, Wurzeln und Strukturen des Zypernkonflikts, S. 318; ferner Axt/Choisi, Politisches System, S. 224.

Betrachtet man die TRNZ dagegen nicht als selbständiges De-facto-Regime und bejaht mit dem Gerichtshof die umfassende und effektive Kontrolle der Türkei über Nordzypern und somit ihre Jurisdiktion über Personen und Eigentum, die von der Politik und den Handlungen der TRNZ betroffen sind, so muss die Verfassung der TRNZ der Republik Türkei zugerechnet werden. Auch in diesem Falle kommt ihr Wirksamkeit zu. Der Enteignungsprozess muss daher spätestens mit der formellen Enteignung Art. 159 Abs. 1 VerfTRNZ als abgeschlossen betrachtet werden. Die Zuständigkeit des EMRG war damit *rationae temporis* nicht mehr gegeben.[792]

**d) Fortdauernde Verletzung**

Da der Gerichtshof hier jedoch zu einem anderen Ergebnis kommt, muss im Folgenden diese Rechtsprechung unter dem Gesichtspunkt einer fortdauernden Verletzung untersucht werden.

**(1) Definition und Abgrenzung bei Eigentumseingriffen**

Grundsätzlich kann zwischen einer einmaligen Rechtsverletzung mit dauerhafter Wirkung und einer fortdauernden Rechtsverletzung unterschieden werden.[793] Die Rechtsfigur der fortdauernden Verletzung (*situation continue*) wurde zum ersten Mal in dem Fall De Becker entwickelt. Ein belgischer Journalist, der 1946 vor einem Kriegsgericht zu einem lebenslänglichen Verlust des Rechtes auf journalistische Tätigkeit verurteilt worden war, klagte nach seiner Entlassung 1956 vor der Kommission und machte die Verletzung seines Rechtes auf Meinungsäußerung gemäß Art. 10 EMRK geltend. Da die Konvention für Belgien erst am 14.6.1955 in Kraft getreten war, stellte sich die Frage, ob der Kläger sich auf den Schutz der Konvention berufen konnte, obwohl das angegriffene Urteil vor Inkrafttreten der Konvention erfolgt war. Die Kommission stellte in der Zulässigkeitsentscheidung dazu fest, dass auch solche Ereignisse, die sich vor Inkrafttreten der Konvention ereignet haben, aber nach Inkrafttreten weiterhin auswirken, die Verantwortlichkeit des Staates hervorrufen können.[794] Entscheidend sei dabei, ob es sich um einen einmaligen und abgeschlossenen Eingriff in die Rechte des Betroffenen handelt, oder ob sich der Beschwerdeführer in einer fortdauernden Situation befindet, in welcher seine Freiheit dauerhaft

[792] So auch Richter Baka in seinem Minderheitsvotum, RJD Nr. 26, S. 2245; die Richter Jambrek, ebd. S. 2248 f. und Pettiti, ebd. S. 2253 sehen bereits im faktischen Entzug des Eigentums 1974 einen einmaligen Eigentumseingriff; Richter Bernhardt und Lopes Rocha bezweifeln die Wirksamkeit des Art. 159 Abs. 1 VerfTRNZ, gehen aber ebenfalls von einem Eigentumsverlust vor 1990 aus, ebd. S. 2243.

[793] Vgl. dazu Mittelberger, Eigentumsschutz, S. 56 ff.; siehe auch die Art. 14 UN-Resolution zur Staatenverantwortlichkeit, Satorius II, EL. 35, Nr. 6.

[794] Vgl. EMRG, De Becker, Urteil vom 27.3.1962, Ser. A Nr. 4, Ziff. 8.

eingeschränkt wird. Die Einschränkung selbst und nicht nur der Eingriffsakt stellt dann eine eigenständige Rechtsverletzung dar.[795]

Während die Feststellung einer fortdauernden Verletzung etwa bei einer rechtswidrigen Verhaftung oder einem Berufsverbot einfach festzustellen ist, ist die Abgrenzung zwischen einmaligem Eingriff und einer fortdauernder Verletzung bei einem Eigentumsentzug nicht so eindeutig. Die fortdauernde Verletzung setzt sich aus zwei Komponenten zusammen: einem zeitlich bestimmbaren Ereignis, das die Verletzung des Rechts konstituiert, und dem Fortgang dieser Verletzung.[796] In der Regel stellt sich die Enteignung eines bestimmten Vermögensgutes als ein punktueller Vorgang dar, der zeitlich eindeutig bestimmbar ist, und nicht als ein fortdauernder Verletzungsakt.[797] Bei einer unwirksamen Enteignung scheint die Abgrenzung jedoch besonders schwierig zu sein. Die Enteignung findet zwar an einem bestimmbaren Zeitpunkt statt. Auf Grund der Unwirksamkeit bleibt jedoch das materielle Eigentumsrecht unberührt, so dass der Betroffene ohne wirksame gesetzliche Grundlage von der Nutzung seines Eigentums dauerhaft abgehalten wird. Die fortdauernde Verletzung besteht dann in der Aufrechterhaltung des rechtsunwirksamen Zustandes.[798]

**(2) Beurteilung in den Fällen bezüglich des deutschen Vertriebenenvermögens**

Wie bereits oben dargestellt, haben die Kommission und der Gerichtshof den Entzug des Eigentums in ihrer ständigen Rechtsprechung zum deutschen Vermögen, das infolge des Zweiten Weltkrieges konfisziert wurde, immer als einmaligen, abgeschlossenen Akt beurteilt, der bereits vor Inkrafttreten der Konvention stattgefunden hat und keine dauerhafte Verletzung des Eigentumsrechts darstellt. Insbesondere in der Liechtenstein-Entscheidung stellte der Gerichtshof fest, dass er *rationae temporis* unzuständig ist, die Umstände der Enteignungen durch die tschechischen Behörden oder ihre fortgesetzten Wirkungen bis zum gegenwärtigen Zeitpunkt zu untersuchen. Es könne hier „keine Rede" von einer fortdauernden Verletzung der Konvention sein.[799] Dabei wird jedoch die Völkerrechtswidrigkeit der Enteignungen durch die Beneš-Dekrete außer Acht gelassen. Der Gerichtshof hätte hier prüfen können, ob die entschädigungs-

---

[795] Rudolf, Loizidou v. Turkey, S. 535.

[796] Mittelberger, Eigentumsschutz, S. 58; vgl. auch Minderheitsvotum Richter Jambrek, RJD Nr. 26, S. 2248 f., Ziff. 5.

[797] Vgl. z. B. EKMR, X v. United Kingdom, Beschwerde Nr. 7379/76, DR 8, S. 212, Ziff. 6; Frowein/Peukert, Art. 1 des 1. ZP, Rn. 21; vgl. auch Tomuschat, Die Vertreibung der Sudetendeutschen, S. 17.

[798] Rudolf, Loizidou v. Turkey, S. 536.

[799] EMRG, Fürst Hans-Adam II. von und zu Liechtenstein v. Deutschland, Urteil vom 12.7.2001, RDJ 2001, S. 1-43, insbes. Ziff. 85.

losen Enteignungen einen Verstoß gegen das *ius cogens* darstellen und daher unwirksam sind. Dann wäre die Aufrechterhaltung dieses rechtsunwirksamen Zustandes als fortdauernde Verletzung des Eigentumsrechts zu bewerten.[800] Diese fortdauernde Verletzung muss der Bundesrepublik Deutschland dann zugerechnet werden, wenn sie durch einen eigenen Hoheitsakt zur Aufrechterhaltung des fraglichen Zustandes beiträgt.[801] In diesem Zusammenhang wird der Streit relevant, ob die „allgemeinen Grundsätze des Völkerrechts", auf die in Art. 1, 1. ZP zur EMRK verwiesen wird, nur auf Enteignungen von Ausländern anwendbar sind, oder auch für Inländer Geltung haben.[802] Die Kommission und der Gerichtshof haben in ihren bisherigen Entscheidungen die Anwendbarkeit des Völkerrechts auf Enteignungen fremder Staatsbürger beschränkt.[803] Diese Rechtsprechung wurde von mehreren Richtern in ihren Minderheitsvoten und in der Literatur kritisiert.[804] Inzwischen wird in der Literatur überwiegend die Ansicht vertreten, dass die Konvention keinen Unterschied zwischen eigenen und fremden Staatsangehörigen macht, und daher die allgemeinen Grundsätze des Völkerrechts gemäß Art. 1, 1. ZP auch auf Inländer anwendbar sind.[805]

### (3) Beurteilung in anderen Fällen

Bei einigen Fällen des Eigentumsentzugs bereits vor Inkrafttreten der Konvention hat der Gerichtshof aber eine fortdauernde Verletzung bejaht, wenn der Entzug des Eigentums ohne jegliche gesetzliche Grundlage erfolgt war oder das Eigentum nicht zurückgegeben wurde, obwohl die formelle Enteignung durch die nationalen Gerichte als unwirksam beurteilt wurde.

---

800 Blumenwitz, Die Liechtenstein-Entscheidung, S. 237, vgl. auch ders., Der Eigentumsschutz vertriebener Volksgruppen, S. 580 ff.

801 Vgl. Blumenwitz, Die Liechtenstein-Entscheidung, S. 236.

802 Zu diesem Streit vgl. Frowein, The Protection of Property, S. 521 f. und Frowein/Peukert, EMRK-Kommentar, Art. 1 des 1. ZP, Rn. 60 f.

803 EKMR, Gudmundsson, Annuaire 3, 394 ff.; EMRG, Urteil v. 21.2.1986, James, Serie A Nr. 98, Ziff. 58-66; EMRG, Urteil v. 8.7.1986, Serie A Nr. 102, Lithgow, Ziff. 111-119.

804 Vgl. die Minderheitsvoten der Richter Bindschedler-Robert, Gölcüklü, Matschher, Pettiti, Russo und Spielmann zum Urteil James, Serie A Nr. 98, S. 50.

805 Russo, L'application aux nations des »principes généraux du droit international« visée à l'article 1er du Protocole No. I, in Mélanges Wiarda (1988), S. 547 ff. (1988), Condorelli, Article 1 of the Additional Protocol, in Pettiti u. a. (Hrsg.), La convention europèene des droits de l'homme (1995), S. 986 ff., beides zitiert nach Blumenwitz, Die Liechtenstein-Entscheidung des Europäischen Gerichtshofs für Menschenrechte, S. 237, Fn. 74; siehe ferner Seidl-Hohenveldern, Eigentumsschutz nach der EMRK, S. 185 ff.; van Dijk/van Hoof, Theory and Practice of the European Convention on Human Rights, S. 636 f.

**aa) Papamichalopoulos**

Im Fall Papamichalopoulos[806] handelte es sich um ein Grundstück, das in der Zeit der Militärdiktatur in Griechenland (1967–1974) dem Beschwerdeführer entzogen worden war, obwohl es nicht in den Anwendungsbereich der betreffenden Enteignungsgesetze fiel. Es wurde dem Marinefonds übertragen und in der Folgezeit als Marinebasis und Feriendorf für Offiziersfamilien genutzt. Nach der Militärdiktatur erreichte der Beschwerdeführer ein gerichtliches Urteil, das die Rechtswidrigkeit des Eigentumsentzugs feststellte, und das sein weiterhin fortbestehendes Eigentumsrecht bestätigte. Dennoch wurde ihm der Zutritt, auch in Begleitung eines Gerichtsvollziehers, verweigert. Bemühungen des Staates, gleichwertiges Land als Ersatz zu geben, schlugen fehl. Dies führte, wie der Gerichtshof feststellte, letztlich zu einem Verlust über jegliche Verfügbarkeit des Eigentumsrechts und deswegen zu einer De-facto-Enteignung.[807] Da die Ereignisse bis 1967 zurückreichten und Griechenland erst 1974 die Konvention und das erste Zusatzprotokoll ratifiziert und 1985 das Individualbeschwerderecht anerkannt hatte, stellte sich auch hier die Frage, inwiefern die umstrittenen Eingriffe in die zeitliche Zuständigkeit des Gerichtshofes fielen. Da Griechenland aber keinen Einwand *rationae temporis* erhob, ging der Gerichtshof ohne diese Frage zu klären, davon aus, dass eine *situation continue* vorliegt, die über die Anerkennung des Individualbeschwerderechtes hinaus fortbesteht und daher in die Zuständigkeit des Gerichtshofes fällt.[808]

**bb) Vasilescu**

Im Fall Vasilescu machte eine rumänische Beschwerdeführerin ihr Eigentumsrecht an Goldstücken geltend, die während einer Hausdurchsuchung im Jahre 1966 beschlagnahmt worden waren.[809] Für die Beschlagnahmung bestand nach nationalem rumänischem Recht keine gesetzliche Grundlage. Die Rechtswidrigkeit der Beschlagnahmung und das Weiterbestehen des Eigentumsrechts wurden später von rumänischen Zivilgerichten festgestellt.[810] Der Oberste Rumänische Gerichtshof verwarf diese Entscheidungen aber. Die Ratifikation der EMRK und des ersten Zusatzprotokolls, sowie die Anerkennung des Individualbeschwerderechts durch Rumänien erfolgten am 20.6.1994. Der Gerichtshof stellte fest, dass die Beschwerdeführerin trotz der Beschlagnahmung weiterhin

806 EMRG, Papamichalopoulos a. o. v. Greece, Urteil von 24.6.1993, Ser. A Nr. 260.

807 EMRG, Papamichalopoulos a. o. v. Greece, Urteil von 24.6.1993, Ser. A Nr. 260, Ziff. 45.

808 EMRG, Papamichalopoulos a. o. v. Greece, Urteil von 24.6.1993, Ser. A Nr. 260, Ziff. 40; van Dijk/van Hoof, Theory and Practice of the European Convention on Human Rights, S. 12 weisen darauf hin, dass Griechenland keinen Einwand rationae temporis erhoben hat.

809 EMRG, Vasilescu v. Romenia, Urteil vom 22.5.1998, RDJ 1998, Vol. 73, Ziff. 50.

810 EMRG, Vasilescu v. Romenia, Urteil vom 22.5.1998, RDJ 1998, Vol. 73, Ziff. 15-16, 21.

Eigentümerin der Goldstücke geblieben ist und sich seitdem in einer fortdauernden Situation befindet, in der sie nicht mehr frei über ihr Eigentum verfügen kann.[811] Die zeitliche Zuständigkeit des Gerichtshofs wäre damit bereits gegeben. Da aber ferner auch die Entscheidung des obersten rumänischen Gerichtshofes vom 20.10.1994 vorlag, wäre die zeitliche Zuständigkeit in jedem Fall gegeben.[812] Wie im Fall Papamichalopoulos stellte der Gerichtshof auch hier fest, dass die Beschwerdeführerin wegen des Kontrollverlustes über das Eigentum zusammen mit den Konsequenzen der letztinstanzlichen Gerichtsentscheidung Opfer einer De-facto-Konfiskation geworden war.[813] Da die Goldstücke nicht mehr aufgefunden und zurückgegeben werden konnten, wurde eine Enteignungsentschädigung ausgesprochen.[814]

#### (4) Schlussfolgerungen

Aus der Rechtsprechung des Gerichtshofs ist zu folgern, dass der Entzug des Eigentums ohne jegliche gesetzliche Grundlage oder gegen nationale Gesetze eine fortdauernde Verletzung des Eigentumsrechts darstellt. Die mögliche Unwirksamkeit einer Enteignung wegen eines schwerwiegenden Völkerrechtsverstoßes wurde dagegen in der bisherigen Rechtsprechung des Gerichtshofs nicht in Betracht gezogen. Der Unrechtsgehalt bei der Aufrechterhaltung eines Zustandes, der möglicherweise auf einem unwirksamen innerstaatlichen Akt basiert, ist jedoch vergleichbar mit dem Unrechtsgehalt eines Aktes, der möglicherweise auf einen schwerwiegenden Völkerrechtsverstoß zurückgeht. In beiden Fällen wird ein Zustand aufrechterhalten, dessen Rechtswirksamkeit fraglich ist und durch dessen Aufrechterhaltung der Eigentümer von der Ausübung seiner Eigentümerrechte abgehalten wird.

#### (5) Beurteilung der fortdauernden Verletzung in der Loizidou-Entscheidung

Nachdem der Gerichtshof in der Loizidou-Entscheidung feststellt, dass die Beschwerdeführerin ihr Eigentum nicht durch eine rechtswirksame Enteignung gemäß Art. 159 VerfTRNZ verloren hat, sieht er den Eingriff in die Eigentumsrechte in der Verhinderung des Zugangs zum Norden der Insel seit 1974. Entgegen dem Bericht der Kommission vertrat der Gerichtshof die Ansicht, dass sich die Beschwerde von Frau Loizidou nicht auf das Recht der Freizügigkeit beschränkt.[815] Die Kommission hatte in ihrem Bericht festgestellt, dass die Be-

[811] EMRG, Vasilescu v. Romenia, Urteil vom 22.5.1998, RDJ 1998, Vol. 73, Ziff. 49.
[812] EMRG, Vasilescu v. Romenia, Urteil vom 22.5.1998, RDJ 1998, Vol. 73, Ziff. 49.
[813] EMRG, Vasilescu v. Romenia, Urteil vom 22.5.1998, RDJ 1998, Vol. 73, Ziff. 53.
[814] EMRG, Vasilescu v. Romenia, Urteil vom 22.5.1998, RDJ 1998, Vol. 73, Ziff. 60.
[815] EMRG, Loizidou v. Turkey (Hauptsache), Urteil vom 18.12.1996, RJD Nr. 26, S. 2237, Ziff. 63.

schwerdeführerin hier das Recht beanspruche, sich ungeachtet der UN-Pufferzone auf Zypern zu bewegen und dies auf den Umstand stütze, dass sie Grundstücke im Norden der Insel besitze und Zutritt zu diesen verlange. Das Eigentumsrecht gemäß Art. 1, 1. ZP zur EMRK beinhalte aber nicht automatisch auch das Recht auf Freizügigkeit.[816] Der Gerichtshof führt dagegen aus, dass die Beschwerde sich auf den Entzug des Eigentums während der letzten sechzehn Jahre beziehe. Die dauerhafte Verhinderung des Zugangs in dieser Zeit habe letztlich dazu geführt, dass die Beschwerdeführerin jegliche Kontrolle über das Eigentum und die Möglichkeit, es zu nutzen, verloren habe. In diesem Zusammenhang verweist der Gerichtshof auf seine frühere Rechtsprechung, dass die faktische Verhinderung, ein Recht auszuüben, ebenso gegen die Konvention verstoßen kann, wie ein gesetzliches Verbot.[817] Daher handele es sich hier um eine fortdauernde Verletzung des Eigentumsrechts als sonstiger Eingriff im Sinne von Art. 1, Abs. 1, S. 1, 1. ZP zur EMRK, deren Beurteilung ab dem 22.1.1990 in die Zuständigkeit des Gerichtshofs falle.

Die Beurteilung als fortdauernde Verletzung ist hier jedoch nicht unproblematisch. Als erste Komponente kann die faktische Inbesitznahme der Grundstücke durch die türkischen Intervention im Jahr 1974 festgehalten werden. Die Beurteilung der zweiten Komponente als die Verhinderung des Zugangs seitdem ist jedoch unter zwei Gesichtspunkten problematisch. Zum einen erfolgt die Verhinderung des Zugangs seit 1974 nicht auf Grund einer gegen die Beschwerdeführerin selbst gerichteten Handlung. Sie beruht vielmehr auf der Errichtung der UN-Pufferzone und einer Vereinbarung der zyperngriechischen und der zyperntürkischen Führungen, dass diese Zone respektiert werden soll. Zum anderen muss hinterfragt werden, warum die Aufrechterhaltung eines möglicherweise rechtsunwirksamen Zustandes, dessen Ausgangspunkt vor Inkrafttreten der Konvention liegt, anders beurteilt wird (Liechtenstein-Entscheidung), als wenn der Ausgangspunkt nach Inkrafttreten der Konvention, allerdings aber vor Anerkennung des Individualbeschwerderechts und der Gerichtsbarkeit des Gerichtshofs liegt (Loizidou-Entscheidung).

**aa) Bedeutung der UN-Pufferzone**

Zwischen den Konfliktparteien gibt es bis heute keinen offiziell festgehaltenen Waffenstillstand. Mit der Errichtung der UN-Pufferzone wurde jedoch ein „negativer Frieden“ hergestellt, der den Ausbruch neuer Gewalt verhindern soll.[818] Bis auf einen tödlichen Zwischenfall an der UN-Linie 1996 gab es keine

[816] EMRG, Loizidou v. Turkey (Verfahrenseinreden), Urteil vom 25.3.1995, RDJ Series A Nr. 310, 1995, Opinion of the Commission, S. 53, Ziff. 97 f.

[817] EMRG, Loizidou v. Turkey (Hauptsache), Urteil vom 18.12.1996, RJD Nr. 26, S. 2237, Ziff. 60 f.

[818] Chrysostomides, The Republic of Cyprus, S. 234.

ernsthaft friedensbedrohende Gewalt mehr zwischen den Volksgruppen.[819] Eine Vereinbarung beider Seiten mit der UN von 1989, in der die Befugnisse der UNFICYP schriftlich festgehalten wurden, trägt jedoch die Züge eines offiziellen Waffenstillstandes.[820] Darin wurde vorgesehen, dass die derzeitige Waffenstillstandslinie sowie die militärischen Positionen und der Standort von Flaggen nicht verändert werden dürfen. Die entmilitarisierte UN-Pufferzone ist zwar keine Grenze im völkerrechtlichen Sinne, sie kann jedoch aufgrund der jahrzehntelangen Überwachung durch die UNFICYP und des Einverständnisses beider Konfliktparteien damit als eine durch die Staatenpraxis international anerkannte Demarkationslinie angesehen werden.[821] Die UNFICYP sieht es zur Erfüllung ihres friedenserhaltenden Auftrages als notwendig an, den unautorisierten Zutritt von zivilen Personen in die Pufferzone zu unterbinden.[822] Aber auch wenn die Pufferzone nicht als rechtlich bedeutende Waffenstillstandslinie betrachtet wird, kann die UNFICYP zivilen Personen den Zutritt verweigern, wenn der friedenserhaltende Auftrag konkret gefährdet wird, also die Gefahr des Ausbruchs neuer Gewalttätigkeiten unmittelbar zu befürchten ist.[823]

Die Überquerung der UN-Pufferzone war daher zumindest zum Zeitpunkt der Demonstration, an der die Beschwerdeführerin teilgenommen hat, nicht ohne weiteres möglich. Wie aus dem Bericht des UN-Generalsekretärs vom 31.5.1989 hervorgeht, hat die Demonstration der ca. 2.000 Frauen der privaten Bewegung „Frauen laufen nach Hause", bei der die Waffenstillstandslinie überquert wurde, eine Gegendemonstration zyperntürkischer Frauen hervorgerufen. Aufgrund von Spannungen, die bereits im Vorfeld der zyperngriechischen Demonstration aufgetreten waren, war eine Eskalation der Situation nicht auszuschließen. Es entwickelte sich daher unmittelbar an der Pufferzone eine Gefahrenlage, die der Generalsekretär als einen *„serious threat to public order and peace at the demarcation line"* bezeichnet hat.[824] In seinem Bericht führt er aus, dass es auf Grund der Art und Weise, wie die türkischen Streitkräfte und die zy-

---

[819] Vgl. zu diesem Vorfall oben Abschnitt 1, A. V.

[820] Vgl. Chrysostomides, The Republic of Cyprus, S. 233 f. und Bericht des UN Generalsekretärs vom 31.5.1989, UN doc. S/20663, Ziff. 14; zum Begriff des Waffenstillstands vgl. Fischer, in Ipsen, Völkerrecht, § 68, Rn. 5 f.; Doehring, Völkerrecht, Rn. 646 ff.

[821] Blumenwitz, Der Schutz des Eigentums vertriebener Volksgruppen, S. 574; a. A. Chrysostomides, The Republic of Cyprus, S. 227 ff.

[822] Vgl. Internetseite der UNFICYP http://www.un.org/Depts/dpko/missions/unficyp/background.html (unter Punkt "Maintenance of Ceasefire and Military Status Quo"): "[...] In addition to maintaining the military status quo, UNFICYP must also preserve the integrity of the buffer zone from unauthorizes entry or activities by civilians. As a result, UNFICYP has from time to time become involved in crowd control.[...]".

[823] Vgl. Chrysostomides, The Republic of Cyprus, S. 230-232.

[824] Bericht des UN Generalsekretärs vom 31.5.1989, UN doc. S/20663, Ziff. 11; Bezugnahme in RDJ Series A Nr. 310, 1995, Opinion of the Commission, Ziff. 48 und 58.

perntürkische Polizei die Lage behandelt haben, möglich gewesen sei, die Demonstrationen ohne Zwischenfälle zu beenden.[825] Die Verhinderung des Zugangs in die Pufferzone und in den Nordteil der Insel durch die türkischen Streitkräfte in Zusammenarbeit mit der UNFICYP an jenem Tag ist daher gerechtfertigt gewesen, um ein Ausbrechen von gewalttätigen Auseinandersetzungen zu verhindern.[826]

In der Loizidou-Entscheidung wird zwar auf den Bericht des UN-Generalsekretärs und auf die Gefahrenlage am 19.3.1989 Bezug genommen, jedoch wird diese in der weiteren Würdigung des Sachverhalts nicht weiter berücksichtigt.[827] Die Ausführungen des Gerichtshofs gehen dahin, dass die Demonstration zwar Ausgangspunkt der Beschwerde gewesen ist, sie sich insgesamt aber auf die Verweigerung des Zugangs seit 1974 bezieht. Damit entsteht jedoch ein gewisser Widerspruch zwischen dem gerügten Sachverhalt und dem geprüften Sachverhalt. Der eigentliche Grund, dass Frau Loizidou nicht über ihr Eigentum verfügen kann, liegt im faktischen Entzug des zurückgelassenen zyperngriechischen Eigentums 1974 und dessen Bestätigung mit der formellen Enteignung durch Art. 159 VerfTRNZ. Die Verhinderung des Zugangs zum Norden der Insel ist jedoch eine Folge der Errichtung der Demarkationslinie und hat eine ganz andere Finalität, nämlich, dass es nicht wieder zu einem Ausbruch von Feindseligkeiten komme.[828] Deutlich wird dieser Widerspruch insbesondere, wenn man die *sine-qua-non*-Formel heranzieht. Auch wenn der Zugang zum Norden Zyperns unbeschränkt frei wäre, könnten viele Zyperngriechen nicht über ihr beanspruchtes Eigentum verfügen, weil dort inzwischen andere Familien untergebracht sind oder das Eigentum anderweitig von Zyperntürken oder Festlandtürken benutzt wird.[829] Die Verhinderung des Zugangs zum Norden der Insel und damit zu den Grundstücken kann daher schwerlich als der kausale Eigentumseingriff angesehen werden.

---

[825] Bericht des UN Generalsekretärs vom 31.5.1989, UN doc. S/20663, Ziff. 11, Auszug in EMRG, Loizidou v. Turkey (Hauptsache), Urteil vom 18.12.1996, RJD Nr. 26, S. 2216 ff., Ziff. 15.

[826] Vgl. Necatigil, The Loizidou Case, S. 39 f.

[827] Ertekün, The Loizidou Case: A miscarriage of Justice, 147.

[828] Blumenwitz, Political and Legal Realities, S. 75; Minderheitsvotum Richter Bernhardt und Lopes Rocha, RJD Nr. 26, S. 2243; ebenso Richter Pettiti, ebd. S. 2252.

[829] So auch Rudolf, Loizidou v. Turkey, S. 536; Seit April 2003 ist die Demarkationslinie für den Personenverkehr frei, jedoch nur mit zeitlichen Beschränkungen. Zum Teil hat die zyperngriechische Regierung selbst die Bevölkerung dazu aufgerufen nicht länger als drei Tage in den Norden zu reisen, um die Nutzung von Hotels, deren Eigentumslage umstritten ist zu verhindern. Es würde sich bei Nordzypern weiterhin um ein illegal verwaltetes Gebiet handeln.

Bei der Verhinderung des Zugangs zum Norden handelt es sich um eine Maßnahme, die im Gesamtkontext mit der Konfliktlage in Zypern steht, und die sich auf eine Vielzahl von Personen bezieht. Diese Maßnahme richtet sich nicht gezielt gegen die Beschwerdeführerin, um sie von der Nutzung ihres Eigentums abzuhalten.[830] Hier besteht ein Unterschied zu den Fällen Papamichalopoulos und Vasilescu, bei denen die Erlangung und Nutzung des Eigentums den Beschwerdeführern konkret verweigert wurde. Aus dem Vortrag der Beschwerdeführerin geht nicht hervor, ob sie rechtliche oder andere offizielle Schritte eingeleitet hat, um Zugang zu ihrem Eigentum zu erhalten, und ob diese Forderungen gegebenenfalls abgelehnt worden sind.[831] Es liegt ferner ein Sachverhalt vor, in dem die Maßnahme, die Verhinderung des Zutritts in den Nordteil, auf einen bewaffneten völkerrechtlichen Konflikt und dessen von der UN unterstützten Beendigung durch einen Waffenstillstand zurückzuführen ist. Die Maßnahme berührt eine Vielzahl von Rechten (Eigentumsrecht, Recht auf Freizügigkeit, Recht auf Achtung des Privatlebens und der Wohnung) einer Vielzahl von Personen. Diese Komplexität des Falles erschwert die Beurteilung der Rechtslage einzelner betroffener Personen. Denn die Verhinderung des Zutritts in den Norden hat sicherlich konkrete Folgen für die Klägerin, die aber nicht von dem Gesamtkonflikt gelöst und isoliert betrachtet werden können, wenn man zu einem sachgerechten Ergebnis kommen will.[832] Die Errichtung der UN-Pufferzone als Folge der interkommunalen Kämpfe kann nicht nur der Türkei allein angelastet werden. Wie die Richter Bernhardt und Lopes Rocha in ihrem Minderheitsvotum feststellen, gab es viele *„actors and factors"* die zur faktischen Teilung der Insel geführt hatten.[833] Die Frage, inwieweit die zyperngriechische Regierung ein Mitverschulden an der gesamten Konfliktsituation trifft, wurde bereits oben unter Punkt 2. e) behandelt. Dieses Mitverschulden bleibt jedoch bei der Würdigung des Sachverhalts vor dem Gerichtshof unberücksichtigt und führt zu einer einseitigen Erfassung und Beurteilung der Beschwerde.[834]

---

[830] Blumenwitz, Political and Legal Realities, S. 75; Rudolf, Loizidou v. Turkey, S. 536.

[831] Minderheitsvotum Richter Pettiti, RJD Nr. 26, S. 2253; Der Gerichtshof führt aus, dass die Beschwerdeführerin bereits mehrmals daran gehindert worden sei, den Nordteil der Insel zu betreten, Loizidou v. Turkey (Hauptsache), Urteil vom 18.12.1996, RJD Nr. 26, S. 2235, Ziff. 54; Necatigil, The Loizidou Case, S. 21 weist jedoch daraufhin, dass in dem Verfahren vor der Kommission nicht von „several occasions" die Rede war.

[832] Minderheitsvotum Bernhardt und Lopes Rocha, RJD Nr. 26, S. 2242, Ziff. 1; vgl. auch Heintze, Entscheidungen des Europäischen Menschenrechtsgerichtshofs als Politikersatz?, S. 442.

[833] Minderheitsvotum Bernhardt und Lopes Rocha, RJD Nr. 26, S. 2242, Ziff. 3.

[834] Vgl. auch Rumpf, Die staats- und völkerrechtliche Lage Zyperns, S. 543; Rudolf, Loizidou v. Turkey. S. 536.

### bb) Die Loizidou-Rechtsprechung im Lichte der jüngeren Liechtenstein-Rechtsprechung

Der Gerichtshof hat in der Loizidou- und in der Liechtenstein-Entscheidung zwischen Eigentumsbeeinträchtigungen vor und nach Inkrafttreten der Konvention unterschieden. Der Entzug des Eigentums vor Inkrafttreten der Konvention wurde nicht als fortdauernde Verletzung, sondern als ein wirksamer einmaliger Akt bewertet, der nicht mehr in die zeitliche Zuständigkeit des Gerichtshofs fiel. In beiden Fällen handelte es sich jedoch um die Aufrechterhaltung eines Zustandes, der auf völkerrechtlich umstrittene Enteignungsmaßnahmen zurückging. Auf den Aspekt der Völkerrechtswidrigkeit hat der Gerichtshof jedoch nur beschränkt Bezug genommen. Im Liechtenstein-Fall hat der Gerichtshof den Verstoß gegen das Völkerrecht, der den Enteignungen zu Grunde lag, und dessen Auswirkungen auf die Eigentumsrechte nicht erörtert. Im Loizidou-Fall hat der Gerichtshof das allgemeine Völkerrecht nur in Bezug auf die Frage der Wirksamkeit der Akte der TRNZ angewendet, jedoch nicht bezüglich der Enteignungen selbst.

Stellt der Gerichtshof zur Feststellung der Frage nach dem vorhandenen Eigentum nur darauf ab, ob die Eigentümerrechte effektiv ausgeübt werden können, ohne zu prüfen, ob der Eigentumsentzug möglicherweise auf einen schwerwiegenden Völkerrechtsverstoß zurückgeht, dann gewährt er der normativen Kraft des Faktischen durch Zeitablauf den Vorrang.[835] Es scheint so, dass der EMRG dies im Loizidou-Fall verhindern wollte. Insbesondere wird dies in der Ausführung deutlich, dass aufgrund der „besonderen Umstände" des Falles nicht von einer De-facto-Enteignung ausgegangen werden kann.[836] Er begründet sein Vorgehen jedoch nicht mit der Völkerrechtswidrigkeit der Enteignungen, sondern stützt seine Argumentation auf die Nichtanerkennung der TRNZ, aus welcher er die Unwirksamkeit der zyperntürkischen Verfassung folgert. Damit wird die Beurteilung der fortdauernden Verletzung auf den Problembereich der Auswirkungen einer Nichtanerkennung verlagert, mit der Folge, dass die eigentlich ausschlaggebende Frage, nämlich ob ein Verstoß gegen das Gewaltanwendungsverbot vorliegt und daher der Eigentumserwerb als völkerrechtswidrig nicht anerkannt werden darf, umgangen wird.[837]

---

[835] Blumenwitz, Die Liechtenstein-Entscheidung, S. 237; Fassbender, Der Fürst, ein Bild und die deutschen Gerichte, S. 465.

[836] EMRG, Loizidou v. Turkey (Hauptsache), Urteil vom 18.12.1996, RJD Nr. 26, S. 2237, Ziff. 63.

[837] Heintze, Entscheidungen des Europäischen Menschenrechtsgerichtshofs als Politikersatz?, S. 450; Travernier, Le droit international dans la jurisprudence de la CEDH, S. 418 und 421.

Mit dem Abstellen auf die Unwirksamkeit der Verfassung der TRNZ hat der Gerichtshof es der Türkei zum Nachteil ausgelegt, dass sie nicht durch eigene besatzungsrechtliche Gesetze vor 1990 enteignet hat.[838] Zwar hätte auch dann ein Verstoß gegen das Kriegsvölkerrecht vorgelegen, die Enteignungen wären aber als Akte der Türkei selbst rechtswirksam und damit gemäß der Rechtsprechung zum deutschen Vertriebeneneigentum als einmalige Verletzungsakte zu beurteilen gewesen. In diesem Fall hätte der Gerichtshof weiterhin prüfen müssen, ob eine berechtigte Hoffnung besteht, dass die Eigentümerrechte realisiert werden können. In Anbetracht des langen Zeitraumes seit dem Entzug des Eigentums und der türkischen Position zur Eigentumsfrage, wäre dies abzulehnen gewesen. Damit wäre den entschädigungslosen Enteignungen faktische Wirksamkeit zugesprochen worden.

Der Weg über die Prüfung der Enteignungen an Hand des allgemeinen Völkerrechts hätte für mehr Klarheit und eine sachgerechtere Lösung der Eigentumsfrage geführt. Dabei hätten die Enteignungen durch die Verfassung der TRNZ am Maßstab des Art. 1 Abs. 1, S. 2, 1. ZP zur EMRK geprüft werden können. Argumentiert man mit der umfassenden und effektiven Kontrolle der türkischen Streitkräfte, so ist auch die zyperntürkische Verfassung der Türkei zuzurechnen, womit ihr Rechtswirksamkeit zukommt. Wie bereits ausgeführt, steht darüber hinaus die Nichtanerkennung der TRNZ der Wirksamkeit ihrer Verfassung nicht entgegen. Da es sich in Art. 159 VerfTRNZ aus der türkischen Sicht um die Enteignung von ausländischem Eigentum handelt, wären die allgemeinen Grundsätze des Völkerrechts in jedem Fall heranzuziehen gewesen. Im Rahmen dieser Prüfung hätte untersucht werden können, ob ein Verstoß gegen das zwingende Völkerrecht vorliegt, welcher der Wirksamkeit der Enteignungen widerspricht. Aufgrund der Unverjährbarkeit von Verstößen gegen das zwingende Völkerrecht wäre eine fortdauernde Verletzung des Eigentumsrechts begründet gewesen.[839]

Nach der hier vertretenen Ansicht liegt allerdings in den Enteignungen auf Zypern selbst kein Verstoß gegen das *ius cogens* vor.[840] Zumal im konkreten Fall der Frau Loizidou kein Fall von Vertreibung vorlag. Sie lebte bereits zum Zeitpunkt der Intervention in Nikosia.[841] Auch scheint sich für einen Verstoß gegen das Gewaltanwendungsverbot keine Grundlage in der *opinio juris* der Staatengemeinschaft zu finden, wie dies aus den Ausführungen unter Punkt B.

---

838 Blumenwitz, Die Liechtenstein-Entscheidung, S. 237, Fn. 74.

839 Blumenwitz, Der Schutz des Eigentums vertriebener Volksgruppen, S. 581 f.

840 Vgl. oben Punkt III. 2. b) (2).

841 Vgl. EMRG, Loizidou v. Turkey (Hauptsache), Urteil vom 18.12.1996, RJD Nr. 26, Ziff. 11 und 66; insofern geht Heintze, Entscheidungen des Europäischen Menschenrechtsgerichtshofs als Politikersatz?, S. 450 unzutreffenderweise von der Anwendbarkeit des Art. 49 IV. GK im vorliegenden Fall aus.

II. 3. b) (6) hervorgeht. In der Loizidou-Entscheidung hätte der Gerichtshof die Gelegenheit gehabt, diese umstrittene Frage zu beurteilen. Die Beschwerdeführerin und die zyperngriechische Regierung stützen ihre Rüge, dass das Eigentumsrechts gemäß Art. 1, 1. ZP zur EMRK verletzt wurde, ausdrücklich auf die Intervention der Türkei als Verstoß gegen das Gewaltanwendungsverbot.[842] Als Menschenrechtsgerichtshof hat der EMRG zwar nicht über Völkerrecht zu entscheiden, muss sich aber mit diesen auseinandersetzen, wenn der Kern der behaupteten Konventionsverletzung mit einem Verstoß gegen das allgemeine Völkerrecht begründet wird.[843] Die Berücksichtigung des allgemeinen Völkerrechts im Rahmen der EMRK ist rechtlich unbedenklich, wie dies insbesondere aus Art. 15 EMRK hervorgeht. Darin wird ausdrücklich Bezug auf die anderen völkerrechtlichen Verpflichtungen genommen, die die Konventionsstaaten berücksichtigen müssen.[844] Bei der Prüfung, ob es sich bei der Intervention der Türkei um einen Verstoß gegen das Gewaltanwendungsverbot gehandelt hat, wären auch die Gründungsverträge der Republik Zypern, insbesondere der Garantievertrag, heranzuziehen.

Fragen, die in unmittelbarem Zusammenhang mit der rechtlich umstrittenen Situation in Zypern stehen, die sich nahezu auf alle Lebensbereiche dort auswirkt, können eigentlich nicht beantwortet werden, ohne dass Bezug auf die Grundlage des Streits Bezug genommen wird. Anderenfalls kommt es zu einer einseitigen Erfassung und Beurteilung des Sachverhalts. Die Zurückhaltung, die der Gerichtshof hier bei der Beurteilung der völkerrechtlichen Probleme des Zypernkonflikts zeigt, wirkt sich daher wie eine Parteinahme für die politische Position der zyperngriechischen Regierung aus.[845] Damit wird jedoch ein anderer faktischer Zustand gefestigt, der seinerseits auf einem Verstoß gegen die Gründungsverträge und der zyprischen Verfassung von 1960 basiert.

### e) De-facto-Enteignung

Die Verhinderung des Zugangs wird im Loizidou-Fall als „sonstiger Eingriff“ im Sinne des Art. 1 Abs. 1, S. 1, 1. ZP zur EMRK bewertet. Eine Rechtfertigung des Eingriffs wird wegen mangelnder Verhältnismäßigkeit abgelehnt.[846] Die Feststellung eines sonstigen Eingriffes und die Ablehnung einer

---

[842] Vgl. den diesbezüglichen Vortrag, EMRG, Loizidou v. Turkey (Hauptsache), Urteil vom 18.12.1996, RJD Nr. 26, S. 2232 f., Ziff. 49.

[843] Blumenwitz, Die Liechtenstein-Entscheidung, S. 241.

[844] Heintze, Entscheidungen des Europäischen Menschenrechtsgerichtshofs als Politikersatz?, S. 451; Frowein, Probleme des allgemeinen Völkerrechts, S. 292 ff.

[845] Huscheer, Die völkerrechtliche Verantwortlichkeit der Türkei, S. 398.

[846] EMRG, Loizidou v. Turkey (Hauptsache), Urteil vom 18.12.1996, RJD Nr. 26, S. 2237, Ziff. 63.

De-facto-Enteignung, die unter Art. 1 Abs. 1, S. 2, 1. HS fallen würde, muss hier aber ebenfalls kritisch beurteilt werden.[847]

In seiner Rechtsprechung zum Fall Sporrong und Lönnroth hatte der Gerichtshof zum ersten Mal ausgeführt, dass Eingriffe in das Eigentum nicht nur Eigentumsentzug und Nutzungsregelungen sein können, sondern dass auch ein „sonstiger Eingriff" gem. Abs. 1, S. 1 vorliegen kann.[848] Mit dieser „Theorie der drei getrennten Normen" wurde eine zusätzliche Eingriffs- und Rechtfertigungskategorie im Eigentumsschutz der Konvention geschaffen.[849] Eingriffe, die weder als Enteignungen noch als Nutzungsregelungen beurteilt werden können, fallen unter Abs. 1, S. 1 und können nur dann gerechtfertigt sein, wenn eine gerechte Gleichmäßigkeit zwischen den abzuwägenden Bedürfnissen der Gesellschaft und den Anforderungen an den Schutz der individuellen Eigentumsrechte (*fair balance*) bestehe.[850] Der „sonstige Eingriff" gemäß Abs. 1, S. 1 ist dabei jedoch subsidiär zu den Eingriffsarten in Abs. 1, S. 2 und Abs. 2.[851]

In der Literatur wird allerdings die Notwendigkeit einer dritten eigenständigen Eingriffskategorie bezweifelt. Aus dem Wortlaut des Abs. 1, S. 1 und den *travaux préparatoires* lässt sich keine Grundlage für eine dritte Eingriffs- und Rechtfertigungskategorie ableiten.[852] Nach Frowein entspricht es vielmehr der Struktur des Art. 1, einen Verstoß gegen die Eigentumsgarantie des S. 1 per se anzunehmen, wenn eine Maßnahme weder als Enteignung gewertet werden, noch als Nutzungsregelung unter Abs. 2 gerechtfertigt werden kann.[853] Da der Entzug des Eigentums oder die Regelung seiner Nutzung gemäß S. 2 sowieso nur auf Grund des öffentlichen Interesses bzw. im Allgemeininteresse vorgenommen werden dürfen, erübrigt sich die Frage, ob ein sonstiger Eingriff, der nicht in eine dieser beiden Kategorien fällt, dem öffentlichen Interesse dient. Dieser sollte ohne weiteres einen Verstoß gegen Art. 1 darstellen. Bei solchen Eingriffen kann man von einer teilweisen Enteignung oder einem enteignungsgleichen Eingriff sprechen.[854] Eine zusätzliche Prüfung der Maßnahme und sei-

---

[847] Die nachfolgenden Artikelangaben unter Punkt e) beziehen sich alle auf Art. 1, 1. ZP zur EMRK.

[848] EMRG, Sporrong and Lönnroth v. Sveden, Urteil vom 23.9.1982, Serie A, Nr. 52, Ziff. 69; dt. Übersetzung in EuGRZ 1983, S. 523 ff.

[849] Vgl. Gelinsky, Der Schutz des Eigentums, S. 73.

[850] EMRG, Sporrong and Lönnroth v. Sveden, Urteil vom 23.9.1982, Serie A, Nr. 52, Ziff. 69, so auch in Erkner und Hofauer, Urteil vom 23.4.1987, Serie A, Nr. 117, Ziff. 74; vgl. ferner Gelinsky, Der Schutz des Eigentums S. 74 f. m. w. N.

[851] EMRG, Sporrong and Lönnroth v. Sveden, Urteil vom 23.9.1982, Serie A, Nr. 52, Ziff. 61; Gelinsky, S. 76 spricht von einer „Auffang-Eingriffskategorie".

[852] Gelinsky, Der Schutz des Eigentums, S. 90.

[853] Frowein, The Protection of Property, S. 529.

[854] Frowein/Peukert, EMRK-Kommentar, Art. 1 des 1. ZP, Rn. 40.

ner möglichen Rechtfertigung unter S. 1 erscheint künstlich und kann wegen der nicht konkret festgelegten Rechtfertigungskriterien zu einer Verkürzung des Eigentumsschutzes unter der Konvention führen.[855] Vor allem können die in Abs. 1, S. 2 und Abs. 2 ausdrücklich genannten Rechtfertigungsvoraussetzungen, und damit auch der Bezug auf die allgemeinen Grundsätze des Völkerrechts, umgangen werden.[856]

Die Unterscheidung des Gerichtshofs zwischen „sonstigen Eingriffen" gemäß Art. 1 Abs. 1, S. 1 und den Eingriffen im Sinne von Abs. 1, S. 2 und Abs. 2 erscheint auch im Loizidou-Fall problematisch. Im Fall Papamichalopoulos hat der Gerichtshof mit dem Minderheitsvotum in der Kommission die Inbesitznahme von Land ohne gesetzliche Grundlage und die dauerhafte Verweigerung des Zutritts im Anschluss daran nicht als einen sonstigen Eingriff nach Art. 1 Abs. 1, S. 1, 1. ZP zur EMRK gewertet, sondern als De-facto-Enteignung unter Abs. 1, S. 2 beurteilt.[857] Der Entzug des Eigentums sei nicht auf den Entzug durch einen formalen Akt begrenzt, sondern könne auch durch faktische Maßnahmen stattfinden, die die Substanz des Eigentumsrechts so eingehend beeinflussen, dass sie einer formellen Enteignung gleichkommen. Eine De-facto-Enteignung liegt demnach vor, wenn der Eigentümer durch einen Hoheitsakt die effektive Kontrolle über sein Eigentum verliert und es nicht mehr wirtschaftlich sinnvoll nutzen kann, so dass sein Eigentumsrecht nur noch „zu einer Hülse" entleert ist.[858] Der Kontrollverlust über das Eigentum und der Verlust jeglicher Nutzungsmöglichkeiten zusammen mit der Gewissheit, dass die Eigentümerposition durch den Staat nicht wieder eingeräumt werden wird, verstärken sich zu einer De-facto-Enteignung, die als solche entschädigt werden muss.[859] Grundgedanke ist dabei der effektive Schutz des Eigentümers. Die De-facto-Enteignung muss wie eine formelle Enteignung bewertet werden, damit der Eigentümer durch einen schwerwiegenden Eingriff in seine Eigentümerrechte nicht so gestellt wird, wie wenn er bei einer formellen Enteignung stehen würde, dafür jedoch unentschädigt bleibt.[860]

---

[855] Frowein, The Protection of Property, S. 529; Higgins, The Taking of Property by the State: Recent Developments in International Law, S. 368; Gelinsky, Der Schutz des Eigentums, S. 91.

[856] Fromont, La garantie du droit de propriété selon la Cour européenne des droits de l'homme, S. 227.

[857] EMRG, Papamichalopoulos v. Greece, Urteil vom 24.6.1993, Serie A, Nr. 260, Ziff. 45.

[858] Gelinsky, Der Schutz des Eigentums, S. 56 m. w. N.

[859] EMRG, Papamichalopoulos v. Greece, Urteil vom 24.6.1993, Serie A, Nr. 260, Ziff. 45; vgl. auch EMRG, Vasilescu v. Romenia, Urteil vom 22.5.1998, RDJ 1998, Vol. 73, Ziff. 53.

[860] Frowein, Eigentumsschutz im Europarecht, S. 194 f.; Gelinsky, Der Schutz des Eigentums, S. 58 f.

Der Unterschied zwischen den Fällen Papamichalopoulos und Fall Loizidou besteht darin, dass es sich bei ersterem um eine Maßnahme handelt, die nicht mit dem nationalen Recht übereinstimmt, während bei den Maßnahmen der Türkei in Zypern ein Widerspruch zum Völkerrecht zur Debatte steht. In beiden Fällen geht es jedoch um Realakte, die rechtswidrige Nebenfolgen hoheitlichen Handelns sind.[861] Es ist daher zu überlegen, ob auch im Loizidou-Fall nicht eine De-facto-Enteignung zu bejahen wäre. Die Beschwerdeführerin hatte zum Zeitpunkt der Urteilssprechung seit über 20 Jahren keinen Zugang mehr zu ihrem Eigentum und konnte es nicht mehr wirtschaftlich sinnvoll nutzen. Sie hatte somit ihre Eigentümerposition faktisch eingebüßt. Ferner war es offensichtlich, dass aus der Sicht der Türkei – im Einklang mit der zyperntürkischen Position in den Verhandlungen zur Eigentumsfrage während der Volksgruppengespräche – die Einräumung der Eigentümerposition nicht mehr erfolgen sollte. Die zyperntürkische Vertretung favorisierte bereits damals den Austausch der Eigentümer durch ein Globalentschädigungsabkommen. Seit 1989 gab die zyperntürkische Verwaltung zudem Eigentümerurkunden an die neuen Bewohner der umstrittenen Eigentumsobjekte aus. Damit wurde die Enteignung aus ihrer Sicht irreversibel. Ferner wurde auch in den Verhandlungen der Volksgruppen und im UN-Lösungsvorschlag von 1992, dem *Set of Ideas*, nicht mehr von einer Rückgabe des gesamten Eigentums ausgegangen. Außerhalb derjenigen Gebiete, die nach diesem Plan zum zyperngriechischen Bundesstaat gehören sollten, sollte als Regelfall die Enteignung und Entschädigung des Vertriebeneneigentums erfolgen.[862] Davon wären auch die Grundstücke der Beschwerdeführerin an der Nordküste der Insel betroffen gewesen, insbesondere weil diese vor der Intervention nicht bewohnt waren. Der Entzug des Eigentums hatte sich daher seit 1974 zu einer De-facto-Enteignung verstärkt, die mit der Vergabe neuer Eigentümerurkunden ab 1989 als abgeschlossen betrachtet werden kann.[863] Damit würde die zeitliche Zuständigkeit des Gerichtshofes, dessen Gerichtsbarkeit die Türkei erst 1990 anerkannt hat, nicht mehr gegeben sein. Man kann die De-facto-Enteignung auch erst mit der Festlegung des *Set of Ideas* als Basis für die Volksgruppenverhandlungen im Jahr 1992 als abgeschlossen ansehen. Dann wäre die Zuständigkeit des Gerichtshofs gegeben. Der Beschwerdeführerin würde in diesem Fall nur eine Enteignungsentschädigung im Rahmen des Art. 1, 1. ZP zur EMRK zustehen.

---

[861] Gelinsky, Der Schutz des Eigentums, S. 78.

[862] Set of Ideas on an Overall Framework Agreement on Cyprus, Annex zu UN doc. S/24472; vgl. dazu Stavrinides, Revisting the Ghali "Set of Ideas", S. 61 ff.; siehe auch unten Abschnitt 3, D. II. 6.

[863] Zur Vergabe der Eigentümerurkunden vgl. EMRG, Cyprus v. Turkey, Urteil vom 10.5.2001, HRLJ 2001, S. 217 ff., Ziff. 32.

Der Gerichtshof hat das Vorliegen einer De-facto-Enteignung jedoch mit dem Hinweis auf die „besonderen Umstände" des Falles abgelehnt, und in einem dritten Urteil zu Art. 50 EMRK eine Nutzungsentschädigung für die Zeit seit der zeitlichen Zuständigkeit des Gerichtshofes ausgesprochen.[864] Die besonderen Umstände beziehen sich dabei auf die Intervention der Türkei.[865] Der Gerichtshof führt jedoch nicht aus, inwiefern diese Umstände einer De-facto-Enteignung entgegenstehen. Er scheint der Ansicht der Beschwerdeführerin und der zyperngriechischen Regierung zuzustimmen, dass es sich bei der Intervention um einen Verstoß gegen das Gewaltanwendungsverbot gehandelt hat, und dass der Erwerb von Grundeigentum im Zuge oder in Folge der Intervention entsprechend der Stimson-Doktrin nicht anerkannt werden darf. Ausdrücklich wird dies jedoch weder geprüft noch festgestellt. Auch hier wird die Bedeutung und Notwendigkeit einer Klärung der Frage nach den völkerrechtlichen Grundlagen der Intervention der Türkei deutlich.

## IV. Zwischenergebnis zu den materiellrechtlichen Problemen

Der Gerichtshof hat in seiner bisherigen Rechtsprechung zu Eigentumseingriffen, die im Zusammenhang mit zwischenstaatlichen Konflikten stehen, das allgemeine Völkerrecht nur zögerlich angewendet. In Fällen, in denen die Unwirksamkeit eines Eigentumseingriffs bereits durch nationale Gerichte festgestellt worden war, hat der Gerichtshof eine fortdauernde Situation durch den ungerechtfertigten Eigentumsentzug angenommen. Dagegen hat er der möglichen Unwirksamkeit eines Eigentumseingriffs auf Grund eines schwerwiegenden Völkerrechtsverstoßes keine Bedeutung beigemessen. Damit besteht jedoch die Gefahr, dass ungerechtfertigte Eigentumseingriffe im zwischenstaatlichen Bereich faktisch hingenommen werden. Im Loizidou-Fall wird besonders deutlich, dass die Beurteilung eines solchen Eigentumseingriffs nicht ohne eine Untersuchung der grundlegenden völkerrechtlichen Probleme des Konflikts gelöst werden kann.

Die Anwendung des allgemeinen Völkerrechts ist dabei in zwei Punkten problematisch. Zunächst prüft der Gerichtshof nicht die Völkerrechtswidrigkeit des Eigentumsentzugs selbst, sondern stellt bei der Prüfung seiner Wirksamkeit auf die völkerrechtliche Qualität der TRNZ ab. Somit wird das Problem der fortdauernden Verletzung auf die Anerkennungsproblematik eines De-facto-Regimes verschoben. Dabei ist es jedoch keineswegs offensichtlich, dass die Akte der TRNZ als De-facto-Regime unwirksam sind. Nach der hier vertretenen

---

[864] EMRG, Loizidou v. Turkey (Hauptsache), Urteil vom 18.12.1996, RJD Nr. 26, S. 2237, Ziff. 63; EMRG, Loizidou v. Turkey (Art. 50), Urteil vom 28.7.1998, RDJ Nr. 81, 1998, S. 1807 ff.

[865] Vgl. Vortrag der Beschwerdeführerin und der zyperngriechischen Regierung, EMRG, Loizidou v. Turkey (Hauptsache), Urteil vom 18.12.1996, RJD Nr. 26, S. 2232 f., Ziff. 49 f.

Ansicht ist die Verfassung der TRNZ sowohl dann als wirksam zu beurteilen, wenn sie als Akt der TRNZ angesehen wird, als auch dann, wenn sie als Akt der Türkei beurteilt wird. Die Unwirksamkeit des Art. 159 VerfTRNZ kann sich allerdings aus der Völkerrechtswidrigkeit der Enteignungen selbst ergeben. Ein Verstoß gegen das *ius cogens* liegt jedoch nicht vor, da die Enteignungen weder zur Vertreibung eingesetzt wurden noch dem Tatbestand eines Völkermords genügen. Die Frage, ob die Enteignungen der Aufrechterhaltung eines durch Vertreibung erreichten Zustandes dienen und deswegen als Verstoß gegen das zwingende Völkerrecht bewertet werden müssen, kann nicht ohne eine Rücksicht auf den Vertrauensschutz der neuen Bewohner beurteilt werden. Auf Grund der Gesamtumstände auf Zypern erscheint es vertretbar, bei den Enteignungen, die erst 1985 erfolgten, keinen Verstoß gegen das zwingende Völkerrecht anzunehmen, sondern sie als einfachen Völkerrechtsverstoß zu beurteilen. Den geschädigten Personen steht danach ein Anspruch auf Wiedergutmachung zu, der die Einräumung des früheren Eigentumsrechts (Restitution) oder eine Ersatzleistung beinhalten kann.

Die Wirksamkeit der Enteignungen könnte aber vor allem wegen eines Verstoßes gegen das Gewaltanwendungsverbot bei der Intervention der Türkei abzulehnen sein. Diese Frage ist jedoch umstritten und hätte allenfalls vor dem Gerichtshof entschieden werden müssen. Eine dahingehende *opinio juris* besteht in der Staatenpraxis zumindest nicht. Gelegenheit dazu hätte der Gerichtshof im Rahmen der Prüfung einer De-facto-Enteignung durch den Verlust jeglicher Nutzungsmöglichkeit des Eigentums gehabt. Hier wurde aber lediglich auf die „besonderen Umstände“ des Falles verwiesen, ohne dass eine nähere Begründung ausgeführt wurde, wie diese Umstände einer faktischen Enteignung der Beschwerdeführerin entgegenstehen können. Ihr Fall wurde somit losgelöst und isoliert von dem völkerrechtlichen Konflikt betrachtet, obwohl der Grund der Eigentumsbeeinträchtigung in diesem Konflikt verankert ist. Diese Vorgehensweise erscheint in Hinblick darauf, dass es sich hier um einen offenen zwischenstaatlichen Konflikt handelt und es tausende vergleichbare Fälle gibt, die im Zusammenhang mit diesem Konflikt stehen, nicht sinnvoll. Sie führt dazu, dass der zwischenstaatliche Konflikt vor dem Gerichtshof nur in einem bestimmten Teilbereich geprüft und beurteilt wird, ohne dass die Zusammenhänge des Konfliktes beachtet werden können.

Dies wirft zugleich die Frage auf, ob der Gerichtshof hier nicht in einen offenen politischen Prozess eingreift und damit Gefahr läuft, Partei zu ergreifen. Dieser Gefahr hätte er zum einem bereits dadurch entgegenwirken können, dass er die Anwendung der EMRK nur auf Fälle beschränkt hätte, in denen die tatsächliche Ausübung von Jurisdiktion durch die Türkei nachgewiesen werden konnte. Zum anderen hätte er einen Verstoß gegen das Gewaltanwendungsverbot bei der Intervention der Türkei in den Punkten prüfen müssen, in denen es für die Entscheidungsfindung notwendig war.

## V. Bindungswirkung des Loizidou-Urteils und Probleme bei der Umsetzung

In einer dritten Entscheidung hat der Gerichtshof die Türkei gemäß Art. 50 EMRK a. F. [Art. 41 n. F.] zur Zahlung einer Nutzungsentschädigung in Höhe von 320.000 zyprischen Pfund und zum Ersatz der klägerischen Prozesskosten in Höhe von 137.804 ZYP verurteilt.[866]

Auf Grund der aufgezeigten juristischen Probleme der Rechtsprechung im Loizidou-Fall hat die Türkei zunächst die Umsetzung des Urteils verweigert. Die türkische Regierung war der Auffassung, dass die Zuständigkeit des Gerichtshofs nicht gegeben und darüber hinaus die Beurteilung des Falles einseitig und unzureichend ausgefallen war. Sie stützte sich vor allem darauf, dass sie keine völkerrechtliche Verantwortlichkeit für die Handlungen der TRNZ trage.[867] Die Türkei hatte Interesse daran, eine Beeinträchtigung der diplomatischen Verhandlungen zur Lösung des Zypernkonflikts durch eine Flut von Klagen in ähnlichen Fällen zu vermeiden. Die Eigentumsfrage sollte allein Gegenstand der Volksgruppenverhandlungen bleiben und im Zusammenhang mit dem zyperntürkischen Vertriebeneneigentum gelöst werden.

In Hinblick auf die umstrittene Frage nach der Wirksamkeit der Anerkennungserklärungen der Türkei gemäß Art. 25 und Art. 46 EMRK a. F. und ihrer Jurisdiktion über Personen und Eigentum in Nordzypern, stellt sich die Frage, ob der EMRG bei der Auslegung der Erklärungen seine Kompetenzen überschritten hat. Es ist in der Völkerrechtsliteratur immer noch ungeklärt, welche Rechtsfolgen eine *ultra vires* Entscheidung für den betroffenen Staat hat.[868] Gemäß Art. 53 EMRK a. F. [Art. 46 n. F.] ist die Türkei grundsätzlich als Hohe Vertragsschließende Partei an das Urteil des EMRG gebunden. Das Ministerkomitee überwacht gemäß Art. 46 Abs. 2 EMRK [Art. 54 a. F.] die Durchführung der Urteile. Die Türkei wurde in mehreren Verhandlungen und Resolutionen des Ministerkomitees aufgefordert, die Urteile umzusetzen und die Nutzungsentschädigung zu zahlen.[869] Diese Aufforderungen können als Hinweis

[866] EMRG, Loizidou v. Turkey (Art. 50), Urteil vom 28.7.1998, RDJ Nr. 81, 1998, S. 1807 ff.

[867] Presseerklärung des türkischen Außenministeriums vom 30.7.1998, Turkish Ministry of Foreign Affairs, Department of Information, Statement of 30 July 1998; vgl. auch Loizidou v. Turkey (Art. 50), Urteil vom 28.7.1998, RDJ Nr. 81, 1998, S. 1807 ff., Ziff. 5.

[868] Dazu Bernardt, Ultra vires activities of international organizations, S. 607 ff.

[869] Ministerkomitee des Europarates, Entschließungen (Interim Resolutions) DH (99) 680 vom 6.10.1999, DH (2000) 105 vom 24.7.2000; DH (2001) 80 vom 26.1.2001 (wiedergegeben in EuGRZ 2001, S. 260); DH (2003) 174 vom 12.11.2003.

dafür gelten, dass nach der Rechtsauffassung der anderen Konventionsstaaten keine Kompetenzüberschreitung des EMRG vorlag.

Die Nichtumsetzung des Urteils führte zwar zu Spannungen im Verhältnis zwischen dem Europarat und der Türkei, ein Ausschluss aus dem Europarat als *ultima ratio*, da sonst keine Zwangsmittel zur Durchsetzung von Urteilen vorliegen, wurde jedoch nie ausdrücklich angedroht.[870] Vorschläge zur Einbindung der TRNZ in die Entschädigungszahlung wurden von der zyperngriechischen Regierung und der Beschwerdeführerin abgelehnt. Erst nach den zahlreichen Aufforderungen des Ministerkomitees kam die Türkei der Loizidou-Entscheidung nach. Am 19.6.2003 verkündete die Türkei im Ministerrat offiziell, dass sie die Entschädigung bis zum 8.10.2003 zahlen werde, jedoch nur unter der Bedingung, dass die Loizidou-Entscheidung keinen Präzedenzfall für weitere Verfahren darstellen sollte. Da der EMRG aber am 31.7.2003 in zwei weiteren Fällen die Loizidou Rechtsprechung bestätigte, zog die Türkei ihre Entscheidung zurück. Im Ministerkomitee wurde daraufhin ein Ultimatum zur Zahlung der Entschädigung bis zum 19. November gestellt und Konsequenzen für den Fall der Nichtzahlung angedroht.[871] Nach mehreren Verhandlungen auf diplomatischer Ebene erfolgte die Zahlung der Entschädigung zusammen mit den 8 % Zinsen jährlich, die in der Entschädigungsentscheidung für den Fall der Nichtzahlung bereits vorgesehen wurden, an Frau Loizidou am 2.12.2003.[872] Die Entschädigungssumme war inzwischen mit den Verzugszinsen auf 1.120.000 Euro gestiegen. Entsprechend den vorausgegangenen Verhandlungen beschloss das Ministerkomitee, dass der weitere Vollzug des Urteils bezüglich des freien Zugangs zu den Grundstücken nicht vor 2005 überprüft werden soll.[873] Hintergrund war die Überlegung, dass es innerhalb dieser Zeit zu einer Wiedervereinigung Zyperns auf Grund des Annan-Planes und damit zu einer Neuordnung der Eigentumsverhältnisse kommen kann. Dieser politische Prozess sollte durch den Vollzug des Urteils nicht beeinträchtigt werden.[874]

Problematisch war die Nichtumsetzung der Loizidou-Entscheidung auch in Hinblick auf den beantragten EU-Beitritt der Türkei. Gemäß Art. 49 Abs. 1 i. V. m. Art. 6 Abs. 1 EUV ist die Achtung der Menschenrechte und Grundfrei-

[870] Huscheer, Die völkerrechtliche Verantwortlichkeit der Türkei, S. 389.
[871] Ministerkomitte des Europarates, Interim Resolution DH (2003)174 vom 12.11.2003.
[872] Presseerklärung des Generalsekretärs des Europarates vom 2.12.2003, Nr. 619d03; Ministerkomitee des Europarates Entschließung DH 2003 (190) zur Vollstreckung des Urteils im Fall Loizidou gegen Türkei vom 2.12.2003, wiedergegeben in EuGRZ 2003, S. 764; Schlötzer, Millionen-Scheck für ein verlassenes Haus, SZ vom 4.12.2003, S. 8.
[873] Vgl. Resolution DH (2003) 191, 2.12.2003: "The Committee of Ministers [...] decides to resume consideration of the execution of the judgment of 18 December 1996 in due time, taking into consideration proposals to do so at the end of 2005."
[874] Schlötzer, Millionen-Scheck für ein verlassenes Haus, SZ vom 4.12.2003, S. 8.

heiten Voraussetzung eines Beitritts. In Abs. 2 des Art. 6 EUV wird sodann Bezug auf die EMRK genommen. Die Achtung der EMRK und der Urteile des EMRG gelten daher als Kriterien eines Beitritts.[875] Die Nichterfüllung des Loizidou-Urteils hätte sich daher nachteilig auf die Aufnahme von Verhandlungen zum EU-Beitritt ausgewirkt.[876] Diese Problematik ist auch weiterhin relevant in Hinblick auf die zahlreichen Fälle, die seit dem Loizidou-Urteil beim EMRG eingereicht wurden und noch anhängig sind. Die Türkei steht daher unter großem politischen Druck, die Eigentumsfrage in Zypern zu lösen.[877]

Ferner stellt sich die Frage, inwiefern die Entscheidung des Gerichtshofs für die Lösung des Zypernkonflikts insgesamt verbindlich ist. Man könnte argumentieren, dass der Gerichtshof nicht nur im individuellen Fall der Frau Loizidou Recht gesprochen hat, sondern darüber hinaus aufgezeigt hat, dass die Eigentumsrechte der Vertriebenen nicht verhandelbar sind.[878] In der Entscheidung zur Hauptsache führt er ausdrücklich aus, dass die Verhandlungen zur Überwindung der Teilung Zyperns die Eigentumsrechte der Beschwerdeführerin unberührt lassen. Die Tatsache, dass das Vertriebeneneigentum Gegenstand der Volksgruppenverhandlungen sei, rechtfertige die konventionswidrige Situation nicht.[879] Grundsätzlich haben die Urteile des EMRG nach dem Wortlaut des Art. 46 EMRK nur *inter partes* Bindungswirkung. Dies ist vor allem bei Leistungsurteilen unproblematisch.[880] Fraglich ist aber, ob ein Feststellungsurteil, den beklagten Konventionsstaat über den konkreten Fall hinaus bindet. Nach einer verbreiteten Ansicht gehen die Wirkungen eines Urteils über die konkrete Rechtssache hinaus, weil der betroffene Staat im Prinzip auch verpflichtet ist, gleichartigen Konventionsverletzungen vorzubeugen. Die Befolgung eines Urteils kann daher bedeuten, dass konventionswidrige Gesetze und Verordnungen geändert oder aufgehoben werden müssen.[881]

Für die Zypern-Fälle muss beachtet werden, dass zwar die Türkei als Partei des Verfahrens an das Urteil des EMRG gebunden ist, die zyperntürkische Regierung aber als Partei der Volksgruppengespräche nicht daran gebunden sein kann. Die TRNZ ist weder Partei des Verfahrens vor dem EMRG noch Mitglied

[875] Kingreen, in Calliess/Ruffert, Kommentar zu EU-Vertrag und EG-Vertrag, Art. 2 EU-Vertrag, Rn. 16 und 35.
[876] Huscheer, Die völkerrechtliche Verantwortlichkeit der Türkei, S. 420.
[877] Brewin, The European Union and Cyprus, S. 233.
[878] Rudolf, Loizidou v. Turkey, S. 537.
[879] EMRG, Loizidou v. Turkey (Hauptsache), Urteil vom 18.12.1996, RJD Nr. 26, S. 2238, Ziff. 64.
[880] Frowein/Peukert, EMRK-Kommentar, Art. 53, Rn. 1.
[881] Vgl. Frowein/Peukert, EMRK-Kommentar, Art. 53, Rn. 2, 6 ff.; Dazu auch Stöcker, Wirkungen der Urteile des Europäischen Gerichtshofs für Menschenrechte, S. 1909.

der EMRK, so dass eine Bindungswirkung für sie nicht in Betracht kommt.[882] Eine Bindungswirkung für die diplomatischen Verhandlungen zur Lösung des Zypernkonflikts hätte außerdem zur Folge, dass eine der wichtigsten Fragen des Konflikts vor dem EMRG gelöst wird. Dies jedoch, ohne dass alle Aspekte des Konflikts berücksichtigt werden können. Innerhalb der Verhandlungen und bei einer diplomatischen Lösung wie etwa dem Annan-Plan sind die Möglichkeiten, widerstreitende Interessen in Einklang zu bringen, und damit eine dauerhafte Überwindung der Teilung Zyperns herzustellen, variabler, da eine solche Lösung sich nicht nur auf einen konkreten Sachverhalt bezieht, sondern versucht die Komplexität des gesamten Konflikts zu umfassen. Es erscheint daher nicht sachgerecht hier eine Bindungswirkung für die Volksgruppenverhandlungen anzunehmen. Im Fall der Wiedervereinigung wird es sicherlich zu einer Neuregelung der Eigentumsverhältnisse kommen. Bereits im *Set of Ideas* (1992) und auch im jüngeren Annan-Plan war die Enteignung und Entschädigung einer Vielzahl von Personen vorgesehen.[883] Diese könnten von dem öffentlichen Interesse an der Wiedervereinigung gedeckt sein, zumal der Gerichtshof dieses im Rahmen des Art. 1, 1. ZP zur EMRK weit auslegt.[884]

## E. Vierte Staatenbeschwerde Zypern gegen die Türkei

In der vierten Staatenbeschwerde Zyperns gegen die Türkei hat der Gerichtshof seine Rechtsprechung im Loizidou-Fall sowohl bezüglich der Jurisdiktion der Türkei als auch bezüglich der weiterbestehenden Eigentumsrechte von Zyperngriechen bestätigt. Der weitere Inhalt des Urteils sowie neuere Entwicklungen in der Rechtsprechung des Gerichtshofs zur Lage in Nordzypern sollen im Überblick dargestellt werden.

Die vierte Staatenbeschwerde Zyperns gegen die Türkei erfolgte Ende 1994. Nachdem die Kommission die Beschwerde am 28.6.1996 für zulässig erklärt und ihren Bericht am 4.7.1999 vorgelegt hatte, wurde die Beschwerde in Folge der Veränderungen durch das Protokoll Nr. 11 zur EMRK dem Gerichtshof vorgelegt. Somit wurde zum ersten Mal eine Staatenbeschwerde zum Zypernkonflikt vor dem Gerichtshof verhandelt.[885] Die klägerische Regierung führte in vier Kategorien zahlreiche Rechtsverletzungen an. Diese betrafen die Verletzung der Rechte von vermissten Zyperngriechen und ihren Verwandten, Verletzungen des Rechts auf Achtung des Privatlebens und des Eigentums von

[882] Talmon, Consequences of (Non) Recognition, S. 69.
[883] Siehe dazu unten Abschnitt 3, D. II. 6. und 7.
[884] Frowein/Peukert, EMRK-Kommentar, Art. 1 des 1. ZP, Rn. 53.
[885] EMRG, Cyprus v. Turkey, Urteil vom 10.5.2001, RDJ, 2001 entspricht HRLJ 2001, S. 217 ff.; Beschwerde Nr. 25781/94, eingelegt am 20.11.1994; dem Gerichtshof vorgelegt durch die zyperngriechische Regierung am 30.8.1999 und durch die Kommission am 11.9.1999.

vertriebenen Zyperngriechen, Verletzungen der Rechte der zyperngriechischen Minderheit in Nordzypern und Verletzungen der Rechte der zyperntürkischen Gemeinschaft und der Gemeinschaft der Zigeuner in Nordzypern.[886] Die Türkei nahm auch diesmal nur an den Verhandlungen zur Zulässigkeit teil und boykottierte das Verfahren vor dem Gerichtshof.

Bezüglich der verfahrensrechtlichen Vorfragen befand der Gerichtshof einstimmig, dass der *locus standi* der klägerischen Regierung und auch ihr rechtliches Interesse an den Verfahren gegeben sind.[887] Ebenso wurde die Jurisdiktion der Türkei für das Gebiet der TRNZ wieder bejaht.[888] Eine Wende gab es bezüglich der Frage der Rechtswegerschöpfung gemäß Art. 35 Abs. 1 EMRK (Art. 26 a. F.), da zum ersten Mal festgehalten wurde, dass die Gerichte in der TRNZ als Rechtsweg der Türkei angesehen werden können. Die Frage der Effektivität des Rechtsweges müsse jedoch nach den Umständen des konkreten Falles beurteilt werden.[889]

Zu den materiellen Rügen urteilte der Gerichtshof, dass bezüglich der vermissten Personen das Recht auf Leben gemäß Art. 2 EMRK und das Recht auf Sicherheit und Freiheit gemäß Art. 5 EMRK verletzt wurden, soweit die Türkei es versäumt hat, seit 1974 effektive Ermittlungen zur Aufklärung der Schicksale der vermissten Personen durchzuführen.[890] Da die Türkei keinerlei Angaben zum Verbleib der vermissten Personen machte, wurde in der Ungewissheit der Verwandten über das Schicksal ihrer Familienmitglieder eine unmenschliche Behandlung i. S. v. Art. 3 EMRK gesehen.[891] Weiterhin wurde die vertriebenen Personen betreffend die Verletzung des Rechts auf Achtung des Privat- und Familienlebens gemäß Art. 8 EMRK, des Eigentumsrechts gemäß Art. 1, 1. ZP zur EMRK und ferner des Rechts auf wirksame Beschwerde gemäß Art. 13 EMRK festgestellt.[892] Zu den Vorwürfen in Bezug auf die in Nordzypern lebende zyperngriechische Minderheit befand der Gerichtshof, dass das Recht auf Religionsausübung gemäß Art. 9 EMRK und zum Teil das Recht auf freie Meinungsäußerung gemäß Art. 10 EMRK verletzt sind. Letzteres bezog sich auf

886 Es wurde die Verletzung der Art. 2 bis 6, 8 bis 11, 13, 14, 17 und 18 der EMRK und ferner der Art. 1 und 2, 1. ZP zur EMRK behauptet. Der Untersuchungszeitraum beschränkte sich bezüglich Verwaltungstätigkeiten auf die letzten sechs vorausgegangenen Monate, EMRG, Cyprus v. Turkey, Urteil vom 10.5.2001, HRLJ 2001, S. 217 ff., Ziff. 104.

887 EMRG, Cyprus v. Turkey, Urteil vom 10.5.2001, HRLJ 2001, S. 217 ff., Ziff. 62 und 68.

888 EMRG, Cyprus v. Turkey, Urteil vom 10.5.2001, HRLJ 2001, S. 217 ff., Ziff. 80.

889 EMRG, Cyprus v. Turkey, Urteil vom 10.5.2001, HRLJ 2001, S. 217 ff., Ziff. 102.

890 EMRG, Cyprus v. Turkey, Urteil vom 10.5.2001, HRLJ 2001, S. 217 ff., Ziff. 136 und 150.

891 EMRG, Cyprus v. Turkey, Urteil vom 10.5.2001, HRLJ 2001, S. 217 ff., Ziff. 158.

892 EMRG, Cyprus v. Turkey, Urteil vom 10.5.2001, HRLJ 2001, S. 217 ff., Ziff. 175, 189 und 194.

die Zensur von Schulbüchern.[893] Ferner wurde in bestimmten Fällen die Beeinträchtigung des Eigentumsrechts, sowie teilweise des Rechts auf Bildung gemäß Art. 2, 1. ZP zur EMRK festgestellt, soweit keine zyperngriechischen weiterführenden Schulen angeboten werden.[894] Ebenso wurde auch hier die Verletzung des Art. 8 EMRK, ferner des Verbots der Folter gemäß Art. 3 EMRK und des Art. 13 EMRK, soweit der Verwaltungsrechtsweg nicht gegeben ist, festgestellt.[895] Der Gerichtshof hielt es darüber hinaus nicht für notwendig, die Frage zu klären, ob die demographischen Änderungen im Nordteil der Insel durch türkische Siedler vom Festland eine Verletzung des Art. 8 EMRK darstellen. Er wies insofern auf seine vorausgegangenen Feststellungen bezüglich Art. 8 EMRK hin.[896] Eine Verletzung des Rechts auf Religionsausübung der maronitischen Minderheit wurde nicht festgestellt.[897] Bezüglich der Rechte der zyperntürkischen Gemeinschaft und der Gemeinschaft der Zigeuner entschied der Gerichtshof, dass lediglich eine Verletzung des Rechts auf ein faires Verfahren gemäß Art. 6 EMRK vorliegt.[898]

## F. Individualbeschwerden von Zyperntürken vor dem EMRG

Bisher liegen nur wenige Beschwerden von Zyperntürken im direkten Zusammenhang mit dem Zypernkonflikt vor. Im Jahr 1991 klagten fünf zyperntürkische Mitglieder eines Vereins, der sich für ein unabhängiges und föderales Zypern einsetzt, gegen die Republik Zypern wegen Verletzung der Reisefreiheit gemäß Art. 2 des 4. Protokolls zur EMRK.[899] Ausgangspunkt waren Akte der zyperntürkischen Behörden, die den Beschwerdeführern die Einreise in die Pufferzone, in der sie an Treffen mit dem zyperngriechischen Koordinationskomitee teilnehmen wollten, teilweise verweigerten. Die Kommission lehnte jedoch die Verantwortlichkeit der Republik Zypern für die Akte der zyperntürkischen Behörden ab, unabhängig davon, ob sie der türkischen Hoheitsgewalt zuzurechnen seien oder nicht.[900] Ihre Hoheitsgewalt sei wegen der faktischen Umstände auf der Insel auf den südlichen Teil beschränkt. Die Beschwerde war aber bereits auf Grund der Nichtanerkennung des Individualbeschwerderechts in Bezug auf

---

893 EMRG, Cyprus v. Turkey, Urteil vom 10.5.2001, HRLJ 2001, S. 217 ff., Ziff. 246 und 254.

894 EMRG, Cyprus v. Turkey, Urteil vom 10.5.2001, HRLJ 2001, S. 217 ff., Ziff. 269 f. und 280.

895 EMRG, Cyprus v. Turkey, Urteil vom 10.5.2001, HRLJ 2001, S. 217 ff., Ziff. 296 und 301, 311, 324.

896 EMRG, Cyprus v. Turkey, Urteil vom 10.5.2001, HRLJ 2001, S. 217 ff., Ziff. 176 und 301.

897 EMRG, Cyprus v. Turkey, Urteil vom 10.5.2001, HRLJ 2001, S. 217 ff., Ziff. 247.

898 EMRG, Cyprus v. Turkey, Urteil vom 10.5.2001, HRLJ 2001, S. 217 ff., Ziff. 359.

899 Ahmet Cavit An a. o. v. Cyprus, Beschwerde Nr. 18270/91, EKMR, Entscheidung vom 8.10.1991, HRLJ 1992, S. 153 ff., dt. Übersetzung in EuGRZ 1991, S. 471.

900 Die These, dass die Akte der Besatzungsmacht dem besetzten Staat zugerechnet werden können, wurde auch in Bezug auf Deutschland diskutiert, vgl. dazu Rumpf, Zypern und die Türkei, S. 461.

das Protokoll Nr. 4 zur EMRK durch die Republik Zypern unzulässig. Daraufhin legte der erste Beschwerdeführer Ahmet C. An 1992 Beschwerde gegen die Türkei ein und machte die Verletzung seines Rechts auf Versammlungsfreiheit gemäß Art. 11 EMRK und seines Rechts auf wirksame Beschwerde gemäß Art. 13 EMRK geltend.[901] Der Gerichtshof bejahte auch hier die Jurisdiktion der Türkei gemäß Art. 1 EMRK und ferner die Nichterforderlichkeit der Rechtswegerschöpfung, da kein effektiver Rechtsweg, zumindest im konkreten Fall, zu erwarten sei.[902]

In einem weiteren Fall Aziz v. Cyprus klagte ein Zyperntürke, der im von der zyperngriechischen Regierung kontrollierten Teil Zyperns lebt, auf Verletzung des Rechts auf freie Wahlen gemäß Art. 3, 1. Zusatzprotokoll zur EMRK. Entsprechend der Verfassung von 1960 war es Zyperntürken und Zyperngriechen nur möglich, innerhalb ihrer Volksgruppe das Wahlrecht auszuüben. Da diese Verfassung aber seit 1963 nicht mehr verwirklicht wird, sah der Gerichtshof im Festhalten an dieser Praxis die Substanz des Wahlrechts gemäß Art. 3, 1. Zusatzprotokoll zur EMRK verletzt.[903]

Eine weitere Beschwerde, die zwar nicht die üblichen juristischen Probleme bei der Beurteilung der Zypern-Fälle berührt, aber Aussagekraft bezüglich der Spannungen zwischen den Volksgruppen hat, ist Denizci a. o. v. Cyprus.[904] Gegenstand der Beschwerde war das Verhalten von zyperngriechischen Behörden gegenüber mehreren zyperntürkischen Familien, die 1994 vom Nordteil der Insel in den Südteil umgesiedelt waren, um dort zu leben und zu arbeiten. Nach einer ausführlichen Beweiserhebung stellte der Gerichtshof fest, dass die Beschwerdeführer während ihres Aufenthaltes in Südzypern von der zyperngriechischen Polizei und dem Geheimdienst ohne jegliche Rechtsgrundlage ständig beobachtet, ferner verhaftet und gefoltert und ohne Rechtsgrund nach Nordzypern abgeschoben wurden.[905] Dabei wurden die Art. 3 und 5 Abs. 1 EMRK und Art. 2 des 4. Protokolls zur EMRK verletzt.[906] Die Republik Zypern wurde zur Zahlung einer Entschädigung in einer Gesamthöhe von 185.000 zyprischen Pfund verurteilt. Auch in dieser Beschwerde befand der Gerichtshof die Erschöpfung des Rechtswegs für entbehrlich, da weder der Staatsanwalt noch die

---

[901] EMRG, Ahmet Cavit An v. Turkey, Beschwerde Nr. 20652/92, Urteil vom 20.2.2003.

[902] EMRG, Ahmet Cavit An v. Turkey, Urteil vom 20.2.2003, Ziff. 23 und 37.

[903] EMRG, Aziz v. Cyprus, Beschwerde Nr. 69949/01, Urteil vom 22.6.2004, Ziff. 26-30.

[904] EMRG, Denizci a. o. v. Cyprus, Beschwerde Nrn. 25316-25321/94 und 27207/95, Urteil vom 23.5.2001 (Abschluss am 23.8.2001), RDJ 2001, S. 225 ff.

[905] EMRG, Denizci a. o. v. Cyprus, EMRG, Urteil vom 23.5.2001, RDJ 2001, S. 225 ff., Ziff. 346 f. und 392 f.

[906] EMRG, Denizci a. o. v. Cyprus, EMRG, Urteil vom 23.5.2001, RDJ 2001, S. 225 ff., Ziff. 387, 393 und 406; Die Tötung einer Person aus der betroffenen Gruppe konnte nicht geklärt werden, ebd. Ziff. 350-353.

Regierung der Republik Zypern Ermittlungen eingeleitet hatten, obwohl ihnen ein fundierter Bericht der UNFICYP über die Vorfälle vorlag. Die Beschwerdeführer konnten vor diesem Hintergrund nicht davon ausgehen, dass ihnen ein faires und effektives Gerichtsverfahren gewährleistet werden konnte.[907]

[907] EMRG, Denizci a. o. v. Cyprus, EMRG, Urteil vom 23.5.2001, RDJ 2001, S. 225 ff., Ziff. 359 f. und 366; Weitere Individualbeschwerden von Zyperntürken gegen die Republik Zypern waren bisher Selim v. Cyprus, Beschwerde Nr. 47293/99, bezüglich des Rechts von im Südteil lebenden Zyperntürken zu heiraten, gütliche Einigung am 16.6.2002; Egmez v. Cyprus, Beschwerde Nr. 30873/96, EMRG, Urteil vom 21.12.2000, wobei der in Nordzypern lebende Beschwerdeführer die britische Staatsangehörigkeit besaß.

**Abschnitt 3: Auswirkungen der Rechtsprechung des EMRG auf den völkerrechtlichen Konflikt**

Der Zypernkonflikt ist ein langjähriger und verworrener Konflikt, in dem beide Volksgruppen Opfer und zahlreiche Menschenrechtsverletzungen durch die andere Seite zu beklagen hatten. Sämtliche Bemühungen, den völkerrechtlichen Konflikt auf diplomatischem und politischem Weg zu lösen, schlugen bislang fehl. Zuletzt ist der bereits dargestellte Lösungsplan des UN-Generalsekretärs Annan gescheitert, der von allen Plänen am längsten vorbereitet worden war und am detailliertesten gewesen ist. Durch die Beschwerden vor dem EMRG, insbesondere den Individualbeschwerden zum Eigentumsrecht, wurde die Lösung eines Teilbereiches des Zypernkonflikts vor die Kontrollorgane der EMRK verlagert. Dies ist nicht unproblematisch. Die Verfahren sind durch einen konkreten Beschwerdegegenstand begrenzt, stehen aber im Zusammenhang mit einer militärischen Intervention, deren Rechtfertigung umstritten ist, und von der eine Vielzahl von Personen betroffen gewesen ist. Dieser Hintergrund müsste bei der Beurteilung der Sachverhalte eigentlich mitberücksichtigt werden.[1] Der Gerichtshof hat dies aber bislang abgelehnt, da es eine Stellungnahme zu den politischen Fragen des Konflikts erfordern würde. Aber auch die Nichtberücksichtigung der geschichtlichen Ereignisse und der gesamtpolitischen Rahmenbedingungen kann einer Stellungnahme gleichkommen.[2]

Bei Individualbeschwerden ist es überhaupt fraglich, ob diese geeignet sind, mit massenhaftem Unrecht umzugehen, das in einem bewaffneten Konflikt mit großflächiger Gewaltanwendung geschehen ist.[3] Die Masse an Individualbeschwerden in diesem Zusammenhang drohen den EMRG zu überlasten. Vor allem wegen der so genannten *repetitive cases* steht der EMRG auch nach der Reform des Kontrollmechanismus einer stark ansteigenden Zahl von Beschwerden gegenüber.[4]

Im Folgenden soll untersucht werden, wie sich die Beurteilung des Zypernkonflikts durch die Kommission und den Gerichtshof auf den noch offenen politischen Prozess ausgewirkt haben, und ob angesichts der diplomatisch schwierigen Lage politische Zurückhaltung des Gerichtshofs erforderlich gewesen wäre.

---

[1] Heintze, Entscheidungen des Europäischen Menschenrechtsgerichtshofs als Politikersatz?, S. 442.

[2] Vgl. Huscheer, Die völkerrechtliche Verantwortlichkeit der Türkei, S. 398.

[3] Heintze, Entscheidungen des Europäischen Menschenrechtsgerichtshofs als Politikersatz?, S. 455 f.; Rudolf, Loizidou v. Turkey, S. 537.

[4] Vgl. dazu Siess-Scherz, Der EMRG nach der Erweiterung des Europarates, S. 101.

## A. Political Self-restraint

Unter den Begriff des *political self-restraint* fallen zwei Problemkreise, in welchen die Frage nach auszuübender politischer Zurückhaltung der rechtsprechenden Gewalt relevant wird. Dies betrifft zum einen die Grenzen richterlicher Rechtsfortbildung bei der Interpretation angewendeter Rechtsregeln, insbesondere unbestimmter Rechtsbegriffe.[5] Die Vertreter des *political self-restraint* bzw. des *judical self-restraint* Prinzips fordern, dass ein Gericht bei der Auslegung und Bestimmung so zurückhaltend wie möglich vorgehen muss, damit das Gesetz selbst oder sein Zweck nicht geändert werden.[6] Das sei allein Aufgabe der gesetzgebenden Gewalt und könne nur Gegenstand eines politischen Prozesses sein. Vertreter der *judical-activism* orientieren sich dagegen eher am Ergebnis der Gerichtsentscheidung und sprechen Richtern weitgehende Auslegungskompetenzen zu.[7]

Zum anderen wird diskutiert, inwieweit Verfassungsgerichte bei Fällung eines Urteils, das im Zusammenhang mit einer so genannten *„political question“* steht, Einfluss auf den Wirkungsbereich der gesetzgebenden Gewalt nehmen. Die Frage, was eine *political question* ausmacht, ist dabei schwierig zu definieren.[8] Es handelt sich grundsätzlich um das Problem, dass durch eine Gerichtsentscheidung Sachthemen betroffen sind, deren inhaltliche Regelung eigentlich in den Aufgabenbereich der Politik und der gesetzgebenden Gewalt fällt. Die Forderung nach politischer Zurückhaltung der Verfassungsgerichte wird hier vor allem auf das Prinzip der Gewaltenteilung gestützt. Aufgabe der richterlichen Gewalt ist es, die politische Macht nach objektiven Kriterien zu kontrollieren und gegebenenfalls zu beschränken. Sie darf daher nicht selbst eine politische Zielsetzung verfolgen.[9] Kontrovers diskutierte politische Entscheidungen werden jedoch immer häufiger Gegenstand gerichtlicher Verfahren, wie z. B. die Sicherheit von Atomkraftwerken oder die ethischen Grenzen in der Anwendung der Gentechnik.[10] Entscheidungen über Rechtsfragen werden zu Entscheidungen über Sachfragen.[11] Es besteht damit die Gefahr, dass die rechtsprechende Gewalt in Konkurrenz zum demokratisch legitimierten Gesetzgeber

---

[5] Vgl. Wittman, Self-restraint als Ausdruck der Gewaltenteilung, S. 109.
[6] Merills, The Developement of International Law by the ECHR, S. 209.
[7] Merills, The Developement of International Law by the ECHR, S. 210.
[8] Vgl. dazu Limbach, Das Bundesverfassungsgericht als politischer Machtfaktor, S. 2a f.; Wittman, Self-restraint als Ausdruck der Gewaltenteilung, S. 110 f.
[9] Wittman, Self-restraint als Ausdruck der Gewaltenteilung, S. 117.
[10] Wittman, Self-restraint als Ausdruck der Gewaltenteilung, S. 120.
[11] Wittman, Self-restraint als Ausdruck der Gewaltenteilung, S. 120.

tritt und zum Instrument parteipolitischer Streitigkeiten gemacht wird.[12] Die Kompetenzbereiche der Legislative und Judikative und die ihnen zur Verfügung stehenden Mittel sind jedoch unterschiedlicher Natur und dürfen sich nicht gegenseitig in ihrer Funktionsfähigkeit beeinträchtigen. Auftrag der Gerichte ist es, zu prüfen, ob Entscheidungen der Politik bestehenden gesetzlichen Rahmenbedingungen standhalten können, sie sollen aber nicht selbst darüber entscheiden, ob es sich dabei um inhaltlich kluge oder unkluge Entscheidungen handelt.[13]

## B. Politische Zurückhaltung in der Rechtsprechung des EMRG

Auch das EMRG steht bei Abwägung der Interessen der Allgemeinheit gegen die Rechte des Einzelnen vor dem Dilemma, politische Entscheidungen nationaler Verantwortungsträger zu respektieren, zugleich aber seiner Aufgabe nachzukommen, diese unabhängig und objektiv am Maßstab der EMRK juristisch zu prüfen.[14] Seine Rechtsprechung zeigt dabei eher eine richterlich aktive Vorgehensweise auf, die in erster Linie an der effektiven Durchsetzung der Konventionsrechte orientiert ist.[15] Ausgehend von seiner Aufgabe gemäß Art. 19 EMRK, die Einhaltung der Verpflichtungen sicherzustellen, welche die Mitgliedsstaaten übernommen haben, betrachtet der Gerichtshof die EMRK als ein *living instrument*, das im Lichte der heutigen Lebensbedingungen und gesellschaftlichen Auffassungen ausgelegt werden muss.[16] Dies gilt vor allem für offene Rechtsbegriffe, die gesellschaftlichen Entwicklungen unterworfen sind, wie z. B. „öffentliche Ordnung", „Sittlichkeit" oder „privat". Anders als bei nationalen Verfassungsgerichten ist bei einem internationalen Gericht aber zu beachten, dass es durch einen völkerrechtlichen Vertrag als Ergebnis eines politischen Übereinkommens eingesetzt worden ist. Seine Kompetenzen sind daher auf den Willenskonsens der unterzeichnenden Staaten zurückzuführen und zugleich durch diesen begrenzt. Offensichtliche Lücken im Konventionssystem der EMRK können daher eigentlich nur durch die Konventionsstaaten selbst ausge-

---

[12] Vgl. dazu Limbach, Das Bundesverfassungsgericht als politischer Machtfaktor, S. 1a; Klaus Stüwe, Das Bundesverfassungsgericht als verlängerter Arm der Opposition?, S. 34 ff.

[13] Vgl. das Zitat von Richter Stone bei Wittman, Self-restraint als Ausdruck der Gewaltenteilung, S. 111.

[14] Mahoney/Prebensen, The European Court of Human Rights, S. 638 f.; Die Anerkennung des Individualbeschwerderechts war zu Beginn der EMRK umstritten. In den Debatten der beratenden Versammlung machten insbesondere britische Abgeordnete geltend, dass ein solches Recht zu politischen Propagandazwecken missbraucht werden könnte. Vgl. Frowein/Peukert, EMRK-Kommentar, Art. 25, Rn 4, mit Verweis auf die Travaux Prépetoires, Bd. II, S. 192 f., Bd. IV, S. 214 in Fn 22.

[15] Merills, The Developement of International Law by the ECHR, S. 211; vgl. auch die Auslegungsmethoden bei Mahoney/Prebensen, The European Court of Human Rights, S. 639 und Peters, Einführung in die Europäische Menschenrechtskonvention, S. 17 ff.

[16] Vgl. EMRG, Tyrer v. United Kingdom, Urteil vom 25.4.1978, Series A, Nr. 26, S. 15.

füllt werden. Richter Fitzmaurice hat daher schon in seinem Minderheitsvotum zum Fall Golder, einer Grundsatzentscheidung zur Auslegung der EMRK, gefordert, dass die Konvention bei ernsthaften Zweifeln zurückhaltend und eher zu Gunsten der beklagten Regierung ausgelegt werden muss.[17]

Ein weiterer Unterschied zur Rechtsprechung nationaler Gerichte besteht darin, dass die Kontrollorgane der EMRK sich teilweise mit Menschenrechtsfragen im Zusammenhang mit zwischenstaatlichen Konflikten befassen müssen. Hierbei handelt es sich meist um politisch schwierige Konflikte mit geschichtlichem Hintergrund und um völkerrechtlich umstrittene Fragen, wie die Ausübung des Selbstbestimmungsrechts, die Enteignung von Ausländern oder die Rechtsgrundlagen einer humanitären Intervention. Solche Fragen sind mit den *political questions* auf nationaler Ebene vergleichbar. In derartigen Fällen haben sich Kommission und Gerichtshof bei der Prüfung der Verpflichtungen der Konventionsstaaten nach allgemeinem Völkerrecht bisher eher zurückhaltend verhalten. In den Staatenbeschwerden der Republik Irland gegen Großbritannien hat die Kommission z. B. im Rahmen der Prüfung von Art. 15 EMRK offensichtlich keine Stellung zur Frage nehmen wollen, ob die jeweiligen Art. 3 der Genfer Rotkreuzkonventionen auf die Lage in Nordirland anwendbar waren.[18] Bei den Fällen zum deutschen Vertriebeneneigentum wurde die Nichtanwendung von humanitärem und zwingendem Völkerrecht kritisiert. Insbesondere im Liechtenstein-Fall wurde dem Gerichtshof in diesem Zusammenhang eine zu große politische Zurückhaltung gegenüber der deutschen Regierung vorgeworfen.[19] Als weiteres Beispiel politischer Zurückhaltung des Gerichtshofs kann das Bankovich-Urteil genannt werden. Darin hatte es der Gerichtshof vermieden, Stellung zur politisch kontrovers diskutierten Frage nach den rechtlichen Grundlagen der humanitären Intervention und der Vereinbarkeit des NATO-Einsatzes mit dem Gewaltanwendungsverbot der UN-Charta zu nehmen.

Bei den Staatenbeschwerden Zyperns gegen die Türkei und den Individualbeschwerden von Zyperngriechen gegen die Türkei werden beide im Zusammenhang mit der politischen Zurückhaltung erwähnten Problemkreise berührt. Zum einen stellt sich bei der Beurteilung der Jurisdiktion der Türkei und der Bewertung der völkerrechtlichen Qualität der TRNZ die Frage, ob der Gerichtshof die EMRK nicht zu extensiv ausgelegt hat.[20] Zum anderen handelt es sich beim Zypernkonflikt um einen offenen politischen Prozess, der Gegenstand diplomatischer Verhandlungen unter der Schirmherrschaft der UN ist. In diesen

[17] Vgl. bei Merills, The Developement of International Law by the ECHR, S. 212; zum Fall Golder vgl. Peters, Einführung in die Europäische Menschenrechtskonvention, S. 20.

[18] Frowein, Probleme des Allgemeinen Völkerrechts, S. 296.

[19] Blumenwitz, Die Liechtenstein-Entscheidung, S. 241; Fassbender, Der Fürst, ein Bild und die deutsche Geschichte, S. 465 f.

[20] Vgl. oben Abschnitt 2, D. II. 3.

Verhandlungen wird versucht, unter Berücksichtigung aller Aspekte des Konflikts einen tragfähigen Kompromiss für die Zukunft zu finden, der die widerstreitenden Interessen in einen angemessenen Ausgleich bringt. Bei einem individuellen Fall vor dem EMRG wird aber immer nur ein konkreter Sachverhalt geprüft. Bleiben der völkerrechtliche Konflikt und die geschichtlichen Ereignisse dabei unberücksichtigt, so kann dies zu einem Ergebnis führen, das im Widerspruch zu den Friedensbemühungen der UNO steht. Als Präzedenzfall mit zahlreichen Nachfolgeprozessen droht dieser, die von der UN vorgelegten Lösungspläne auszuhebeln. In den Minderheitsvoten einiger Richter und in der türkischen Fachliteratur wurde daher zum Teil heftig kritisiert, dass der Gerichtshof angesichts der politischen Lage auf Zypern restriktiver hätte entscheiden müssen, um die Lösungsbemühungen der UNO nicht zu gefährden.[21]

## C. Auswirkungen der Zypern-Rechtsprechung auf die allgemeine politische Lage

Die Zypern-Rechtsprechung des Gerichtshof wirkt sich auf zwei Bereiche des Konflikts aus: Zunächst ist die allgemeine politische Lage auf Zypern betroffen. Um diese darzustellen, wird im Folgenden auch auf die Bedeutung der Staatenbeschwerden vor der Kommission einzugehen sein. Aufgrund der großen Zahl der Beschwerden war die Rechtsprechung außerdem für die Rechtslage des Vertriebeneneigentums von entscheidender Bedeutung.

### I. Die Staatenbeschwerden vor der Kommission

Bereits bei den ersten Staatenbeschwerden Zyperns gegen die Türkei wurden die Einseitigkeit der Kommissionsberichte und ihre negative Auswirkung auf den politischen Annäherungsprozess kritisiert.[22] Entsprechend dem Beschwerdeantrag wurden in den Berichten nur jene Menschenrechtsverletzungen untersucht, die an Zyperngriechen begangen wurden. Die historische Entwicklung des Zypernkonflikts, vorausgegangene Vorfälle, insbesondere der

---

[21] EMRG, Loizidou v. Turkey (Hauptsache), Urteil vom 18.12.1996, RJD Nr. 26, 1996, Minderheitsvoten Bernhardt und Lopes Rocha, S. 2242, Richter Jambrek, S. 2249 f., Richter Pettiti, S. 2254, Richter Gölcüklü, S. 2259; Ertekün, The Loizidou Case: A miscarriage of Justice, 147 f.; Necatigil, The Loizidou Case, 176 ff.; Sinagra, Illegality and Non-Recognition of the State, S. 37 und 57; Gündüz, Creeping Jurisdiction, S. 40; ferner Blumenwitz, Political and Legal Realities, S. 76 f.; Cohen-Jonathan, L´affaire Loizidou, S. 143 f.; Cot, La responsabilité de la Turquie S. 115; Klebes-Pelissier, L´arrêt Chypre contre Turquie, S. 13 ff. Zu einer ähnlichen Problematik bezüglich der Rechtsprechung des EuGH zum Zypernkonflikt siehe Talmon, The Cyprus Question before the European Court of Justice, S. 750.

[22] Vgl. Abweichende Meinung des türkischen Kommissionsmitgliedes Daver, ASME Humanitas, Bericht der Kommission, S. 186-192; ferner Rumpf, Zypern und die Türkei, S. 457; Nedjatigil, The Cyprus Conflict, 132 ff.; ders. The Cyprus Question, S. 141 ff.

Sampson-Putsch, wurden dabei nicht berücksichtigt.[23] Dies war zum einen durch die Anerkennung des Alleinvertretungsanspruchs der zyperngriechischen Regierung bedingt, lag zum anderen aber auch daran, dass die Türkei immer nur auf der Ebene der Zulässigkeit mitwirkte und die Teilnahme am weiteren Verfahren verweigerte, sobald die Kommission die Beschwerdeführungsbefugnis der zyperngriechischen Regierung bejahte. Damit hat die türkische Regierung zwar konsequent ihren Standpunkt zur Nichtanerkennung der zyperngriechischen Regierung als legitimer Regierung Zyperns vertreten, aber die Möglichkeit versäumt, mögliche Rechtfertigungsgründe für Konventionsverletzungen darzulegen. In den Begründetheitsprüfungen konnte daher mangels einer Stellungnahme der Türkei nur auf die Sachvorträge der zyperngriechischen Regierung zurückgegriffen werden.[24]

Es wurde bereits die Frage aufgeworfen, ob die Kommission *ex officio* die Umstände der Intervention im Rahmen der Notstandsklausel gemäß Art. 15 EMRK hätte untersuchen müssen. Die Anwendbarkeit von Art. 15 EMRK wurde jedoch aufgrund der mangelnden förmlichen Derogation abgelehnt.[25] Damit wurde nur ein Aspekt des Konflikts beleuchtet. Eine Erfassung der Gesamtumstände auf Zypern, die seit 1963 nicht mehr mit der Konvention vereinbar waren, erfolgte hingegen nicht. Möglicherweise hat die Kommission in ihrem ersten Bericht deswegen ausgeführt, dass „das Zypernproblem […] viele Nuancen und Elemente [hat] – internationale und nationale, politische, soziale, psychologische, ökonomische, humanitäre. Deshalb ist das durch die gegenwärtigen Anträge aufgeworfene Problem des Schutzes der Menschenrechte nur ein Element eines ganzen Komplexes von Elementen."[26] Die einseitige Erfassung von Konventionsverletzungen innerhalb eines völkerrechtlichen Konflikts, der sich über mehrere Jahre hinzog und Opfer auf beiden Seiten gefordert hatte, wirkte wie eine Parteinahme für die Positionen einer der am Konflikt beteiligten Bevölkerungsgruppen. Diese brisante politische Wirkung hat das Ministerkomitee wohl auch dazu veranlasst, die Kommissionsberichte, deren Veröffentlichung eine Sanktionswirkung zukam, erst zu einem wesentlich späteren Zeitpunkt zu veröffentlichen.[27]

Die Kommission hatte ihren ersten Bericht am 10.6.1976 gemäß Art. 31 Abs. 2 EMRK a. F. dem Ministerkomitee vorgelegt, das gemäß Art. 32 Abs. 1 EMRK a. F. in dieser Sache die letztinstanzliche Entscheidungsbefugnis innehatte. Erst am 21.10.1977 stimmte das Komitee über den Bericht ab und be-

---

[23] Rumpf, Die staats- und völkerrechtliche Lage Zyperns, S. 543.

[24] ASME Humanitas, Bericht der Kommission, Ziff. 79; Rumpf, Zypern und die Türkei, S. 458.

[25] Vgl. dazu bereits in Abschnitt 2, C. I. 3.

[26] ASME Humanitas, Bericht der Kommission, S. 9, Ziff 18.

[27] Zur Sanktionswirkung Frowein/Peukert, EMRK-Kommentar, Art. 32, Rn. 9.

schloss, diesen wegen seiner politischen Brisanz zunächst nicht zu veröffentlichen.[28] Gemäß Art. 31 Abs. 2 und Art. 32 Abs. 3 EMRK a. F. unterlagen die Parteien einer Vertraulichkeitspflicht. Der Text gelangte dennoch an die Öffentlichkeit und wurde zunächst auszugsweise in der griechischen und britische Presse (*Simerini, Sunday Times*), später vollständig von einer privaten Vereinigung namens *„The Friends of Cyprus"* mit Sitz in London veröffentlicht.[29] Erst im Januar 1979 beschloss das Ministerkomitee, den vertraulichen Charakter der Dokumentation mit Wirkung zum 31.8.1979 aufzuheben.[30] Der zweite Kommissionsbericht vom 4.10.1983 bezog sich in der Argumentation und Terminologie stark auf den ersten Bericht und gab diesen auch teilweise wieder.[31] Die türkische und zyperntürkische Seite kritisierte daher, dass ihre neuen Argumente, die während des Vortrages zur Zulässigkeitsentscheidung vorgebracht worden waren, weitgehend außer Betracht geblieben sind.[32] Der Bericht wurde erst im April 1992, mehr als acht Jahre nach seiner Beschlussfassung, veröffentlicht.[33]

Das Ministerkomitee ist ein politisches Organ des Europarates, das sich aus den Außenministern der Mitgliedsstaaten bzw. ihren ständigen Vertretern zusammensetzt.[34] Es ist in das Kontrollsystem der EMRK inzwischen nur noch durch seine Zuständigkeit für die Überwachung der Durchführung der Urteile des Gerichtshofes gemäß Art. 45 Abs. 2 EMRK eingebunden. Vor der Reform durch das 11. Protokoll war es gemäß Art. 32 EMRK a. F. auch dafür zuständig, über die Berichte der Kommission zu entscheiden. Mit einer Zweidrittelmehrheit konnte es darüber abstimmen, ob eine Konventionsverletzung vorlag und dem beklagten Staat gegebenenfalls Maßnahmen zur Beendigung des konventionswidrigen Zustandes auferlegen.[35] Aufgrund der Konzeption und Zusammensetzung des Ministerkomitees haben die Regierungen der Mitgliedstaaten großen politischen Einfluss auf dessen Arbeit und Beschlüsse. Dies kann seine Arbeit erschweren, erlaubt ihm aber andererseits bei komplexen politischen und histori-

---

[28] Necatigil, The Cyprus Question, S. 144 f.

[29] Frowein/Peukert, EMRK-Kommentar, Art. 24, Rn. 2, Fn. 7; Nedjatigil, The Cyprus Conflict, S. 132; in dt. Übersetzung wurde der Bericht von der Menschenrechtsorganisation ASME Humanitas e. V. veröffentlicht.

[30] Entschließung des MK, DH (79) 1 vom 20.1.1979, dt. Übersetzung in EuGRZ 1979, S. 86. Der Europarat selbst hat den Bericht bis heute nicht veröffentlicht, er kann aber in der Menschenrechtsbibliothek in Straßburg eingesehen werden, Frowein/Peukert, EMRK-Kommentar, Art. 24, Rn. 2, Fn. 7

[31] Bericht der Kommission vom 4.10.1983, DR 72, S. 5 ff. und HRLJ 1992, S. 154 ff.; dt. Zusammenfassung und Übersetzung in Teilen in EuGRZ 1992, S. 466 ff.

[32] Nedjatigil, The Cyprus Conflict, S. 133 und 135.

[33] Entschließung des MK, DH (92) 12 vom 2.4.1992, HRLJ 1992, S. 181.

[34] Frowein/Peukert, EMRK-Kommentar, Art. 32, Rn. 1; Zur genauen Zusammensetzung und zur Funktion des Ministerkomitees vgl. Ravaud, The Committee of Ministers, S. 648 ff.

[35] Dazu auch oben Abschnitt 2, A.

schen Sachverhalten flexibel und diplomatisch zu reagieren.[36] Das Ministerkomitee hat vor allem in den Zypern-Fällen einer diplomatischen Lösung den Vorrang vor einer Verurteilung der Türkei gegeben.[37] Die verzögerte Veröffentlichung der Berichte und allgemein gehaltene Formulierungen, vor allem in den ersten beiden Staatenbeschwerden, sollten die Einseitigkeit der Staatenbeschwerden entschärfen. Im Beschluss zum ersten Kommissionsbericht wurde allgemein von Konventionsverletzungen auf Zypern ausgegangen, ohne dass klar wurde, von wem diese begangen wurden.[38] Dabei war das Ministerkomitee jedoch an den vorgelegten Sachverhalt, der eben nur Konventionsverletzungen der Türkei betraf, gebunden. Im Beschluss zum zweiten Bericht verzichtete das Ministerkomitee gänzlich auf eine Verurteilung der Türkei.[39] Dieses Vorgehen wurde teilweise als Verstoß gegen Art. 32 EMRK kritisiert.[40]

Es bleibt abschließend anzumerken, dass Verletzungen der Menschen- und Verfassungsrechte der zyperntürkischen Volksgruppe zwischen 1963 und 1974 in einer eigenen Staatenbeschwerde der Türkei gegen die Republik Zypern ausführlich hätten behandelt werden können. Da die Türkei die nach 1963 allein regierende zyperngriechische Regierung nicht als die Regierung der Republik Zypern anerkannte, hat sie diesen Schritt nicht unternommen. Zudem waren in diesem Zeitraum Individualbeschwerden von Zyperntürken gegen die zyperngriechische Regierung nicht möglich, da Zypern das Individualbeschwerderecht erst 1989 anerkannt hat.[41] Aber auch die anderen Garantiemächte, Großbritannien und Griechenland – bis zur Militärdiktatur 1967 wäre dies zumindest denkbar gewesen – hätten eine Staatenbeschwerde erheben und ihren Pflichten aus dem Garantievertrag als Hüter des dualen Systems auf diese Weise nachkommen können. Damit hätte das Kontrollsystem der EMRK stärker zur innerstaatlichen Konfliktlösung und zwischenstaatlichen Konfliktvermeidung eingesetzt werden können. Wohl aufgrund der politischen Beziehungen zur zyperngriechischen Regierung hat man aber von einem solchen Vorgehen abgesehen.[42]

---

[36] Vgl. dazu Okresek, Die Umsetzung der EMRG-Urteile und ihre Überwachung, S. 171 f.
[37] Vgl. Frowein/Peukert, EMRK-Kommentar, Art. 32, Rn. 4 und Art. 24, Rn. 13.
[38] Kritisch dazu Frowein, Art. 24, Rn. 13; ASME Humanitas, Bericht der Kommission, S. 2.
[39] Entschließung des MK, DH (79) 1 vom 20.1.1979, dt. Übersetzung in EuGRZ 79, S. 86.
[40] Frowein/Peukert, EMRK-Kommentar, Art. 24, Rn. 13.
[41] Vgl. die Ratifikationstabelle bei Frowein/Peukert, EMRK-Kommentar, S. 988 f.
[42] Es wird vermutet, dass Großbritannien seine politischen Beziehungen zur zyperngriechischen Regierung wegen der zwei Militärbasen Dhekelia and Akrotiri und der im Trodosgebirge eingerichteten Abhörstation nicht gefährden will, vgl. dazu Stephen, Cyprus and the Rule of Law, Perceptions 1999, S. 79: "Today the crucial importance of Cyprus lies in the highly sophisticated electronic listening station high on the Trodos mountains in Greek Southern Cyprus, on land leased to Britain but not part of the sovereign bases. This listening station, and the Dhekelia and Akrotiri sovereign bases serve not only British interests, but the wider interests of NATO, of which Britain, America, Turkey and Greece are of

## II. Die Rechtsprechung des Gerichtshofs

Bereits in den Staatenbeschwerden vor der Kommission sind wichtige Weichenstellungen für die Zypern-Rechtsprechung des Gerichtshofs vorgenommen worden. Zu den Haupteinwänden der Türkei, genauer zum *locus standi* der zyperngriechischen Regierung, zur Jurisdiktion der Türkei, zum Einwand des Verfahrensmissbrauchs und zur fehlenden Rechtswegerschöpfung hat der Gerichtshof die Beurteilungen der Kommission weitgehend übernommen und diese Einwände mit der gleichen Argumentation abgelehnt.

### 1. Die Rolle der Kommission als *fact-finder*

In diesem Zusammenhang muss die Rolle der Kommissionsberichte für die Entscheidungsfindung des Gerichtshofs deutlich gemacht werden. Die Kommission, die wie ein internationales Gericht errichtet worden war, wurde als Quasi-Rechtsprechungsorgan eingestuft, da zwar deren Zulässigkeitsentscheidungen bindend waren, jedoch nicht deren Abschlussberichte.[43] Die Ergebnisse in den Berichten spielten aber für die Entscheidungen des Gerichtshofs eine wichtige Rolle, da die Kommission hier als *fact-finder* fungierte. Der Gerichtshof ging bei seiner Beurteilung fast immer von Fakten aus, die die Kommission ihm vorgelegt hatte, und stellte nur selten eigene Ermittlungen an.[44] Auch bei Fragen zur Auslegung und Anwendung der Konvention waren die Ergebnisse der Kommission oft die Basis für die Rechtsprechung des Gerichtshofs.[45] Für die Zypern-Fälle bedeutete dies, dass diejenigen Tatsachen und Aspekte des Zypernkonflikts, die die Kommission nicht in ihre Erwägungen eingeschlossen hatte, in späteren Verfahren vor dem Gerichtshof weitgehend außer Betracht geblieben sind. So wurden etwa die verfassungswidrige Lage in Zypern seit 1964 und der Garantievertrag als eine der wichtigsten Grundlagen für die Entstehung der Republik Zypern und für das Zusammenleben von Zyperngriechen und Zyperntürken vor dem Gerichtshof nicht hinreichend gewürdigt. Dies ging zu Lasten der Zyperntürken, deren Position völlig übergangen wurde. Zurecht wurde daher kritisiert, dass die Rechtsprechung der EMRK-Kontrollorgane zur Isolation der Zyperntürken im Konventionssystem geführt habe.[46] Angesichts eines hochpolitischen Konflikts, an dessen Eskalation beide Parteien beteiligt waren, wären eigene Erwägungen des Gerichtshofs und eine differenziertere Un-

course all menbers." so auch Gazioğlu, Security Council Resolution 186 and UNFICYP, S. 45; Ertekün, Human Rights and the Cyprus Question, S. 31; zu der Bedeutung der Abhörstation vgl. auch Varvaroussis, Der Beitritt Zyperns, S. 71.

[43] Friberg/Villiger, The European Commission of Human Rights, S. 619.

[44] Mahoney/Prebensen, The European Court of Human Rights, S. 629.

[45] Mahoney/Prebensen, The European Court of Human Rights, S. 630.

[46] Rumpf, Zypern und die Türkei, S. 457, 466.

tersuchung der Umstände der Intervention sowie der besonderen völkerrechtlichen und staatsrechtlichen Lage Zyperns erforderlich gewesen.

### 2. Beurteilung der Jurisdiktion der Türkei

Bei der Beurteilung der Frage, ob die Türkei Jurisdiktion in Nordzypern ausübt, hat der Gerichtshof im Loizidou-Fall und in der vierten Staatenbeschwerde die Beurteilung der Kommission ohne weiteres übernommen und eine effektive Kontrolle der Türkei bejaht.[47] Dabei wurde jedoch nicht berücksichtigt, dass sich die Kommissionsberichte auf den Zeitraum vor Ausrufung der TRNZ und ihrer Anerkennung durch die Türkei bezogen hatten.[48] Der Bericht der Kommission zu den Fällen Chrysostomos und Papachrysostomou gegen die Türkei blieb ebenfalls außer Acht. Darin hatte die Kommission festgestellt, dass die Türkei keinen Einfluss auf das Justiz- und Gefängniswesen der TRNZ hatte und die gerügten Akte ihr daher nicht zugerechnet werden konnten.[49] Diese Ansicht wurde im abschließenden Beschluss vom Ministerkomitee bestätigt.[50] Einer möglicherweise indirekten Beteiligung in Form einer generellen Einflussnahme auf die Gesamtverwaltung in Nordzypern durch umfangreiche Militärpräsenz wurde im Bericht der Kommission keine Bedeutung beigemessen.

Zwar wirkt sich die Anerkennung bzw. Nichtanerkennung eines staatlichen Gebildes oder einer Regierung nicht auf deren tatsächliche Ausübung von Jurisdiktion aus. Sie kann aber ein Indiz für veränderte Machtverhältnisse sein.[51] Der Gerichtshof hätte daher hier präziser vorgehen und überprüfen müssen, ob in Nordzypern inzwischen tatsächlich eine unabhängige und originär zyperntürkische Hoheitsmacht existiert.[52] Wie in Abschnitt 2 bereits dargestellt, kann die Jurisdiktion der Türkei nicht auf die völkerrechtliche Handlungsunfähigkeit der TRNZ zurückgeführt werden. Es ist vielmehr die konkrete Feststellung im Einzelfall erforderlich, ob die TRNZ weisungsgebunden oder eigenständig gehandelt hat.[53]

---

[47] EMRG, Loizidou v. Turkey (Hauptsache), Urteil vom 18.12.1996, RJD Nr. 26, 1996, S. 2235 f., Ziff. 56; EMRG, Cyprus v. Turkey, Urteil vom 10.5.2001, HRLJ 2001, S. 217 ff., Ziff. 80.

[48] Huscheer, Die völkerrechtliche Verantwortlichkeit der Türkei, S. 398; Talmon, Consequences of (Non) Recognition, S. 67, insbes. Fn. 78.

[49] Beschwerden Nr. 15299/89 und 15300/89, Bericht der Kommission vom 8.7.1993, 86-A DR 4, Ziff. 143-170.

[50] Resolution DH (95) 245 vom 19.10.1995.

[51] Talmon, Consequences of (Non) Recognition, S. 65.

[52] Vgl. auch Huscheer, Die völkerrechtliche Verantwortlichkeit der Türkei, S. 398.

[53] Dazu oben D. II. 3. b).

Der Gerichtshof hat sich hier jedoch – vor allem in der vierten Staatenbeschwerde – auf eine weite Auslegung des Jurisdiktionsbegriffes berufen und dies mit dem Charakter der EMRK als Instrument des europäischen *ordre public* begründet. Die zyperngriechische Regierung könne auf Grund der Militärpräsenz der Türkei nicht ihren Verpflichtungen unter der EMRK im Norden Zyperns nachkommen. Da die EMRK aber bereits Anwendung auf Nordzypern gefunden habe, müsse nun die Türkei wegen ihrer umfassenden Kontrolle dort nicht nur für die Handlungen ihrer eigenen Streitkräfte und Organe, sondern auch für alle Handlungen der örtlichen zyperntürkischen Behörden haften. Anderenfalls würde ein Vakuum bei der Durchsetzung der EMRK entstehen, das in Hinblick auf deren Effektivität und besonderen Charakter als Instrument der öffentlichen europäischen Ordnung nicht akzeptiert werden könne.[54] Damit wurde der Anwendungsbereich der EMRK insoweit ausgedehnt, dass die Verantwortlichkeit unter der Konvention auch dann gegeben ist, wenn zwar nicht konkret nachgewiesen wurde, ob der beklagte Staat tatsächlich Jurisdiktion ausgeübt hat, dies aber aufgrund seiner effektiven und umfassenden Kontrolle durch seine Streitkräfte im betroffenen Gebiet anzunehmen ist. Dabei blieb jedoch außer Acht, dass in Nordzypern ein De-facto-Regime existiert, dass selbstständig Jurisdiktion ausüben kann, und dessen Akte von denen der türkischen Hoheitsmacht zu unterscheiden sind.

Entsteht infolge eines zwischenstaatlichen Konflikts eine Situation, in der keiner der Konventionsstaaten volle Jurisdiktion über ein Gebiet ausübt, auf das zuvor die EMRK Anwendung gefunden hat, so entsteht eine Lücke im Konventionssystem, an das die Verfasser der Konvention offensichtlich nicht gedacht hatten. Es ist jedoch fraglich, ob der Gerichtshof hier die Kompetenz hatte, diese Lücke durch richterliche Rechtsfortbildung zu schließen. Anders als unbestimmte Rechtsbegriffe, deren Inhalt und Bedeutung durch gesellschaftliche Wandlungen beeinflusst und geändert werden können, ist der Jurisdiktionsbegriff in Art. 1 EMRK feststehend. Es können sich zwar Hoheitsverhältnisse in einem Gebiet verändern, jedoch nicht die Kriterien, anhand derer festgestellt wird, wann ein Staat Jurisdiktion ausübt.[55] Außerdem ist die EMRK trotz ihrer verfassungsrechtlichen Züge in erster Linie ein völkerrechtlicher Vertrag und muss zunächst auch als solcher ausgelegt werden.[56] Kennzeichnend für den vertraglichen Charakter ist z. B., dass keine Umsetzung der Konvention in nationales

[54] Vgl. EMRG, Cyprus v. Turkey, Urteil vom 10.5.2001, HRLJ 2001, S. 217 ff., Ziff. 77 f.; im Loizidou-Fall wurde dieses Argument nur von der Beschwerdeführerin angeführt, vgl. Loizidou v. Turkey (Verfahrenseinreden), Urteil vom 25.3.1995, RDJ Series A Nr. 310, 1995, S. 22, Ziff. 57 und Loizidou v. Turkey (Hauptsache), Urteil vom 18.12.1996, RJD Nr. 26, 1996, S. 2233, Ziff. 49.

[55] Gündüz, Creeping Jurisdiction, S. 36.

[56] Golsong, Interpreting the Convention, S. 161.

Recht notwendig ist.[57] Bei der Auslegung der EMRK ist daher auch immer zu hinterfragen, ob das Ergebnis auf den Willen der Unterzeichnerstaaten zurückgeführt werden kann. Dabei ist die Konvention gemäß Art. 31 WÜV als völkerrechtlicher Vertrag nach Treu und Glauben auszulegen. Bereits im Zusammenhang mit den Erklärungen der Türkei gemäß Art. 25 und 46 EMRK a. F. wurde die Auslegung der EMRK als ein Instrument des *ordre public européen* kritisiert.[58] Danach könne nicht von einer eigenständigen Funktion der EMRK als Instrument der europäischen öffentlichen Ordnung ausgegangen werden, ohne die rechtlichen Grundlagen und den Inhalt dieser Funktion zu bestimmen.[59] Auch bei der Begründung der Jurisdiktion ist diese Auslegung problematisch. Sie führt im Ergebnis dazu, dass die Zurechnung eines gerügten Aktes nicht mehr konkret nachgeprüft wird. Die Militärpräsenz, insbesondere infolge einer Militärintervention, reicht – zumindest im Wirkungsraum der EMRK – aus. Damit erhält die Jurisdiktion unter der Konvention Züge der Staatenverantwortlichkeit nach allgemeinem Völkerrecht.[60] Hierbei handelt es sich jedoch um zwei unterschiedliche Konzepte. Die Verantwortlichkeit eines Staates ist im allgemeinen Völkerrecht immer gegeben, wenn ein völkerrechtliches Delikt begangen wurde, ganz unabhängig davon, wo dieses stattgefunden hat. Bei der Frage nach der Jurisdiktion geht es jedoch um die Frage, ob eine Handlung unter die Hoheitsgewalt eines Staates fällt, diese ihm also zugerechnet werden kann. Dabei kommt es nicht auf die Rechtmäßigkeit oder Rechtswidrigkeit der Handlung an, sondern nur auf das tatsächliche Herrschaftsverhältnis.[61] Kennzeichnend führt der Gerichtshof in der Zulässigkeitsentscheidung zum Fall Bankovich aus, dass der Jurisdiktionsbegriff nicht dahingehend verstanden werden kann, dass jedermann, der die negativen Folgen der Handlung eines Vertragsstaates erfährt, unabhängig davon, wo diese stattgefunden hat, automatisch auch in die Jurisdiktion dieses Staates fällt.[62] Mit der Annahme der Jurisdiktion der Türkei ohne eine konkrete Prüfung der Zurechenbarkeit der Akte der TRNZ unter Ver-

[57] Frowein/Peukert, EMRK-Kommentar, Art. 1, Rn. 2.

[58] Klebes-Pelissier, L'arrêt Chypre contre Turquie, S. 12; Cohen-Jonathan, L'affaire Loizidou, S. 126 ff.; Golsong, Interpreting the Convention, S. 158 f.

[59] Cohen-Jonathan, L'affaire Loizidou, S. 131 f.

[60] Vgl. die Kritik im Minderheitsvotum der Richter Göcüklü und Pettiti in EMRG, Loizidou v. Turkey (Verfahrenseinreden), Urteil vom 25.3.1995, RDJ Series A Nr. 310, 1995, S. 35: "While the responsibility of a Contracting Party may be engaged as a consequence of military action outside its territory, this does not imply exercise of its jurisdiction. The finding in paragraph 64 does not refer to any criterion for deciding the question of jurisdiction."; ferner Gündüz, Creeping Jurisdiction, S. 14 ff.

[61] Vgl. EMRG, Loizidou v. Turkey (Verfahrenseinreden), Urteil vom 25.3.1995, RDJ Series A Nr. 310, 1995, Ziff. 62, S. 24; zur Abgrenzung zwischen Staatenverantwortlichkeit und Zurechenbarkeit siehe Ipsen, in ders. Völkerrecht, § 39, Rn. 49-55.

[62] EMRG, Bankovich u. a. gegen 17 Nato-Staaten, Entscheidung vom 12.12.2001, RDJ 2001, S. 333 ff., Ziff. 75.

weis auf den Charakter der EMRK als Instrument des europäischen *ordre public* wird jedoch die Anwendung der Konvention auf Bereiche ausgeweitet, in denen die Staatenverantwortlichkeit eines Konventionsstaates nach allgemeinem Völkerrecht möglicherweise aber nicht bewiesenermaßen gegeben ist. Fraglich ist aber, ob dies dem Sinn und Zweck der EMRK entspricht, die nicht als Regelwerk für zwischenstaatliches Unrecht gedacht war, sondern auf den Schutz des Einzelnen abzielt.[63] Diese schwierige Frage, die hier in der Anwendung der EMRK aufgeworfen wird, kann nur von den Konventionsstaaten selbst beantwortet werden.[64]

Problematisch ist in diesem Zusammenhang, dass der Gerichtshof bei der Beurteilung der Jurisdiktion den Charakter der EMRK als Instrument des europäischen *ordre public* betont, während er im Hauptverfahren die Bindungswirkung der UN-Resolutionen für die Konventionsstaaten gemäß Art. 31 Abs. 3 c) WÜV annimmt und damit den Charakter der EMRK als völkerrechtlichen Vertrag weit auslegt. Damit wechselt der Gerichtshof bei der Anwendung der EMRK im Loizidou-Fall zwischen zwei extremen Interpretationsmöglichkeiten, begründet diese Vorgehensweise aber nicht weiter.[65] In Hinblick auf den Zusammenhang des Falles und auf die politisch und diplomatisch schwierige Lage in Zypern stellt sich auch hier die Frage, ob nicht eine klare Linie in der Auslegung und Anwendung der EMRK vorzuziehen gewesen wäre.

Es ist ebenso problematisch, dass eine De-facto-Enteignug aufgrund „besonderer Umstände" abgelehnt wird, die nicht weiter geprüft werden, die aber die Militärintervention der Türkei betreffen.[66] Letztendlich entsteht das Ergebnis, dass die Verantwortlichkeit der Türkei unter der Konvention aufgrund ihrer umstrittenen militärischen Intervention festgestellt und dieser Eingriff sanktioniert wird.[67] Die Frage jedoch, ob sie tatsächlich gegen ein völkerrechtliches Prinzip verstoßen hat, bleibt ungeklärt. Der Gerichtshof wendet das allgemeine Völkerrecht hier nur selektiv an. Damit wird zur Beurteilung der Beschwerden ein verzerrtes Bild der völkerrechtlichen Lage herangezogen. Kennzeichnend ist daher auch, dass dem Gerichtshof einerseits zu geringe, andererseits zu starke politische Zurückhaltung in der Zypernrechtsprechung vorgeworfen wird.[68]

---

[63] Dazu Okresek, Die Umsetzung der EMRG-Urteile und ihre Überwachung, S. 169.

[64] Gündüz, Creeping Jurisdiction, S. 34.

[65] Travernier, Le droit international dans la jurisprudence de la CEDH, S. 414 f.

[66] Vgl. EMRG, Loizidou v. Turkey (Hauptsache), Urteil vom 18.12.1996, RJD Nr. 26, 1996, S. 2237, Ziff. 63 und S. 2232 f., Ziff. 49.

[67] Befürwortend Dipla, Responsabilité de l'état et droits de l'homme, S. 41; kritisierend Gündüz, Creeping Jurisdiction, 16 f.

[68] Travernier, Le droit international dans la jurisprudence de la CEDH, S. 415; Kritik an zu viel politischer Zurückhaltung haben z. B. Richter Palm, Jungwiert, Levits, Pantiru, Kovler

### 3. Beurteilung der völkerrechtlichen Qualität der TRNZ

Problematisch ist ferner die Nichtberücksichtigung der De-facto-Stellung der TRNZ im Vergleich zur De-facto-Stellung der zyperngriechischen Regierung. Wie bereits dargelegt wurde die zyperngriechische Regierung bislang nicht offiziell und ausdrücklich als Regierung der Republik Zypern anerkannt. In allen Resolutionen und Dokumenten der UNO sowie anderer internationaler Organisationen, wie auch in den Berichten der EU wird – unter Bezugnahme auf die Verfassung von 1960 – von der Regierung der Republik Zypern gesprochen.[69] Nach dieser Verfassung muss die Regierung der Republik Zypern unter Beteiligung von Zyperngriechen und Zyperntürken gebildet werden. Der Widerspruch im Verhalten des Sicherheitsrates und des Europarates wird in den Urteilen des Gerichtshofs zu Gunsten der zyperngriechischen Regierung ausgelegt, so dass der faktischen Anerkennung der zyperngriechischen Regierung eine derart weitreichende rechtliche Wirkung zukommt, dass sich ihre Handlungen durch nichts von der einer verfassungs- und völkerrechtmäßigen Regierung unterscheiden. Die faktische Anerkennung einer Regierung entbindet den Gerichtshof jedoch nicht von einer eigenen juristischen Prüfung der Regierungsqualität.[70] Im Gegensatz dazu wird – insbesondere im Loizidou-Fall – der faktischen Existenz der TRNZ, ihrer De-iure-Anerkennung durch die Türkei sowie zunehmenden De-facto-Anerkennung durch einige andere Konventionsstaaten keine rechtliche Bedeutung zugemessen. Die nur begrenzten Auswirkungen der Anerkennung bzw. Nichtanerkennung werden hier zu Ungunsten der zyperntürkischen Volksgruppe ausgelegt. Damit greift der Gerichtshof, obwohl er nicht über den Zypernkonflikt an sich urteilen will, direkt in den Kern der Zypernfrage ein: Ob dort nämlich ein Staat existieren soll, der gemeinsam und gleichberechtigt von Zyperngriechen und Zyperntürken regiert wird, oder ein Staat, in dem die Herrschaftsgewalt weitgehend von der zyperngriechischen Mehrheit bestimmt wird. Dabei übergeht der Gerichtshof nicht nur die Stellung der beiden Volksgruppen innerhalb der anderen Organe des Europarates, insbesondere innerhalb der Parlamentarischen Versammlung,[71] sondern läuft auch Gefahr, der Lösung des innerzyprischen gesellschaftlichen Konflikts vorzugreifen.

---

und Marcus-Helmons, in ihrem Minderheitsvotum zum Urteil in der vierten Staatenbeschwerde ausgeübt, EMRG, Cyprus v. Turkey, Urteil vom 10.5.2001, HRLJ 2001, S. 217 ff.; zur Kritik an zu wenig politischer Zurückhaltung siehe oben Fn. 21.

[69] Dazu ausführlich oben Abschnitt 2, D. II. 1.

[70] Talmon, Consequences of (Non) Recognition, S. 65 f.

[71] Vgl. dazu Talmon, Consequences of (Non) Recognition, S. 61.

## D. Auswirkungen der Loizidou-Rechtsprechung auf die Lösung der Eigentumsfrage

Die türkische Regierung hat in allen bisher verhandelten Zypern-Fällen die Einrede des Prozessmissbrauchs erhoben. Sie führte an, dass die Staaten- und späteren Individualbeschwerden von der zyperngriechischen Regierung dazu eingesetzt würden, die politische Lage auf Zypern zu ihren Gunsten zu beeinflussen.[72] Die politische Dimension würde gerade im Loizidou-Fall schon daran deutlich, dass die zyperngriechische Regierung diesen nach seiner Ablehnung durch die Kommission gemäß Art. 48 lit. b) EMRK a. F. vor den Gerichtshof gebracht habe. Die Möglichkeit, dass ein Fall, der von der Kommission als unzulässig abgelehnt wurde, von dem Konventionsstaat, dem der Beschwerdeführer angehört, vor den Gerichtshof gebracht werden kann, ist mit dem diplomatischen Schutz im allgemeinen Völkerrecht vergleichbar. [73] Allein die Inanspruchnahme dieser Regelung kann keinesfalls dahingehend verstanden werden, dass das Individualbeschwerderecht zu politischen Propagandazwecken eingesetzt wird. Vor dem Hintergrund aber, dass der Loizidou-Fall in den zwischenstaatlichen Konflikt eingebettet ist, und die Internationalisierung dieses Konflikts zwischen den beteiligten Parteien streitig ist, kann dieses Vorgehen möglicherweise ein Indiz für die Instrumentalisierung der Kontrollorgane der EMRK sein.[74] Die Kommission und der Gerichtshof haben jedoch den Einwand des Prozessmissbrauchs stets angelehnt. Im Loizidou Fall führte der Gerichtshof aus, dass die zyperngriechische Regierung in Hinblick auf die Eigentumsrechte ihrer anderen Staatsbürger in ähnlicher Situation durchaus ein billiges Interesse an der Klärung der juristischen Fragen im Loizidou Fall habe.[75]

Fraglich ist jedoch, ob die Volksgruppenverhandlungen in diesem Zusammenhang außer Betracht bleiben durften. Diese waren bislang die Grundlage der Konfliktlösung und für die Annäherung der Volksgruppen. Die Türkei hatte im Hauptverfahren zum Loizidou-Fall angeführt, die Verhandlungen würden durch die Beschwerde der Frau Loizidou untergraben werden. Der Gerichtshof stellte aber fest, dass die Volksgruppenverhandlungen keine Rechtfertigung für

[72] EKMR, Cyprus v. Turkey, Bericht vom 4.10.1983, HRLJ 1992, S. 154 ff., Ziff. 14; EMRG, Cyprus v. Turkey, Urteil vom 10.5.2001, HRLJ 2001, S. 217 ff., Ziff. 56; Zum Einwand der türkischen Regierung vgl. Necatigil, The Cyprus Question, S. 147; ders., The Cyprus Conflict, S. 139 f.

[73] Travernier, Le droit international dans la jurisprudence de la CEDH, S. 413.

[74] Zur Internationalisierungspolitik der zyperngriechischen Regierung vgl. Káradi/Lutz, Außen- und Sicherheitspolitik, S. 143; Tzermias, Die Geschichte der Republik Zypern, S. 486 f.

[75] EMRG, Loizidou v. Turkey (Verfahrenseinreden), Urteil vom 25.3.1995, RDJ Series A Nr. 310, 1995, S. 18, Ziff. 45; die Frage, ob die Einrede des Verfahrensmissbrauchs auf Individualbeschwerden überhaupt anwendbar ist, ließ der GH hier offen, vgl. ebd. Ziff. 46.

den gerügten Eigentumseingriff sein könnten.[76] Die Frage ist jedoch weniger, ob die Volksgruppenverhandlungen eine Rechfertigungsgrundlage für den gerügten Eigentumseingriff darstellen, sondern, ob der Gerichtshof mit diesem Urteil nicht regelnd in die Verhandlungen eingreift. Seine Rechtsprechung verdeutlicht, dass Eigentumsrechte der Vertriebenen nicht verhandelbar sind. Ausgehend vom konkreten Sachverhalt werden aber eventuelle Gegenansprüche der zyperntürkischen Seite nicht mit in die Wertung einbezogen. Es bleibt somit individuellen Initiativen der Zyperntürken und Zyperngriechen überlassen, ihre Rechte geltend zu machen. Da Gerichte im Gegensatz zur gesetzgebenden Gewalt nur auf Anrufung tätig werden, stellt sich die Frage, ob eine umfassende politische Lösung nicht als das geeignetere Mittel der Konfliktbewältigung angesehen werden muss.[77] Zwar lässt sich argumentieren, dass die Politik hier versagt und keine Lösung gefunden hat. Dem ließe sich aber auch entgegenhalten, dass die Rechtsprechung des EMRG dazu geführt hat, ausgehandelte Lösungsvorschläge der UNO zu verwerfen.

Die Frage der Rechtslage des Vertriebeneneigentums ist eine der umstrittensten in den Verhandlungen der Volksgruppen zur Überwindung der Teilung Zyperns. Die Positionen der Volksgruppenvertreter sind äußerst kontrovers. Da es sowohl auf zyperntürkischer als auch auf zyperngriechischer Seite Verluste gegeben hat, müssen bei einer politischen Lösung die Interessen beider Seiten berücksichtigt werden. Einerseits ist zu beachten, dass das Völkerrecht die Wiedergutmachung des Eigentumsverlustes in angemessener Weise erfordert. Andererseits kann nicht übergangen werden, dass seit dem faktischen Verlust des Eigentums eine beachtliche Zeit von über 30 Jahren vergangen ist und die neuen Bewohner der betroffenen Objekte inzwischen einen gewissen Vertrauensschutz beanspruchen können. Nur eine Lösung, die einen ausgewogenen Kompromiss zwischen den widerstreitenden Interessen herstellt kann eine tragfähige Basis für ein friedliches Zusammenleben in einem wiedervereinten Zypern darstellen.

Es ist äußerst schwierig, einzelne Fälle, die in diesem Zusammenhang als Individualbeschwerde vor den EMRG gebracht werden, losgelöst vom Gesamtkomplex der Zypernproblematik getrennt zu betrachten. Der einzelne Fall steht im Zusammenhang mit einer komplexen historischen Entwicklung und komplizierten aktuellen politischen Lage.[78] Der Gegenstand betrifft nicht nur den Einzelnen, sondern eine Vielzahl von Personen, die vom Zypernkonflikt direkt oder indirekt betroffen sind, und kann eigentlich nicht getrennt von den Ursachen des

[76] EMRG, Loizidou v. Turkey (Hauptsache), Urteil vom 18.12.1996, RJD Nr. 26, 1996, S. 2238, Ziff. 64.

[77] Vgl. zu dieser Problematik Limbach, Das Bundesverfassungsgericht als politischer Machtfaktor, S. 3a f.; Wittman, Self-restraint als Ausdruck der Gewaltenteilung, S. 117.

[78] Minderheitsvotum Richter Bernhardt und Lopes Rocha, RJD Nr. 26, 1996, S. 2242.

Konflikts beurteilt werden.[79] Im Folgenden soll daher aufgezeigt werden, welche Aspekte des Konflikts bei den Volksgruppenverhandlungen und den Verhandlungen zu den UN-Lösungsvorschlägen beachtet wurden und zu welchen Ergebnissen diese Verhandlungen geführt haben. Anschließend wird untersucht, in welchem Bezug die Rechtsprechung des EMRG zu den diplomatischen Verhandlungen steht, und inwiefern sie diese Verhandlungen beeinflusst hat.

## I. Flucht und Vertreibung auf Zypern

Flucht und Vertreibung im Verlauf des Zypernkonflikts haben tiefe Wunden in der Bevölkerung hinterlassen, deren Traumata bis heute das Wiederherstellen gegenseitigen Vertrauens erschweren. Bereits in einem frühen Stadium des Konflikts, der Anfang der 50er Jahre anzuschwellen begann, hat die räumliche Absonderung und gewaltsame Separation der zyprischen Volksgruppen begonnen. Die Bedingungen und Gründe für die Flucht bei den Zyperntürken und den Zyperngriechen waren dabei unterschiedlich. In beiden Fällen handelte es sich jedoch um einen unfreiwilligen Wegzug aus dem angestammten Heimatort, der einen Zwangselement beinhaltete. Für die juristische Beurteilung sind die Gründe der Flucht daher nur bedingt von Bedeutung. Jeder unter Zwang herbeigeführte, unfreiwillige Wegzug von Menschen aus ihrer Wohnstätte und ihrem Heimatort ist als völkerrechtswidrige Vertreibung anzusehen.[80] Dies gilt auch für die Vertreibung ohne zwischenstaatlichen Bezug, der so genannten Binnenflucht. Binnenflüchtlinge befinden sich dabei in der Regel in einer kritischeren Situation als diejenigen, die in einem anderen Staat Zuflucht gefunden haben, weil sie dem Zugriff ihres Herkunftsstaates ausgeliefert bleiben.[81]

### 1. Flüchtlingsbewegungen

Bei den bürgerkriegsähnlichen Unruhen 1958 kam es zur Trennung innerhalb der ethnisch gemischten Dörfern und zum Auszug von Minderheiten aus solchen Ortschaften.[82] Betroffen waren vor allem Zyperntürken, die in dieser Zeit aufgrund von Übergriffen der EOKA ihre Häuser und Dörfer verlassen mussten.[83] Mit der Unabhängigkeit Zyperns verbesserten sich die interkommunalen Beziehungen und viele Flüchtlinge konnten in ihre früheren Dörfer zu-

[79] Minderheitsvotum Richter Bernhardt und Lopes Rocha, RJD Nr. 26, 1996, S. 2242; Heinze, Cyprus 2000, S. 96.

[80] Blumenwitz, Flucht und Vertreibung, S. 13; Ziegler, Fluchtverursachung als völkerrechtliches Delikt, S. 45; vgl. auch Anstötz, Perspektiven zur Neuordnung, S. 131.

[81] Ziegler, Fluchtverursachung als völkerrechtliches Delikt, S. 45.

[82] Vgl. Brey/Heinritz, Bevölkerungsverteilung, S. 13.

[83] Partick, Political Geography, S. 12; Leigh, The legal status in international law, S. 62; Asmussen, Wir waren wie Brüder, S. 229 ff., insbesondere S. 244 und 245; Zervakis, Historische Grundlagen, S. 88.

rückkehren.[84] Jedoch kam es nach dem Zusammenbruch des dualen Systems 1963 erneut zu einem „ethnischen Exodus" der Zyperntürken.[85] Mehr als hundert zyperntürkische Dörfer wurden verwüstet und etwa 25.000 Zyperntürken wurden zu Flüchtlingen.[86] In dieser Zeit wurde von britischer Seite die so genannte *Green-Line* in Nikosia als Pufferzone entlang der griechischen und türkischen Stadtteile festgelegt.[87] Die Rücksiedlung der Flüchtlinge schien nach dem Ende der interkommunalen Kämpfe aussichtslos und nur etwa ein Viertel von ihnen konnte später tatsächlich wieder in ihre Heimatorte und Häuser zurückkehren.[88]

Die Militärintervention der Türkei 1974 war dann das traumatische Ereignis für die zyperngriechische Volksgruppe und der Grund für die Flucht von ca. 180.000 Zyperngriechen in den Süden der Insel. Bereits in der ersten Phase der Intervention flohen 40.000 Zyperngriechen vor den Übergriffen der türkischen Armee.[89] Das radikale Vorgehen der türkischen Streitkräfte und die Angst vor Übergriffen der Zyperntürken aus Rache löste Panik innerhalb der zyperngriechischen Bevölkerung im Norden der Insel aus und führte zu einer weiteren Flüchtlingswelle in den Süden. Das türkische Militär konnte vielfach in bereits verlassene Ortschaften vorrücken.[90] Wie erwähnt ist auch die Flucht aus Angst vor Gewaltanwendung, bei der es nicht zu direkter Anwendung physischer Gewalt gekommen ist, als Vertreibung zu bewerten, da die Androhung von Gewaltanwendung bereits geeignet ist, Zwang auszuüben. Beim Bevölkerungsaustausch 1975 wurden dann etwa ca. 9.800 Zyperngriechen und 8.000 Zyperntürken zwangsumgesiedelt.[91]

## 2. Gründe und Folgen der Flucht und Vertreibung im Jahr 1974

Gründe und Motive für die Flucht in den jeweils anderen Teil der Insel waren bei Zyperntürken und Zyperngriechen unterschiedlich. Von einigen Auto-

---

84 Brey/Heinritz, Bevölkerungsverteilung, S. 15.

85 Asmussen, Wir waren wie Brüder, S. 280 ff., insbes. S. 282 f.; siehe auch oben unter Abschnitt 1, III. 1.

86 Ungefähr 25.000 Zyperntürken wurden zu Flüchtlingen. Dies waren 20,8 % der zyperntürkischen Bevölkerung, vgl. Tatlı, Der Zypernkonflikt, S. 120; dazu ferner Bericht des UN-Generalsekretärs vom 10.9.1964, UN doc. S/5950, Ziff. 177 ff.; Bahçeli, Domestic Political Developments, S. 106; zu der Zerstörung von Dörfern vgl. Asmussen, Wir waren wie Brüder, Anhang 3, S. 409 ff.

87 Karádi/Lutz, Außen- und Sicherheitspolitik, S. 136.

88 Vgl. Asmussen, Wir waren wie Brüder, S. 277; Brey/Heinritz, Bevölkerungsverteilung, S. 15 f.

89 Brey/Heinritz, Bevölkerungsverteilung, S. 26.

90 Vgl. Berner, Das vergessene Volk, S. 308; Brey/Heinritz, Bevölkerungsverteilung, S. 26.

91 Kommuniqué über den Bevölkerungsaustausch vom 2.8.1975, Anlage zu UN doc. 11789; vgl. auch Berner, Das vergessene Volk, S. 359.

ren wird angeführt, dass die Flucht der Zyperntürken während der Intervention der Türkei 1974 freiwillig geschah und weniger auf eine Vertreibungspolitik im Süden zurückzuführen war.[92] Angesichts der feindlichen Stimmung zwischen den beiden Volksgruppen seit 1963, der gespannten Situation nach dem Sampson-Putsch und der ersten Intervention der Türkei scheint diese Annahme jedoch nicht angemessen. Es muss vielmehr vermutet werden, dass niemand sich 1974 freiwillig in Flucht begeben hat.[93] Die Flucht und Neuansiedlung hatte jedoch unterschiedliche Folgen für die beiden Volksgruppen.

Für die Zyperntürken, die zwischen 1963 und 1974 in Enklaven äußerst schlechten humanitären Bedingungen unterworfen waren und angesichts der kontinuierlich andauernden gewaltsamen Auseinandersetzungen um ihr Leben fürchten mussten – man denke nur an den „Blitzangriff" von 1967 – bedeutete die Flucht in den Norden in erster Linie Sicherheit und Schutz.[94] Viele von ihnen waren bereits 1958 oder 1963 gezwungen gewesen, ihren Heimatort zu verlassen.[95] Sie lebten zum Teil in Zelten und Flüchtlingslagern, unter den Bedingungen einer sehr mangelhaften Infrastruktur. In einigen Orten gab es keine Telefonleitungen, kein funktionierendes Postwesen sowie keine reguläre Wasserversorgung.[96] Zwischen 1964 und 1974 hatte die zyperntürkische Volksgruppe keine Möglichkeit gehabt am wirtschaftlichen Aufschwung Zyperns und am allgemeinen gesellschaftlichen Wohlstand teilzuhaben.[97] Auch hatten sie kaum Möglichkeiten, staatliche Leistungen in Anspruch zu nehmen.[98] Ausländische Hilfe, die seit Mitte der 60er Jahre aus Hilfsprogrammen der Vereinten Nationen nach Zypern floss, blieb den Zyperntürken weitgehend vorenthalten. Ende 1966 stufte die UNFICYP ein Drittel der türkischen Zyprer als dringend sozial unterstützungsbedürftig ein.[99]

Für die zyperngriechische Bevölkerung, die nicht unter den Folgen des Zusammenbruchs der Verfassung von 1960 zu leiden gehabt hatte, bedeutete die Flucht 1974 dagegen das Verlassen eines sicheren Ortes und sicherer Lebensbe-

92 Anstötz, Perspektiven zur Neuordnung, S. 131; Richter, Historische Hintergründe, S. 315.

93 Siehe dazu Asmussen, Wir waren wie Brüder, S. 314; Brey/Heinritz, Bevölkerungsverteilung, S. 30.

94 Zum „Blitzangriff" von 1967 Asmussen, Wir waren wie Brüder, S. 306.

95 Anastasiou, Communication Across Conflict Lines, S. 585.

96 Vgl. Brey/Heinritz, Bevölkerungsverteilung, 22.

97 Brey/Heinritz, Bevölkerungsverteilung, S. 19; Schutheis, Anhang zu Birand, 30 heiße Tage, S. 169 mit Hinweis auf den Bericht des UN-Generalsekretär U Thant vom 13.6.1967: „Die Einschränkungen der Bewegung von Personen und Waren machen es den türkischen Zyprioten praktisch unmöglich, an dem allgemeinen Wohlstand teilzuhaben."

98 Dies führen Brey/Heinritz allerdings auf die Selbstisolierung der Zyperntürken zurück, vgl. Bevölkerungsstruktur, S. 20.

99 Brey/Heinritz, Bevölkerungsverteilung, S. 20 f. mit Verweis auf Patrick, Political Geography, S. 108.

dingungen. Sie wurden plötzlich mit dem Verlust ihrer Wohnstätte, ihrer persönlichen Eigentümer und mit einer unsicheren Zukunft konfrontiert. Zugespitzt formuliert, bedeutete die Flucht für die Zyperntürken eher das Ende ihrer Probleme, während es für die Zyperngriechen der Anfang ihrer Probleme war.[100] Die türkische Intervention führte vor allem zu hohen wirtschaftlichen Einbußen auf der zyperngriechischen Seite: etwa 200 Gemeinden im Norden, darunter die beiden, vor allem für die Tourismusbrache wichtigen Städte Famagusta und Kyrenia, wurden von der türkischen Streitmacht eingenommen.[101] Dem zyperngriechischen Tourismus gingen dadurch etwa 65 % der Hotelbetten verloren. In Famagusta befand sich zudem der wichtigste Hafen. Mit dem Verlust von fruchtbarem Ackerland in der Bucht von Morphou fielen 46 % des landwirtschaftlichen Produktionswertes weg. Ferner gingen 41 % des Viehbestandes und 48 % der Agrarexporte verloren, sowie 56 % der mineralischen Produktion und 50 % der Kapazitäten in Industrie und Handwerk.[102]

Diese Ausgangslage wirkte sich auf den Umgang mit dem verlassenen Eigentum der anderen Volksgruppe aus. Bei der Inbesitznahme der zyperngriechischen Häuser und Geschäfte nach der Intervention von 1974 bestand in der zyperntürkischen Volksgruppe ein Gefühl des „Anrechts" auf Einnahme dieses Eigentums als Wiedergutmachung für die zuvor selbst erlittenen Verluste und Leiden.[103] Die Zyperngriechen fühlten sich dagegen angesichts der hohen wirtschaftlichen Einbußen von einer großen Ungerechtigkeit betroffen und lehnten jede Akzeptanz der neuen Lage ab. Vor allem viele Unternehmer, die z. B. in der Tourismusbranche tätig waren, weigerten sich den Verlust ihres Eigentums und ihrer Investitionen hinzunehmen und organisierten sich als Interessengruppe. Der Gruppe der Vertriebenen kommt innerhalb der zyperngriechischen Politik eine einflussreiche Stellung zu.[104] So hat die zyperngriechische Regierung in den Verhandlungen zur Lösung des Zypernkonflikts die vollständige Rückgabe

[100] Anastasiou, Communication Across Conflict Lines, S. 585 führt dazu aus: "For the TC to be a refugee meant living in one's home under conditions of extreme danger, fully exposed to the enemy's nationalist agenda for complete territorial control, and being compelled to leave one's home in exchange for ares of safety and security. This in fact was the experience of TC from 1963 to 1974. For TC therefore being a refugee means leaving one's home in order to go to a safe place. Hence the detached way in which they spoke of the refugee problem. For the GCs on the other hand, being a refugee refers to the experience of living a life of savety and prosperity and then being forced to leave one's home overnight and having lost all one's belongings, being placed under conditions of complete uncertainity, insecurity, and exposure to physical danger in face of an advancing army."

[101] Brey/Heinritz, Bevölkerungsverteilung, S. 33.

[102] Vgl. zu diesen Angaben der zyperngriechischen Regierung Brey/Heinritz, Bevölkerungsverteilung, S. 33 f.

[103] Crawshaw, The Cyprus Revolt, S. 304; Stavridnides, The Cyprus Conflict, S. 83, zit. nach Berner, Das vergessene Volk, S. 345.

[104] von Laffert, Die völkerrechtliche Lage, S. 180, 201.

des Vertriebeneneigentums, die Rückkehr der Flüchtlinge in ihre früheren Wohnstätten sowie die volle Durchsetzung der drei Freiheiten (Niederlassungsfreiheit, Freizügigkeit und Eigentumsfreiheit) gefordert und die Wiedergutmachung des Eigentumsverlustes durch Entschädigungszahlungen weitgehend abgelehnt. Die Forderung nach der Rückgabe des gesamten Eigentums konnte sich aber, wie noch zu zeigen ist, in den bisherigen UN-Lösungsvorschlägen nicht voll durchsetzen.

## II. Restitution des Eigentums

Grundsätzlich ist aufgrund der Völkerrechtswidrigkeit der entschädigungslosen Enteignungen durch die zyperntürkische Verfassung von 1985 *restitutio ad integrum* geboten.[105] Dies gilt sowohl im Fall der Wiedervereinigung Zyperns als auch bei einer möglichen gegenseitigen Anerkennung als Staat. Da letzteres kaum zu erwarten ist, soll hier nur auf den Fall einer föderalen Wiedervereinigung Zyperns eingegangen werden. Die Verhandlungen zur Wiedervereinigung laufen grundsätzlich darauf hinaus, dass der türkische Teil Zyperns einen Teil des heute kontrollierten Gebietes an die zyperngriechische Volksgruppe abtreten wird. In diesen Gebieten wird die Restitution des Eigentums weitgehend unproblematisch sein, wobei die Umsiedlung der heute dort lebenden Zyperntürken in einem angemessenen Zeitraum und nach sozialgerechten Kriterien erfolgen sollte. In den übrigen Gebieten könnten einer Restitution aller vom Konflikt betroffenen Eigentümer jedoch erhebliche politische und soziale Interessen entgegenstehen.

### 1. Bizonalität

Die Neuorganisation Zyperns als föderaler Staat soll eine weitgehende Selbstverwaltung der Volksgruppen in ihrem Teilföderativ ermöglichen. Diese könnte aber durch die Ansiedlung großer Gruppen aus einer Volksgruppe im jeweils anderen Landesteil beeinträchtigt werden. Die zyperntürkische Volksgruppe befürchtet die Beeinträchtigung des politischen Gleichgewichts durch den vermehrten Zuzug von Zyperngriechen in den Norden, wenn diese ihre politischen Rechte im türkischen Teilföderativ ausüben können.[106] Es wurde daher darüber verhandelt, die Bewegungs-, Niederlassungs- und Eigentumsfreiheit einzuschränken und damit zu gewährleisten, dass jeder der Teilföderative eine griechische bzw. türkische Mehrheit an Bevölkerung und Eigentum hat.[107] Um die Verwirklichung der drei Freiheiten jedoch nicht mehr als notwendig zu beschränken, war im Annan-Plan vorgesehen, dass die politischen Teilhaberechte

---

[105] von Laffert, Die völkerrechtliche Lage, S. 207.

[106] Anstötz, Perspektiven zur Neuordnung, S. 158 f.

[107] Vgl. z. B. Lösungsvorschlag des UN-Generalsekretärs Perez de Cuellar, Auszug in Varvaroussis, Deutschland und die Zypern-Frage, S. 253 f.

am Ort des ständigen Wohnsitzes nur auf kommunaler Ebene ausgeübt werden können.[108] Auf der Ebene des Gesamtstaates sollten die politischen Rechte jedoch unabhängig vom Wohnsitz volksgruppengebunden sein.[109] Darüber hinaus wurden auch die Wohnsitze der Personen aus der jeweils anderen Volksgruppe prozentual pro Teilstaat und pro Ortschaft begrenzt. Inbegriffen war auch davon auch die Restitution von Wohneigentum.[110]

## 2. Recht auf Rückkehr

Weiterhin ist zu untersuchen, ob die Restitution des gesamten Eigentums von dem Recht auf Rückkehr der Vertriebenen geboten ist. Das Recht auf Rückkehr wird aus dem völkergewohnheitsrechtlichen Verbot der Vertreibung und als funktionelle Kehrseite des Rechts auf die Heimat gefolgert.[111] Das Recht auf die Heimat wurde vor allem in Folge der Vertreibung der deutschstämmigen Bevölkerung nach dem Zweiten Weltkrieg aus der Tschechoslowakei und Polen eingefordert und seine Existenz aus den bereits bestehenden Völkerrechtsregeln sowie dem Völkergewohnheitsrecht dargelegt.[112] Es findet seine Grundlage vor allem im Minderheitenschutz und im Selbstbestimmungsrecht der Völker und beinhaltet in erster Linie den Anspruch auf unbehelligte Ansässigkeit am ursprünglichen oder frei gewählten, rechtmäßig erworbenen Wohnsitz.[113] Unbehelligt ist die Ansässigkeit einer Person dann, wenn ihr der Aufenthalt an seinem Wohnsitz gewährt und sie gegen eine willkürliche Entfernung von ihrem Wohnsitz geschützt wird.[114] Die Vertreibung einer Gruppe von Personen aus ihrem angestammten Gebiet oder freigewählten rechtmäßigen Wohnsitz stellt daher eine Verletzung des Rechts auf die Heimat dar, die wiedergutgemacht werden muss, wobei die Wiedergutmachung in der Wiederherstellung des früheren Zustandes (*restitutio ad integrum*) besteht. Darin wird die Grundlage des Rechts auf Rückkehr (*right of return*) gesehen.[115]

Allerdings sind die Existenz eines Rechts auf Rückkehr und seine Grenzen nicht unumstritten. In der allgemeinen Menschenrechtserklärung sowie im

[108] Vergleichbar mit der Teilnahme von EU-Bürgern an den Kommunalwahlen in dem Staat ihres ständigen Wohnsitzes, Art. 19 EGV.

[109] Vgl. Art. 3 Abs. 3 und Art. 13 FoundA.

[110] Vgl. Art. 3 Abs. 4 und Art. 10 Abs. 3 lit. e) FoundA.

[111] Dazu Blumenwitz, Flucht und Vertreibung, S. 35 ff.; de Zayas, in Bernhardt, EPIL, Population, Expulsion and Transfer, S. 1065 f.; Ziegler, Fluchtverursachung als völkerrechtliches Delikt, S. 254 f.; Parameswaran, Vertreibung und Rückkehr, S. 4 f.

[112] Überblick über die Entwicklung und Grundlagen bei Tomuschat, Das Recht auf die Heimat, S. 183 ff.

[113] Blumenwitz, Flucht und Vertreibung, S. 39 ff.; Tomuschat, Das Recht auf die Heimat, S. 204 ff., Parameswaran, Vertreibung und Rückkehr, S. 5.

[114] Parameswaran, Vertreibung und Rückkehr, S. 5 m. w. N.

[115] Abi-Saab u. a., Gutachten, Ziff. 19.

4. ZP zur EMRK wird das Recht auf Einreise in den eigenen Staat anerkannt. In Art. 3 Abs. 1, 4. ZP zur EMRK wird das Verbot der Vertreibung ausgesprochen, woraus wie bereits dargestellt, das Recht auf Rückkehr gefolgert wird. Das Rückkehrrecht selbst ist jedoch bislang nicht ausdrücklich kodifiziert worden. Einer gewohnheitsrechtlichen Anerkennung wird vor allem die fehlende Staatenpraxis und die effektive Durchsetzung entgegengehalten.[116] Schwierigkeiten bei der Durchsetzung ergeben sich vor allem wegen dem kollidierenden Heimatrecht der neu angesiedelten Bevölkerung. Je nach dem wie lange die durch Vertreibung entstandene Lage andauert, können Individualrechte der neuen Bewohner entstehen und vertrauenswürdig sein. Es muss hier beachtet werden, dass es sich bei der Vertreibung zwar um ein Rechtsverstoß von staatlicher Seite handelt, der als Verbrechen gegen die Menschlichkeit nicht anerkannt werden darf, andererseits aber auch die neu angesiedelte Bevölkerung nicht für die durch Vertreibung entstandene Lage verantwortlich gemacht werden kann.[117] Neue Umsiedlungen in Folge der Durchsetzung des Rückkehrrechts können daher ebenfalls einen Verstoß gegen das zwingende Völkerrecht darstellen.[118]

In einigen Resolutionen der Generalversammlung und des Sicherheitsrates wurde das Recht einer Gruppe auf Rückkehr in ihr angestammtes Siedlungsgebiet ausdrücklich anerkannt. Vor allem im Zusammenhang mit der Lage der Palästinenser und der vom Kosovo-Krieg betroffenen Flüchtlinge wurde ein Recht auf Rückkehr festgestellt.[119] Auch bezüglich der Lage in Zypern hat die Generalversammlung gefordert, dass allen vertriebenen Zyprern die Rückkehr in ihre früheren Heimatstätten ermöglicht wird.[120] Allerdings wurde hier nicht ausdrücklich von einem Recht auf Rückkehr gesprochen, wie dies in den anderen Resolutionen der Fall war.[121]

Darüber hinaus ist unklar, ob in diesem Zusammenhang auch die Rückkehr in das früher bewohnte Haus oder Grundstück geboten ist. Aus dem Recht auf Rückkehr entsteht in erster Linie ein Anspruch, sich in seinem früheren Siedlungsgebiet niederlassen zu können.[122] Dies erfordert jedoch nicht zwingend die Rückkehr in die ehemalige Wohnstätte. Das Rückkehrrecht könnte folglich

---

[116] Benvenisti/Zamir, Private Claims to property rights, S. 324 f.; zu den Problemen bei der Durchsetzung des Rückkehrrechts, vgl. auch Parameswaran, Vertreibung und Rückkehr, S. 60 f.; de Zayas, in Bernhardt, EPIL, Population, Expulsion and Transfer, S. 1066.

[117] Ziegler, Fluchtverursachung als völkerrechtliches Delikt, S. 305 f.

[118] Vgl. Seidl-Hohenveldern/Stein, Völkerrecht, Rn. 1583.

[119] UN doc. A/RES/3376 (XXX) vom 10.11.1975 bezüglich der Lage der Palästinenser; S/RES/1199 (1998) und S/RES/1239 (1999) bezüglich der Lager der Kosovo-Flüchtlinge.

[120] UN doc. A/RES/3212 (XXIX) vom 1. 11. 1974 und A/RES/37/253 vom 16.5.1983.

[121] Vgl. auch Anstötz, Perspektiven zur Neuordnung, S. 135; Ziegler, Fluchtverursachung als Völkerrechtliches Delikt, S. 268 f. folgert dies aber aus dem Kontext der Resolutionen.

[122] Kimminich, Recht auf die Heimat, S. 19; Anstötz, Perspektiven zur Neuordnung, S. 150.

getrennt von der Eigentumsfrage verwirklicht werden und steht eher der Beschränkung der Freizügigkeit und der Niederlassungsfreiheit entgegen. Es gebietet aber nicht zwingend die Restitution des Eigentums.[123] Zwar besteht ein gewisser Zusammenhang, da zu erwarten ist, dass die Rückkehr in die eigene frühere Wohnstätte der Umsiedlung in eine neue Bleibe vorgezogen wird. Die Nichtrestitution des früheren Wohneigentums würde dann dazu führen, dass die völkerrechtwidrige Vertreibung und Zwangsumsiedlung der Zyperngriechen und Zyperntürken faktisch perpetuiert würde.[124] Dieser Zusammenhang kann aber nicht isoliert und unabhängig von den Gesamtumständen bewertet werden. Faktoren wie der Zeitraum seit dem Eigentumsentzug, der Vertrauensschutz der neuen Bewohner und das öffentliche Interesse an der Überwindung der Teilung Zyperns sind dabei ebenso zu bedenken. Die Interessen der derzeitigen Bewohner können nach einem Zeitraum von mehr als 25 Jahren nicht unberücksichtigt bleiben.[125] Ihnen steht ein gewisser Vertrauensschutz zu, zumal sie nicht für ihre Zwangsumsiedlung von staatlicher Seite verantwortlich gemacht werden können, die teilweise aufgrund eines gemeinsamen Abkommens der Volksgruppenführer geschahen.[126] Ferner wiesen die „Vereinbarungen auf Hoher Ebene" zwischen Klerides und Denktaş 1977 und zwischen Kyprianou und Denktaş 1979 auf eine bizonale Lösung hin, bei der die jetzige Siedlungsstruktur weitgehend erhalten bleiben sollte. Die neuen Bewohner vom türkischen Festland durften aufgrund der Anerkennung der TRNZ durch die Türkei bei ihrer Umsiedlung nach Nordzypern auf den Bestand ihres neuen Wohnsitzes vertrauen.[127] Auch hier muss der Zeitfaktor, gegebenenfalls den Vertrauensschutz einschränkend, beachtet werden. Die Rückgabe des gesamten von den Vertreibungen betroffenen Eigentums würde zu einer Umsiedlung im großen Umfang führen. Bei Verwirklichung des Annan-Planes hätte z. B. die Hälfte der Bevölkerung in Nordzypern umgesiedelt werden müssen.[128] Die Interessen der früheren Eigentümer und der jetzigen Bewohner sind daher in einen angemessenen Ausgleich zu bringen, in dem im Rahmen der Wiedervereinigung nur ein Teil des Eigentums restituiert wird. In den bisherigen Lösungsvorschlägen der UN, in denen die Teilrestitution vorgesehen wurde, wurde die Restitution zudem nicht an Ge-

[123] Vgl. auch Anstötz, Perspektiven zur Neuordnung, S. 150.

[124] Abi-Saab u. a., Gutachten, Ziff. 22.

[125] Insofern ist die Lage anders als bei dem Dayton-Abkommen für Bosnien-Herzegowina, auf das in dem Gutachten von Abi-Saab u. a., Ziff. 23 hingewiesen wird. Dort liegen zwischen Eigentumsverlust und Neuregelung etwa drei Jahre. Vgl. dazu Anstötz, Perspektiven zur Neuordnung, S. 150, Fn. 592.

[126] Vgl. auch Anstötz, Perspektiven zur Neuordnung, S. 135 f. und S. 150; Ziegler, Fluchtverursachung als völkerrechtliches Delikt, S. 305.

[127] Reuter, Der UNO-Zypernplan, S. 29.

[128] NZZ vom 24./25.4.2004, Ringen um den Annan-Plan in Zypern, S. 3; in seinem Bericht vom 1.4.2003 geht der Generalsekretär von der Umsiedlung von 62.000 – 67.000 Zyperntürken aus, UN doc. S/2003/398, Report of the Secretary General, Ziff. 109.

sichtspunkten der ethnischen Zugehörigkeit zu einer Volksgruppe festgemacht, sondern in erster Linie am tatsächlichen Willen der Eigentümer einen Anspruch auf Restitution geltend zu machen.[129] Damit gründeten die dort vorgesehenen Enteignungen nicht auf einer ethnische Diskriminierung.[130]

### 3. Wirtschaftliche Aspekte

Auch wirtschaftliche Überlegungen könnten der Restitution des gesamten Eigentums entgegenstehen, da hier ein großes Ungleichgewicht zwischen den Volksgruppen besteht. Bereits vor 1974 hatten die interkommunalen Auseinandersetzungen und die Enklavenbildung zu einer Verarmung der zyperntürkischen Volksgruppe geführt. Zwar kontrollierte diese nach der faktischen Teilung die vor allem für den Tourismus wichtigen Gebiete im Norden der Insel, wegen der Nichtanerkennung der TRNZ konnten aber kaum internationale Wirtschaftsbeziehungen aufgenommen werden. Das Verbot von Direktflügen nach Nordzypern erschwerte einen wirtschaftlichen Aufschwung in der Tourismusbranche. Bereits im ersten Teil wurde das Anastasiou-Urteil des EuGH dargestellt, das den Import von landwirtschaftlichen Produkten in die EU ohne Ausfuhrgenehmigung der zyperngriechischen Verwaltung als unvereinbar mit EU-Recht befunden hatte.[131] Dieses Urteil wirkte wie ein Handelsembargo gegen die TRNZ.[132] Auch wenn die jüngsten Entwicklungen im Zypernkonflikt zu einer Besserung der wirtschaftlichen Lage im Norden geführt haben, liegt das Bruttosozialprodukt dort weit unter dem Niveau Südzyperns, wo die Wirtschaft von ausländischen Investitionen und Finanzhilfen profitiert hat.[133] Die Zyperntürken befürchten daher, dass der wirtschaftliche Rückstand bei der gesamten Restitution des Eigentums nach einer Wiedervereinigung andauert bzw. sich durch den Aufkauf weiterer Immobilien durch Zyperngriechen noch verstärkt.[134] Darüber hinaus ist zu erwarten, dass die meisten Zyperntürken nicht in ihre früheren Heimatstätten im Süden der Insel zurückkehren werden. Zum Teil sind die alten

[129] Vgl. z. B. UN doc. S/2003/398, Report of the Secretary General, Ziff. 109.

[130] A. A. Abi-Saab u. a., Gutachten, Ziff. 32.

[131] EuGH, The Queen v. Minister of Agriculture, Fisheries and Food ex parte: S. P. Anastasiou (Pissouri) Ltd u. a., Urteil vom 5.7.1994, Sammlung der Rechtsprechung des Gerichtshofs 1994 Band I/5, S. 3087 ff., Rn. 67.

[132] Talmon, The Cyprus Question before the European Court of Justice, S. 750.

[133] Vgl. zur wirtschaftlichen Entwicklung der beiden Teile im Einzelnen: Brey, Economic Performance and Competitiveness: The Republic of Cyprus, S. 55-62; Gumpel, Economic Performance and Competitiveness in the Turkish Republic of Northern Cyprus, S. 63-73.

[134] Richmond, Mediating in Cyprus, S. 234; vgl. dazu auch Anastasiou, Communication Across Conflict Lines, S. 586.

Häuser verfallen und unbewohnbar geworden, so dass in vielen Fällen anstatt der Restitution nur noch eine Entschädigung in Betracht kommt.[135]

## 4. Zwischenergebnis

Aus den oben genannten Gründen erscheint es erforderlich, Eigentum nur insoweit zu restituieren, wie sie die politischen, sozialen und wirtschaftlichen Umstände der Wiedervereinigung zulassen. Dies würde zwar eine große Zahl von Enteignungen und in vielen Fällen die faktische Hinnahme des durch Vertreibungen entstandenen Status quo nach sich ziehen. Dies kann aber mit dem überwiegenden öffentlichen Interesse an der Überwindung der Teilung und am Funktionieren des neuen Föderalstaates gerechtfertigt werden.[136] In den Fällen, in denen keine Restitution erfolgt ist in jedem Fall Entschädigung zu leisten.

## 5. Globalentschädigung

In diesem Zusammenhang stellt sich die Frage, ob die Entschädigung durch ein Globalentschädigungsabkommen, wie es die zyperntürkische Regierung vorschlägt, als verhältnismäßig und ausreichend angesehen werden kann.[137] Die Enteignungsentschädigung muss entsprechend der so genannten Hull-Formel effektiv, prompt und angemessen sein.[138] Effektiv und prompt ist eine Entschädigung, wenn sie im Heimatstaat frei transferierbar ist und entweder zum Zeitpunkt der Enteignung oder unwesentlich später erfolgt. Die Entschädigung ist auch angemessen, wenn sie dem vollem Marktwert des zu entschädigenden Gegenstandes entspricht.[139] Bei einer Globalentschädigung nach dem Vorbild des Roosevelt-Litwinow-Abkommens von 1933, das im Zuge der Anerkennung der UdSSR durch die USA unterzeichnet wurde, würde das von Flucht und Vertreibung betroffene Privateigentum auf Zypern verstaatlicht und auf zwischenstaatlicher Ebene gegeneinander aufgerechnet werden.[140] Die Differenz – zyperngriechische Eigentümer übersteigen den Wert der zyperntürkischen – soll durch Geldzahlung beglichen werden.[141] Problematisch bei einer solchen

[135] Vgl. oben Abschnitt 2, D. III. 1. c).

[136] Zum gleichen Ergebnis kommen auch von Laffert, Die völkerrechtliche Lage, S. 210 ff.; Anstötz, Perspektiven zur Neuordnung, S. 147 ff.

[137] Dazu Bıçak, Dept of the Greek Cypriot Administration, S. 221 ff.; Ertekün, The Loizidou Case: A miscarriage of Justice, 145; Necatigil, The Loizidou-Case, S. 171 f.

[138] Seidl-Hohenveldern/Stein, Völkerrecht, Rn. 1606; Verdross/Simma, Universelles Völkerrecht, S. 807, § 1217; die Hull-Formel ist jedoch umstritten, vgl. Gloria, in Ipsen, Völkerrecht, § 43, Rn. 19 und § 47, Rn. 18 ff., insbes. Rn. 24.

[139] Gloria, in Ipsen, Völkerrecht, § 47, Rn. 18.

[140] Vgl. dazu Seidl-Hohenveldern, Internationales Konfiskations- und Enteignungsrecht, S. 142 ff. und ders., Völkerrecht, Rn. 1618.

[141] 1974 waren etwa 4.123.771 Hektar Land im privaten Besitz der Zyperngriechen gewesen. Etwa 852.455 Hektar Land gehörte zu dieser Zeit den Zyperntürken. Aufteilung des priva-

Globalentschädigung ist, dass daran beteiligte Staaten eigentlich keine Befugnis haben, das auf dem Gebiet des anderen Staates gelegene Privateigentum zu enteignen, auch wenn es sich dabei um das Eigentum eigener Staatsangehöriger handelt. Der Staat, auf dessen Gebiet unzuständigerweise enteignet wird, kann dies aber hinnehmen, wie dies bei der Verwirklichung des Roosevelt-Litwinow-Abkommens der Fall gewesen ist.[142] Im Fall der Wiedervereinigung Zyperns würde der exterritoriale Bezug entfallen, da der Austausch der Eigentümer zwischen den Bundesstaaten stattfinden würde.

Die Effektivität bei einer Entschädigung auf diesem Wege ist zunächst unproblematisch. Der Mangel, dass sie wesentlich später als der Eigentumsentzug und damit nicht prompt erfolgt, kann durch jährliche Zinsen seit dem Eigentumsentzug aufgehoben werden.[143] Fraglich ist jedoch die Angemessenheit der Entschädigung. Aufgrund der langen Zeitspanne zwischen Eigentumsentzug und Entschädigungszahlung ist es oft schwer festzustellen, ob und in welcher Höhe die betroffenen Grundstücke eine Werterhöhung oder -minderung erfahren haben. In der Regel liegt daher die Höhe der Ersatzleistungen bei Globalentschädigungen unter dem Marktwert. Es wird jedoch zum Teil die Ansicht vertreten, dass bei der Verstaatlichung von Eigentum zwar eine Entschädigungspflicht besteht, diese aber nicht zwingend in Höhe des Marktwertes erfolgen muss.[144] Oft wirken auch wirtschaftliche Interessen an ausländischen Investitionen ausgleichend. Im Fall, dass es zu einer solchen Lösung zwischen den beiden Teilen Zyperns kommt, dürfte das öffentliche Interesse an der Wiedervereinigung Zyperns und die damit verbundene politische und wirtschaftliche Stabilisierung des Landes wohl der ausschlaggebende Punkt sein. Ein Globalentschädigungsabkom-

ten Landbesitzes darüber hinaus: Maroniten 48.239 Hektar; Armenier 11.017 Hektar; andere 32.150 Hektar. Angaben aus An, Kıbrıs nereye gidiyor?, S. 312; Die wirtschaftlichen Einbußen, die die Zyperntürken auf Grund des Eigentumsverlusts gegenüber der zyperngriechischen Regierung geltend machen wollen wurden 2002 mit 26,2 Mrd. US-Dollar angegeben. Auf zyperngriechischer Seite liegen die Angaben für eigene Ansprüche bei 13,2 Mrd. US-Dollar. Angaben aus Bıçak, Dept of the Greek Cypriot Administration, S. 211 ff.

[142] Die UdSSR beglich ihre Entschädigungszahlung zum Teil aus dem Guthaben russischer Staatsangehöriger in den USA. Vgl. dazu Seidl-Hohenveldern/Stein, Völkerrecht, Rn. 1618.

[143] Vgl. Art. 38 Abs. 1 UN-Res StaatenV; Seidl-Hohenveldern/Stein, Völkerrecht, Rn. 1619; Gloria, in Ipsen, Völkerrecht, § 47, Rn. 26.

[144] Vgl. Seidl-Hohenveldern/Stein, Völkerrecht, Rn. 1621; Gloria, in Ipsen, Völkerrecht, § 47, Rn. 19 ff.

men zwischen den Volksgruppen ist daher als Lösung der Eigentumsfrage denkbar.[145]

## 6. Stand der Volksgruppenverhandlungen vor dem Loizidou-Fall

Die Rückgabe bzw. Entschädigung des Eigentums war nach 1974 von Beginn an eine der Kernfragen der Volksgruppengespräche. Während aus zyperntürkischer Sicht ein Gesamtaustausch der Grundeigentümer und die finanzielle Entschädigung der Differenz die der Konfliktlage am besten entsprechende Lösung darstellte, forderte die zyperngriechische Seite die Rückgabe aller Eigentümer (*restitutio ad integrum*) sowie die Rückkehr aller Flüchtlinge in ihre früheren Heimatstätten. Hinter den jeweiligen Verhandlungspositionen stand, dass die zyperntürkische Regierung ein von Zyperntürken dominiertes Gebiet erhalten wollte, um die autonome Selbstverwaltung weitgehend sichern zu können. Es sollte nicht mehr zu einer Situation kommen, die mit der Vertreibung nach 1963 vergleichbar wäre. Die zyperngriechische Regierung machte dagegen das Recht auf Rückkehr und das Recht auf Heimat der Flüchtlinge geltend und forderte die Wiedergutmachung des Verlustes fast der Hälfte des zyperngriechischen Wirtschaftsvermögens.[146]

Der Lösungsvorschlag des UN-Generalsekretärs Boutros Boutros Ghali von 1992 war der letzte Stand der Verhandlungen vor dem Loizidou-Fall. Im so genannten *Set of Ideas* war eine bundesstaatliche Wiedervereinigung Zyperns vorgesehen.[147] Dabei sollte das zyperntürkische Territorium von 36 % auf bis zu 28 % des Gesamtterritoriums verkleinert werden. Der zyperngriechische Präsident Klerides hatte Gebietsrückgaben in einem Umfang gefordert, der der Mehrheit der vertriebenen Zyperngriechen die Möglichkeit bot, wieder in ihre früheren Wohnstätten zurückzukehren.[148] Bei der Restitution des Eigentums wurde zwischen den Gebieten unterschieden, die bei dieser Rückgabe von Territorium, in den zyperngriechischen Verwaltungsbereich fielen, und Gebieten, die unter zyperntürkischer Verwaltung bleiben sollten. Ferner war eine Rückgabe

[145] Vgl. aber ablehnend zu einem Zwangsaustausch Abi-Saab u. a., Gutachten, Ziff. 39; kritisch bezüglich einer allgemeinen Enteignung auch Anstötz, Perspektiven zur Neuordnung, S. 151.

[146] Vgl. zu den Positionen der Volksgruppen Dodd, Storm Clouds over Cyprus, S. 79 f.; Anastasiou, Communication Across Conflict Lines, S. 584 ff.; Bahçeli/Rizopoulos, The Cyprus Impasse, S. 32 ff.

[147] Set of Ideas on an Overall Framework Agreement on Cyprus, Annex zu UN doc. S/24472; Text auch bei Necatigil, The Cyprus Question, S. 453, Anhang 16; vgl. auch den Bericht des UN-Generalsekretärs vom 3.3.1992, teilweise wiedergegeben in Varvaroussis, Deutschland und die Zypern-Frage, S. 255 ff.; ferner auch Anstötz, Perspektiven zur Neuordnung, S. 151 ff.

[148] Reuter, Schwierige Gespräche auf Zypern, S. 30.

von Eigentum nur bei selbst genutztem Wohneigentum, jedoch nicht bei wirtschaftlich genutztem Eigentum möglich.[149] Zyperntürken, die bereits vor 1974 in Gebieten ansässig waren, die zukünftig zum zyperngriechischen Bundesstaat gehören sollten, hatten das Recht dort, zu bleiben oder im zyperntürkischen Bundesstaat einen vergleichbaren Wohnsitz zu erhalten. Die zyperntürkischen Flüchtlinge, die nach 1974 in diesen Gebieten angesiedelt wurden, hatten die Möglichkeit, dort zu bleiben. Sie mussten jedoch, soweit sie in zyperngriechischem Eigentum untergebracht waren, ausziehen, hatten aber Anspruch auf einen gleichwertigen Wohnsitz im gleichen Gebiet. Somit wurde es den zyperngriechischen Flüchtlingen ermöglicht ihr früheres Wohneigentum in dem Gebiet des zyperngriechischen Bundesstaates wiederzuerhalten.[150] Die dort ausgezogenen Zyperntürken konnten gegebenenfalls in ihre früheren Wohnsitze im Süden der Insel zurückkehren oder einen gleichwertigen Wohnsitz im zyperntürkischen Bundesstaat beanspruchen. In übrigen Gebieten wurde als Regelfall die Enteignung und Entschädigung der Vertriebenen vorgesehen. Diese Enteignungen wären durch das überwiegende öffentliche Interesse an der Neuordnung Zyperns als Bundesstaat gerechtfertigt gewesen. Jedoch war auch hier die Möglichkeit der Rückkehr nicht ausgeschlossen. Sowohl Zyperntürken als auch Zyperngriechen stand grundsätzlich das Recht zu, in ihr früheres Eigentum im jeweils anderen Bundesstaat zurückzukehren.[151] Die jährliche Zahl der Rückkehrer sollte jedoch begrenzt sein.[152]

Insgesamt stellte der *Set of Ideas* einen ausgewogenen Interessenausgleich nach rechtlichen und sozialen Gesichtspunkten dar, der mit dem völkerrechtlichen Vorgaben vereinbar gewesen ist.[153] Die Eigentümeransprüche der Vertriebenen wurden grundsätzlich anerkannt, ohne dass den Enteignungen durch die TRNZ Rechtswirksamkeit zukam. Die vorgesehenen Enteignungen durch den neuen zyprischen Staat wären durch das öffentliche Interesse an der Wiedervereinigung Zyperns gedeckt gewesen, da eine Neuregelung der Eigentumslage in Zypern unumgänglich ist, um den Rechtsfrieden nach einer Wiedervereinigung herzustellen. Die Regelungen hätten somit auch den Verhältnismäßigkeitsgrenzen des Art. 1, 1. ZP zur EMRK entsprochen, zumal der Gerichtshof dem nationalen Gesetzgeber hier einen weiten Ermessensspielraum einräumt.[154] Auch die völkerrechtlichen Grundsätze wurden gewahrt, da in jedem Fall Entschädigungen vorgesehen waren und die Vorschriften nicht nach volksgruppenspezifischen Kriterien unterschieden, so dass es in Hinblick auf das Diskriminierungs-

[149] Anstötz, Perspektiven zur Neuordnung, S. 153.
[150] Set of Ideas, Annex zu UN doc. S/24472, Ziff. 73-75.
[151] Set of Ideas, Annex zu UN doc. S/24472, Ziff. 79.
[152] Set of Ideas, Annex zu UN doc. S/24472, Ziff. 82.
[153] Vgl. Anstötz, Perspektiven zur Neuordnung, S. 153; Stavrinides, Revisting the Ghali "Set of Ideas", S. 70.
[154] Vgl. dazu Frowein/Peukert, EMRK-Kommentar, Art. 1 des 1. ZP, Rn. 53 ff.

verbot keine Bedenken gab. Jedoch konnten die Volksgruppenvertreter sich nicht auf einen Kompromiss auf der Basis des *Set of Ideas* einigen. Es bleibt festzuhalten, dass hier, insbesondere auch aus zyperngriechischer Sicht, nicht mehr von der Rückführung aller Flüchtlinge und der Rückgabe sämtlicher Eigentümer ausgegangen worden ist.[155]

### 7. Lösung der Eigentumsfrage im Annan-Plan

Im Lösungsplan des UN-Generalsekretärs Annan wurden den Regelungen im *Set of Ideas* ähnliche aber ausführlichere und detailliertere Regelungen zur Neuordnung der Eigentumsverhältnisse vorgesehen. In seinem Bericht vom 1.4.2003 weist der UN-Generalsekretär ausdrücklich darauf hin, dass bei der Erarbeitung der Eigentumsregelungen Positionen und Entwicklungen in den Ansichten der UN in der Jugoslawienfrage, aber auch die Tatsache, dass die Ereignisse in Zypern 30 bis 40 Jahre zurückliegen, und dass die Hälfte der Zyperntürken und ein Drittel der Zyperngriechen in dieser Zeit ihr gesamtes Leben umstellen mussten, berücksichtigt wurden.[156] Es sei versucht worden, einen Kompromiss zu schaffen zwischen dem Interesse der jetzigen Bewohner der umstrittenen Grundstücke und Gebäude, dort weiterhin wohnen zu dürfen, und der früheren Besitzer, ihr Eigentum zurückzuerhalten bzw. wieder in ihre alten Heimatstätten zurückkehren zu dürfen.[157] Der Plan erachtete den Willen jener Personen vorrangig, denen Eigentum entzogen worden war, die umgesiedelt worden waren und dadurch nun in der Regel selbst Bewohner von umstrittenem Eigentum sind. Es sollte ihnen und ihren erbrechtlichen Nachfolgern ermöglicht werden, den Eigentumstitel des derzeit bewohnten Grundstücks im Austausch zu ihrem früheren Grundstück zu erwerben. Der Annan-Plan ist bei dem Referendum im März 2004 am ablehnenden Votum der zyperngriechischen Volksgruppe gescheitert. Er gilt aber dennoch als Grundlage für weitere Verhandlungen zur Wiedervereinigung Zyperns.[158]

Gemäß Art. 9 FoundA und der Landkarten, die dem Annan-Plan angehängt waren, sollte das Territorium des zyperntürkischen Teilstaates innerhalb von drei Jahren auf 28,5 % der Gesamtfläche der Insel reduziert werden. Ausgehend von 37 % der Gesamtfläche der Insel, die das derzeitige Gebiet der TRNZ einnimmt,[159] hätte dies eine Rückgabe von 8,5 % des derzeitigen Territoriums bedeutet. Es waren zwei Alternativen der Landrückgabe vorgesehen. Entweder sollte die Halbinsel Karpas im Nordosten der Insel, die am nächsten zur Südküs-

---

[155] So auch Anstötz, Perspektiven zur Neuordnung, S. 155 mit Verweis auf Stavrinides, Greek Cypriot Perceptions, S. 85 f.

[156] UN doc. S/2003/398, Report of the Secretary General, Ziff. 108.

[157] UN doc. S/2003/398, Report of the Secretary General, Ziff. 109.

[158] Vgl. dazu Bericht des UN-Generalsekretärs vom 28.5.2004, UN doc. S/2004/437.

[159] Bahçeli, Domestic Political Developments, S. 114.

te der Türkei liegt und daher besondere strategische Bedeutung hat, zurückgegeben werden, oder die Ebene von Morphou/Güzelyurt im Nordwesten, auf deren Gebiet sich die einzigen natürlichen Wasserquellen der Insel befinden, und deren Boden daher besonders fruchtbar ist. Die Frage der Landrückgabe stellte die türkische Seite folglich vor die Alternative eher strategische oder eher wirtschaftliche Nachteile in Kauf zu nehmen.[160] In den abgetretenen Gebieten wäre die Eigentumsrestitution für möglichst viele Zyperngriechen unbeschränkt zu vollziehen gewesen.[161] Gemäß Art. 9 Abs. 3 FoundA hätte dabei aber auch die gleichwertige Unterbringung der ausgesiedelten Zyperntürken gesichert werden müssen. Zur finanziellen Unterstützung der Umsiedlungen und zur Finanzierung und Beschaffung neuer Unterkünfte hatte die EU-Kommission bei Abschluss des *Foundation Agreements* die Organisation einer internationalen Geberkonferenz in Aussicht gestellt.[162]

Im verbleibenden Gebiet beider Gründerstaaten sollte gemäß Art. 10 FoundA die Restitution des Eigentums innerhalb von fünf Jahren unter Beachtung der Interessen sowohl der früheren Eigentümer als auch der jetzigen Bewohner und des Prinzips der Bizonalität erfolgen. Grundsätzlich wurde ein Recht auf Restitution anerkannt, jedoch waren in Art. 10 Abs. 3 lit. e) FoundA Übergangsfristen und Obergrenzen für die Rückführung von Flüchtlingen vorgesehen. In der dritten Fassung des Planes lagen die Obergrenzen bei 10 % der Bevölkerung je Gründerstaat und bei 20 % der Bevölkerung je Ortschaft. Darüber hinaus hätten die Gründerstaaten bis zum EU-Beitritt der Türkei den Zuzug zusätzlicher Personen aus dem jeweils anderen Gründerstaat durch eine gestaffelte Begrenzung der Wohnsitze regeln können.[163] Damit sollte dem Grundsatz der Bizonalität Rechnung getragen werden.

Frühere Eigentümer hätten nach dem Annan-Plan zunächst die Wahl zwischen Restitution und Entschädigung gehabt. Sie hätten das Grundstück aber auch verkaufen oder mit einem Grundstück tauschen können, das sie selbst erhalten hatten. Die Gründerstaaten sollten gemäß Art. 10 Abs. 3 lit. d) FoundA Anreize für den Eigentumsaustausch, den Verkauf, Langzeitvermietungen und -verpachtungen oder Leasing der Grundstücke schaffen, damit möglichst viele der jetzigen Bewohner weiterhin dort wohnen bleiben konnten. Im Falle der Nichtrestitution wären Enteignungsentschädigungen in Höhe des Wertes des Grundstückes zur Zeit des Eigentumsentzugs zuzüglich der Inflationsrate zu zahlen gewesen, Art. 10 Abs. 3 lit. a) FoundA. Derzeitige Nutzer und Besitzer von Grundstücken, die selbst Eigentum verloren hatten, hätten die Möglichkeit

[160] Meier, Politischer Bericht aus der Republik Türkei, S. 7.
[161] UN doc. S/2003/398, Report of the Secretary General, Ziff. 113.
[162] UN doc. S/2003/398, Report of the Secretary General, Ziff. 123.
[163] Siehe Art. 3 Abs. 4 FoundA.

gehabt, die Übertragung des Eigentums an dem jetzt bewohnten Grundstück im Austausch zu ihrem früheren Grundstück zu beantragen, Art. 10 Abs. 3 lit. b) FoundA zum Annan-Plan. Dasselbe sollte gelten, wenn das neue Grundstück inzwischen einen deutlichen Wertzuwachs erhalten hatte, z. B. durch den Bau eines neuen Gebäudes. Dabei sollte der Wert des Grundstücks im ursprünglichen Zustand gezahlt werden, Art. 10 Abs. 3 lit. c) FoundA. Beide Möglichkeiten, den Eigentumstitel zu erhalten, setzten aber voraus, dass der frühere Eigentümer des betroffenen Grundstücks selbst keine Restitution geltend macht.[164] Die Grundstücke, deren Restitution vom früheren Eigentümer verlangt worden wäre, hätten innerhalb eines Zeitraumes von fünf Jahren bei bewohnten und drei Jahren bei unbewohnten Grundstücken zurückgegeben werden sollen.[165] Personen, welche die zyprische Staatsbürgerschaft besitzen, hätten erst dann zur Räumung eines Grundstückes veranlasst werden dürfen, wenn ein angemessener und gleichwertiger Wohnraum für sie gefunden worden wäre, Art. 10 Abs. 3 lit. f) FoundA. Weiterhin wurde im Annan-Plan vorgesehen, dass religiöse Stätten, die 1963 oder 1974 als solche genutzt wurden, ohne Ausnahme innerhalb von drei Jahren nach Inkrafttreten des *Foundation Agreements* zurückgegeben werden sollten. Der Kirche und der zyperntürkischen Behörde für religiöse Stiftungen *Evkaf* hätte es dabei aber auch offen gestanden, Entschädigung statt Rückgabe zu fordern.[166]

Die Durchführung der Vorgaben im *Foundation Agreement* wurde durch ausführliche und weitreichende Bestimmungen in Annex VII zum Annan-Plan geregelt. Der Annan-Plan war damit der Lösungsplan mit den bisher differenziertesten Regelungen zur Neuordnung der Eigentumsverhältnisse in Zypern. Die Kompetenz zur Entscheidung über Rückgabe oder Entschädigung und deren Durchführung wurde einem unabhängigen und unparteilichen *Property Board* übertragen. Dieses sollte über alle Ansprüche entscheiden und alle weiteren Verwaltungsvorgänge abwickeln, so dass es zu keinen direkten Verhandlungen zwischen den Bürgern gekommen wäre.[167] Dieser Eigentumsausschuss hätte zunächst für zehn Jahre eingesetzt werden sollen. Er sollte aus zwei Zyperngriechen, zwei Zyperntürken und drei Nicht-Zyprern gebildet werden, die jedoch nicht aus der Türkei, aus Griechenland oder Großbritannien stammen durften. Seine Entscheidungen wären vor dem ebenfalls aus Zyperngriechen, Zyperntürken und mindestens drei Ausländern bestehenden *Property Court* anfechtbar gewesen.[168]

---

[164] Vgl. Art. 15 Annex VII zum Annan-Plan.

[165] Art. 17 Annex VII zum Annan-Plan.

[166] Dazu Art. 4 Annex VII zum Annan-Plan.

[167] Art. 10 Abs. 4 FoundA i. V. m. den Vorgaben in Annex VII Attachement 2 zum Annan-Plan.

[168] Art. 22 Annex VII zum Annan-Plan.

In Art. 5 Abs. 2 Annex VII zum Annan-Plan wurde ferner vorgesehen, dass die Teilstaaten zusammen mit dem neuen gemeinsamen Staat (*United Cyprus Republic*) gemäß Art. 37 EMRK die Einstellung aller anhängigen Prozesse vor dem EMRG bezüglich Eigentumsfragen auf Zypern beantragen sollten. Dem Plan war ein diesbezüglicher Antrag beigefügt. Gemäß dem Wortlaut des Art. 37 EMRK liegt es im Ermessen des Gerichtshofes, ob er die Verfahren einstellt oder nicht. Er kann ein Verfahren trotz eines solchen Gesuchs fortführen, wenn die Achtung der Menschenrechte, wie sie in der Konvention und den Protokollen dazu anerkannt sind, erforderlich ist. Es wäre daher abzuwarten gewesen, wie der Gerichtshof hier entschieden hätte. Angesichts des mühsam gefundenen Kompromisses und der Stabilisation der politischen Lage auf Zypern wäre eine Einstellung der Prozesse wünschenswert gewesen. Wegen der Ablehnung des Annan-Planes ist es jedoch nicht dazu gekommen.

### III. Schlussfolgerungen

Die Lösung der Eigentumsfrage ist der sensibelste und umstrittenste Bereich in der Zypernfrage.[169] Sie nimmt daher eine ausschlaggebende Rolle bei den Verhandlungen um eine Wiedervereinigung Zyperns ein. Die zyperngriechischen Vertriebenen von 1974 fordern die Wiedergutmachung erlittenen Unrechts und die Rückgabe des Eigentums. Zyperntürkische Bewohner, die 1963 größtenteils selbst vertrieben wurden und heute umstrittenes Eigentum bewohnen, wollen nicht erneut umgesiedelt werden. Für Türken, die vom Festland übersiedelten und schon lange Zeit in Nordzypern leben, ist zu beachten, dass ihre Umsiedlung oder Rückführung ebenfalls einer neuen Vertreibung gleichkommen würde.[170] Vor dem Hintergrund der Geschichte Zyperns, die von gegenseitigen Vertreibungen und Menschenrechtsverletzungen geprägt ist, können diese Interessen nur im Rahmen einer umfassenden Verhandlung, die alle Aspekte des Konflikts berücksichtigt, in Einklang gebracht werden. Wie bei anderen völkerrechtlichen Konflikten scheint auch hier nur der politische Kompromiss eine tragbare Basis für das zukünftige Zusammenleben gewährleisten zu können.[171] Die Interessen der früheren Eigentümer müssen mit dem Interesse der Gemeinschaft an Frieden und Rechtssicherheit in Einklang gebracht werden. In den bisherigen UN-Verhandlungen sind unter Teilnahme von Vertretern beider Volksgruppen Kompromisse gefunden worden, die einen Ausgleich der widerstreitenden Interessen hätten herbeiführen können. Vor allem der Annan-Plan wurde als historische Chance angesehen, die Teilung der Insel zu überwinden.

---

[169] Kramer, Die letzte Chance für Zypern, S. 6.

[170] Vgl. auch Reuter, Der UNO-Zypernplan, S. 29.

[171] von Laffert, Die völkerrechtliche Lage, S. 199 ff.; Heinze, Cyprus 2000, S. 98 f.

Im Gegensatz zu den politischen Verhandlungen geht es bei den Beschwerden vor dem EMRG immer um einen konkreten Sachverhalt, der auf einen Einzelfall begrenzt ist. Bei Sachverhalten, die im Zusammenhang mit einem internationalen Konflikt stehen, besteht die Gefahr, dass öffentliche Interessen, die bei dem Konflikt eine Rolle spielen und sich einschränkend auf die Rechte des Einzelnen auswirken können, nicht berücksichtigt werden. So wurden der historische Hintergrund des Zypernkonflikts, die vorausgegangenen Vertreibungen der Zyperntürken und ihr Vertrauensschutzinteresse im Loizidou-Fall nicht in die Wertung des Sachverhalts einbezogen. Damit ist die Rechtslage des zyperngriechischen Vertriebeneneigentums ohne Ausblick auf das öffentliche Interesse an der Überwindung der Teilung bewertet worden. Hinzugefügt werden muss, dass es sich bei Frau Loizidou nicht um einen Fall von Vertreibung gehandelt hat. Die Verletzung von Art. 8 EMRK wurde dementsprechend auch abgelehnt.[172]

Das Vorgehen des EMRG hat viele weitere Zyperngriechen dazu veranlasst, ihr Eigentumsrecht in Straßburg geltend zu machen. Der im *Set of Ideas* angestrebte Kompromiss hatte angesichts tausender Nachfolgeprozesse keine realistische Grundlage mehr, sich durchzusetzen. Der Kompromiss wurde zwar auch aus anderen Gründen abgelehnt, jedoch konnte sich der abzeichnende Prozess hin zu einem Ausgleich zwischen Rückgabe und Entschädigung nicht fortsetzen. Die zyperngriechische Führung hatte eigentlich keinen Anreiz mehr, einen Kompromiss mit den zyperntürksichen Verhandlungsführern auszuhandeln. [173] Die umstrittene Eigentumsfrage war ebenso für das Scheitern des Annan-Plans mit ausschlaggebend. Viele Zyperngriechen benannten die nur teilweise vorgesehene Rückgabe von Eigentum unter anderem als einen Grund ihrer Ablehnung.[174] Dies ist verständlich, wenn man bedenkt, welche Urteile ihnen vor dem EMRG erreichbar erscheinen. Insofern muss jedoch festgestellt werden, dass sich die Loizidou-Rechtsprechung negativ auf die Lösungsbemühungen im Zypernkonflikt ausgewirkt hat. Politische Zurückhaltung, wie sie manche Richter und Teile der Literatur gefordert haben, wäre hier notwendig gewesen.

Richter Pettiti führt dazu in seinem Minderheitsvotum treffend aus:

„[...] the whole problem of the two communities [...] has more to do with politics and diplomacy than with European judicial scrutiny based on the isolated case of Mrs Loizidou and her rights under Protocol No. 1 (P1). It is note-

[172] EMRG, Loizidou v. Turkey (Hauptsache), Urteil vom 18.12.1996, RJD Nr. 26, 1996, S. 2238, Ziff. 66.
[173] Gündüz, Creeping Jurisdiction, S. 40.
[174] NZZ vom 24./25.4.2004, Ringen um den Annan-Plan auf Zypern, S. 3.

worthy that since 1990 there has been no multiple inter-state application bringing the whole situation in Cyprus before the Court. That is eloquent evidence that the member States of the Council of Europe have sought to exercise diplomatic caution in the face of chaotic historical events which the wisdom of nations may steer in a positive direction."[175]

Die politische Zurückhaltung hätte aber nicht nur durch eine Miteinbeziehung der UN-Verhandlungen in die Würdigung des Sachverhalts erfolgen können, sondern auch durch eine genaue Klärung der im Hintergrund stehenden juristischen Fragen, vor allem der Frage nach den rechtlichen Grundlagen der türkischen Intervention. Mit anderen Worten: Der Gerichtshof konnte sich einer umfassenden Beurteilung eines Sachverhalts, der offensichtlich im Zusammenhang mit einem militärischen Konflikt stand, hier nicht entziehen, ohne dass sich seine Zurückhaltung in diesem Punkt wie die Parteinahme für eine der Konfliktparteien auswirkte.[176]

---

175 EMRG, Loizidou v. Turkey (Hauptsache), Urteil vom 18.12.1996, RJD Nr. 26, 1996, S. 2254.

176 Vgl. auch Huscheer, Die völkerrechtliche Verantwortlichkeit der Türkei, S. 398.

## Teil 3: Zusammenfassung und Ausblick

Der Zypernkonflikt geht auf den Unabhängigkeitskampf der zyperngriechischen Volksgruppe gegen die britische Kolonialmacht zurück. In dieser Zeit entwickelte sich in der zyperngriechischen Volksgruppe die Idee vom Anschluss Zyperns an das griechische Festland (*Enosis*) und in der zyperntürkischen Volksgruppe setzte sich der Teilungsgedanke durch. Ein Ausgleich dieser gegenseitigen Interessen wurde in der zyprischen Verfassung von 1960 gefunden, der die Beteiligung beider Volksgruppen an der Staatsmacht in einem dualen System vorsah und zur Bedingung der Unabhängigkeit der Republik Zypern gemacht wurde. Der Status quo wurde durch ein Garantievertrag zwischen der neu entstandenen Republik Zypern und den drei Garantiestaaten Großbritannien, Griechenland und Türkei, abgesichert. Mit dieser Lösung wurde nicht nur versucht, den ethnischen Konflikt beizulegen, sondern auch den strategischen Interessen der Garantiestaaten entgegenzukommen. Das duale System hielt jedoch nicht lange stand. 1963 kam es zum Zusammenbruch der politischen Kooperation und zur dauerhaften Ausgrenzung der zyperntürkischen Volksgruppe aus dem politischen, gesellschaftlichen und wirtschaftlichen Leben. Viele Zyperntürken wurden in dieser Zeit zu Flüchtlingen und verloren ihre Eigentümer. Zehn Jahre danach kam es zu einem Putsch gegen Präsident und Erzbischof Makarios durch die zyperngriechische Nationalgarde, unterstützt durch die Militärjunta in Griechenland. Die Türkei intervenierte militärisch und berief sich dabei auf Art. 4 GarantieV. Die Intervention führte zur faktischen Teilung Zyperns. Es kam dabei zu zahlreichen Menschenrechtsverletzungen und zu Flucht und Vertreibung von Zyperngriechen in den Südteil sowie von Zyperntürken in den Nordteil der Insel. Seitdem ist zwischen den Konfliktparteien umstritten, ob es sich bei dieser Intervention um einen Verstoß gegen das Gewaltanwendungsverbot des Art. 2 Nr. 4 UN-Charta gehandelt hat. Die Staatengemeinschaft nimmt zu dieser Frage zurückhaltend Stellung. Der Sicherheitsrat hat in seinen Resolutionen keinen Angriff oder Bruch des Gewaltverbotes festgestellt. Sanktioniert wurde dagegen die Ausrufung eines eigenen Staates durch die zyperntürkische Volksgruppe 1983, da darin ein Verstoß gegen das Teilungsverbot in Art. 2 GarantieV gesehen wurde. Kein Staat außer der Türkei hat bislang die TRNZ *de iure* anerkannt. Die Staatenqualität der TRNZ ist daher umstritten. Ihr kommt jedoch zumindest völkerrechtliche Teilsubjektivität als stabilisiertes De-facto-Regime zu. Außerdem wird seit dem Scheitern des Referendums zum Annan-Plan die Eigenständigkeit der zyperntürkischen Hoheitsmacht durch die Staatengemeinschaft zunehmend *de facto* anerkannt.

Bereits kurz nach der Intervention der Türkei hat die zyperngriechische Regierung Staatenbeschwerden vor der Europäischen Kommission für Menschenrechte im Namen der Republik Zypern erhoben. Sie rügte darin zahlreiche Menschenrechtsverletzungen an der zyperngriechischen Bevölkerung und die

Besetzung Nordzyperns durch türkische Streitkräfte. Die Kommission bejahte die Prozessführungsbefugnis der zyperngriechischen Regierung als Regierung der Republik Zypern, obwohl diese gemäß der Verfassung von 1960 unter Teilnahme von drei Zyperntürken gebildet werden muss. Die zyperngriechische Regierung ist zwar seit 1963 international *de facto* als Regierung der Republik Zypern anerkannt worden, gleichzeitig wurde jedoch weiterhin an der Verfassung von 1960 und den Gründungsverträgen von damals festgehalten. Dieser Widerspruch im Verhalten der Staatengemeinschaft wurde vor der Kommission – und später vom Gerichtshof – zu Gunsten der zyperngriechischen Regierung ausgelegt. Die Anerkennung einer Regierung selbst ist jedoch nur ein politischer Akt, der zwar ein Indiz für das Vorliegen der juristischen Kriterien, wie effektive Kontrolle, Unabhängigkeit und völkerrechtliche Legalität sein kann, diese aber nicht ersetzt. Die Kommission und der Gerichtshof hätten daher eine eigene Prüfung der Regierungsqualität an Hand rechtlicher Kriterien vornehmen müssen. Ferner wurde in den Entscheidungen der Kommission die umfassende Jurisdiktion der Türkei unter Art. 1 EMRK für Nordzypern sowie die Entbehrlichkeit einer Rechtswegerschöpfung befunden.

Der Gerichtshof hat im Loizidou-Fall, der ersten Individualbeschwerde vor dem Gerichtshof im Zusammenhang mit dem Zypernkonflikt, die Beurteilungen der Kommission in den Staatenbeschwerden weitgehend übernommen, ohne eigene Untersuchungen über mögliche Veränderungen der Hoheitsverhältnisse in Nordzypern anzustellen. So wurde der Umstand, dass inzwischen die TRNZ ausgerufen wurde nicht berücksichtigt. Ihre Stellung als De-facto-Regime blieb sowohl bei der Frage nach der Jurisdiktion der Türkei als auch bei der Beurteilung der Wirksamkeit der Verfassung der TRNZ von 1985 nur unzureichend untersucht. Konkret ging es um die Eigentumsrechte einer Zyperngriechin an Grundstücken, die im Norden der Insel liegen und die sie seit der faktischen Teilung der Insel 1974 nicht mehr erreichen kann. Die türkische Regierung erhob in diesem Verfahren den Einwand, dass der Gerichtshof *rationae loci* und *rationae temporis* nicht zuständig sei, da die Gerichtsbarkeit des EMRG nur für das Gebiet der Türkei und erst ab dem 22.10.1990 anerkannt worden war. Die Enteignung des zurückgelassenen zyperngriechischen Eigentums sei durch die Verfassung der TRNZ 1985 und somit vor diesem Datum erfolgt.

In einer eigenen Entscheidung zu den Verfahrenseinreden hat der Gerichtshof die territorialen Beschränkungen der Türkei für unwirksam, die Anerkennung der Gerichtsbarkeit aber insgesamt für wirksam befunden. Die Auslegung der EMRK in diesem Zusammenhang als Instrument des *ordre public européen* wurde in der Fachliteratur kritisch diskutiert. Die Zuständigkeit des Gerichtshofs *rationae temporis* konnte erst im Hauptverfahren in Verbindung mit der Frage nach dem bestehenden Eigentum geklärt werden.

Im Hauptverfahren hat der Gerichtshof dann eine effektive und umfassende Kontrolle der Türkei auf Grund ihrer hohen Militärpräsenz in Nordzypern angenommen und ihre Jurisdiktion gemäß Art. 1 EMRK bejaht. Es ist jedoch – auch unter Betrachtung der EMRK als einem Instrument des *ordre public européen* – äußerst problematisch, die Jurisdiktion der Türkei allein aufgrund ihrer Militärpräsenz anzunehmen. Vor allem angesichts der grundsätzlich territorialen Beschränkung des Jurisdiktionsbegriffes der EMRK, den der Gerichtshof im Bankovich-Fall betont hat, wäre es sachgerechter gewesen, im Einzelfall konkret zu prüfen, ob die Behörden der TRNZ eigenständig oder weisungsgebunden an türkische Organe gehandelt haben.

Ferner hat der Gerichtshof die Wirksamkeit der zyperntürkischen Verfassung mangels internationaler Anerkennung der TRNZ abgelehnt. Die Akte von De-facto-Regimes können jedoch nicht grundsätzlich als unwirksam angesehen werden. Der IGH hat Akte von De-facto-Regimes nur insofern als wirksam anerkannt, als es zur Organisation des alltäglichen Lebens notwendig ist. Jedoch bezog sich dies auf ein De-facto-Regime, das nicht demokratisch legitimiert war und dem sich die Bevölkerung nicht entziehen konnte. Dies könnte bei einem demokratisch legitimierten Regime anders sein. Bei der TRNZ handelt es sich um ein De-facto-Regime, das zwar wirtschaftlich und außenpolitisch von der Türkei abhängig ist, in dem sich aber die demokratische Willensbildung der Bevölkerung durchgesetzt hat. Dies zeigte sich vor allem an der im November 2003 neu gewählten Regierung und an der Bejahung des Annan-Plans im März 2004. Die TRNZ wird aber dennoch international nicht anerkannt, weil dies gegen das Teilungsverbot im Garantievertrag von 1960 verstoßen würde. Die Nichtanerkennung als Staat zwingt jedoch nicht zur Ablehnung der Wirksamkeit der Gesetze der TRNZ, selbst wenn es sich dabei um die Verfassung handelt. Die vom Gerichtshof angenommene Unwirksamkeit der Verfassung der TRNZ ist somit fraglich. Sachgerecht erscheint es, die Wirksamkeit der Akte eines De-facto-Regimes danach zu beurteilen, ob diese sich auf eine demokratische Legitimation zurückführen lassen. Geht man mit dem Gerichtshof davon aus, dass die Türkei umfassende und effektive Kontrolle über Nordzypern ausübt, wäre die Verfassung der TRNZ außerdem als eigener Akt der Türkei zu bewerten. Da die Türkei selbst als Staat anerkannt ist, wäre die Wirksamkeit der Verfassung der TRNZ dann unproblematisch. Es liegt hier ein Widerspruch in der Argumentation des Gerichtshofs vor, der die TRNZ einerseits als untergeordnete Verwaltung, also einem Organ der Türkei ansieht, andererseits aber auf die Nichtanerkennung der TRNZ als Staat abstellt. Mit der Annahme der umfassenden Jurisdiktion der Türkei und der Ablehnung der Wirksamkeit der Verfassung von 1985 hat der Gerichtshof jedenfalls der De-facto-Stellung der TRNZ – anders als der De-facto-Stellung der zyperngriechischen Regierung – keine rechtliche Bedeutung zugesprochen.

Aufgrund der Ablehnung der Wirksamkeit der zyperntürkischen Verfassung hat der Gerichtshof die wirksame Enteignung der umstrittenen Grundstücke verneint. Das Eigentumsrecht der Beschwerdeführerin würde weiterhin bestehen, so dass es sich hier um eine fortdauernde Situation handele, die gerügt werde. Die Zuständigkeit der Gerichtshofs *rationae temporis* wäre somit gegeben. In der Verhinderung des Zugangs zum Norden der Insel durch die türkischen Streitkräfte würde ferner eine Verletzung des Eigentumsrechts der Beschwerdeführerin liegen. Problematisch war und ist diese Rechtsprechung in zwei Punkten:

Zum einen wurde der Entzug des Eigentums in der Rechtsprechung des Gerichtshofs nur dann als fortdauernde Verletzung angesehen, wenn er ohne jegliche gesetzliche Grundlage erfolgt war. Dagegen wurde die Unwirksamkeit von Enteignungen wegen eines Verstoßes gegen das Völkerrecht nicht festgestellt. Die Enteignungen durch eine Besatzungsmacht unter Verstoß gegen Art. 46 HLKO wurden bislang als rechtswirksam anerkannt, so dass sich der Eigentumsentzug hier als einmaliger Akt darstellte. Insbesondere im Liechtenstein-Urteil, in dem es um die Enteignung von deutschem Vermögen nach dem Zweiten Weltkrieg ging, führte der Gerichtshof ohne eine Bezugnahme auf den völkerrechtswidrigen Charakter der Enteignungen aus, dass es sich dabei um den Entzug von Eigentum vor Inkrafttreten der EMRK handele und deswegen keine Rede von einer fortdauernden Verletzung sein könne.[1] Im Loizidou-Fall hat der Gerichtshof dagegen die Wirksamkeit der Enteignungen aufgrund der Unwirksamkeit der zyperntürkischen Verfassung abgelehnt und somit das Vorliegen einer fortdauernden Situation und seine Zuständigkeit *rationae temporis* bejaht. Die Wirksamkeit der zyperntürkischen Verfassung wurde jedoch, wie erwähnt, nicht ausreichend geprüft.

Zum anderen war die Verhinderung des Zugangs zum Norden Zyperns nicht nur auf türkische Streitkräfte zurückzuführen, sondern auch durch die UN-Pufferzone bedingt, die einen Ausbruch neuer Gewalt verhindern sollte. Sie war keine speziell gegen Frau Loizidou gerichtete Maßnahme. Vielmehr lag die Rechtsverletzung im Entzug des Eigentums 1974 und in der entschädigungslosen Enteignung durch Art. 159 VerfTRNZ. Dies wird besonders deutlich, wenn man bedenkt, dass viele Zyperngriechen ihre Eigentümer auch dann nicht nutzen könnten, wenn sie unbeschränkt freien Zugang zum Norden der Insel hätten, da diese derzeit aufgrund der Zuweisungen nach der Verfassung der TRNZ im Besitz zyperntürkischer oder türkischer Bewohner sind.

---

[1] EMRG, Fürst Hans-Adam II. von und zu Liechtenstein v. Deutschland, Urteil vom 12.7.2001, EuGRZ 2001, S. 466 ff., Ziff. 85.

Darüber hinaus hätte der Gerichtshof untersuchen können, ob die Enteignung des zyperngriechischen Eigentums durch die Verfassung der TRNZ einen Verstoß gegen das zwingende Völkerrecht darstellte und deswegen als unwirksam zu beurteilen war. Die Enteignung kann vor allem dann einen Verstoß gegen das zwingende Völkerrecht darstellen, wenn sie zur Vertreibung einer Volksgruppe eingesetzt wird, oder wenn der faktische Entzug des Eigentums den Tatbestand des Völkermordes erfüllt. Bei den Enteignungen in Nordzypern erscheint es schwierig, einen Verstoß gegen das *ius cogens* zu bejahen, da die Enteignungen nicht als Mittel der Vertreibung eingesetzt wurden und ferner die für den Tatbestand des Völkermordes erforderliche Absicht zur Auslöschung einer Volksgruppe nicht gegeben ist. Dennoch könnte die Enteignung als Mittel zur Aufrechterhaltung eines Zustandes, der durch völkerrechtswidrige Vertreibung herbeigeführt wurde, unwirksam sein. Jedoch ist zu bedenken, dass es sich bei der Vertreibung zwar um ein Rechtsverstoß von staatlicher Seite handelt, der als Verbrechen gegen die Menschlichkeit nicht anerkannt werden darf, andererseits aber auch die neu angesiedelte Bevölkerung nicht für die durch Vertreibung entstandene Lage verantwortlich gemacht werden kann. Es könnte den neuen Bewohnern aufgrund von Zeitablauf ein Vertrauensschutz entstanden sein, der die Wirksamkeit der Enteignungen rechtfertigt. Ob darüber hinaus bei der Intervention der Türkei ein Verstoß gegen das Gewaltanwendungsverbot als Grundsatz des zwingenden Völkerrechts vorlag, ist umstritten. Es handelte sich bei der Enteignung des Eigentums zumindest jedoch um Verstöße der türkischen Besatzungsmacht gegen die HLKO. Die Enteignungen können aber auch als entschädigungslose Enteignungen von Ausländern durch die TRNZ bewertet werden. In diesem Fall handelt es sich ebenfalls um völkerrechtswidrige, aber wirksame Enteignungen, so dass der Entzug des Eigentums vor Anerkennung der Gerichtsbarkeit des EMRG durch die Türkei abgeschlossen gewesen ist. Ansprüche auf Wiedergutmachung gegen die Türkei oder gegen die TRNZ können wegen der Mediatisierung des Einzelnen im Völkerrecht nur durch die zyperngriechische Regierung geltend gemacht werden.

Der Gerichtshof hat weiterhin das Vorliegen einer De-facto-Enteignung auf Grund der „besonderen Umstände“ des Falles abgelehnt. Damit wurde Bezug auf die Intervention der Türkei genommen. Der Gerichtshof scheint hier der Ansicht zu sein, dass es sich dabei um einen Verstoß gegen das Gewaltanwendungsverbot gehandelt hat und der Erwerb von Eigentum in diesem Zusammenhang entsprechend der Stimson-Doktrin nicht anerkannt werden darf. Diese besonderen Umstände werden aber vom Gerichtshof weder dargelegt, noch juristisch geprüft. Der Hinweis auf die UN-Resolutionen zur Nichtanerkennung der TRNZ kann hier nicht ausreichend sein, da diese sich nicht auf einen Verstoß gegen das Gewaltanwendungsverbot bei der Intervention der Türkei stützen, sondern auf das Teilungsverbot in Art. 2 des zyprischen Garantievertrages.

Im Ergebnis sprach der Gerichtshof der Beschwerdeführerin eine Nutzungsentschädigung zu und verurteilte die Türkei zur Rückgabe des Eigentums.

Die türkische Regierung weigerte sich zunächst, die umstrittene Entscheidung umzusetzen. Sie verwies auf die laufenden Verhandlungen zur Überwindung der Teilung Zyperns unter Schirmherrschaft der UN und die dort abzuwartende Lösung der Eigentumsfrage. Erst nach zahlreichen diplomatischen Verhandlungen im Ministerrat zahlte die Türkei die Nutzungsentschädigung in Höhe von ca. 1.090.000 Euro im Dezember 2003 an Frau Loizidou. Die Rückgabe des Eigentums wurde von der weiteren Entwicklung der politischen Lage auf Zypern abhängig gemacht und soll erst Ende 2005 wieder im Ministerrat verhandelt werden.[2] Inzwischen wurden tausende Nachfolgebeschwerden vor dem EMRG erhoben, die derzeit noch anhängig sind und die weitgehende finanzielle Folgen für die Türkei mit sich bringen können.

Die Schwierigkeit bei der Beurteilung der Beschwerden zum Eigentumsrecht im Zusammenhang mit dem Zypernkonflikt liegt darin, dass es sich hier um eine Problematik handelt, von der eine große Anzahl von Personen betroffen ist, und die Beschwerden in Hinblick auf die Geschichte des Konflikts nicht isoliert betrachtet werden können. Der noch ungelöste Zypernkonflikt hat zu Vertreibung und Verlust von Eigentum in beiden Volksgruppen geführt. Seit der Intervention der Türkei sind mehr als 30 Jahre vergangen, so dass eine Wiederherstellung des ursprünglichen Zustandes mit neuen Umsiedlungen in großem Rahmen und neuen Entwurzelungen verbunden wäre. Dies muss bei der Restitution des Eigentums berücksichtigt werden. Frieden auf Zypern kann nur durch die Auseinandersetzung mit der eigenen Geschichte erreicht werden. Vergangenheitsbewältigung bedeutet aber auch, das erlittene Leid der anderen Seite anzuerkennen und Kompromisse einzugehen. Die Interessen an Wiedergutmachung einerseits und am Bestandsschutz andererseits sollten in einen angemessenen Ausgleich gebracht werden. Nur so können Vertrauen und eine tragfähige Basis für das zukünftige Zusammenleben geschaffen werden. Die Politik bietet hier angemessene Mittel an, eine umfassende Lösung zu finden, die einen Ausgleich zwischen Rückgabe und Entschädigung schafft und die alle betroffenen Personen in Anspruch nehmen können. Der *Set of Ideas* des UN-Generalsekretärs Boutros Boutros Ghali und der jüngste Lösungsvorschlag des UN-Generalsekretärs Kofi Annan waren in dieser Hinsicht richtungsweisend.

Der EMRG wird dagegen nur auf Anrufung durch einen Beschwerdeführer tätig. Die Rechtsdurchsetzung erfolgt individuell und nur der konkrete Fall kann untersucht werden. Die rechtsprechende Gewalt ist daher nicht geeignet, eine angemessene Gesamtlösung für diesen Konflikt zu schaffen, der eine Viel-

[2] Resolution DH (2003) 191, 2.12.2003.

zahl von Rechtsverletzungen zur Folge hatte. Zumal der historische Hintergrund des Zypernkonflikts vor dem EMRG bislang unberücksichtigt blieb, ebenso wie die UN-Verhandlungen und das öffentliche Interesse an der Überwindung der Teilung Zyperns. Einige Richter kritisierten daher in ihren Minderheitsvoten zum Loizidou-Urteil, dass angesichts der diplomatisch schwierigen Lage eine stärkere politische Zurückhaltung des Gerichtshofs erforderlich gewesen wäre.

Die zahlreichen Nachfolgeprozesse vor dem EMRG haben sich auf den Annäherungsprozess der Volksgruppen insofern ausgewirkt, als dass einem realistischen Kompromiss in der Eigentumsfrage die Grundlage entzogen wurde. Der im *Set of Ideas* angestoßene Prozess hin zu einem Ausgleich zwischen Rückgabe und Entschädigung wurde somit beeinträchtigt. Auch wurde der Annan-Plan beim Referendum im April 2004 in der zyperngriechischen Volksgruppe nicht zuletzt wegen der Eigentumsregelungen abgelehnt, da diese im Vergleich zu der Rechtsprechung des EMRG restriktiver ausfallen.[3] Die Rechtsprechung des EMRG scheint sich damit negativ auf die politische Lage auf Zypern und die Chancen einer Wiedervereinigung ausgewirkt zu haben. Stärkere politische Zurückhaltung des Gerichtshofs hätte hier möglicherweise zu einem anderen Ergebnis geführt.

Im Oktober 2004 wurde der Fall eines Zyperntürken bekannt, der vor dem Obersten Gerichtshof der Republik Zypern ebenfalls sein Eigentumsrecht an einem im Süden der Insel gelegenen Grundstück mit Haus geltend machte.[4] Die Durchsetzung des Urteils wurde jedoch mit der Begründung ausgesetzt, dass vor der Rückgabe die Entwicklung der gesamten Rechtslage Zyperns abgewartet werden müsse.[5] Die zyperngriechische Regierung deutete sogar an, über die Enteignung des zyperntürkischen Eigentums nachzudenken. Der Beschwerdeführer schloss es nicht aus, sich angesichts dieser Lage ebenfalls an den EMRG zu wenden. Sollte eine solche Beschwerde erfolgen und sollte diese ebenso viele Nachfolgeprozesse nach sich ziehen, was nach dem Scheitern des Annan-Plans zu erwarten ist, wird sich die gesamte Regelung der Eigentumsfrage auf Zypern vor den EMRG verlagern. Ob dies in Hinblick auf den Charakter der EMRK als Schutzmechanismus für den Einzelnen als eine wünschenswerte Entwicklung angesehen werden kann, ist fraglich. Für die Entwicklung der Zypernfrage würde sie jedenfalls neues Potential für politische Auseinandersetzungen mit sich bringen.

---

[3] NZZ vom 24./25.4.2004, Ringen um den Annan-Plan auf Zypern, S. 3.

[4] Urteil des Supreme Court vom 24.9.2004; Evripidou, A Lose-Lose Situation, The Sunday Mail vom 3.10.2004; Simerini vom 28.9.2004.

[5] Erklärung des zyperngriechischen Innenministers vom 29.9.2004; Yaşın, in: Strateji, S. 6; Phileftheros vom 5.10.2004.

**English Summary**

The Cyprus conflict goes back to the fight of independence between the Greek Cypriots and the British Colonial Administration. Great Britain had obtained the island for administration in 1878 from the Ottoman Empire as consideration for their help against the Russian expansion and annexed it in1925. In the middle of the 1950s the idea of a unification of Cyprus with Greece, the idea of "enosis", arose among the Greek Cypriot community. The Turkish Cypriots, who opposed the idea of being dominated by a Greek government, favoured instead the idea of dividing the island into a Greek and a Turkish part. These opposing ideas were both accommodated in the constitution of 1960, which provided for the participation of both communities in all state powers in a dual system, and was made a condition of the independence of the new Republic of Cyprus. This solution was not only to end the ethnic conflict, but also to secure the strategic interests of Great Britain, Greece and Turkey in the Mediterranean Sea. The Treaty of Guarantee, which provided a right of intervention for the three guarantor states in case the state of affairs created was not respected, was also made part of the constitution. But the dual system was not sustained for a long time and broke down in 1963 to be followed by an enduring expulsion of the Turkish Cypriots from the political, economic and social life on the island. A great number of Turkish Cypriots were forced to leave their homes and lost their properties. Ten years later, in 1974, the Cyprus National Guard forces, with the support of the Greek junta forces, staged a coup d'état against archbishop and president Makarios and proclaimed *Enosis* of Cyprus with Greece. Turkey intervened invoking Article 4 of the Treaty of Guarantee and landed with its armed forces in Cyprus. This intervention led to the factual partition of the island causing a large number of human rights violations. Thousands of Greek Cypriots became refugees and had to flee to the southern part of Cyprus, whilst at the same time Turkish Cypriots had to flee to the north. Since then it has been controversially debated between the parties to the conflict, whether the intervention violated the prohibition of the use of force as set down in Article 2 No. 4 UN-Charter. The international community showed a restraining policy on this question. The Security Council did not determine an aggression or breach of the prohibition of the use of force in its relevant resolutions, but it did sanction the proclamation of an own independent Turkish Cypriot state in 1983. This was seen as a violation of Article 2 of the Treaty of Guarantee, which prohibited the division of Cyprus. With the exception of Turkey, no other state has until today recognized the Turkish Republic of Northern Cyprus (TRNC) *de iure* as a state. The status of the TRNC is therefore also discussed controversially, but at least it commands partial subjectivity in International Public Law as a stabilized *de facto*-regime. Especially since the Annan-Plan was rejected in a referendum in

April 2004, the international community recognizes to an increasing degree *de facto* the independence of the Turkish Cypriot regime.

A short time after the intervention, the Greek Cypriot government made its first state application to the European Commission for Human Rights against Turkey in the name of the Republic of Cyprus complaining of numerous human rights violations had occurred and the occupation of northern Cyprus through Turkish armed forces. The Commission accepted the *locus standi* (the standing to pursue a claim in the name of the Republic of Cyprus) of the Greek Cypriot government as the fact that the government of the Republic of Cyprus had not taken into account that the Constitution of 1960 provided that this government had to be confirmed by three Turkish and seven Greek Cypriot ministers. The Greek Cypriot government was *de facto* recognized by the international community as having been the government of the Republic of Cyprus since 1963, but the international community had still considered the Constitution of 1960 and the Treaties of Establishment as binding. This contradiction was interpreted by the Commission, and later on by the Court, in favour of the Greek Cypriot government. The recognition of a government itself is a political act. It can be an indication of the legality and legitimacy of a government. But it cannot replace the legal criteria like effective control, independence and legality in respect of Public International Law. The Commission would have had to make its own examination on the legal quality of the Greek Cypriot government on the basis of these legal criteria. During this state application the Commission further decided that Turkey exercises effective overall control in northern Cyprus and had jurisdiction over northern Cyprus in the sense of Article 1 of the European Convention on Human Rights (ECHR). Therefore Turkey was to be held fully responsible for the acts of the TRNC.

In the Loizidou case, the first individual application due to the Cyprus conflict in front of the European Court of Human Rights, the Court applied the results of the Commission obtained in the state applications, without examining whether the situation of powers had changed in northern Cyprus since then. Therefore the proclamation of the TRNC in 1983 and, if this proclamation had changed, the legal situation in northern Cyprus was not considered. Consequently it was not examined sufficiently whether the TRNC had as a *de facto*-regime the possibility to exercise jurisdiction over northern Cyprus and if the TRNC could itself enact a valid constitution. The case concerned the right to property of a Greek Cypriot woman, who complained that she was hindered by Turkish arms to reach her land in the north of Cyprus since the effective partition of the island in 1974. The Turkish government objected that the Court had jurisdiction in this case *rationae loci* and *rationae temporis* as the jurisdiction of the Court was accepted by Turkey only for the territory of the Turkish Republic since 22 January 1990. The government pointed out that the constitution of the

TRNC, which provided for the expropriation of the Greek Cypriot real property left in northern Cyprus, came into force before 22 January 1990 and therefore did not fall within the jurisdiction of the Court.

In its own decision on the preliminary objections, the Court rejected the objection *rationae loci* considering the territorial restrictions of Turkey to the declaration under Article 46 of the Convention, which relates to the acceptance of the jurisdiction of the Court, as being invalid while considering the declaration itself to be valid on the whole. The interpretation of the Convention in this context as an instrument of the European public order has been discussed very controversially in legal writings. The objection *rationae temporis* had to be examined in the decision on merits together with the question as to whether there was still existing possession.

In its decision on merits the Court did not attribute any legal validity to the constitution of the TRNC. The Court based this decision only on the lacking international recognition of the TRNC. But according to Public International Law the acts of a *de facto*-regime cannot be considered as legally invalid in general. In its advisory opinion on the military presence of South-Africa in Namibia, the International Court of Justice did accept the legal validity of acts of a *de facto*-regime insofar as the acts in question can only be ignored to the detriment of the inhabitants of the territory. This advisory opinion concerned a *de facto*-regime which did not have any democratic legitimacy, but which the population could not escape. Even more validity must be attributed to the acts of a *de facto*-regime, which is democratically legitimated. The TRNC is a *de facto*-regime which is dependent on Turkey economically, and due to its external relations. However, especially the election of a new government in November 2003, and the "yes" vote to the Annan-Plan, and with it to the reunification of Cyprus, in April 2004, showed that the free will of the Turkish Cypriots is realised by the TRNC. Furthermore, the reasons for the non-recognition should be taken into account. While most *de facto*-regimes were not recognized as states because of their lacking democratic legitimacy, the TRNC is not recognized *de iure* because of Article 2 of the Treaty of Guarantee, which prohibits the partition of Cyprus. But the non-recognition as a state does not compulsorily mean as a consequence that all acts of the TRNC are to be seen as legally invalid, even where the constitution is concerned. It is therefore to be called into question that the Court did not attribute any legal validity to the constitution of the TRNC. In cases of *de facto*-regimes it seems to be more fair to judge an act of state legally valid if it can be traced back to a democratic legitimisation by the people who live in the area, where the act of state in question is effective. Besides, the argumentation of the Court that Turkey exercises effective overall control over Northern Cyprus is contrary to the invalidity of the TRNC constitution. Assuming that Turkey has effective control would mean as a consequence that the constitution of the TRNC is an act of Turkey itself. If the legal validity of an act of state was to be judged by the international recognition of the entity which the act is attributed to, this would mean that the constitution of the TRNC is legally valid as Turkey is an internationally recognized state. The contradiction in the argumentation of the Court becomes even more apparent when we focus on how the acts of the TRNC were attributed to Turkey. On the one hand the Court sees the TRNC as a subordinated administration of Turkey, i.e. as an organ of state of Turkey. On the other hand the Court decides on the basis of the non-recognition of the TRNC as a state. By assuming that Turkey has the overall control over northern Cyprus and challenging the legal validity of the constitution of the TRNC because of its international non-recognition, the Court did not attribute any legal importance to the *de facto* quality of the TRNC – contrary to the way it had considered the *de facto* quality of the Greek Cypriot government.

By not attributing any legal validity to the TRNC constitution the Court rejected the validity of the expropriations of land carried out on the basis of this constitution. It concluded that the applicant still has her right to property and that she is claiming a continued violation of this right. Therefore her claim would fall within the jurisdiction of the Court since Turkey had recognized the jurisdiction of the Court in January 1990. The continuous denial of the applicant's access to her property in northern Cyprus by the Turkish arms and the ensuing loss of all control over the property would be and would continue to be a breach of Article 1 of Protocol No. 1. This decision is discussed controversially in two points:

Firstly, before the Loizidou-case, the Court had assumed an expropriation as a continued violation only in those cases, in which there was no legal basis for an expropriation at all. Further the Court did not examine whether an expropriation was invalid because of a violation of Public International Law. In the cases of German applicants who claimed their right to property, which was effected by the treaties of the Federal Republic of Germany with former Czechoslovakia and the UdSSR concerning the eastern frontier of Germany, the Court did not consider if the expropriations of land by the occupying states were carried out in violation of Article 46 of the Hague Convention respecting the Laws and customs of War on Land. The expropriations were assumed to be valid and as acts of an instance, not as continuing violations. The Court argued the same way in the cases of German applicants who claimed following the expropriations in the former German Democratic Republic. Especially in the Case of Prince Hans-Adam II of Liechtenstein against Germany, the Court did not take into account that the expropriation of German property by the "Beneš Decrees" was violating International Public Law. The Court pointed out that the expropriations were carried out before the entry into force of the European Convention on Human Rights and that under these circumstances there could be no question of a continuing violation of the Convention. The Court would not be competent *ratione temporis* to examine the circumstances of the expropriation or the continuing effects produced by it up to the that point in time. Consequently the Court has assumed that the expropriation in this case is also an instance act, which was concluded before the entry into force of the Convention, although it was carried out in violation of public international law. In the Loizidou-case the Court rejected the validity of the expropriations referring to the invalid constitution of the TRNC and concluded it was a continuing violation of the right to property which would fall under the Court's jurisdiction *rationae temporis*. However, as mentioned above, the validity of the TRNC constitution was not examined properly.

Secondly, the denial of the applicant's access to northern Cyprus was not only attributable to the Turkish armed forces, but also a consequence of the UN buffer zone, which was established to prevent a new outbreak of violence. This buffer zone was not an act or measure taken especially against Mrs. Loizidou. Her right to property was violated when the expropriations were carried out under Article 159 of the TRNC constitution without compensation. This becomes clearer considering that most of the Greek Cypriots would not be able to make use of their properties today even if they had access to northern Cyprus. Most of the former Greek Cypriot houses are currently inhabited by Turkish Cypriots or Turks, who were assigned those houses on the basis of Article 159.

Moreover, the Court could have examined whether the expropriation of the Greek Cypriot property was invalid because of a violation of compulsory principles of Public International Law *(ius cogens)*. Expropriations can be considered as being violations of *ius cogens* if they are utilized for the expulsion of an ethnic group or if the effective deprivation of the property fulfils the elements of genocide. In the case of northern Cyprus it would appear to be difficult to affirm a violation of *ius cogens*, as the expropriations carried out in 1985 were not for the purpose of expulsion. Furthermore, there was no intention to extinguish an ethnic group, which is an element of genocide, yet the expropriations could be invalid as a means of maintaining a situation which was created by expulsion. But it should be considered that even if expulsion is a crime against humanity committed by a state and therefore can not be recognized by other states, the population, which had settled in the effected areas after the expulsion, can not be made responsible for this new situation, even less so if they were refugees themselves. Because of the amount of time which has passed since the settlement took place, the new inhabitants could have a right to protection of confidence, which could justify the validity of the expropriations. Furthermore it has been discussed controversially whether the intervention of Turkey was a violation of the prohibition of use of force, which is a principle of *ius cogens*. At least it can be stated that the deprivation of the Greek Cypriot property was a violation by

Turkey as occupying state against the Hague Convention respecting the Laws and customs of War on Land. However, the expropriations could also be considered as being expropriations of foreigners without compensation carried out by the TRNC. In both cases the expropriations would have been carried out in violation of public international law, but still would be effectively valid acts as *ius cogens* was not violated. Therefore the deprivation of property was concluded before Turkey had accepted the jurisdiction of the Court. Claims for reparations against Turkey or the TRNC can only be made by the Greek Cypriot government, because of the mediatisation of the individual in Public International Law.

Referring to the intervention of Turkey, the Court further concluded that, because of the "exceptional circumstances", the situation in the Loizidou-case could not be regarded as either a deprivation of property or a control of use within the meaning of the first and second paragraphs of Article 1 of Protocol No. 1 (so called *de facto*-expropriation). The Court here seemed to assume that this intervention was a violation of the prohibition of use of force and that the expropriations in this context can, due to the "Stimson Doctrine", not be recognized as legally valid. But the exceptional circumstances were neither explained nor examined judicially by the Court. The reference to the UN resolutions concerning the non-recognition of the TRNC are not sufficient, as they do not refer to a violation of the prohibition of use of force, but instead to the prohibition of partition in Article 2 of the Treaty of Guarantee. As a result the Court assessed in the Loizidou-case a compensation for use and ordered Turkey to restore the property.

The Turkish government first refused to follow this controversially disputed decision. They referred to the negotiations under the auspices of the UN and pointed out that the results of these negotiations concerning the property issue are to be respected. After numerous diplomatic negotiations in the Committee of Ministers of the European Council, Turkey paid Mrs. Loizidou € 1,090,000 as compensation for use in December 2003. The Committee decided to resume consideration of the execution of the restoration of the property again at the end of 2005 taking into account the political situation in Cyprus at that time.[1] In the meantime thousands of similar cases are pending before the Court, which could mean far-reaching financial consequences for Turkey.

The difficulty in cases dealing with the property issue in Cyprus is that these cases refer to a conflict which a great number of people are affected by, and that the cases can barely be regarded as isolated from this conflict and the history of Cyprus. The unresolved Cyprus conflict caused displacement and loss of property in both communities. 30 years have passed since the intervention of

[1] Resolution DH (2003) 191, 02-12-2003.

Turkey. In restoring the property it must be considered that a total restoration of the former status quo would again cause new displacements. Peace in Cyprus can only be reached by dealing with its own history. Coming to terms with the past means also accepting that the other side had suffered as well, and making compromises. Only an appropriate settlement between the interests in restoration on the one side and the interests in protection of confidence on the other can create a fundamental basis for future coexistence. A comprehensive compromise between restoration and compensation, which all affected people could benefit from, can be found by political means. The Set of Ideas represented by the former UN Secretary General Boutros Boutros Ghali and the recent plan of reunification by the UN Secretary General Kofi Annan suggested going in this direction in this context.

In contrast, the European Court of Human Rights considers a case only when it is appealed to by an applicant. It decides only on the basis of the facts submitted in the specific case. The assertion of rights only takes place for that individual case. The jurisdiction does not seem to be appropriate to find a comprehensive solution for a conflict, which caused a great number of violations. Even more so because the historical background of the Cyprus conflict was not taken into account before the Court at all, as well as the negotiations under the auspices of the UN and the public interest in the reunification of Cyprus. Some of the judges in the Loiziodu-case criticised in their dissenting opinions that considering the difficult diplomatic situation in Cyprus the Court should have shown more political self-restraint in its decision making.

The numerous cases which followed before the Court have affected diplomatic negotiations in so far as they removed the basis for a realistic compromise on the property issue. The process initiated in the Set of Ideas towards an appropriate balance between restoration and compensation was affected negatively. The Annan-plan was also rejected at the referendum in April 2004 by the Greek Cypriots, not least because its reglementation on the property issue was more restrictive compared to the jurisdiction of the European Court of Human Rights. It seems that the jurisdiction of the Court has affected the political situation in Cyprus and the chances for reunification negatively. More political self-restraint would have probably led to a different result.

In October 2004 the Supreme Court of the Republic of Cyprus accepted the right to property of a Turkish Cypriot (land and house), which he had left in southern Cyprus in 1974 and decided that the land was to be returned to him.[2] The execution of the judgement was firstly put off on the grounds that the de-

[2] Judgement of 24-09-2004; Evripidou, A Lose-Lose Situation, The Sunday Mail, 03-10-2004; Simerini, 28-09-2004.

velopment of the political situation in the whole of Cyprus had to be awaited.[3] The Greek Cypriot government even hinted that the Turkish Cypriot property in southern Cyprus could be expropriated. The claimant declared that he would appeal to the ECHR if his property was not returned to him. If he should appeal to the Court and if this appeal should be followed by claims from other Turkish Cypriots, which can be expected after the rejection of the Annan-Plan, the whole reglementation of the property issue in Cyprus would be brought before the ECHR. It is debatable whether this is a desirable development, considering the character of the Convention as a mechanism of protection for individuals in the first place. As far as the development of the Cyprus conflict is concerned it would bring even more potential for further political disputes.

[3] Declaration of the Greek Cypriot Minister for Internal Affairs of Sept. 29, 2004; Yaşın, in: Strateji, p. 6; Phileftheros, 05-10-2004.

LITERATURVERZEICHNIS

A.S.M.E. HUMANITAS E. V. (Hrsg.), Bericht der Kommission des Europarates über Menschenrechte auf Zypern 1974, übersetzt von S. Hofmeister, Iphofen o. J; zit.: ASME, Humanitas, Bericht der Kommission.

ABI-SAAB, GEORGES / BLUMENWITZ, DIETER / CRAWFORD, JAMES / DUGARD, JOHN / GREENWOOD, CHRISTOPHER / HAFNER, GERHARD / ORREGO-VICUNA, FRANCISCO / PELLET, ALAIN / SCHERMES HENRY / TOMUSCHAT, CHRISTIAN, Gutachten zu Rechtsfragen, die sich aus bestimmten Bevölkerungsüberführungen und -verbringungen auf dem Gebiet der Republik Zypern seit dem 20. Juli 1974 ergeben, 1999; zit.: Abi-Saab u.a., Gutachten.

AN, AHMET C., Kıbrıs nereye gidiyor? (Quo vadis Zypern?), Istanbul 2002.

ANASTASIOU, HARRY, Communication Across Conflict Lines: The Case of Ethnically Divided Cyprus, in: Journal of Peace Research (London) 39 (2002) 5, S. 581-596; zit.: Anastasiou, Communication Across Conflict Lines.

ANSTÖTZ, STEPHAN, Perspektiven zur staatlichen Neuordnung Zyperns, Frankfurt a. M. 2003; zit.: Anstötz, Perspektiven zur Neuordnung.

ARSAVA, A. FÜSUN, Der Zypernkonflikt, eine völkerrechtliche Bewertung, Hamburger Beiträge zur Friedensforschung und Sicherheitspolitik, Hamburg Dezember 1997; zit. Arsava, Der Zypernkonflikt.

ASMUSSEN, JAN, Wir waren wie Brüder, Zusammenleben und Konfliktentstehung in ethnisch gemischten Dörfern auf Zypern, Hamburg 2001.

AXT, HANS-JÜRGEN, Die S-300 Raketen und die Türkei, in: Internationale Politik, Heft 11/2000, S. 29-30.

AXT, HEINZ-JÜRGEN, Gordischer Knoten in Kopenhagen nicht durchgeschlagen: Zypern, die Türkei und die EU, in: Integration 26 (2000) 3, S. 66-77; zit.: Axt, Zypern, die Türkei und die EU.

AXT, HEINZ-JÜRGEN / BREY, HANSJÖRG, Cyprus and the European Union, New Chances for solving an old Conflict?, München 1997.

AXT, HEINZ-JÜRGEN / CHOISI, JEANETTE, Politisches System, in: Grothusen, Klaus-Detlev u.a. (Hrsg.), Südosteuropa-Handbuch, Bd. 8: Zypern, Göttingen 1998, S. 196-239.

BAHÇELI, TOZUN, Domestic Political Developments, in: Grothusen, Klaus-Detlev u. a. (Hrsg.), Südosteuropa-Handbuch, Bd. 8: Zypern, Göttingen 1998, S. 91-125.

BAHÇELI, TOZUN, Searching for a Cyprus Settlement: Considering Options for Creating a Federation, a Confederation, or Two Independent States, in: Publius (Philadelphia) 30 (2000) 1-2, S. 203-216; zit.: Bahçeli, Searching for a Cyprus Settlement.

BAHÇELI, TOZUN / RIZOPOULOS, NICHOLAS X., The Cyprus Impasse, in: World Policy Journal (New York) Vol. 13, Winter 1996/97, S. 27-39.

BELLERS, JÜRGEN / BRENNER, THORSTEN / GERKE, INES M., Handbuch der Außenpolitik, Wien, Oldenburg 2001.

BENVENISTI, EYAL / ZAMIR, EYAL, Private claims to property rights in the future Israeli-Palestinian settlement, in: American Journal of International Law (Washington, D. C.) 89 (1995), S. 295-340.

BERNARDT, RUDOLF (HRSG.), Encyclopedia of Public International Law, North Holland, Amsterdam, New York, Oxford 1992-2000.

BERNARDT, RUDOLF, Ultra vires activities of international organizations, in: Makarczyk, Jerzy, Theory of international law at the threshold of the 21st century, Den Haag 1996.

BERNER, UWE, Das Vergessene Volk, Der Weg der Zyperntürken von der Kolonialzeit bis zur Unabhängigkeit, Pfaffenweiler 1992.

BEŞLER, A. FÜSUN, Die völkerrechtliche Lage Zyperns unter besonderer Berücksichtigung des Selbstbestimmungsrechts, München 1973; zit.: Beşler, Die völkerrechtliche Lage Zyperns.

BIÇAK, HASAN ALI, Dept of the Greek Cypriot administration to the Turkish Cypriot community after global exchange of properties between two sides, in: Ülger, Irfan Kaya / Efegil, Ertan, Avrupa Birliği Kıskacında Kıbrıs Meselesi (Bugünü ve Yarını), 2. Auflage, Ankara 2001, S. 211-226; zit.: Bıçak, Dept of the Greek Cypriot administarion.

BIRAND, M. ALI, 30 heiße Tage, Köln 1999.

BLUMENWITZ, DIETER, Einführung, in: ders. (Hrsg.), Flucht und Vertreibung, Köln, Berlin u.a. 1987; zit.: Blumenwitz, Flucht und Vertreibung.

BLUMENWITZ, DIETER, Interessenausgleich zwischen Deutschland und den östlichen Nachbarstaaten, Die deutsch-tschechische Erklärung vom 21. Januar 1997 und die Ansprüche der deutschen Heimatvertriebenen, Köln 1998; zit.: Blumenwitz, Interessenausgleich.

BLUMENWITZ, DIETER, Das Recht auf die Heimat, in: ders. (Hrsg.), Recht auf die Heimat im zusammenwachsenden Europa: ein Grundrecht für nationale Minderheiten und Volksgruppen, Frankfurt a.M. u. a. 1995, S. 41-64.

BLUMENWITZ, DIETER, Der Schutz des Eigentums vertriebener Volksgruppen, Zur Loizidou-Entscheidung des Europäischen Menschenrechtsgerichtshofs, Hofmann, Mahulena / Küpper, Herbert (Hrsg.), Kontinuität und Neubeginn, Staat und Recht in Europa zu Beginn des 21. Jahrhunderts, Festschrift für Georg Brunner, Baden-Baden 2001, S. 572-582; zit.: Blumenwitz, Der Schutz des Eigentums vertriebener Volksgruppen.

BLUMENWITZ, DIETER, Der Vertrag vom 12. September 1990 über die abschließende Regelung in bezug auf Deutschland, NJW 1990, S. 3041-3048.

BLUMENWITZ, DIETER, Die Liechtenstein-Entscheidung des Europäischen Gerichtshofs für Menschenrechte, in: AVR 40 (2002), S. 215-242; zit.: Blumenwitz, Die Liechtenstein-Entscheidung.

BLUMENWITZ, DIETER, Minderheiten- und Volksgruppenrecht: Aktuelle Entwicklung, Bonn 1992; zit.: Blumenwitz, Minderheiten- und Volksgruppenrecht.

BLUMENWITZ, DIETER, Souveränität, Gewaltverbot, Menschenrechte, in: Politische Studien, Heft 4/1999, S. 19 ff.

BLUMENWITZ, DIETER, The legal status of Greek Cyriots and Turkish Cypriots as parties of a future agreement for Cyprus, 1991, in: Ertekün, M. Necati Münir (Hrsg.), The Status of the two Peoples in Cyprus, 2. Auflage, Nicosia 1997, S. 85-95; zit.: Blumenwitz, The legal status.

BLUMENWITZ, DIETER, Volksgruppen und Minderheiten: politische Vertretung und Kulturautonomie, Berlin 1995; zit.: Blumenwitz, Volksgruppen und Minderheiten.

BLUMENWITZ, DIETER, Cyprus: Political and Legal Realities, in: Perceptions, Journal of International Affairs (Ankara) Vol. IV No. 3, Spt.-Nov. 1999, S. 67-77; zit.: Blumenwitz, Political and Legal Realities.

BREWIN, CHRISTOPHER, The European Union and Cyprus, Huntingdon 2000.

BREY, HANSJÖRG, Economic Performance and Competitiveness: The Republic of Cyprus, in: Axt, Heinz-Jürgen / Brey, Hans-Jörg, Cyprus and the EU, New Chances for solving an old conflict?, München 1997, S. 55-62.

BREY, HANSJÖRG / HEINRITZ, GÜNTER, Bevölkerungsverteilung und Siedlungsstruktur in Zypern nach 1974, Beihefte zum Tübinger Atlas des vorderen Orients, Reihe B, (Geisteswissenschaften) Nr. 76, Wiesbaden 1988; zit.: Brey / Heinritz, Bevölkerungsverteilung.

BUCHHEIT, LEE C., Secession: The Legitimacy of Self-Determination, New Haven u. a. 1978; zit.: Buchheit, Secession.

CALLIESS, CHRISTIAN / RUFFERT, MATTHIAS (HRSG.), Kommentar des Vertrages über die Europäische Union und des Vertrages zur Gründung der Europäischen Gemeinschaft, Neuwied 1999.

CHOISI, JEANETTE, Wurzeln und Strukturen des Zypernkonfliktes 1878 bis 1990, Ideologischer Nationalismus und Machtbehauptung im Kalkül konkurrierender Eliten, Stuttgart 1993; zit.: Choisi, Wurzeln und Strukturen des Zypernkonfliktes.

CHRYSOSTOMIDES, KYPROS, The Republic of Cyprus: A Study in International Law, Den Haag u. a. 2000; zit.: Chrysostomides, The Republic of Cyprus.

CLERIDES, GLAFKOS, Cyprus: My Deposition, Vol. 1, Nicosia 1989.

CLUTTERBUCK, RICHARD, International crisis and conflict, New York 1993.

COHEN-JONATHAN, G., L´affaire Loizidou devant la Cour européenne des droits de l´homme, quelques observations, in: Revué générale de droit international public (Paris) 1998, S. 123-144; zit.: Cohen-Jonathan, L´affaire Loizidou.

CONSTANTOPULOS, DIMITRI S., Die türkische Invasion in Zypern und ihre völkerrechtlichen Aspekte, in: German Yearbook of International Law 21 (1978), S. 272-310; zit.: Constantopoulos, Die türkische Invasion in Zypern.

COT, JEAN PIERRE, La responsabilité de la Turquie et le respect de la Convention européene dans la partie nord de Chypre, observations sous CEDH, 18 décembre 1996, Loizidou c. Turquie, in: Revue trimestrielle des droits de l'homme (Brüssel) 33 (1998), S. 77-116; zit.: Cot, La responsabilité de la Turquie.

CRAWSHAW, NANCY, The Cyprus Revolt, London 1978.

DAHM, GEORG, Völkerrecht, Band I/2, Stuttgart 1961.

DAHM, GEORG / DELBRÜCK, JOST / WOLFRUM, RÜDIGER, Völkerrecht, Bände I-II, 2. Auflage, Berlin, New York 1989, 2002.

DE ZAYAS, ALFRED-MAURICE, “Population, Expulsion and Transfer”, in: Bernhardt, Rudolf (Hrsg.), Encyclopedia of Public International Law, Vol. III, North Holland u. a. 1997, S. 1062-1068.

DIPLA, HARTINI, Responsabilité de l'état et droits de l'homme: L'arrêt de la Cour de Strassbourg en l'affaire Loizidou c. Turquie, in: Revue Hellénique de Droit International (Athen) 1997, S. 17-42.

DISCHLER, LUDWIG, Die Zypernfrage (Dokumente Band XXXIII), Frankfurt a. M., Berlin 1960.

DODD, CLEMENT H., Storm Clouds over Cyprus, A Briefing, 2. Auflage, Huntingdon 2002.

DODD, CLEMENT H., The Cyprus Imbroglio, Huntingdon 1998.

DOEHRING, KARL, Völkerrecht, Heidelberg 1999.

DOLZER, RUDOLF, "Requisitions", in: Bernhardt, Rudolf (Hrsg.), Encyclopedia of Public International Law, Vol. IV, North Holland u. a. 2000, S. 205-208.

DRZEMCZEWSKI, ANDREW / MEYER-LADEWIG, JENS, Grundzüge des EMRK-Kontrollmechanismus nach dem am 11. Mai 1994 unterzeichneten Reform-Protokoll (Nr. 11), in: EuGRZ 1994, S. 317-322; zit.: Drzemczewski / Meyer-Ladewig, Grundzüge des EMRK-Kontrollmechanismus.

DUNÉR, BERTIL, Cyprus: North is North, and South is South, in: Security Dialogue (London) Vol. 30 (1999) 4, S. 485-496; zit.: Dunér, Cyprus.

EHRLICH, THOMAS, International Crisis and the rule of Law, Cyprus, 1958-1967, Oxford 1974.

EMERSON, MICHAEL, Welcome to Northern Cyprus – autonomous entitiy of the European Union, Center for European Policy Studies, Dezember 2004.

ERTEKÜN, NECATI MÜNIR (HRSG.), The Status of the two Peoples in Cyprus, 2. Auflage, Nikosia 1997.

ERTEKÜN, NECATI MÜNIR, Human Rights and the Cyprus Question, in: Human Rights and the Cyprus Question in the Context of the CSCE Process, Turkish Cyprus Human Rights Committee Seminar, Proceedings 9-11 Spt. 1991, Lefkoşa 1991.

ERTEKÜN, NECATI MÜNIR, The Cyprus Dispute and The Birth of the Turkish Republic of Northern Cyprus, 2. Auflage, Oxford 1984; zit.: Ertekün, The Cyprus Dispute.

ERTEKÜN, NECATI MÜNIR, The Loizidou Case: A miscarriage of Justice, in: Perceptions, Journal of International Affairs (Ankara) Vol. IV No. 3, Spt.-Nov. 1999, S. 143-148; zit.: Ertekün, The Loizidou Case.

ERTEKÜN, NECATI MÜNIR / NECATIGIL, ZAIM M., The right of the Turkish Cypriot People to Self-Determmination, 2. Auflage, Lefkoşa 1996.

ERTEKÜN, NECATI MÜNIR / OLGUN, ERGÜN (HRSG.), Cyprus and the European Union: The Turkish Cypriot View and some selected Articles, United Nations Association of Northern Cyprus, Lefkoşa 1996.

EVANGELIDES, PETROS, The Republic of Cyprus and its constitution with special regard to the constitutional rights, Bamberg 1996; zit.: Evangelides, The Republic of Cyprus and its Constitution.

EVRIPIDOU, STEFANOS, A Lose-Lose Situation, The Sunday Mail, 3.10.2004.

FASSBENDER, BARDO, Der Fürst, ein Bild und die deutschen Gerichte, in: EuGRZ 2001, S. 459-466.

FAZ-PORTRÄT, Mehmet Ali Talat – Wahlsieger in Nordzypern, in: FAZ, 15.12.2003.

FISHER, RONALD J., Cyprus: The Failure of Mediation and the Escalation of an Identitiy-Based Conflict to an Adversarial Impasse, in: Journal of Peace Research (London) 38 (2001) 3, S. 307-326.

FRIBERGH, ERIK / VILLIGER, MARK, The European Commission of Human Rights, in: Macdonald, Ronald St. J. / Matscher, Franz / Petzold, Herbert (Hrsg.), The European System for the Protection of Human Rights, Dodrecht 1993, S. 605-620.

FROMONT, MICHEL, La garantie du droit de propriété selon la Cour européenne des droits de l'homme, in: Fiedler, Wilfried / Ress, Georg (Hrsg.), Verfassungsrecht und Völkerreht, Gedächtnisschrift für Wilhelm Karl Geck, Köln u.a. 1989, S. 213-228.

FROWEIN, JOCHEN ABR., Das de facto-Regime im Völkerrecht, Köln, Berlin 1968.

FROWEIN, JOCHEN ABR., "De-Facto Régime", in: Bernhardt, Rudolf (Hrsg.), Encyclopedia of Public International Law, Vol. I, North Holland u. a. 1992, S. 966-968.

FROWEIN, JOCHEN ABR., Eigentumsschutz im Europarecht, in: Grewe, Wilhelm / Rupp, Hans / Schneider, Hans (Hrsg.), Europäische Gerichtsbarkeit und nationale Verfassungsgerichtsbarkeit, Festschrift für Hans Kutscher, Baden-Baden 1981, S. 189-200.

FROWEIN, JOCHEN ABR., Probleme des allgemeinen Völkerrechts vor der Europäischen Kommission für Menschenrechte, in: v. Münch, Ingo (Hrsg.), Staatsrecht, Völkerrecht, Europarecht, Festschrift für Hans-Jürgen Schlochauer, Berlin u. a. 1981, S. 289-300; zit.: Frowein, Probleme des allgemeinen Völkerrechts.

FROWEIN, JOCHEN ABR., The Protection of Property, in: Macdonald, Ronald St. J. / Matscher, Franz / Petzold, Herbert (Hrsg.), The European System for the Protection of Human Rights, Dodrecht 1993, S. 515-530.

FROWEIN, JOCHEN ABR. / PEUKERT, WOLFGANG, Europäische Menschenrechtskonvention, EMRK-Kommentar, 2. Auflage, Kehl u. a. 1996; zit.: Fowein / Peukert, EMRK-Kommentar.

GAZIOĞLU, AHMET C., Security Council Resolution 186 and UNFICYP, in: Perceptions, Journal of International Affairs (Ankara) Vol. VI No. 1, March-May 2001, S. 39-60.

GELINSKY, KATJA, Der Schutz des Eigentums gemäß Art. 1 des ersten Zusatzprotokolls zur Europäischen Menschenrechtskonvention, Berlin 1996; zit.: Gelinsky, Der Schutz des Eigentums.

GIBBONS, HARRY SCOTT, The Genocide Files, London 1997.

GOLSONG, HERIBERT, Interpreting the European Convention on Human Rights Beyond the Confines of the Vienna Convention on the Law of Treaties?, in: Macdonald, Ronald St. J. / Matscher, Franz / Petzold, Herbert (Hrsg.), The European System for the Protection of Human Rights, Dodrecht 1993, S. 147-162; zit.: Golsong, Interpreting the Convention.

GONZÁLEZ, MARGARITA, Der völkerrechtliche Status des Panamakanals nach Ablauf der Übergangszeit im Jahr 1999, Frankfurt a. M. 2000; zit.: González, Der völkerrechtliche Status des Panamakanals.

GRABENWARTER, CHRISTOPH, Europäische Menschenrechtskonvention, Wien 2003.

GROTHUSEN, KLAUS-DETLEV / STEFFANI, WINFRIED / ZEVAKIS, PETER (HRSG.), Südosteuropa-Handbuch, Bd. 8: Zypern, Göttingen 1998.

GUMPEL, WERNER, Economic Performance and Competitiveness in the Turkish Republic of Northern Cyprus, in: Axt, Heinz-Jürgen / Brey, Hans-Jörg, Cyprus and the EU, New Chances for solving an old conflict?, München 1997, S. 63-73.

GÜNDÜZ, ASLAN, Creeping Jurisdiction of the European Court of Human Rights: the Bankovich Case vs. the Loizidou Case, in: Perceptions, Journal of International Affairs (Ankara) Vol. VII No. 3, Spt.-Nov. 2002, S. 5-43; zit.: Gündüz, Creeping Jurisdiction.

GÜRBEY GÜLISTAN, Zypern – Genese eines Konfliktes, Pfaffenweiler 1988.

HARTWIG, MATTHIAS, "Panama Canal", in: Bernhardt, Rudolf (Hrsg.), Encyclopedia of Public International Law, Vol. III, North Holland u. a. 1997, S. 878-885.

HEINRITZ, GÜNTER, Geographische Grundlagen, in: Grothusen, Klaus-Detlev u. a. (Hrsg.), Südosteuropa-Handbuch, Bd. 8: Zypern, Göttingen 1998, S. 19-37.

HEINTZE, HANS-JOACHIM, Menschen- und flüchtlingsrechtliche Bestimmungen im Dayton-Abkommen und das Rückkehrrecht für Bürgerkriegsflüchtlinge, in: AWR-Bulletin 1997, S. 44-57.

HEINTZE, HANS-JOACHIM, Entscheidungen des Europäischen Menschenrechtsgerichtshofs als Politikersatz?, in: Hasse, Jana / Müller, Erwin / Schneider, Particia (Hrsg.), Menschenrechte, Bilanz und Perspektiven, Baden-Baden 2002, S. 442-457.

HEINZE, CHRISTIAN, Cyprus 2000, München 2000.

HEINZE, CHRISTIAN, Zum Stand des Zypern-Konflikts, in: ZfP 38 (1991), S. 406-427.

HIGGINS, ROSALYN, The Taking of Property by the State: Recent Developments in International Law, in: Recueil des Cours (Den Haag) 1982,Vol. III, S. 257-391.

HILL, GEORGE, The History of Cyprus, 4 Bde., Camebridge 1940-1952.

HUSCHEER, ANDRÉ, Die völkerrechtliche Verantwortlichkeit der Türkei für Menschenrechtsverletzungen in Nordzypern, in: ZeuS 1998, S. 389-422; zit.: Huscheer, Die völkerrechtliche Verantwortlichkeit der Türkei.

ILC, Commentaries to the draft articles on Responsibility of States for internationally wrongful acts, adopted by the International Law Commission at its fifty-third session (2001), extract from the Report of the International Law Commission on the work of its Fifty-third session, Official Records of the General Assembly, Fifty-sixth session, Supplement No. 10 (A/56/10), chp.IV.E.2, November 2001; zit.: ILC, Commentaries.

IPSEN, KNUT, Völkerrecht, 5. Auflage, München 2004.

JOSEPH, JOSEPH S., Cyprus: Ethnic Conflict and International Politics, 2. Auflage, London u. a. 1997 (Nachdruck 1999); zit.: Joseph, Cyprus.

KÄLIN, WALTER, Die Vorbehalte der Türkei zu ihrer Erklärung gem. Art. 25 EMRK, in: EuGRZ 1987, S. 421-429.

KÁRADI, MATTHIAS Z. / LUTZ, DIETER S., Außen- und Sicherheitspolitik, in: Grothusen, Klaus-Detlev u. a. (Hrsg.), Südosteuropa-Handbuch, Bd. 8: Zypern, Göttingen 1998, S. 126-154.

KAZAN, IŞIL, Cyprus and the Eastern Mediterranean, seen from Turkey, in: Diez, Thomas (Hrsg.) The European Union and the Cyprus Conflict, Manchester und New York 2002, S. 54 ff.

KIMMINICH, OTTO, Das Recht auf die Heimat, 3. Auflage, Bonn 1989.

KIZILYÜREK, NIYAZI, Der Zypernkonflikt unter besonderer Berücksichtigung der internationalen Abhängigkeitsverhältnisse, Bremen 1990.

KLEBES-PELLISIER, ANNE, L'ârret Chypre contre Turquie du 10 Mai 2001, quelque observations, in: L'Europe des Libértes (Straßburg) 3e année No. 7, Janvier 2002; zit.: Klebes-Pelliser, L'ârret Chypre contre Turquie.

KOKOTT, JULIANE / DOEHRING, KARL / BUERGENTHAL, THOMAS, Grundzüge des Völkerrechts, 3. Auflage, Heidelberg 2003.

KOMMISSION DER EUROPÄISCHEN GEMEINSCHAFTEN, Regelmäßiger Bericht 2001 über die Fortschritte Zyperns auf dem Weg zum Beitritt, Brüssel 13.11.2001, SEK(2001) 1745; zit.: Regelmäßiger Bericht der Kommission 2001.

KOMMISSION DER EUROPÄISCHEN GEMEINSCHAFTEN, Agenda 2000, Erweiterung, Regelmäßiger Bericht 1998 der Kommission über Zyperns Fortschritte auf dem Weg zum Beitritt, in: Bulletin der EU, Heft 5/1998, Beilage; zit.: Regelmäßiger Bericht der Kommission 1998.

KOMMISSION DER EUROPÄISCHEN GEMEINSCHAFTEN, Die Erweiterung der Gemeinschaft: Aufgaben und Herausforderungen, Stellungnahme der Kommission zum Beitrittsantrag der Republik Zypern. in: Bulletin der EU, Beilage 5/1993. ; zit.: Stellungnahme der Kommission.

KRAMER, HEINZ, Die Letzte Chance für Zypern, Stiftung Wissenschaft und Politik, Deutsches Institut für Internationale Politik und Sicherheit, Diskussionspapier, Dezember 2002 (unveröffentlicht).

KRAMER, HEINZ, Patt auf Zypern, in: SWP-Aktuell, Heft 13, Mai 2002, S. 1-8.

KRAMER, HEINZ / HEIN, KIRSTIN, Ein neuer Präsident in Nordzypern, in: SWP-Aktuell, Heft 17, April 2005, S. 1-8.

KRIEGER, HEIKE, Das Effektivitätsprinzip, Berlin 2000.

KRÜGER, HANS CHRISTIAN, Probleme der Beweiserhebung durch die Europäische Menschenrechtskommission, Vorträge, Reden und Berichte aus dem Europa-Institut - Sektion Rechtswissenschaft - Nr. 331, hrsg. von Georg Ress / Torsten Stein, (Vortrag vor dem Europa-Institut der Universität des Saarlandes, Saarbrücken, den 31. Januar 1996); zit.: Krüger, Beweiserhebung.

LAFFERT, GERD VON, Die völkerrechtliche Lage des geteilten Zypern und Fragen seiner staatlichen Reorganisation, Frankfurt a. M. 1995; zit.: v. Laffert, Die völkerrechtliche Lage.

LANDAU, JACOB, Johnson's 1964 letter to Inönü and Greek lobbying of the white House, in: Turkish Yearbook of International Relations (Ankara) Heft 14 (1974), S. 45-58.

LAUTERPACHT, ELIHU, Turkish Republic of Northern Cyprus – The right of Self-determination of the Turkish Cypriots (9 March 1990), in: Ertekün, M. Necati Münir (Hrsg.), The Status of the two Peoples in Cyprus, 2. Auflage, Nikosia 1997, S. 9-14 (Anhang zu UN Doc. A/44/928 und S/21190 (1990); zit.: Lauterpacht, The right of Self-determination.

LAUTERPACHT, ELIHU, Turkish Republic of Northern Cyprus – The status of the two communities in Cyprus (10 July 1990), in: Ertekün, M. Necati Münir (Hrsg.),The Status of the two Peoples in Cyprus, 2. Auflage, Nikosia 1997, S. 15-38 (Anhang zu UN Doc. A/44/968 und S/21463 (1990); zit.: Lauterpacht, The status of the two communities in Cyprus.

LEIGH, MONROE, The legal status in international law of the Turkish Cypriot and the Greek Cypriot communities in Cyprus (20 July 1990), in: Ertekün, M. Necati Münir (Hrsg.), The Status of the two Peoples in Cyprus, 2. Auflage, Nikosia 1997, S. 54-68 (Anhang zu UN Doc. A/44/967 und S/21420 (1990); zit.: Leigh, The legal status in international law.

LIMBACH, JUTTA, Das Bundesverfassungsgericht als politischer Machtfaktor, in: Humboldt Forum Recht, Beitrag 12, 1996, http.www.humboldt-forum-recht.de/12-1996/Seite1.html.

MACDONALD, RONALD ST. J. / MATSCHER, FRANZ / PETZOLD, HERBERT (HRSG.), The European System for the Protection of Human Rights, Dodrecht 1993.

MAHONEY, PAUL / PREBENSEN, SOREN, The European Court of Human Rights, in: Macdonald, Ronald St. J. / Matscher, Franz / Petzold, Herbert (Hrsg.), The European System for the Protection of Human Rights, Dodrecht 1993, S. 621-644.

MAIER, FRANZ GEORG, Cypern – Insel am Kreuzweg der Geschichte, 2. Auflage, München 1982; zit.: Maier, Cypern.

MARKIDES, KYRIACOS C., The Rise and Fall of the Cyprus Republic, London 1977.

MARTENS, MICHAEL, Kein ungetrübtes Verhältnis zur EU, in: FAZ, 30.03.2004, S. 6.

MAVRATSAS, CAESAR V., Aspects of the Cyprus Problem: Political cuture and Civil Society, in: Culture in Common – Living Cultures in the Cypriot Communities, in: Deutsch –Zyprisches Forum, Köln 2003, S. 37-39.

MEIER, MAX GEORG, Politischer Bericht aus der Republik Türkei, in: Hans-Seidel-Stiftung e.V. (Hrsg.), Berichte aus dem Ausland, Heft 2/2003.

MENDELSON, MAURICE H., Why Cyprus' entry into the European Union would be illegal, Legal Opinion, London 2001.

MENG, WERNER, "Stimson-Doctrine", in: Bernhardt, Rudolf (Hrsg.), Encyclopedia of Public International Law, Vol. IV, North Holland u. a. 2000, S. 690-693.

MERRILLS, J. GRAHAM, The developement of international law by the European Court of Human Rights, Manchester 1988.

MITTELBERGER, PHILLIP, Der Eigentumsschutz nach Art. 1 des Ersten Zusatzprotokolls zur EMRK im Lichte der Rechtsprechung der Straßburger Organe, Bern 2000; zit.: Mittelberger, Der Eigentumsschutz nach Art. 1.

MÜHLEISEN, HANS-OTTO, Der Zypernkonflikt 1950-1984, in: Inseln als Brennpunkte internationaler Politik, Köln 1986, S. 97-144; zit: Mühleisen, Der Zypernkonflikt.

MÜLLER, JÖRG PAUL / WILDHABER, LUZIUS, Praxis des Völkerrechts, 3. Auflage, Bern 2001.

NECATIGIL, ZAIM M., Chrysostomos and Papachrysostomou v. Turkey, Journal for Cyprus Studies (Gazimağusa), Vol. 2 No. 3 (1996), S. 217-266.

NECATIGIL, ZAIM M., De Facto Regime in International Law: With Particular Reference to the TRNC, in: Perceptions, Journal of International Affairs (Ankara) Vol. VI No. 3, Spt.-Nov. 2001, S. 56-75.

NECATIGIL, ZAIM M., The Cyprus Question and the Turkish Position in International Law, 2. Auflage, Oxford 1993; zit.: Necatigil, The Cyprus Question.

NECATIGIL, ZAIM M., The Lozidou Case: A Critical Examination, in: Perceptions, Journal of International Affairs (Ankara) Vol. IV No. 3, Spt.-Nov. 1999, S. 149-178; zit.: Necatigil, The Loizidou Case.

NEDJATIGIL, ZAIM M., The Cyprus Conflict – A Lawyer's View, 2. Auflage, Lefkoşa, Northern Cyprus 1982; zit.: Nedjatigil, The Cyprus Conflict.

NOLTE-FISCHER, GEORG, Eingreifen auf Einladung, Berlin 1999.

OETER, STEFAN, Selbstbestimmungsrecht im Wandel, Überlegungen zur Debatte um Selbstbestimmung, Sezessionsrecht und „vorzeitige“ Anerkennung, in: ZaöRV 52 (1992), S. 741-775; zit.: Oeter, Selbstbestimmungsrecht im Wandel.

OKRESEK, WOLF, Die Umsetzung der EGMR-Urteile und ihre Überwachung, Probleme der Vollstreckung und der Behandlung von Wiederholungsfällen, in: EuGRZ 2003, S. 168-174.

OLGUN, M. ERGÜN, Confederation: The Last Chance for Establishing a New Partnership in Cyprus, in: Perceptions, Journal of International Affairs (Ankara) Vol. VI No. 1, March-May 2001, S. 21-38.

ÖZERSAY, KUDRET, Kıbrıs Sorunu, Hukuksal bir inceleme (Das Zypernproblem, Eine rechtliche Untersuchung), Ankara 2002; zit.: Özersay, Kıbrıs Sorunu.

PABST, MARTIN, Bewegung auf Zypern, aber nicht im Zypernkonflikt, in: Vereinte Nationen, Heft 4/2003, S. 121-128; zit.: Pabst, Bewegung auf Zypern.

PARAMESWARAN, BENJAMIN, Vertreibung und Rückkehrrecht, Zur Frage eines Rückkehrrechts der palästinensischen Flüchtlinge von 1947/48, in: AVR 41 (2003), S. 1-61; zit.: Parameswaran, Vertreibung und Rückkehrrecht.

PATRICK, RICHARD A., Political Geography and the Cyprus Conflict, 1963-1971, University of Waterloo, Ontario 1976; zit.: Patrick, Political Geography.

PETERS, ANNE, Einführung in die Europäische Menschenrechtskonvention, München 2003.

POLAT, NECATI, Self-determination, violence and modernity, in: Diez, Thomas (Hrsg.) The European Union and the Cyprus Conflict, Manchester und New York 2002, S. 98-117.

RAVAUD, CAROLINE, The Committee of Ministers, in: Macdonald, Ronald St. J. / Matscher, Franz / Petzold, Herbert (Hrsg.), The European System for the Protection of Human Rights, Dodrecht 1993, S. 645-656.

RESS, GEORG, “Guarantee”, in: Bernhardt, Rudolf (Hrsg.), Encyclopedia of Public International Law, Vol. II, North Holland u. a. 1995, S. 626-634.

RESS, GEORG, “Guarantee Treaties”, in: Bernhardt, Rudolf (Hrsg.), Encyclopedia of Public International Law, Vol. II, North Holland u. a. 1995, S. 634-637.

RESS, HANS-KONRAD, Die Zulässigkeit territorialer Beschränkungen bei der Anerkennung der Zuständigkeit des Europäischen Gerichtshofs für Menschenrechte, in: ZaöRV 56 (1996), S. 427-438; zit.: Ress, Die Zulässigkeit territorialer Beschränkungen.

REUTER, JÜRGEN, Der UNO-Zypernplan – eine rechtliche und politische Analyse, in: KAS-Auslandsinformationen, Heft 2/2003, S. 4-41; zit.: Reuter, Der UNO-Zypernplan.

REUTER, JÜRGEN, Schwierige Gespräche auf Zypern, in: Die Politische Meinung, Nr. 388, März 2002, S. 29-36.

REUTER, JÜRGEN, Zähes Ringen um Zyperns Zukunft, in: Die Politische Meinung, Nr. 375, Februar 2001, S. 71-78.

RICHMOND, OLIVER, Mediating in Cyprus, The Cypriot Communities and the United Nations, London 1998; zit.: Richmond, Mediating in Cyprus.

RICHTER, HEINZ A., Historische Hintergründe des Zypernkonflikts, in: THETIS 4 (1997), S. 309-318.

RONZITTI, NATALINO, Rescuing Nationals Abroad Through Military Coercion and Intervention on Grounds of Humanity, Dodrecht 1985.

RUDOLF, BEATE, Loizidou v. Turkey, in: American Journal of International Law (Washington, D. C.) Vol. 91, July 1997, S. 532-537.

RUMPF, CHRISTIAN, Das türkische Verfassungssystem, Einführung mit vollständigem Verfassungstext, Wiesbaden 1996.

RUMPF, CHRISTIAN, Die Anerkennung des Individualbeschwerderechts gemäß Art. 25 EMRK durch die Türkei, in: ZaöRV 47 (1987), S. 778-805.

RUMPF, CHRISTIAN, Die staats- und völkerrechtliche Lage Zyperns, in: EuGRZ 1997, S. 533-546.

RUMPF, CHRISTIAN, Nochmals: Zypern und Türkei vor den Menschenrechtsorganen, in: EuGRZ 1992, S. 457-466; zit.: Rumpf, Zypern und Türkei.

RUMPF, CHRISTIAN, Rezension zu Laffert, Gerd v., Die völkerrechtliche Lage des geteilten Zypern und Fragen seiner staatlichen Reorganisation, in: ZaöRV 56 (1996), S. 875-888.

RUMPF, CHRISTIAN, Türkei, EMRK und Zypernfrage: Der Fall Chrysostomos, in: EuGRZ 1991, S. 199-203; zit.: Rumpf Türkei, EMRK und Zypernfrage.

RUMPF, CHRISTIAN, Verfassung und Recht, in: Grothusen, Klaus-Detlev u. a. (Hrsg.), Südosteuropa-Handbuch, Bd. 8: Zypern, Göttingen 1998, S. 155-195.

RUMPF, CHRISTIAN, Verträge, in: Grothusen Detlev (Hrsg.), Südosteuropa-Handbuch, Bd. 8: Zypern, Göttingen 1998, Dokumentarischer Anhang, S. 875-888.

RUMPF, HELMUT, UNO-Prinzipien im Widerspruch, Zur Dialektik von Gewaltverbot, souveräner Gleichheit, Nichteinmischung und Selbstbestimmung in den politischen Organisationen der Vereinten Nationen, in: v. Münch, Ingo (Hrsg.), Staatsrecht, Völkerrecht, Europarecht, Festschrift für Hans-Jürgen Schlochauer, Berlin u. a. 1981, S. 577-601.

SCHLOCH, BRUNO, Zypern wird EU-Mitglied – und der Konflikt?, in: Hessische Stiftung Friedens- und Konfliktforschung, Report 14/2003.

SCHLÖTZER, CHRISTIANE, Auf der Insel des springenden Feuers, in: SZ, 12.2. 2003, S. 3.

SCHLÖTZER, CHRISTIANE, Grummeln auf Zypern, in: SZ, 11.9.2003, S. 7.

SCHLÖTZER, CHRISTIANE, Millionen Scheck für ein verlassenes Haus, in: SZ, 4.12.2003, S. 8.

SCHLÖTZER, CHRISTIANE, Moderate Regierung in Nordzypern Perfekt, in: SZ, 12.1.2004, S. 6.

SCHLÖTZER, CHRISTIANE, Zehntausende Zypern-Türken fordern Wiedervereinigung, in: SZ, 15.1.2003, S. 7.

SCHÖBENER, BURKHARD, Schutz der Menschenrechte mit militärischer Gewalt: die humanitäre Intervention zwischen Völkerrecht und internationaler Politik, in: ZfP 47 (2000), S. 293-317.

SCHULTHEIS, WERNER C., Anhang, in: Birand, M. Ali, 30 heiße Tage, Köln 1999, S. 153-208; zit.: Schutheis, Anhang zu Birand, 30 heiße Tage.

SCHWEITZER, MICHAEL / WEBER, ALBRECHT, Handbuch der Völkerrechtspraxis der Bundesrepublik Deutschland, Baden-Baden 2004; zit.: Schweitzer / Weber, Handbuch der Völkerrechtspraxis.

SEIDL-HOHENVELDERN, IGNAZ, Lexikon des Rechts, Völkerrecht, 3. Auflage, Neuwied 2001; zit.: Seidl-Hohenveldern, Völkerrecht.

SEIDL-HOHENVELDERN, IGNAZ, Eigentumsschutz nach der EMRK und nach dem Allgemeinen Völkerrecht im Lichte der EMRG-Entscheidungen in den Fällen James und Lithgow, in: Fortschritt im Bewußtsein der Grund- und Menschenrechte, Festschrift für Felix Ermacora, Kehl am Rhein 1998, S. 181-193.

SEIDL-HOHENVELDERN, IGNAZ, Internationales Konfiskations-, und Enteignungsrecht, Berlin 1952.

SEIDL-HOHENVELDERN, IGNAZ / TORSTEN STEIN, Völkerrecht, 10. Auflage, Köln 2001.

SIESS-SCHERZ, INGRID, Bestandsaufnahme: Der EMRG nach der Erweiterung des Europarates, in: EuGRZ 2003, S. 100-107.

SIMMA, BRUNO (HRSG.), Charta der Vereinten Nationen, München 1991.

SINAGRA, AUGUSTO, Illegality and Non-Recognition of the State, in: Perceptions, Journal of International Affairs (Ankara) Vol. VII No. 2, June-Aug. 2002, S. 32-57.

STAVRINIDES, ZENON, Greek Cypriot Perceptions, in: Dodd, Clement H. (Hrsg.), Cyprus: The Need for New Perspectives, Huntingdon 1999, S. 54-96.

STAVRINIDES, ZENON, Is a Compromise Settlement in Cyprus Still Possible? Revisiting the Ghali 'Set of Ideas'; in: Journal of Cyprus Studies, (Gazimağusa) 14/15, Vol. 5, No. 1-2, Winter-Spring 1999, S. 51-71, entspr. The Cyprus Review (Nicosia) Vol. 11, No. 1, S. 11-32; zit.: Stavrinides, Revisiting the Ghali 'Set of Ideas'.

STAVRINIDES, ZENON, The Cyprus Conflict, Nicosia, 1975.

STEGEN, JOERN, Die Rolle der Parlamentarischen Versammlung als Motor des Europarates, in: Holtz, Uwe (Hrsg.), 50 Jahre Europarat, Baden-Baden 2000, S. 79-90.

STEPHEN, MICHAEL, Cyprus and the Rule of Law, in: Perceptions, Journal of International Affairs (Ankara) Vol. IV No. 3, Spt.-Nov. 1999, S. 78-90.

STIVACHTIS, YANNIS A., Greece and the Eastern Mediterranean region: security considerations, the Cyprus imperative and the EU option, in: Diez, Thomas (Hrsg.) The European Union and the Cyprus Conflict, Manchester und New York 2002, S. 37-53.

STÖCKER, HANS A., Wirkungen der Urteile des Europäischen Gerichtshofs für Menschenrechte in der Bundesrepublik, in: NJW 1982, S. 1905-1909.

STRUPP, KARL / SCHOCHAUER, HANS-JÜRGEN (HRSG.), Wörterbuch des Völkerrechts, Bd. 1, 2. Auflage, Berlin 1960.

STÜWE, KLAUS, Das Bundesverfassungsgericht als verlängerter Arm der Opposition?, in: Aus Politik und Zeitgeschichte, B 37-38/2001, S. 34 ff.

TALMON, STEFAN, Kollektive Nichtanerkennung illegaler Staaten. Grundlagen und Folgen einer international koordinierten Sanktion dargestellt am Beispiel der Türkischen Republik Zypern, Tübingen 2006 (im Erscheinen); zit.: Talmon, Kollektive Nichtanerkennung.

TALMON, STEFAN, Recognition of governments in international law: with particular reference to governments in exile, Oxford 1998; zit.: Talmon, Recognition of governments.

TALMON, STEFAN, The Cyprus Question before the European Court of Justice, in: European Journal of International Law (Oxford) Vol. 12 No. 4, S. 727-750.

TALMON, STEFAN, The Legal Consequences of (Non) Recognition: Cyprus and the Council of Europe, in: Evans, Malcolm D. (Hrsg.), Aspects of Statehood and Institutionalism in Contemporary Europe, Darthmouth 1997, S. 57-81; zit.: Talmon, Consequences of (Non) Recognition.

TATLI, SUZAN, Der Zypern-Konflikt, Pfaffenweiler 1986.

THEOPHANOUS, ANDREAS, Prospects for Solving the Cyprus Problem and the Role of the European Union, in: Publius (Philadelphia) 30 (2000) 1-2, S. 217-242; zit: Theophanous, Prospects for Solving the Cyprus Problem.

TOCCI, NATHALIE, The Cyprus Question: Reshaping Community Identities and Elite Interests Within a Wider European Framework, Centre for European Policy Studies (CEPS), Brüssel 2000.

TOLUNER, SEVIN, Kıbrıs Uyuşmazlığı ve Milletlerarası Hukuk (Zypernkonflikt und Völkerrecht), Istanbul 1977; zit.: Toluner, Kıbrıs Uyuşmazlığı.

TOMUSCHAT, CHRISTIAN, Das Recht auf die Heimat, Neue rechtliche Aspekte, in: Jekewitz, Jürgen (Hrsg.), Des Menschen Recht zwischen Freiheit und Verantwortung, Festschrift für Karl Josef Partsch, Berlin 1989, S. 183-212.

TOMUSCHAT, CHRISTIAN, Die Vertreibung der Sudetendeutschen, Zur Frage des Bestehens von Rechtsansprüchen nach Völkerrecht und deutschem Recht, in: ZaöRV 56 (1996), S. 1-69; zit.: Tomuschat, Die Vertreibung der Sudetendeutschen.

TOMUSCHAT, CHRISTIAN, Individueller Rechtschutz: das Herzstück des „ordre public européen" nach der Europäischen Menschenrechtskonvention, in: EuGRZ 2003, S. 95-100.

TOMUSCHAT, CHRISTIAN, Turkey's Declaration under Article 25 of the European Convention on Human Rights, in: Fortschritt im Bewußtsein der Grund- und Menschenrechte, Festschrift für Felix Ermacora, Kehl am Rhein 1998, S. 119-139; zit.: Tomuschat, Turkey's Declaration.

TORNARITIS, CRITON G., Cyprus and its constitutional and other legal problems, 2. Auflage, Nikosia 1980.

TRAVERNIER, PAUL, Le droit international dans la jurisprudence de la Court européenne des droits de l'homme, l'apport des arrêts Loizidou c. Turquie, in: Goy, Raymond, Du droit interne au droit internationale, S. 411-427; zit.: Travernier, Le droit international dans la jurisprudence de la CEDH.

TZERMIAS, PAVLOS, Die Geschichte der Republik Zypern, 3. Auflage, Tübingen 1998.

ÜLGER, IRFAN KAYA / EFEGIL, ERTAN, Avrupa Birliği Kıskacında, Kıbrıs Meselesi (Die Zypernfrage in der Zwickmühle der EU), 2. Auflage, Ankara, 2001.

ULRICH, STEFAN, Der Friedhof der Diplomaten, in: SZ, 11.12.2002, S. 7.

VAN DIJK, PIETER / VAN HOOF, G.J.H., Theory and Practice of the European Convention on Human Rights, 3. Auflage, Den Haag, London, Boston 1998.

VARVAROUSSIS, PARIS, Der Beitritt Zyperns zur Europäischen Union und die Sicherheit in der Region, in: Südosteuropa Mitteilungen, Heft 3/2003, S. 60-73.

VARVAROUSSIS, PARIS, Deutschland und die Zypernfrage, Die UN- und EU-Vermittlung, eine Dokumentation, München 1995.

VERDROSS, ALFRED / SIMMA, BRUNO, Universelles Völkerrecht, 3. Auflage, Berlin 1984.

WERNICKE, CHRISTIAN, Verkappte Anerkennung, in: SZ, 26.04.2004, S. 2.

WERNICKE, CHRISTIAN / HAAS, SYBILLE, EU beendet Isolation, in: SZ, 30.4.2004.

WIPPMAN, DAVID, International Law and Ethnic Conflict on Cyprus, in: Texas International Law Journal (Austin, Tex.) Vol. 31, 1996, S. 141-180; zit.: Wippman, International Law and Ethnic Conflict.

WITTMANN, JOHANN, Self-restraint als Ausdruck der Gewaltenteilung, in: Rill, Bernd (Hrsg.), Fünfzig Jahre freiheitlich-demokratischer Rechtsstaat, Baden-Baden 1999, S. 109-124.

YAŞIN, GÖZDE KILIÇ, Loizdou'ya karşı Arif Mustafa davası (Der Prozess Arif Mustafa als Erwiderung zum Prozess Loizidou), in: Strateji, Beilage zu Cumhuriyet (Istanbul) vom 14.10.2004, S. 6; zit.: Yaşın, in: Strateji.

ZERVAKIS, PETER, Historische Grundlagen, in: Grothusen, Klaus-Detlev u. a. (Hrsg.), Südosteuropa-Handbuch, Bd. 8: Zypern, Göttingen 1998, S. 38-90.

ZERVAKIS, PETER, Rezension zu Claude Nicolet, United State Policy towards Cyprus, 1954-1974: Removing the Greek-Turkish Bone of Contention, in: Südosteuropa Mitteilungen, Heft 6/2003, S. 93-96.

ZIEGLER, KATJA S., Fluchtverursachung als völkerrechtliches Delikt, die völkerrechtliche Verantwortlichkeit des Herkunftsstaates für die Verursachung von Fluchtbewegungen, Berlin 2002; zit.: Ziegler, Fluchtverursachung als völkerrechtliches Delikt.

**Weitere zitierte Zeitungen:**

Athener Zeitung (Deutschland)
Neue Zürcher Zeitung (Schweiz)
The Sunday Mail (Großbritannien)
Cumhuriyet, Hürriyet, Radikal (Türkei)
Afrika, Kıbrıs, Phileleftheros, Simerini, The Cyprus Mail (Zypern)

## AUGSBURGER SCHRIFTEN ZUM STAATS- UND VÖLKERRECHT

Begründet von Professor Dr. Dieter Blumenwitz

Band 1 Fritz-Harald Wenig: Rechtsprobleme des innerdeutschen Handels.

Band 2 Wilfried Niedermeier: Der Beitritt der Bundesrepublik Deutschland zum Statut des Internationalen Gerichtshofes unter besonderer Berücksichtigung der obligatorischen Gerichtsbarkeit.

Band 3 Johann G. Gleich: Die Anerkennung der DDR durch die Bundesrepublik.

Band 4 Matthias Weigand: Der Vertrag über die gegenseitigen Beziehungen zwischen der Bundesrepublik Deutschland und der Tschechoslowakischen Sozialistischen Republik vom 11. Dezember 1973 - Eine völkerrechtliche Analyse.

Band 5 Werner Trützschler von Falkenstein: Die sich ändernde Bedeutung der Feindstaatenartikel (Artikel 53 und 107 der Satzung der Vereinten Nationen) für Deutschland.

Band 6 Reiner Schenk: Die Viermächteverantwortung für Deutschland als Ganzes, insbesondere deren Entwicklung seit 1969.

Band 7 Wolfgang Wagner: Die Verwirklichung der Menschenrechte im Pakt der Vereinten Nationen über bürgerliche und politische Rechte vom 16. Dezember 1966, im Grundvertrag und den ihn begleitenden Nebeninstrumenten.

Band 8 Ulrich Wacker: Der Konflikt verschiedener Rechtssysteme vor, während und nach der Kolonialzeit in Kenia.

Band 9 Wolfgang Enders: Der mexikanische Bundesstaat. Die politische und sozioökonomische Problematik eines föderalen Verfassungssystems in einem Land der "Dritten Welt".

Band 10 Heiner Hasford: Die Jurisdiktion der Europäischen Gemeinschaften. Zur extraterritorialen Wirkung des Gemeinschaftsrechts.

## SCHRIFTEN ZUM STAATS- UND VÖLKERRECHT

Band 11 Wolf Dieter Remmele: Die Selbstdarstellung der Bundesrepublik Deutschland im Ausland durch den Rundfunk als Problem des Staats- und Völkerrechts.

Band 12 Elisabeth Lichtenstern: Die Gesetzgebung im Spannungsverhältnis zwischen Bund und Ländern.

Band 13 Peter Gassner: Kollektivmacht und Individualschutz im amerikanischen Arbeitsrecht.

Band 14 Helga Walter: Das Selbstverständnis des modernen Algeriens. Die historisch-nationalen und islamischen Elemente.

Band 15 Dieter Schütz: Der internationale ordre public. Der Ausschluß völkerrechtswidrigen fremden Rechts im Internationalen Privatrecht der Bundesrepublik Deutschland.

Band 16 Klaus-Peter Kißler: Die Zulässigkeit von Wirtschaftssanktionen der Europäischen Gemeinschaft gegenüber Drittstaaten.

Band 17 Rainhardt Freiherr von Leoprechting: Die neue Rohrwaffen-Artillerie-Munition im Lichte des I. Genfer Zusatzprotokolles vom 12. Dezember 1977. Zur Frage der Völkerrechtskonformität der Verteidigung der Bundesrepublik Deutschland mit modernen konventionellen Artilleriesystemen.

Band 18 Roland Steinmeyer: Die Schiffsgläubigerrechte im südafrikanischen nationalen und internationalen Privatrecht. Eine rechtsvergleichende Darstellung unter Einbeziehung des englischen und deutschen internationalen Privatrechts und unter besonderer Berücksichtigung des ordre public.

| | | |
|---|---|---|
| Band | 19 | Martin C. Ney: Der Einsatz von Atomwaffen im Lichte des Völkerrechts. Summary: The Use of Nuclear Weapons and International Law. |
| Band | 20 | Teodoro Ribera Neumann: Das chilenische Verfassungsgericht und das deutsche Bundesverfassungsgericht - Ein Rechtsvergleich -. 1985. |
| Band | 21 | Theodora Antoniou: Europäische Integration und griechische Verfassung. 1985. |
| Band | 22 | Georg Teyssen: Deutschlandtheorien auf der Grundlage der Ostvertragspolitik. 1987. |
| Band | 23 | Karin Klüpfel: Selbstbestimmung durch Assoziation. Die Assoziation als Verwirklichung des Selbstbestimmungsrechts der Völker - dargestellt am Beispiel von Puerto Rico. 1987. |
| Band | 24 | Friedrich Dehner: Die Stellung Berlins im Bundesrat. 1987. |
| Band | 25 | Thilo Morhard: Die Rechtsnatur der Übereinkommen der Internationalen Arbeitsorganisation. Zugleich ein Beitrag zur Lehre vom "soft law". 1988. |
| Band | 26 | Ralf Jahn: Ansiedlung von Einzelhandelsgroßprojekten (§ 11 Abs. 3 BauNVO 1977). Zur Frage der Bestimmtheit grundrechtsbeschränkender Eingriffsnormen. 1988. |
| Band | 27 | Wolfgang Götzer: Der völkerrechtliche Status der Donau zwischen Regensburg und Kelheim. Eine völkerrechtliche Untersuchung des Donauabschnittes Regensburg - Kelheim unter Einbeziehung der gesamten deutschen Donau. 1988. |
| Band | 28 | Michael Hakenberg: Die Iran-Sanktionen der USA während der Teheraner Geiselaffäre aus völkerrechtlicher Sicht. 1988. |
| Band | 29 | Renate Oxenknecht: Der Schutz ethnischer, religiöser und sprachlicher Minderheiten in Art. 27 des Internationalen Paktes über bürgerliche und politische Rechte vom 16. Dezember 1966. 1988. |
| Band | 30 | Raphael Quarshie Avornyo: Deutschland und Togo. (1847-1987). 1988. |
| Band | 31 | Friedrich Frhr. Waitz von Eschen: Die völkerrechtliche Kompetenz der Vier Mächte zur Gestaltung der Rechtslage Deutschlands nach dem Abschluß der Ostvertragspolitik. 1988. |
| Band | 32 | Gisela Süß: Die Zulassung von Zahnärzten aus dem EG-Bereich zur deutschen Kassenarztpraxis. Ein Beitrag zu Standort und Bedeutung der Grundrechte im Europäischen Gemeinschaftsrecht. 1988. |
| Band | 33 | Meggy Steffens: Die deutsche Ostpolitik im Spiegel publizistischer Stellungnahmen in den USA 1969-1973. 1988. |
| Band | 34 | Norbert Karl Riedel: Der Einsatz deutscher Streitkräfte im Ausland - verfassungs- und völkerrechtliche Schranken -. 1989. |
| Band | 35 | Heidi Dünisch: Der Mundatwald - Zur Bereinigung letzter Kriegsfolgenprobleme zwischen Deutschland und Frankreich.1989. |
| Band | 36 | Sabine Niedermeyer-Krauß: Kommunalwahlrecht für Ausländer und Erleichterung der Einbürgerung. Integrationsmöglichkeiten für Ausländer aus verfassungs- und europarechtlicher Sicht. 1989. |
| Band | 37 | Dirk-Hermann Voß: Regionen und Regionalismus im Recht der Mitgliedstaaten der Europäischen Gemeinschaft: Strukturelemente einer Europäischen Verfassungsordnung. 1989. |
| Band | 38 | Tilo Klinner: Satellitenfernerkundung im Völkerrecht. Inwieweit existiert ein völkerrechtlicher Datenschutz? 1989. |

Band 39 Barbara Schmidt: Die Erweiterung der seewärtigen Hoheitsrechte der Bundesrepublik Deutschland und der DDR unter besonderer Berücksichtigung deutschlandrechtlicher Probleme. 1989.

Band 40 Hans-Joachim Brauns: Wiedervereinigung und europäische Integration. 1990.

Band 41 Gilbert-Hanno Gornig: Der Hitler-Stalin-Pakt. Eine völkerrechtliche Studie. 1990.

Band 42 Gudrun Lehnberger: Kommunale Entwicklungshilfe. Eine Aufgabe der Gemeinden? - Bestandsaufnahme und rechtliche Würdigung unter besonderer Berücksichtigung der bayerischen Verwaltungspraxis. 1990.

Band 43 Heike Kaup: Der Schwangerschaftsabbruch aus verfassungsrechtlicher Sicht. Eine rechtsvergleichende Untersuchung anhand des deutschen und des amerikanischen Rechts. 1991.

Band 44 Bernadette Steinmeyer: Verfassungsrechtliche Ansätze zur Neuordnung der multirassischen Gesellschaft Südafrikas unter Berücksichtigung des Vorschlages des Verhandlungsforums der "KwaZulu/Natal Indaba". 1991.

Band 45 Burkhard Schöbener: Die amerikanische Besatzungspolitik und das Völkerrecht. 1991.

Band 46 Christian Raap: Die Souveränität der Bundesrepublik Deutschland unter besonderer Berücksichtigung des militärischen Bereichs und der deutschen Einheit. 1992.

Band 47 Andrea Wagner: Der argentinisch-chilenische Konflikt um den Beagle-Kanal. Ein Beitrag zu den Methoden friedlicher Streiterledigung. 1992.

Band 48 Ralf Wittkowski: Die Staatensukzession in völkerrechtliche Verträge unter besonderer Berücksichtigung der Herstellung der staatlichen Einheit Deutschlands. 1992.

Band 49 Michael Piazolo: Das Recht auf Abtreibung als Teilaspekt des Right of Privacy. 1992.

Band 50 Silke Wenk: Das konfiszierte deutsche Privatvermögen in Polen und der Tschechoslowakei. Die Rechtslage nach Abschluß des deutsch-polnischen und deutsch-tschechoslowakischen Nachbarschaftsvertrages. 1993.

Band 51 Antje Kießwetter: Die Verfassungsentwicklung in Namibia. 1993.

Band 52 Angelika Kleffner-Riedel: Regionalausschuß und Subsidiaritätsprinzip. Die Stellung der deutschen Bundesländer nach dem Vertrag über die Europäische Union. 1993.

Band 53 Jerzy Kranz: Entre l'influence et l'intervention. Certains aspects juridiques de l'assistance financière multilatérale. 1994.

Band 54 Knut Kettwig: Rechtsgrundlagen dezentraler grenzüberschreitender Zusammenarbeit im deutsch-polnischen und deutsch-tschechischen Grenzraum. 1994.

Band 55 Ulrich Seidenberger: Die diplomatischen und konsularischen Immunitäten und Privilegien. Ein Beitrag zur Diskussion über die Reformbedürftigkeit des Diplomaten- und Konsularrechts aus staats- und völkerrechtlicher Sicht. 1994.

Band 56 Christian Schede: Bundesrat und Europäische Union. Die Beteiligung des Bundesrates nach dem neuen Artikel 23 des Grundgesetzes. 1994.

Band 57 Florian Prugger: Die Nachfolge in das Vermögen der ehemaligen DDR. Ein Beitrag zu Art. 21 ff Einigungsvertrag unter besonderer Berücksichtigung der Firma F.C. Gerlach des Bereichs Kommerzielle Koordinierung. 1994.

Band 58 Mark Zimmer: Einsätze der Bundeswehr im Rahmen kollektiver Sicherheit. Staats- und völkerrechtliche Grundlagen unter Berücksichtigung des BVerfG-Urteils vom 12.07.1994. 1995.

Band 59 Gerd von Laffert: Die völkerrechtliche Lage des geteilten Zypern und Fragen seiner staatlichen Reorganisation. 1995.

Band 60 Wolfram Schneeweiß: Die rechtliche Stellung der Indianerstämme innerhalb der Vereinigten Staaten von Amerika. Ein Modell für den Schutz der *indigenous peoples*. 1995.

Band 61 Marianne Janik: Möglichkeiten und Grenzen einer gemeinsamen Exportkontrolle für sensitive Waren und Dienstleistungen im Lichte des europäischen Gemeinschaftsrechts. 1995.

Band 62 Michael Brems: Die politische Integration ethnischer Minderheiten aus staats- und völkerrechtlicher Sicht. 1995.

Band 63 Martin Vocke: Verfassungsinterpretation und Normbegründung - Grundlegung zu einer prozeduralen Theorie der Verfassungsgerichtsbarkeit. 1995.

Band 64 Stefan von der Beck: Die Konfiskationen in der Sowjetischen Besatzungszone von 1945 bis 1949. Ein Beitrag zu Geschichte und Rechtsproblemen der Enteignung auf besatzungsrechtlicher und besatzungshoheitlicher Grundlage. 1996.

Band 65 Stephanie Baer: Der Zerfall Jugoslawiens im Lichte des Völkerrechts. 1995.

Band 66 Christine Sauerwald: Die Unionsbürgerschaft und das Staatsangehörigkeitsrecht in den Mitgliedstaaten der Europäischen Union. 1996.

Band 67 Silke Buchner: Die Rechtswidrigkeit der Taten von "Mauerschützen" im Lichte von Art. 103 II GG unter besonderer Berücksichtigung des Völkerrechts. Ein Beitrag zum Problem der Verfolgung von staatlich legitimiertem Unrecht nach Beseitigung des Unrechtssystems. 1996.

Band 68 Bernd Weiß: Einführung und Umsetzung der Europäischen Charta der kommunalen Selbstverwaltung in Deutschland, insbesondere in Bayern und Nordrhein-Westfalen. 1996.

Band 69 Gesine Katharina Neumann: Boliviens Recht auf freien Zugang zum Pazifik. Zur völkerrechtlichen Problematik des Zugangs der Binnenstaaten zum Meer. 1997.

Band 70 Elvira Pfrang: Das Verhältnis zwischen Europäischem Gemeinschaftsrecht und deutschem Recht nach der Maastricht-Entscheidung des Bundesverfassungsgerichts. Eine Studie zu den Konflikten beider Rechtsordnungen auf dem Gebiet des Grundrechtsschutzes und der Kompetenzen. 1997.

Band 71 Dieter Blumenwitz / Burkhard Schöbener: Stabilitätspakt für Europa. Die Sicherstellung mitgliedstaatlicher Haushaltsdisziplin im Europa- und Völkerrecht. 1997.

Band 72 Matthias Weinberg: Schutz der deutschen Minderheit in Polen nach den Weltkriegen. Ein Vergleich unter Berücksichtigung der aktuellen Rechtslage. 1997.

Band 73 Reinhard Müller: Der "2+4-Vertrag und das Selbstbestimmungsrecht der Völker. 1997.

Band 74 Stefan Strobl: Das Nichtverbreitungsregime für Kernwaffen nach 1995 und der freie Zugang zu nuklearen Technologien und Materialien. 1997.

Band 75 Christine Weber: Das Gegenzeichnungsrecht unter besonderer Berücksichtigung der Verfassung des Fürstentums Liechtenstein. 1997.

Band 76 Stephan Semrau: Die Gemeinsame Außen- und Sicherheitspolitik der Europäischen Union. 1998.

Band 77 Marcus Schultz: Die Auslandsentsendung von Bundeswehr und Bundesgrenzschutz zum Zwecke der Friedenswahrung und Verteidigung. Völker- und verfassungsrechtliche Analyse unter besonderer Berücksichtigung der Entscheidung des Bundesverfassungsgerichtes zum Einsatz deutscher Streitkräfte vom 12. Juli 1994. 1998.

Band 78 Benedikt P. Kuttenkeuler: Die Verankerung des Subsidiaritätsprinzips im Grundgesetz. Ein Beitrag zur Bedeutung des Subsidiaritätsprinzips für die Kompetenzabgrenzung im Bundesstaat. 1998.

Band 79 Winfried Bausback: Verfassungsrechtliche Grenzen des Wahlrechts zum Deutschen Bundestag. 1998.

Band 80 Elvira Pfrang: Towards Liberalisation of the European Electricity Markets. The Directive concerning Common Rules for an Internal Market in Electricity in the Frame of the Competition and Internal Market Rules of the EC-Treaty. 1999.

Band 81 Alexander Wolf: Prozessuale Probleme des »Maastricht"-Urteils des Bundesverfassungsgerichts. 1999.

Band 82 Jürgen Bartl: Die humanitäre Intervention durch den Sicherheitsrat der Vereinten Nationen im "Failed State". Das Beispiel Somalia. 1999.

Band 83 Thomas Gnielinski: Die Reform des deutschen Staatsangehörigkeitsrechts. Eine Analyse und Bewertung der vorliegenden Gesetzesvorhaben. 1999.

Band 84 Margarita González: Der völkerrechtliche Status des Panamakanals nach Ablauf der Übergangszeit im Jahr 1999. 2000.

Band 85 Petra Johnen: Die Verfassungsentwicklung Südafrikas unter besonderer Berücksichtigung der verfassunggebenden Gewalt des Volkes. 2001.

Band 86 Markus Allstadt: Die offene Völkerrechtslage im deutsch-tschechischen Verhältnis und ihre Bedeutung für die Osterweiterung der Europäischen Union. Zugleich Überlegungen zu den Auswirkungen zwingenden Völkerrechts in der Vertriebenenfrage. 2000.

Band 87 Gerrit Aschmann: Europol aus Sicht der deutschen Länder. 2000.

Band 88 Mark Weber: Der Berlin-Status im intertemporalrechtlichen Konflikt. Dargestellt am Beispiel von Grundstücksenteignungen im Ostteil Groß-Berlins. 2001.

Band 89 Heidi Hellwig: Die Staatsangehörigkeit als Anknüpfung im deutschen IPR. Unter besonderer Berücksichtigung des Gesetzes zur Reform des Staatsangehörigkeitsrechts. 2001.

Band 90 Aline Bruer-Schäfer: Der Internationale Strafgerichtshof. Die Internationale Strafgerichtsbarkeit im Spannungsfeld von Recht und Politik. 2001.

Band 91 Andreas Rosenfeld: Die Verfassungsentwicklung von Mosambik. Ein Beitrag zur rechtsstaatlichen Transformation im südlichen Afrika. 2001.

Band 92 Markus Pallek: Der Minderheitenschutz im deutschen Verfassungsrecht. Eine analytische Untersuchung des Begriffs sowie der bundes- und landesverfassungsrechtlichen Stellung der ethnischen, nationalen, sprachlichen, kulturellen und religiösen Minderheiten in der Bundesrepublik Deutschland vor dem Hintergrund der völker- und europarechtlichen Rahmenbedingungen. 2001.

Band 93 Ansgar Firsching: Die Samen, ihre Rechtsstellung in Schweden und ihre Rechtsstellung im Lichte der Indigenous Peoples weltweit. 2002.

Band 94 Jörg Dunker: Regionale Integration im System des liberalisierten Welthandels. EG und NAFTA im Vergleich. 2002.

Band 95 Katharina Wodarz: Gewaltverbot, Menschenrechtsschutz und Selbstbestimmungsrecht im Kosovo-Konflikt. 2002.

Band 96 Grit Hokema: Immunität von Staatsoberhäuptern. 2002.

Band 97 Tido Oliver Hokema: Mehrfache Staatsangehörigkeit. Eine Betrachtung aus völkerrechtlicher und verfassungsrechtlicher Sicht. Unter Berücksichtigung des Staatsangehörigkeitsreformgesetzes vom 15. Juli 1999. 2002.

Band 117 Christoph Junck: Die Gerichtsbarkeit des Internationalen Strafgerichtshofs. Vorbedingungen und Auslösemechanismen nach dem Römischen Statut vom 17. Juli 1998. 2006.

Band 118 Corinna Margit Hartmann: Staatliche Beteiligung an terroristischen Gewaltaktionen. Neue Herausforderungen für das Friedenssicherungssystem der Vereinten Nationen. 2006.

Band 119 Dagmar Wurst: Eigentums- und Investitionsgüterschutz im Völkerrecht. Das Beispiel der Landenteignung in Zimbabwe. 2006.

Band 120 Türkmen Tezcan: Der Zypernkonflikt vor dem Europäischen Menschenrechtsgerichtshof. Eine Analyse unter besonderer Berücksichtigung der Loizidou-Rechtsprechung und ihrer Auswirkung auf die zwischenstaatlichen Beziehungen. 2006.

www.peterlang.de

Peter Lang · Europäischer Verlag der Wissenschaften

Christoph Holthusen

# Der Nordirlandkonflikt

**Geschichte, zentrale Aspekte und Lösungsmodelle unter völkerrechtlicher Betrachtung**

Frankfurt am Main, Berlin, Bern, Bruxelles, New York, Oxford, Wien, 2005.
378 S., 2 Abb., 5 Tab.
Schriften zum Staats- und Völkerrecht. Herausgegeben von Dieter Blumenwitz.
Bd. 116
ISBN 3-631-54030-2 · br. € 56.50*

Der Konflikt zwischen der katholisch-irischen und der protestantisch-britischen Bevölkerungsgruppe im nur 1,7 Mio. Einwohner großen Nordirland forderte seit 1968 annähernd 4.000 Todesopfer; 50.000 Menschen wurden verletzt. Auch wenn in jüngerer Zeit eine Beruhigung des Konflikts eingetreten ist, so wurde eine dauerhafte Lösung noch nicht erreicht. Dieses Buch stellt die Geschichte des weit in der Vergangenheit wurzelnden Nordirlandkonflikts unter besonderer Berücksichtigung völkerrechtlicher Aspekte dar. Untersucht wird das Selbstbestimmungsrecht der Völker, insbesondere das Prinzip des Minderheitenschutzes in Bezug auf Nordirland. Der Terrorismus seitens katholischer und protestantischer paramilitärischer Gruppen, vor allem der IRA, wird in einen völkerrechtlichen Kontext gestellt. Außerdem erfolgt ein Vergleich des Konflikts in Nordirland mit Zypern, Gibraltar, Palästina und dem Baskenland, bevor abschließend verschiedene Lösungsmodelle in völkerrechtlicher und praktisch-politischer Hinsicht diskutiert werden.

*Aus dem Inhalt*: Geschichte des Konflikts und völkerrechtliche Bewertung · Das Selbstbestimmungsrecht der Völker und der Minderheitenschutz im Nordirlandkonflikt · Terrorismus in Nordirland · Vergleich mit Zypern, Gibraltar, Palästina und dem Baskenland · Lösungsmodelle unter völkerrechtlicher und politischer Betrachtung

Frankfurt am Main · Berlin · Bern · Bruxelles · New York · Oxford · Wien
Auslieferung: Verlag Peter Lang AG
Moosstr. 1, CH-2542 Pieterlen
Telefax 00 41 (0) 32 / 376 17 27

*inklusive der in Deutschland gültigen Mehrwertsteuer
Preisänderungen vorbehalten

**Homepage http://www.peterlang.de**

FSC
www.fsc.org
MIX
Papier | Fördert gute Waldnutzung
FSC® C083411

Kolibri 360 GmbH
Ferdinand-Jühlke-Straße 7
99095 Erfurt, Deutschland
produktsicherheit@kolibri360.de

Druck:
CPI Druckdienstleistungen GmbH
im Auftrag der
Kolibri 360 GmbH
Ferdinand-Jühlke-Str. 7
99095 Erfurt